The Principles of Representative Government

The Principles of Representative Government
by Bernard Manin
ⓒ Cambridge University Press 1997
Korean Translation Copyright ⓒ Humanitas Publishing Company
Korean edition is published by arrangement with Cambridge University Press Through GUY HONG AGENCY
All rights Reserved.

이 책의 한국어판 저작권은 GUY HONG AGENCY를 통해
Cambridge University Press와의 독점 계약으로 후마니타스에 있습니다.
저작권법에 의해 한국 내에서 보호를 받는 저작물이므로 무단전재와 무단복제를 금합니다.

선거는 민주적인가

현대 대의 민주주의의 원칙에 대한 비판적 고찰

버나드 마넹 지음 곽준혁 옮김

후마니타스

선거는 민주적인가
현대 대의 민주주의 원칙에 대한 비판적 고찰

1판 1쇄 | 2004년 4월 15일
1판 9쇄 | 2021년 9월 15일

지은이 | 버나드 마넹
옮긴이 | 곽준혁

펴낸이 | 정민용
편집장 | 안중철
편   집 | 강소영, 윤상훈, 이진실, 최미정

펴낸 곳 | 후마니타스(주)
등록 | 2002년 2월 19일 제2002-000481호
주소 | 서울 마포구 신촌로14안길 17(노고산동) 2층
전화 | 편집_02.739.9929,30   영업_02.722.9960   팩스_0505.333.9960

블로그 | blog.naver.com/humabook
트위터, 페이스북, 인스타그램 | humanitasbook
이메일 | humanitasbooks@gmail.com

인쇄·제본 | 한영_031.903.1101

값 15,000원

ISBN 89-90106-06-0 04340
ISBN 89-90106-03-6 (세트)

차례

서론 | 13

1장 직접 민주주의와 대표성 | 23

2장 선거제도의 승리 | 65
공화주의 전통에서의 추첨과 선거: 역사의 교훈 | 68
17, 18세기의 선거와 추첨 | 92
선거의 승리: 관직 수행에서 권력에 대한 동의로 | 106

3장 탁월성의 원칙 | 125
영국 | 127
프랑스 | 130
미국 | 134

4장 민주주의적 귀족정 | 169
선거의 귀족주의적 특성: 순수 이론 | 171
선거의 두 가지 얼굴: 모호성의 이점 | 188
선거와 근대 자연권의 원칙들 | 196

5장 인민의 평결 | 203
대표의 부분적 독립성 | 205
여론의 자유 | 209
선거의 반복적 성격 | 217
토론에 의한 심판 | 226

6장 대의 정부의 변형들 | 239
의회 정치 | 248
정당 민주주의 | 253
"청중" 민주주의 | 265

결론 | 287

역자후기 | 290
찾아보기 | 298

일러두기

1. 본문은 직역을 원칙으로 했으나, 부득이한 경우 적절히 분할하여 번역하였다.
2. 본문에서 사용하고 있는 [ ]는 마넹의 첨언이며, 독자의 이해를 돕기 위한 역자의 첨언이나 간략한 역주인 경우 [–역자]로 표기했다. 단, 긴 설명을 요하는 역주나 인물 소개는 본문 하단 박스 안에서 설명했으며, 해당 사항에 *로 표시했다.
3. 고유명사(이름, 국명, 지명 등)의 우리말 표기는 국립국어연구원에서 발간하는 외래어 표기 용례를 따랐으나, 용례가 정해지지 않은 경우나 일반적으로 학계에서 굳어진 표현의 경우 이에 따랐다.
4. 원서에서 강조한 부분은 고딕체로 표기했다.

한국어판 서문

한국 독자들이 이 책을 읽는다는 것은 내게는 매우 기쁜 일이다. 한국은 1987년 이후 제대로 된 대의 민주주의를 경험하고 있고, 특히 자유롭게 정부를 임명하고 면직시킴으로써 얻게 되는 혜택을 누리고 있기 때문에 더욱 그러하다. 대의제도들은 유럽과 미국의 특수한 상황에서 고안된 것이기는 하지만, 보편적 가치를 가지고 있다. 시민들이 통치자를 자유롭게 선택할 수 있고 임기가 끝나는 시점에서 책임을 묻는 것이 자유로울 때, 세계 어디에서나 그 정부는 보다 낫고, 보다 인간미 넘치고, 보다 이성적인 정부가 된다는 것은 자명한 일이다. 한국은 인류의 역사에서 이를 증명한 또 하나의 중요한 사례라고 할 수 있을 것이다.

대의제는 우리가 이 단어를 처음 접하는 순간 생각할 수 있는 것보다 훨씬 더 복잡하다. 아직까지도 대의제가 실제 어떻게 운용되고 있는지에 대한 이해는 충분히 이뤄지지 않고 있으며, 이는 대의제가 오랫동안 기능하고 있는 나라에서도 마찬가지이다. 이 책의 목적은 대의 정부가 실제로 어떻게 작동하고 있는가에 대한 이해를 증진시키는 것이다. 대의 민주주의의 혜택과 복잡성을 동시에 체득해가고 있는 한국에서 현재 벌어지고 있는 민주주의에 대한 논쟁과 성찰에 이 책이 조금이나마 도움이 되었으면 하는 바램이다.

마지막으로 이 책을 번역해서 한국의 독자들에게 소개하는 곽준혁 교수에게 특별한 빚을 지게 되었음을 언급하지 않을 수 없다. 번역이란 원전에 충실함으로써 자신을 내세우지 않아야 할 뿐만 아니라 창조성이 요구되는 어려운 작업임에도 불구하고, 역자가 자신의 노고에 적절한 치하를 받는 경우는 매우 드물다. 내가 시카고 대학에서 가르칠 때 학생 중 한 명이었던 그가 공화주의 사상과 정치제도의 역사에 대한 전문가라는 점을 감안한다면, 그는 이 책의 주제를 잘 알고 있는 이상적인 번역자라고 할 수 있다. 이런 점에서 곽준혁 교수가 나의 목소리를 한국의 독자들에게 전해주는 전달자가 된 것에 대해 무척 영광스럽게 생각한다. 다시 한 번 그의 뛰어난 작업에 깊은 감사를 표하고 싶다.

버나드 마넹

영어판 서문

이 책은 프랑스어로 출간된 *Principes du gouvernement représentatif* (Paris: Calmann-Lévy, 1995)의 영문판이다. 본질적으로 두 권은 동일하지만, 영문판을 준비하면서 원전의 많은 서술들을 바꾸지 않을 수 없었다. 이러한 점에서 언더우드J. A. Underwood에게 고마움을 전하고 싶다. 그의 전문적인 도움이 없었다면 프랑스어를 영어로 옮기는 작업은 아마 불가능했을 것이다. 또한 영문판을 완성하는 데 도움을 준 불렌Paul Bullen에게도 심심한 감사를 전한다.

다른 누구보다도 이 책의 기초가 되었던 논문을 출판할 수 있는 기회를 주었던 존 던John Dunn에게 감사의 말을 전하고 싶다. 또한 이 책의 핵심적 주장들은 빠스끼노Pasquale Pasquino와 셰보르스키Adam Przeworski와의 토론에서 얻어진 것들이기에, 그들에게 말로 표현할 수 없는 빚을 지고 있음을 밝히지 않을 수 없다. 프랑스어 원전을 읽은 엘스터Jon Elster의 구체적인 지적과 비판을 받을 수 있었던 것은 더 없는 행운이었다. 그의 비판은 영문판을 준비하는 데 큰 도움이 되었다. 수년 동안 나의 작업을 자극했던 허쉬만Albert Hirschman의 격려와 그와 함께 나눈 대화는 내가 그에게 진 커다란 빚이다. 이 책 초고의 부분 부분마다 코멘트를 해준 피어른James Fearon과 하딩Russell Hardin, 스톡Susan Stokes, 그리고 이 책의 완성 단계에서 도움을 준 배로스Robert Barros와 다우닝Brian M. Downing에게도 이 자리를 빌어 고마움을 표하고 싶다.

마지막으로 브레튼Phillippe Breton, 코헨Elie Cohen, 미시카Jean-Louis Missika, 그리고 세브Bernard Sève에게 진 빚을 언급하지 않을 수 없

다. 그들의 지속적인 우정과 격려, 그리고 제안이 없었다면 이 책을 완성할 수 없었을 것이다.

서론

서론

현대의 민주주의 정부는 그 설립자들이 민주주의와는 대립되는 것으로 이해했던 정치 체제로부터 발전했다. 최근에는 동일한 정부 유형의 다양한 형태로 '대의 민주주의'와 '직접 민주주의'를 구분한다. 그러나 오늘날 우리가 '대의 민주주의'라고 부르는 정부 형태는 애초에는 민주주의의 한 형태 혹은 인민에 의한 정부로 간주되지 않았던 제도(영국, 미국, 프랑스 혁명의 결과로 만들어진 제도)에 그 기원을 두고 있다. 정치적 대의제에 대한 루소J. J. Rousseau*의 단호한 비판은 지금까지도 잘 알려져 있는데, 그는 18세기 영국 정부를 자유라는 짧은 순간(선거)에 일시 중단되는 일종의 노예제로 묘사했다. 또한 루소는 스스로 법을 만드는 자유로운 인민과, 자신을 대신하여 법을 만들어 줄 대표를 선출하는 인민 사이에는 큰 차이가 있다고 보았다. 비록 루소와는 정반대의 선택을 했지만, 대의 정치의 지지자들 역시 그들이 '대의정' 또는 '공화정'이라고 부르며 옹호하던 정치 체제와 '민주정'은 근본적으로 다른 것이라고 보았다. 한편 근대 '정치적 대의제'를 확립하는 데 결정적인 역할을 했던 두 인물인 매디슨J. Madison**과 시에예스E. Siéyès*** 역시 비슷한 표현들로 대의정과 민주정을 대비시켜 이야기했다. 이 두 사람에게서 이러한 유사성이 발

---

* 루소(1712~78): 프랑스의 사상가. 스위스 제네바 출생. 1749년 디종의 아카데미 현상 논문에 당선된 『학문과 예술론』을 출판하여 사상가로 인정받게 되었다. 주요 저술로는 『인간불평등기원론』, 『사회계약론』, 『통치론』 등이 있다. 마넹이 언급하고 있는 구절은 사회계약론 3권 15장에 있는 표현이다. 즉, "영국의 인민들은 스스로를 자유롭다고 생각하지만, 그것은 큰 착각이다. 그들이 자유로운 것은 오직 의회의 의원을 선거하는 기간뿐이다. 선거가 끝나는 순간부터 그들은 다시 노예가 되어 버리고, 아무런 가치도 없는 존재가 되어 버리는 것이다."

견되는 것은 실로 놀라운 일이다. 왜냐하면 미국 헌법의 주요한 설계자인 매디슨과 『제3계급이란 무엇인가?』Qu'est-ce que le Tiers-Etat의 저자인 시에예스 사이에는 그들이 받은 교육, 말하고 행동했던 정치적 맥락, 그리고 헌법에 대한 견해에 큰 차이가 있었기 때문이다.

매디슨은 "소수의 시민들이 모여 직접 정부를 운영하는" 고대 도시 국가의 '민주정'과 대표성에 기초한 근대의 공화정을 대립시키곤 했다.1) 실제로 매디슨은 이 두 정치 체제의 대조적인 성격을 매우 강하게 부각시켰다. 그에 따르면, 대의제가 고대 공화정에서 완전히 생소했던 것은 아니며, 고대 공화국의 민회가 정부의 모든 기능을 수행했던 것도 아니다. 일정한 직무, 특히 행정적인 업무는 행정관에게 위임되었고, 이 행정관들과 함께, 민회가 정부의 한 기관이었다는 것이다. 매디슨에 따르면, 고대 민주정과 근대 공화정의 진정한 차이는 "고대 민주 정부에서 **통치로부터 인민의 대표가 완전히 배제되었던** 데 있는 것이 아니라, 근대 공화주의 정부에서 **집단으로서 인민의 참여가 완전히 배제**된다"는 데 있다.2)

매디슨은 대의 정부를, 광대한 국가에서 시민들을 한 데 모으는 것이 불가능해짐에 따라 기술적인 필요에 의해 만들어진, 인민에 의한 정부의 유사 형태로 보지 않았다. 반대로 그는 대의 정부를 고대 민주정과는 본질적으로 다른, 보다 우수한 정치 체제라고 생각했다. 그는 대의 정부에서는 "선택된 시민 집단이라는 매개를 거치면서 대중의 견해가 정제되고 확대되는 효과를 가진다. 선출된 집단의 현명함은 나라의 진정한 이익을 가장

1_ Madison, "Federalist 10," in A. Hamilton, J. Madison, and J. Jay, *The Federalist Papers*[1987], ed. C. Rossiter(New York: Penguin, 1961), p. 81.
2_ Madison, "Federalist 63," in *The Federalist Papers*, p. 387. 강조는 매디슨.

> ** 매디슨(1751~1836): 미국의 제4대 대통령(재임 1809~1817). 정치학자·정치가. 버지니아주 출생. 1776년 버지니아 식민의회 의원, 1784~86년 버지니아 주의회 의원, 1787~88년 대륙회의 대표를 역임했다. 1787년 헌법제정회의에 버지니아 대표로 출석, 주로 헌법 초안의 기초를 맡아 미국 헌법의 아버지로 일컬어지고 있다.
>
> *** 시에예스(1748~1836): 프랑스의 정치가·헌법 이론가. 1789년 프랑스 혁명 전야에 즈음하여 『제3신분이란 무엇인가』라는 소책자를 발표하여 유명해졌는데, 혁명의 방향과 제3신분의 포부를 명시하였다. 1789년 5월 삼부회 제3신분의 대표로 선출되었고, 후에 국민의회의 중심 인물로 활약했으며 이론가로서 프랑스 혁명을 지도했다.

잘 분별할 수 있을 것이며, 그들의 애국심과 정의에 대한 사랑은 일시적이고 부분적인 이해관계 때문에 나라의 진정한 이익을 희생시키지 않을 것이다"라고 보았다.3) 더 나아가 매디슨은 "이러한 규제하에서 민중의 대표들에 의해 선언된 민중의 목소리가 동일한 목적을 위해 소집된 민중 스스로의 선언보다 공공선에 더욱 부합할 것"이라고 주장했다.4)

시에예스는 시민들이 직접 법을 만드는 민주주의와 선출된 대표에게 권력 행사를 위임하는 대의 정부 사이에는 "큰 차이"가 있다고 누차 강조했다.5) 그러나 시에예스에게 있어 대의정이 우월한 이유는 보다 덜 편파적이고, 감정적으로 덜 격한 결정을 내놓는다는 사실 때문이 아니라, 개개인이 경제적 생산과 교환에 압도된 근대 "상업 사회"의 조건에 가장 적합한 정부 형태이기 때문이었다. 시에예스는 이런 상업 사회에서 시민들은 공공 업무에 지속적으로 참여하기 위해 필요한 여가 시간을 누릴 수 없으며, 이런 이유에서 공공 업무를 위해 모든 시간을 헌신할 수 있는 사람들에게 정부를 위탁하는 선거를 이용해야 한다고 지적했다. 그는 대의정을 사회 발전의 중요한 구성 요소 가운데 하나인 노동 분업의 원칙이 정치 영역에 적용된 것으로 이해했던 것이다. 예를 들면, 시에예스는 "사회 상태의 향상이라는 공공의 관심사 그 자체가 우리에게 통치를 어떤 특별한 전문적 직업으로 만들 것을 요구하고 있다"고 이야기한다.6) 결국 매디슨과 마찬가지로 시에예스에게도 대의 정부는 민주주의의 한 형태가 아니라, 그것과는 본질적으로 다른, 보다 바람직한 정부 형태였던 것이다.

여기서 대의 정부 창시자들의 제도적 선택에 대해 단 한 번도 이의가

3_ Madison, "Federalist 10," in *The Federalist Papers*, p. 82. "선택된 시민 집단"이라는 말의 이중적 의미에 주의를 기울여야 한다. 여기에서 대표는 선거를 통해 선출된 사람을 의미하기도 하지만, 다른 사람과는 구별되는 탁월한 사람이라는 의미도 가지고 있다.

4_ 같은 책.

5_ *Dire de l' Abbé Siéyès sur la question du veto royal*[7 September1789](Versailles: Baudoin, Imprimeur de l' Assemblé Nationale, 1789), p. 12. 또한 Siéyès, *Quelques idées de constitution applicables à la ville de Paris*[July 1789](Versailles: Baudoin, Imprimeur de l' Assemblee Nationale, 1789), pp. 3-4를 볼 것.

6_ Siéyès, *Observations sur le rapport du comite de constitution concernant la nouvelle organisation de la France*[October 1789](Versailles: Baudoin, Imprimeur de l' Assemblee Nationale, 1789), p. 35. 대표 체제와 노동 분업, 그리고 근대 상업 사회 사이의 관계에 대해서는 Pasquale Pasquino, "Emmanuel Siéyès, Benjamin Constant et le 'Gouvernement des Modernes'", in *Revue Francaise de Science Politique*, Vol. 37, 2, April 1987, pp. 214-228.

제기된 적이 없었다는 사실을 기억할 필요가 있다. 물론, 대의 정부는 지난 200년 동안 지속적으로 변화해 왔으며, 그중에서도 선거권의 점진적 확대와 보통 선거의 확립은 가장 현저한 변화였다.7) 하지만, 대표가 선출되고 공공 결정이 만들어지는 방식을 관리하는 제도들은 변하지 않았다. 이러한 제도들은 오늘날 대의 민주주의라고 불리는 정치 체제에서도 여전히 시행되고 있다.

이 책의 주요한 목적은 바로 이러한 지속적인 요소들을 식별해 내고 연구하는 것이다. 나는 이 요소들을 대의 정부의 원칙이라고 부를 것이다. 여기에서 원칙이라는 말이 추상적이며 시대를 초월한 관념이나 이상을 의미하는 것은 아니다. 그것은 어떤 특정한 역사적 순간에 만들어졌지만, 그 이후에도 대의 정부라고 기술되는 모든 정부에 존재하는 구체적인 제도적 장치들을 말한다. 영국이나 미국과 같은 나라에서 이러한 장치들은 처음 출현한 이래 지금까지도 유지되고 있다. 그 외 프랑스와 같은 나라에서는 이러한 장치들이 간헐적으로 폐기되었다가 이후 완전히 폐기되고 정부 형태가 바뀌기도 했다. 다시 말하면, 일정 기간 대의제가 중단되기도 했던 것이다. 마지막으로, 이러한 제도적 장치들이 한 번도 자리를 잡지 못한 나라도 많이 있다. 이처럼, 17, 18세기에 만들어진 이래로 이러한 제도적 장치의 특정한 조합은 한 번도 심각하게 도전을 받은 적이 없다. 그 조합은 주어진 시간 속에서 어떤 나라에 존재할 수도 존재하지 않을 수도 있지만, 만약 발견된다면 하나의 일괄적 체제로 발견된다.

오늘날에는 대의 정부를 민주정에서 파생된 것으로 간주하지만, 18세기 후반에는 대의제의 계보를 따라 조직된 정부는 민주정과 확연히 다른 것으로 이해되었다. 이처럼 다양한 해석을 가능하게 하는 제도는 반드시 수수께끼 같은 특성을 가지고 있을 것이다. 물론 '민주정'이라는 단어의 의미는 대의 정부의 출현 이후 발전되어 온 것이라고 지적하는 사람도 있을 것이다.8) 그것은 의심할 바 없는 사실이지만, 이 사실이 해석의 어려

7_ 특히 프랑스에서, 이러한 변화의 상징적 중요성에 대한 상세한 분석으로는 Pierre Rosanvallon, *Le sacre du citoyen, Histoire du suffrage universel en France*(Paris: Gallimard, 1992)를 참조.

움을 없애 주는 것은 아니다. 사실상 이 단어의 의미가 완전히 변해버린 것은 아니며, 이전에 의미하던 것과 지금 현재의 의미는 어느 정도 중첩되고 있다. 전통적으로 아테네 정체를 묘사할 때 사용되었던 민주정이라는 단어는 오늘날에도 여전히 동일한 역사적 대상을 지칭하기 위해 사용되고 있다. 이렇듯 구체적이고 일반적인 경우 외에도 민주정에 대한 근대적 의미와 18세기적 의미는 시민들 사이의 정치적 평등과 인민의 권력이라는 개념을 공유하고 있다. 오늘날 이 개념들은 민주주의적 이상의 요소이며, 18세기에도 역시 그러했다. 따라서 좀 더 상세하게 말하자면, 문제는 대의 정부의 원칙들이 어떻게 이러한 민주주의적 이상의 요소들과 연관되었는지 살펴보는 것이라고 하겠다.

그러나 계보학적 필요 때문에 대의 정부의 제도와 민주주의의 관련성을 살펴보고자 하는 것은 아니다. 대의 민주주의를 민주주의의 한 유형으로 분류하는 근대적 용례를 꼼꼼히 살펴보면, 무엇이 이러한 유형의 독특한 본질인지에 대한 설명이 많은 부분 불명확하다는 사실이 드러난다. 대의 정부와 직접 민주주의를 구분하면서 우리는 은연중에 대의 정부를 인민에 의한 간접적인 통치 형태로 정의하고, 인민을 대신해서 활동하는 사람들이 존재하는가를 이 두 가지 형태의 민주주의를 구분하는 기준으로 삼는다. 그러나 직접 통치와 간접 통치라는 관념은 애매한 구분일 뿐이다. 사실 매디슨이 발견했듯이, 소위 고대 — 특히 아테네 — 의 '직접 민주주의'에서도 민회가 모든 권력을 가졌던 것은 아니다. 어떤 중요한 기능은 다른 기관에 의해 수행되었다. 그렇다면, 매디슨처럼 아테네 민주주의가 대의 정부적 요소를 가지고 있었다고 보아야 하는가? 아니면, 그럼에도 불구하고, 민회 이외의 다른 기관들의 기능도 인민에 의해 "직접적으로" 수행되었다고 결론지어야 할까? 만일 후자의 경우라면, "직접적으로"라는 말로 우리가 의미하는 바는 정확히 무엇일까?

게다가 대의 정부에서 인민이 그들 스스로를 **간접적으로** 또는 그들의

8_ 이에 대해서는 Pierre Rosanvallon, "L'histoire du mot democratie a l'epoque moderne,"와 John Dunn, "Democratie: l'etat des lieux," in *La Pensee politique, Situations de la democratie*(Paris: Seuil-Gallimard, 1993)를 참조.

대표를 **통**해 다스린다고 말할 때도, 사실 우리는 다소 혼란스러운 개념을 사용하는 것이다. 일상적인 대화에서, 간접적으로 무엇인가를 하는 것과 누군가를 통해서 하는 것은 매우 다른 상황을 나타낼 수 있다. 예를 들어, 전령이 한 사람으로부터 다른 사람에게 서신을 전달할 때, 두 사람은 간접적으로 의사소통을 했다고 하거나 아니면 전령을 통해서 의사소통을 했다고 말할 것이다. 한편, 어떤 고객이 예금구좌에 돈을 예치하고 은행이 자신의 돈을 투자할 수 있도록 했다면, 그 고객은 돈의 주인으로서 간접적으로 또는 은행을 통해서 자신의 돈을 쓰는 회사나 기관에 돈을 빌려 주었다고 말할 것이다. 그러나 이 두 상황과 이 상황들이 야기하는 관계라는 측면에서 볼 때, 두 사례 사이에는 분명히 커다란 차이가 있다. 전령은 그가 전달하는 서신의 내용이나 목적지를 좌지우지할 수 없다. 하지만 은행원은 그가 판단하기에 최상의 투자가 무엇인지 선택해야 하며, 고객은 단지 자기 자본의 수익만을 관리할 뿐이다. 이 두 가지 간접적 형태 중에 어떤 것이 — 혹은 또 다른 형태가 — 정치 대표자들의 역할과 그들을 통제하는 인민의 권력을 가장 잘 대변할 수 있을까? 대의 민주주의를 인민에 의한 간접 통치로 간주하는 근대적 견해는 이 점에서 우리에게 아무것도 말해 줄 수 없다. 실제로 직접 민주주의와 대의 민주주의의 통상적인 구분이 우리에게 알려 주는 것은 별반 없는 것이다.

18세기에 나타난 인식과의 대비가 보여주듯, 오늘날 우리가 사용하는 용어의 불확실성과 빈약함은 무엇 때문에 대의 정부와 민주주의가 유사한 것인지, 또한 어떠한 이유로 대의 정부가 민주주의와 구별되는지를 우리가 모르고 있다는 사실을 보여 준다. 대의제도는 우리에게 매우 익숙하기 때문에 우리가 생각하는 것보다 더 수수께끼일 수 있다. 그러나 이 책의 목적은 정치적 대표성의 궁극적인 본질이나 의미를 파악하려는 것이 아니다. 단지 두 세기 이전에 만들어진 일련의 제도적 장치의 불분명한 특성과 효과를 조명해 보려는 것이다.[9] 일반적으로 우리는 "대표"와 관련된 형

9_ 이런 측면에서 이 책은 대표 체제에 대한 많은 연구 서적들, 특히 그 중에서도 대표적인 다음의 두 책과 다르다. G. Leibholz, *Das Wesen der Reprasentation*[1929](Berlin: Walter de Gruyter, 1966); H. Pitkin, *The Concept of Representation*(Berkeley: University of California Press, 1967).

태의 제도를 가지는 정부에 대해 언급할 것이다. 그렇지만, 궁극적으로 "대표성"은 그렇게 중요한 용어가 아니다. 이 책에서는, 그것을 뭐라고 부르든지 간에, 각 요소들과 제도적 장치들의 조합 결과에 대해 분석할 것이다.

대의제가 만들어진 이래 아래의 네 가지 원칙은 늘 변함이 없었다.

1. 일정한 시간적 간격을 두고 선거를 통해 통치할 사람을 임명한다.
2. 통치하는 사람의 정책 결정은 유권자들의 요구로부터 일정 정도 독립성을 가진다.
3. 피통치자들은 통치자들의 통제에 종속되지 않고, 그들의 의사와 정치적 요구들을 표현할 수 있다.
4. 공공 결정은 토론을 거친다.

대의 정부의 핵심 제도는 선거이다. 그리고 이 책의 많은 부분이 선거에 할애될 것이다. 아울러 우리는 통치자들이 추구하는 정책과 공공 결정의 내용을 구체화하는 원칙들을 분석할 것이다. 마지막 장에서는 대의 정부가 처음 고안되었던 시점부터 지금까지 대의 정부의 원칙에 의해 만들어진 다양한 정부 형태를 살펴볼 것이다.

1장

직접 민주주의와 대표성

1장_ 직접 민주주의와 대표성
아테네의 관리 선발

대의 정부는 민회에 그 어떠한 제도적 역할도 부여하지 않는다. 바로 이 점이 고대 도시 국가들의 민주정과 대의정 사이의 분명한 차이다. 그러나 고전적 민주정으로 잘 알려져 있는 아테네 정체를 분석해 보면, (비록 덜 언급되기는 하지만) 소위 직접 민주주의와 대의 민주주의를 구분하는 한층 더 중요한 측면이 나타난다. 아테네 민주주의에서는 상당수의 주요 권력을 민회가 가지고 있지 않았으며, 특정한 기능은 선출된 행정관이 수행했다. 그러나 특히 우리의 주목을 끄는 것은 민회가 수행하지 않는 대부분의 업무가 추첨을 통해 선발된 시민들에게 위임되었다는 것이다. 대조적으로 지난 2세기 동안 대의 정부 체제 어디에서도, 그것이 주권이든 행정권이든, 중앙에서건 지방에서건 간에, 그 어떤 정치 권력도 추첨을 통해 부여된 적이 없었다. 대표성은 오직 선거제도와 연관되어 있었고, 때때로 입헌 군주제에서처럼 세습과 연결되는 경우는 있었지만 추첨과 관련되지는 않았다. 우리는 이처럼 지속적이고 보편적인 현상에 주목하고 이를 꼼꼼히 검토해야만 할 것이다.

이러한 현상은, 민회의 부재를 설명하듯, 물질적 제약이라는 이유만으로는 설명할 수 없다. 대의 정부가 민회에 역할을 부여하지 않는 이유에 대해 사람들은 근대 국가의 크기를 말하곤 한다. 고대 도시 국가보다 훨씬 크고, 더 많은 인구를 가진 정치적 단위에서 정책을 심의하고 결정하기 위해 모든 시민을 한 장소에 모으는 일은 불가능하다. 따라서 불가피하게 전체 시민이 아니라 몇몇 소수의 개인들이 정부의 기능을 수행한다. 하지만, 앞서 살펴보았듯이 전체 시민을 한꺼번에 모으기가 실질적으로 불가능하다는 사실이 매디슨이나 시에예스와 같은 대의제의 창시자들을 자극했던 일차적 이유는 아니었다. 물론, 근대 국가의 크기로 인해 민회가 정부에서 역할을 담당하는 것이 실질적으로 불가능해진 것은 사실이다. 나아가 이러한 사실이 순수 대의제의 확립에 있어서 무엇인가를 설명하는 것처럼 보인다. 그러나 다른 측면에서 보면, 근대 국가의 크기는 추첨 제도의 폐지를 설명하지 못한다. 규모가 크고 인구 밀도가 높은 국가에서도 커다란 정치 단위로부터 적은 수의 개인을 선발하기 위해 기술적으로 추첨을 사용할 수 있기 때문이다. 정치 체제의 크기와 상관없이 추첨을 통해 필요한 숫자만큼의 개인을 선발하는 것은 가능하다. 선발의 한 방법인 추첨은 실행불가능한 것이 아니다. 실제로, 오늘날에도 배심원을 구성할 때 정기적으로 추첨을 사용하는 사법제도가 있다. 따라서 현실적인 문제로 인해 추첨이 아닌 선거에 전적으로 의지하게 된 것은 아니다.

사실상 오늘날에는 추첨의 정치적 사용이 전혀 고려되지 않는다.[1] 오랫동안 추첨은 근대 사회의 정치 문화에서 제대로 평가받지 못했고, 오늘날 우리는 추첨을 괴상한 관습 정도로 여기는 경향이 있다. 물론 우리는 추첨이 고대 아테네에서 사용되었다는 것을 알고 있고, 비록 놀랍다는 말투이지만, 이러한 사실을 가끔 언급하기도 한다. 실제로 아테네 사람들이 이러한 절차를 채택할 수 있었다는 것은 난해한 수수께끼처럼 보인다. 그러나 세계의 중심을 형성하는 데 일조한 현대 문화의 보편적 관점을 뒤집어 보는 것이 우리에게 도움이 될 수도 있다. 아마도 이렇게 질문해 보는 편이 훨씬 더 나을 것이다. "왜 우리는 추첨을 사용하지 않으면서도 우리 스스로를 민주주의자라고 부르는 것일까?"

물론 이러한 질문을 통해 얻을 수 있는 것이 많지 않으며, 그 답 또한

1_ 추첨을 정치적으로 사용하는 것에 대한 관심을 다시 불러일으키는 몇몇 연구들이 있다. 특히 Jon Elster, *Solomonic Judgements: Studies in the Limitations of Rationality*(Cambridge: Cambridge University Press, 1989), pp. 78-92를 참조. 또한 [추첨을 통해-역재 임의로 선택된 어떤 시민이 자신의 결정에 따라 유권자를 대표할 후보를 선택할 수 있다고 주장하기도 한다(A. Amar, "Choosing representatives by lottery voting," in *Yale Law Journal*, Vol. 93, 1984). 그러나 이러한 제안은 추첨에 단지 제한적인 역할밖에 부여하지 않는다. 이 경우 추첨은 대표를 뽑기 위한 것이 아니라 선거할 사람을 뽑는 것이기 때문이다.

뻔하다는 이유에서 이를 반대할 수 있다. 추첨은 통치에 특별한 재능이 없는 사람을 포함해, 무작위로 아무나 선발한다고 주장할 수 있다. 따라서 추첨은 분명 결점이 많은 선출 방법이고, 추첨이 사라진 것은 당연한 일이라고 주장할 수 있다. 그러나 이것은 그 결론이 전제의 명확성만큼 타당한지 의심해 보아야 할 주장이다. 일반적으로 정치적인 문제를 해결하는 데 있어 능숙했던 것으로 간주되는 아테네인들은, 추첨을 통해 사람들이 무작위로 임명된다는 사실을 인지하고 있었음에도 불구하고, 이 제도를 200년 동안이나 유지했다. 추첨이 자격 없는 시민을 공직에 앉힐 수 있는 위험을 가지고 있다는 사실은 근대에서 발견된 것이 아니다. 공직자의 무능력은 오늘날만큼이나 아테네에서도 심각한 위험이었다. 게다가 만약 그리스 철학자 크세노폰Xenophon*의 말이 사실이라면, 소크라테스Socrates**는 어느 누구도 이런 방법으로 선원, 건축가, 또는 플루트 연주자를 뽑지 않는다며, 추첨으로 행정관을 임명하는 것을 비웃었다.2) 그러나 과연 아테네 민주주의자들이 이러한 반론에 대해 아무런 대답도 하지 못했을까? 그들은 아마도 추첨의 장점을 발견했고, 모든 것을 고려한 후에 추첨이 갖는 장점이 이런 중요한 단점을 능가할 만한 가치가 있다고 느꼈을 수 있다. 또한 보조적인 제도적 장치를 통해 무능력이라는 위험을 막을 방도를 찾았을 수도 있다. 추첨과 관련하여, 무능력의 위험은 결코 결정적인 말이 아니다. 아테네에서 추첨이 어떻게 사용되었고, 민주주의자들이 어떻게 추첨을 정당화했는지 사려 깊게 살펴보기 전에는 이러한 선택 방법이 불완전하며 사라질 운명이었다고 단언할 수는 없다.

어떤 이유에서 추첨이 사라졌든 간에, 중요한 사실은 아테네 민주정은 이 제도를 특정 직위를 충원할 때 사용했던 반면, 대의정은 어떤 경우에도

2_ Xenophon, *Memorabilia*, I, 2, 9.

* 크세노폰(BC 430?~355?): 그리스의 군인, 역사가. 아테네의 유복한 집안에서 태어났으며 아테네 기병대에 복무했다. 그를 비롯하여 유복한 동시대인들은 소크라테스의 제자가 되었고, 극단적인 민주주의 체제에 비판적이었다.

** 소크라테스(BC 470?~399): 고대 그리스의 철학자. BC 5세기 후반에 활동했으며 서구 문화의 철학적 기초를 마련한 고대 그리스의 위대한 세 인물인 소크라테스・플라톤・아리스토텔레스 가운데서 첫 번째 인물이다.

추첨이란 제도를 사용하지 않았다는 것이다. 그 차이에 대해서는 권력 행사의 결과, 즉 권력이 어떻게 분배되었고, 통치자의 특성이 어떠했는지 살펴보지 않고서는 파악하기 힘들다. 문제는 그 결과를 정확하게 파악하는 것이다. 따라서 대의 정부와 직접 민주주의의 주요한 차이를 밝히려 한다면, 선거의 효과와 추첨의 효과를 비교해 보아야 한다.

대의 정부에 대한 분석은 주로 선거와 세습을 대비시킨다. 이러한 견해는 부분적으로는 정당하다. 선거를 통해 등장한 정부가 세습 정부를 대치했고, 선거를 정치적 정당성의 주요한 기반으로 만들 때, 근대 대의제적 공화국의 창시자들은 무엇보다도 세습주의 원칙을 거부했다. 물론 (본질적인 것은 아니라고 하더라도) 근대 대의 정부의 특징은 권력이 세습되지 않는다는 것이다. 그러나 비록 그리 주목을 끌지는 못했지만, 대의 정부의 또 다른 특징은 제한된 숫자의 시민이 행사하는 정치적 기능을 할당함에 있어 추첨을 전혀 사용하지 않았다는 것이다. 선거와 추첨의 대비는, 세습 체제와 대비되었을 때에는 드러나지 않았던 대의 정부의 또 다른 측면을 보여 줄 수 있을 것이다.

아테네에서의 추첨 사용에 대한 연구는 잘 되어 있다. 그 이유는 추첨이 "직접" 민주주의의 특징 가운데 하나일 뿐만 아니라, 아테네인들이 추첨과 선거를 병행했고, 따라서 그들의 제도가 선거와 추첨이라는 두 가지 방법을 비교하는 데 매우 적합하기 때문이다. 게다가 최근에 출판된, 그 깊이와 정확도가 뛰어난, 아테네 민주주의에 대한 탁월한 연구는 아테네에서 사용된 두 방법을 새롭게 조명하고 있다.[3]

아테네 민주정은 민회ekklēsia가 수행하지 않는 대부분의 기능을 추첨

---

[3] 내가 말하는 책은 M. H. Hansen, *The Athenian Democracy in the Age of Demosthenes*(Oxford: Basil Blackwell, 1991)이다. 이 책은 원래 덴마크어로 출판된 Det Athenske Demokrati I 4 arh. f. Kr. 6 vols., Copenhagen, 1977-81의 압축판이다. 이 책에서 한센은 기원전 4세기(403-404년 두 번째 민주정의 복원에서 322년 붕괴까지)의 아테네 제도를 주로 다루고 있다. 실제로, 그는 이 시기의 자료가 기원전 5세기보다 더 방대하며 상세하다고 지적하며, 페리클레스 시대에 아테네 민주정이 어떻게 운영되었는지는 불확실하다고 강조한다. 따라서 에피알테스*의 개혁(462)부터 민주주의의 소멸(322)까지를 하나의 단일한 실체로 취급하고 있는 연구물과 (아테네의 힘과 예술적 찬란함이 절정에 이르렀다는 점에서) 5세기에 초점을 맞추고 있는 제도사 연구 등은 불가피하게 4세기의 자료를 기초로 유추할 수밖에 없다. 이 시기를 선택함으로써 한센은 그가 정당성이 없다고 간주한 유추 해석을 피하고 있다(The Athenian Democracy, pp. 19-23). 그렇다고 해서 한센이 5세기 제도들의 특징을 다루지 않은 것은 아니다.

을 통해 선출된 시민들에게 위탁했다.4) 이 원칙은 주로 집정관들archai에게 적용되었다. 아테네 행정부를 구성했던 700명 가량의 행정직 중에서 600명 정도가 추첨을 통해 충원되었다.5) 아테네에서 제비뽑기kleros 방식을 통해 선임된 행정직은 대부분 협의체였으며,6) 임기는 1년이었다. 일생 동안 다른 행정직에 임명될 수는 있었지만, 동일한 직책을 한 번 이상 가질 수는 없었다. 복무 시간표(이전의 직책에 대한 정산과 감사를 모두 마치기 전에 새로운 직책에 취임할 수 없다는 규정)의 존재는 실질적으로 한 사람이 어떤 행정직을 2년 연임할 수 없다는 것을 의미했다. 30세 이상의 시민들(기원전 4세기에 약 2만 명 정도) 중에서 아티미아atimia(시민권의 박탈)라는 처벌을 받지 않은 사람은 누구든지 행정직에 취임할 수 있었다.7) 추첨에서 이름이 뽑힌 사람은 직무를 수행하기 전에 심사dokimasia를 받아야 했다. 이 심사는 그들이 직무 수행을 위한 법적 자격이 있는지, 부모를 대하는 태도가 만족할 만한지 그리고 납세 실적은 어떠하며 군복무는 마쳤는지 여부를 조사하는 것이었다. 이 심사는 정치적인 측면도 가지고 있었는데, 이 과정에서 과두정에 동조하는 사람들은 탈락되었다. 그러나 이 심사는 무능력한 사람들을 골라내려는 것이 결코 아니었으며,

4_ 한센의 책 이외에도 아테네의 추첨과 선거에 대해서는 James Wycliffe Headlam, *Election by Lot at Athens*[1891](Cambridge: Cambridge University Press, 1933); E. S. Staveley, *Greek and Roman Voting*(Ithaca, NY: Cornell University Press, 1972); Moses I. Finley, *Democracy Ancient and Modern*(New Brunswick, NJ: Rutgers University Press, 1973), 그리고 *Politics in the Ancient World*(Cambridge: Cambridge University Press, 1983)를 참조.

5_ 이 숫자에는, 비록 행정직 회의체였지만, 평의회boule가 포함되어 있지 않다. 사실상 평의회의 권력은 다른 행정직과 판이하게 달랐기 때문에 따로 다루는 것이 좋다(이하의 내용을 참조).

6_ Kleros는 '제비를 뽑다'는 의미를 가진 klēroun의 명사형이다. 추첨으로 지위를 획득한다는 동사로는 lanchano가 쓰였는데, 이 동사는 그리스 문법의 부정 과거와 한정사에 의해 수식되었다. 예를 들면 to kuamō lachein(콩알 추첨을 통해 임명되었다) 또는 초기에는 palō lachein(헬멧 추첨으로 임명되었다)라고 표현된다.

7_ 기원전 4세기 아테네에는 성년(20세 이상)에 이른 시민들이 3만 명 정도 있었다. 기원전 5세기에 그 숫자는 6만 명 정도였다(Hansen, *The Athenian Democracy*, pp. 55, 93, 232, 313 참조). 물론 이 숫자에는 여성, 아이들, 그리고 일정 정도의 시민적 특권을 가지고 있던 외국인이나 노예는 포함되지 않았다. 오늘날 아테네의 왜소함을 과장하는 경향이 있는데, 근대 국가와 비교해서 큰 것은 아니었으나, 그렇다고 해서 촌락 수준도 아니었다.

* 에피알테스(?~BC 461): 아테네 급진 민주정을 주도한 인물로, 페리클레스와 함께 아테네의 최고 권력 기관이었던 아레오파고스 회의(귀족회의)의 권한을 대폭 축소시켜, 중요한 권한은 모두 박탈하고 사소한 재판 기능만 잔존시켰다.

대개 형식적인 것에 불과했다.[8]

그럼에도 불구하고, 아테네 정치 체제는 시민들이 미숙하다거나 무능력하다고 판단한 행정관의 선출을 방지하는 제도적 장치를 가지고 있었다. 우선 행정관은 언제나 민회와 시민 법정dikasteria의 감시를 받았다. 임기가 끝나면 결산 보고서euthynai를 제출해야 했으며, 임기 중에도 시민들이 그들에게 책임을 물을 수 있었고 직무 정지를 요구할 수 있었다. 행정관에 대한 신임을 묻는 것은 최고회의ekklesiai kyriai의 필수 안건이었다. 시민이면 누구나 (추첨으로 임명되었건 선거를 통해 임명되었건 상관없이) 행정관에 대한 불신임 투표를 제안할 수 있었다. 만약 행정관이 투표에서 지면 즉각적으로 업무가 정지되고 사건은 법정에 회부되어 무죄(그 이후에는 다시 업무를 재개할 수 있었다) 혹은 유죄 판결을 받게 된다.[9]

이러한 제도적 장치들은 상식이었기에, 모든 시민들은 행정관이 되면 직무 결산 보고서를 제출해야 한다는 것, 탄핵될 가능성이 늘 있다는 것, 소송에서 지면 처벌을 감수해야 한다는 사실 등을 사전에 알고 있었다. 이와 관련하여 특히 주목할 필요가 있는 점은, 행정관으로 선출되기를 원하는 사람의 이름만이 추첨 기계kleroteria에 넣어졌다는 사실이다. 30세 이상의 모든 시민을 대상으로 추첨이 행해진 것이 아니라, 후보로 지원한 사람에 한해서만 추첨이 이루어졌다.[10] 다시 말하면, 추첨을 통한 행정관 선출은 당시의 제도적 맥락에서 볼 때 오늘날 일반적으로 가정하는 초보적인 수준을 훨씬 뛰어넘는 것이었다. 즉 복무를 자원한다는 특징과 행정관에게 초래될 수 있는 위험에 대한 사전 지식의 결합은 잠재적 행정관들로 하여금 자기 검열의 과정을 갖도록 했을 것이다. 직위를 성공적으로 수행할 수 없다고 느끼는 사람들은 선출되는 것을 피했을 것이고, 사실상

8_ Hansen, *The Athenian Democracy*, pp. 218-220, 239.
9_ 민회는 1년에 총 40번 개최되었는데, 이 중 10번은 ekklesia kyria(매 원로원 회기에 한 번 또는 5주마다 한 번)의 형태로 모였다.
10_ Hansen, *The Athenian Democracy*, pp. 97, 230-231, 239. "스스로를 제비뽑기에 내어놓다"라는 의미를 지닌 klerousthai라는 동사까지 있다는 점을 기억할 것. Aristotle, *Consitution of Athens*, IV, 3; VII, 4; XXVII, 4.

선출되는 것을 회피할 만한 강한 동기를 가지고 있었을 것이다. 따라서 이 제도는 자기 스스로를 복무에 적합하다고 간주하는 사람들에게만 행정관이 될 수 있는 기회를 주는 효과가 있었다. 누구든지 그 기회를 잡고자 하는 사람은 스스로를 타인의 지속적인 평가에 노출시켜야 했는데, 그 평가는 단지 사후적으로만 — 후보가 직무를 수행하기 시작한 이후에 — 효력을 발휘하는 것이었다. 운이라는 요소를 논외로 한다면, 공직에 나가는 것은 각 후보의 능력과 스스로에 대한 평가에 달려 있었다. 한편 투표를 통해 선출되는 행정관은 다른 사람들의 평가를 통해서만 공직에 진출할 수 있었다. 따라서 그러한 평가는, 추첨을 통해 선임된 행정관들과 마찬가지로, 사후적으로 내려질 뿐만 아니라, 사전에(이전에 공직을 담당한 적이 없는 후보의 경우), 즉 후보가 자신을 증명할 수 있는 기회를 갖기 전에 내려진다.

추첨을 통해 뽑힌 행정관과 마찬가지로, 투표로 선출된 공직자도 지속적으로 민회의 감시를 받았다. 30세 이상의 모든 시민들은 선거에 입후보할 수 있었다. 그러나 투표로 선출된 행정관과 추첨으로 임명되는 행정관 사이에는 몇 가지 차이가 있었다. 우선, 다른 직책과 마찬가지로 투표로 선출된 공무원의 임기는 1년이었지만, 동일한 직책에 연속해서 여러 번 재선될 수 있었고, 임기에 대한 제한은 없었다. 기원전 5세기에 페리클레스Pericles*는 20년이 넘도록 최고위직 장군strategos**으로 선출되었다. 4세기 장군들 가운데 가장 유명한 포키온Phocion***은 45년 동안이나 그 직책을 맡았다. 더욱이 아테네인들은 업무 수행 능력이 무엇보다 중요한 직책

* 페리클레스(BC 495?~429): 고대 아테네의 정치가·군인. 수사학 교육을 받았으며, 철학자 아낙사고라스, 극작가 소포클레스 등과 가깝게 지냈다. 최고 명문 출신이었으나 키몬에 대항하기 위하여 귀족파가 아닌 민주파의 지도자가 되어, 기원전 462년 에피알테스와 함께 귀족 세력의 거점인 아레오파고스 회의의 권리를 박탈하고 평의회·민중 재판소·민회가 실권을 가지도록 하는 법안을 민회에 제출했으며, 관리를 희망자 중에서 추첨으로 선출하는 등 민주 정치의 기초를 마련했다.
** Strategos는 10명으로 구성된 위원회로, 매년 선거를 통해 선출되었으며 재선을 금하는 규정은 없었다. 육군과 해군의 수장들이 그 구성원이었고, 전장에서는 최고 통수권을 행사했다. 500인회와 시민 법정의 규제를 받았다.
*** 포키온(BC 402?~318): 아테네의 정치가·장군. BC 322~318년 아테네의 실질적인 통치자였다.

은 선거를 통해 충원하도록 했다. 이러한 직책에는 기원전 5세기 이후 장군과 최고 군사령관 그리고 4세기에 만들어지거나 재조정된 최고 재정 담당관(특히 군사 재무담당관, 공공 자금Theoric Fund 담당관, 그리고 재정 감사관) 등이 있다.11) 투표로 선출하는 자리는 또한 가장 중요한 직책들이었는데, 전쟁 수행과 재정 관리는 그 어떤 기능보다도 도시에 큰 영향을 미쳤다(아테네는 사실상 기원전 5세기 대부분의 시간을 전쟁에 소비했고, 평화로운 시기는 예외적이었다). 끝으로 탁월한 능력을 가진 사람들은 추첨으로 충원된 행정관들보다 선거를 통해 뽑힌 공직자들이었다.

기원전 5세기에는 가장 영향력이 있었던 정치가들이 장군으로 선출되었다(테미스토클레스Themistocles,* 아리스티데스Aristides,** 키몬Cimon,*** 페리클레스). 그들의 업무는 웅변가와 장군의 역할을 동시에 수행하는 것이었다. 비록 웅변가는 공직이 아니었지만, 민회에서 가장 중요한 역할을 수행했다. 따라서 웅변가와 장군직을 함께 수행한다는 것은, 어떤 측면에서 이들이 오늘날 "정치 지도자"라고 불리는 집단에 속한다는 것을 암시한다. 기원전 4세기에 와서 웅변가와 장군의 연관성은 느슨해졌고, 웅변가라는 범주는 선거를 통해 선출되었던 재정 담당관들과 더 많이 연결되었다. 또한 펠로폰네소스 전쟁****을 전후로 하나의 사회 변화가 발생했다. 기원전 5세기에 영향력 있는 장군과 정치가들이 오랜 토지귀족 가문(예를 들면, 키몬은 유명한 라키아드 가문에서 나왔고, 페리클레스는 알크마이

11_ Theoric Fund는 원래 축제 때 극장 입장권을 살 수 있도록 시민들에게 돈을 나눠 주기 위해 만들어졌다. 4세기에 이 자금은 점차 공공 사업과 해군의 재정을 충당하는 것으로 확대되었다.

* 테미스토클레스(BC 528?~462?): 고대 그리스의 장군·정치가. 아테네의 명문에서 태어나 BC 493년 집정관으로 뽑혔다.
** 아리스티데스(?): BC 5세기에 활동한 아테네의 정치가·장군.
*** 키몬(BC 510?~449): 아테네의 장군. 마라톤에서의 승전 장군인 밀티아데스와 트라키아의 공주 사이에서 태어나 BC 480년경 아테네의 명문인 알크메온가의 딸과 결혼했다. BC 478년 장군으로 선출, 페르시아와의 전쟁에 참여했다.
**** 펠로폰네소스 전쟁: BC 431~404년 아테네와 스파르타는 제각기 동맹을 이끌고 있었는데, 이 동맹에는 그리스의 도시 국가들이 거의 모두 포함되어 있었다. 아테네와 스파르타는 펠로폰네소스 전쟁이 일어나기 전에도 서로 싸웠지만(이것을 제1차 펠로폰네소스 전쟁이라고도 함), BC 445년 이른바 30년조약이라는 휴전 협정을 맺었다. BC 433년에 아테네가 전략적 요충에 위치한 코르키라(코린트의 식민지)와 동맹을 맺음에 따라, 다시 싸움이 벌어졌다.

오니드 일족과 관련된다)의 전유물이었다면, 기원전 4세기에 들어와 정치 지도자들은 명망 있는 부유층 가문들로부터 충원되었는데, 이들의 부는 노예노동을 통해 새롭게 축적된 것이었다.12) 따라서 아테네 민주주의 역사에서 행정관직을 수행하는 것과 정치·사회적 엘리트의 일원이 되는 것 사이에는 어느 정도 상관관계가 있었다.

일반적으로 (선거로 선출되었건 추첨을 통해 뽑혔건) 행정관은 주요한 정치 권력을 행사할 수 없었다. 왜냐하면 그들은 결국 관리자이고 집행자일 뿐이기 때문이다.13) 설령 그들이 민회의 의제를 준비probouleuein*하고, 소송에 앞서 예비심사anakrinein**를 하고, 법정을 소집하고 주관하며, 민회와 법정에서 내려진 결정을 시행했다 하더라도, 행정관에게는 결정적인 권력이 없었다. 그들은 중요한 정치적 선택을 내리지 않았다. 중요한 정치적 선택을 내리는 권한은 민회와 법정에 속한 것이었다. 이 점에서 볼 때 근대 정치적 대표와의 차이는 현저하다. 위원장으로서 행정관이 정책 결정 기관에 의제를 제시할 수 있었다 해도, 그들은 보통 시민의 요구에 따라 행동했고, 시민들이 제안한 조치를 토론에 붙여야 했다.

건의를 하고, 의안을 제출하는 권한은 공직자의 특권이 아니었으며, 원칙적으로 그 권력은 그것을 행사하기를 원하는 모든 시민에게 속한 것이었다. 아테네인들은 의안을 제출하는 사람을 일컫는 특별한 표현을 가지고 있었다. 민회에 안건을 제기하는 사람이나 소송을 제안한 사람을 일컬어 아테네 시민 가운데 누구든지 먼저 말하고자 원하는 자원자tōn Athēnaiōn ho boulomenos hois exestin 또는 줄여서 누구든지 원하는 사람ho boulomenos이라고 불렀다. "선착자"the first comer라고 번역될 수 있는 이 표현은, 민주주의자에게 있어서 그 어떤 경멸적인 의미도 가지

12_ Hansen, *The Athenian Democracy*, pp. 39, 268-274.
13_ 같은 책, pp. 228-289.

* probouleuein은 500인회의 법령을 의미하는 proboueuma와 이런 절차를 일컫는 probouleusis에서 온 말이다. 민회에 상정되기 전, 법적 효력을 일시 가지는 법령을 500인회가 발효시킬 수 있었다. 물론, 이 법을 민회가 거부하면, 그 법의 효력은 즉시 정지되었다.
** 아테네에서는 시민 법정을 주관하도록 지정받은 행정관이 소송을 사전에 심사하는 제도가 있었다.

지 않았다. 실제로 보울로메노스ho boulomenos는 아테네 민주주의에서 매우 중요한 인물이었다.14) 보울로메노스는, 적어도 원칙적으로는, 누구나 될 수 있었는데, 민주주의자들은 이러한 사실을 자랑스럽게 생각했다. 아이스키네스Aeschines*는 그의 정적 중 한 사람에게 이렇게 말했다. "당신은 내가 시민들 앞에 항상 나오지 않는다고 비난합니다. 게다가, 그 비판이 민주정과 동떨어진 원칙에 기초하고 있다는 것을 청중들이 모를 것이라고 상상하고 있습니다. 과두정에서는 누구든지 원하는 사람이 말할 수 있는 것이 아니라 오직 권위를 가진 사람만 말을 합니다. 반면 민주정에서는 누구든지 원하는 사람이, 원하는 때에 말할 수 있는 것이라오."15) 대개의 경우 소수의 사람들만이 민회에서 연설했고, 대다수의 사람들은 그저 연설을 듣고 투표만 했다.16) 사실상 자기 검열의 과정은 발의권을 갖는 사람들의 수를 제한했다. 그러나 원하는 사람은 누구든지 동료 시민에게 건의할 수 있다는 원칙, 좀 더 일반적인 표현으로 평등한 사람들 사이에서 자유롭게 토론**할 수 있다는 원칙은 민주주의 최고의 이상 가운데 하나였다.17)

어쨌든 행정관이 정치적 주도권을 독점하지 않았고, 그들의 권력은 일반적으로 엄격히 제한되었다. 한센이 지적하듯이, 크세노폰이 소크라테스의 언급이라고 말하는 부분에는 분명 의도적인 무지 또는 궤변적 요소가 있다. 선박의 항해사, 건축가, 또는 플루트 연주자를 추첨으로 뽑는 일은 없다면서, 추첨을 통해 행정관을 뽑는 일을 조롱할 때, 소크라테스는

14_ 같은 책, pp. 266-267.
15_ Aeschines, *Against Ctesiphon*, III, 220.
16_ Hansen, *The Athenian Democracy*, pp. 143-145.
17_ 여기에서 이상(이데올로기라고 이야기하는 사람도 있겠지만)과 현실의 구분은 유용하긴 하지만 조잡한 것이다. 발언자들의 수를 제한하는 자기 검열의 과정은 효과적으로 작동했다. 적어도 선착자라고 하는 이데올로기 안에서는 특히 그러했다. 따라서 불로메노스는 단순히 누구든지가 아니라, **제안을 하기 위해 앞에 나서기를 원하는** 사람을 지칭한다고 할 수 있다.

* 아이스키네스(?-?): 고대 그리스의 웅변가, 정치가.
** 아테네인들은 평등을 의미하는 다양한 표현들을 사용했다. 예를 들면, isonomia(동일한 정치적 권리), isegoria(동일하게 정치적 발언을 할 수 있는 권리), isogonia(신분적 평등), isokratia(평등한 권력)이 그것이다. 역사가들은 대체로 아테네의 평등 개념은 사회적·경제적·분배적 차원이 아니라 정치적 권리라는 점에 동의한다.

민주정에서 행정관은 항해사가 아니어야 한다는 핵심적 사항을 의도적으로 빠뜨리고 있다.18) 그러나 이것으로 문제가 해결된 것은 아니다. 왜냐하면 엄격한 의미에서 행정관만이 추첨을 통해 임명된 것은 아니었기 때문이다. 대부분의 역사적 연구들은 행정관의 임명과 관련시켜서만 아테네 민주정에서 추첨이 갖는 의미를 논의한다.19) 그러나 행정관은 아주 제한된 권력만을 행사했고, 추첨을 통해 충원된 행정관의 책임은 선거를 통해 선출된 행정관보다 적었다는 사실에 비추어볼 때, 이런 식의 접근은 아테네에서 추첨이 가진 의미의 중요성을 경시하는 결과를 가져온다. 행정관보다 더 중요한 직능을 수행해야 하는 경우 또한 추첨을 통해 임명되었다.

시민 대표 평의회인 보울레boulē*의 위원들도 1년 임기로 추첨을 통해 임명되었는데, 누구도 평생 동안 두 번 이상 평의회의 위원이 될 수 없었다. 평의회는 30세 이상의 위원 500명으로 구성되었다. 아티카Attica** 139개 지역demes에 일정 수의 평의회 의석이 (지역의 인구에 비례해서) 할당되었다. 각 지역은 충원되어야 할 숫자보다 더 많은 수의 후보를 지명했다(추첨이 선정 과정의 초기 단계에서도 사용되었는지는 확실하지 않다). 그리고 필요한 만큼의 위원을 얻기 위해 지역 후보들 사이에서 추첨이 행해졌다. 평의회가 개최되는 날, 위원들은 도시로부터 돈을 받았다. 아리스토텔레스Aristotle***는 민회와 법정, 그리고 행정직에의 참여와 같은 정치적 행위에 돈을 지불하는 것을 민주정의 핵심 원칙 가운데 하나로 간주했다. 아테네에서 그 원칙은 시민 대표 평의회에도 적용되었다.20)

18_ Hansen, *The Athenian Democracy*, p. 236.
19_ 한센도 예외는 아니다. 추첨과 민주정의 관련성에 대한 주된 논의는 행정관을 다루는 장에서 나온다. Hansen, *The Athenian Democracy*, pp. 235-237을 볼 것.

* 보울레는 일반적으로 평의회라고 알려져 있는 심의회이다. '400인회' 혹은 '500인회'라고도 불렸는데, 일종의 시민 대표 협의체로 민회를 지도하는 역할을 했다. 부족의 크기에 따라 위원 수가 다르게 배정되었다.
** 아티카는 비교적 넓은 포구 도시로 아테네가 기원전 8세기 중엽부터 중심 영역으로 삼았던 곳이다. 스파르타의 라코니아와 함께 많은 인구를 수용할 수 있었다.
*** 아리스토텔레스(BC 384~322): 고대 그리스의 철학자·과학자. 플라톤과 함께 그리스 최고의 사상가로 꼽히는 인물로 서양 지성사의 방향과 내용에 매우 큰 영향을 끼쳤다. 그가 세운 철학과 과학의 체계는 중세 기독교 사상과 스콜라주의를 뒷받침했다.

법적으로 평의회의 지위는 일종의 최고 권위arche(엄밀하게 말하면 통치권 또는 주권-역자)이고, 대부분의 행정기구와 마찬가지로 협의체였다. 그러나 평의회에는 몇 가지 다른 특색이 있었다. 우선 평의회만이 오직 소속 위원을 기소할 수 있었다. 즉, 기소가 된 위원은 누구든 법정에서 재판을 받게 되지만, 평의회 위원을 법정에 세울 것인지는 평의회에서의 투표를 통해 결정해야만 했다.[21] 이보다 중요한 것은, 아리스토텔레스가 말했듯이, 평의회가 가장 결정적인 통치체malista kyria라는 점이다. 왜냐하면 평의회가 민회에서 토론할 의제를 준비하고, 결정된 사안을 실행했기 때문이다.[22] 다른 행정관들의 활동이 법정과 관련되었다면 평의회는 직접적으로 민회와 연결되었다. 평의회는 민회에서 어떠한 논의들이 이루어져야 할지를 미리 토론Probouleumata했다. 어떤 안건들은 보다 상세하게 다듬어졌고, 경우에 따라 일반 청중들이 특정한 문제에 대한 의견을 개진할 수 있도록 더 많이 공개되기도 했다. 민회가 의결한 법령의 절반 정도는 사실상 평의회가 제출한 법령을 비준하는 것이었다. 반면 나머지 절반 정도는 민회에서 직접 만들어진 안건이었다.[23] 평의회는 대외적인 업무에 좀 더 중요한 책임을 가지고 있었다. 모든 외국 사절을 접견하여 이들을 민회에 소개할 것인가의 여부를 결정했고, 이들과 사전 협상을 하여 그 결과를 민회에 제출했다. 평의회는 해군과 해상무역의 행정을 담당함으로써 중요한 군사적 기능도 수행했다. 마지막으로 평의회는 재정 업무를 포함한 주요 공공 업무를 포괄적으로 감시하는 역할을 수행했고,

---

20_ Aristotle, *Politics*, VI, 2, 1317b 35-38. 돈을 지급했던 목적은 돈을 받지 않으면 노동 시간을 잃을 것이라 생각하여 정치 활동을 미루는 사람들의 참여를 유도하기 위해서였다. 그리고 좀 더 일반적으로는 중산층 시민의 참여를 유도하기 위한 것이었다. BC 5세기 아테네에서는 행정관, 평의회 위원, 재판관이나 배심원(법정에 참석한 시민) 등에게 돈을 지급했다. 재판관은 하루에 3오볼(반 드라크마)(드라크마는 그리스 은화로 4.3kg이다-역자)을 받았다. 한편 이 시기의 경우, 민회 참석에 대해서는 돈을 지불하지 않았다. BC 4세기에는 행정관에 대한 수당 지급이 폐지된 것으로 보인다. 하지만 시민 대표 평의회 위원과 재판관에 대한 수당 지급은 지속되었고, 민회 참석에 대해서도 수당(3오볼)을 지급했다. Hansen, *The Athenian Democracy*, pp. 240-242. 참고로, BC 5세기 일용 노동자의 하루 평균 품삯은 1드라크마였다. 따라서 이 시기에 법정에 참여하고 이어서 민회에 참석하면 하루 품삯의 절반에 해당하는 수당을 받을 수 있었다. 같은 책, pp. 150, 188-189.

21_ 같은 책, p. 258.

22_ Aristotle, *Politics*, VI, 8, 1322b, 12-17.

23_ Hansen, *The Athenian Democracy*, pp. 138-140.

이러한 측면에서 다른 행정관에 대해 어느 정도의 통제권을 행사했다. 따라서 추첨으로 임명된 평의회는 아테네 정부에서 핵심적 위치를 차지했다. 평의회는 비록 항해사의 역할을 하지 않았을지 모르나 그렇다고 해서 부차적인 기관도 아니었다.

그러나 아테네 민주주의에서 추첨의 진정한 중요성을 살펴보기 위해서는 또 하나의 회의 기관인 헬리아스타이heliastai를 살펴보아야 한다. 매년 30세 이상의 지원자 중에서 6,000명을 추첨했다. 자신의 이름이 뽑힌 시민들은 배심원 선서heliastic를 하게 되는데,[24] 민회와 평의회의 법과 칙령에 따라 투표할 것이고, 법이 언급하지 않는 부분이라면 무엇이 정의로운가에 대한 그들 스스로의 판단에 따라 결정할 것이며, 피고와 기소자 측 모두에게 공명정대한 심리(審理)를 행할 것이라는 내용이었다. 이들이 이후 1년 동안 배심 재판소를 구성한다. 이들은 민회를 구성하는 시민들보다 나이가 많았고, 따라서 더 지혜롭고 더 경험이 많다고 추정되었기에 특별한 지위를 누렸다.[25] 이 배심원들 중에서 시민 법정의 재판관들이 충원되었으며, 기원전 4세기에는 노모테타이nomothetai*가 모집되었다.

매일 법정이 열렸고, 헬리아스타이 중에서 원하는 사람들은 아침에 법정으로 나가게 된다. 그들 가운데서 그날 필요한 재판관이나 배심원을 추첨으로 뽑았다. 여기서 참여의 자발적 특성에 다시 한번 주목해야 한다. 여러 법정이 동시에 열렸기 때문에 (적어도 기원전 4세기에는) 또 다른 추첨을 통해 각 재판관이 어느 법정에 들어갈지를 결정했다.[26] 법정은 처리할 사안의 중요성에 따라 501명, 1,001명, 1,501명 혹은 더 많은 배심원들로 구성되었다.[27] 배심원은 매일 3오볼obols을 지급받았다(이는 이

---

[24] 같은 책, p. 182.
[25] 20세의 성년이 되면 시민들은 민회에 참석할 수 있었다.
[26] Hansen, *The Athenian Democracy*, pp. 181-183.
[27] 비교를 하자면 민회에는 평균적으로 6천 명 정도가 참석했다. 같은 책, pp. 130-132 참조.

* 노모테타이는 "입법자들"이라는 뜻을 가진 협의체다. 4백인회가 폐지된 후의 법률 심의기관으로 아테네 민주정에서 헌정 질서의 안정성을 확보하는 데 기여했다. 규모는 1,000명 정도였으며, 추첨을 통해 충원되었고, 민회에서 통과된 법률들을 심의했다.

미 살펴본 바와 같이 하루 품삯의 절반 정도가 된다). 법정에 참석하는 사람들의 대부분은 빈민층이나 노인들이었다.28)

"법정"이라는 단어로는 추첨에 의해 부여된 기능의 본질이 오해될 여지가 있기 때문에 좀 더 상세하게 살펴볼 필요가 있다. 사실 법정은 중요한 정치적 기능을 수행하고 있었다. 개인 사이의 논쟁은 종종 중재로 해결되었고, 법정의 개입은 어느 한쪽이 판단을 호소하는 경우에만 이루어졌다. 많은 형사 사건의 경우 역시 시민 법정 밖에서 다루어졌다(예를 들면 살인사건은 일종의 심의기구인 아레오파고스Areopagus*에서 판결했다). 따라서 정치적인 재판이 시민 법정의 대부분의 활동을 차지했다.29) 이런 재판은 결코 예외적인 것이 아니었으며, 사실상 일상적인 통치의 중요한 요소였다.

그 중에서 특히 범죄 행위 규정에 대한 위법성을 심사하는 비합법성 기소graphē paranomōn가 그 경우에 해당한다. 모든 시민은 민회에 제출된 안(법이든 법령이든 상관없이)의 비합법성을 기소할 수 있었다.30) 고발은 명부에 기록된 사람, 즉 위반되는 안을 만든 사람을 대상으로 했다. 오직 최초 발의자만이 기소 대상이었기 때문에, 그 제안에 찬성한 시민은 기소 대상이 아니었다(이는 아테네 민주주의에서 법령 제안의 독특성을 잘 보여 주는 대목이다). 더욱 중요한 것은 민회에서 이미 채택된 법령이나 법률의 발의자도, 설령 그 안이 만장일치로 통과되었다해도, 비합법성

28_ 같은 책, pp. 183-186.
29_ 같은 책, pp. 178-180.
30_ 실제로 민회가 법률nomoi**과 법령psēphismata에 대해 의결한 것은 기원전 5세기다. 기원전 4세기에는 법률에 대한 심의 의결은 입법자들nomothetai이 독점했다. 5세기에 비합법성 기소는 법률이나 법령 모두를 대상으로 할 수 있었지만, 4세기에는 오직 법령에만 적용되었으며, 법률에 이의를 제기할 때에는 다른 절차the graphē nomon mē epitedeion theinai가 사용되었다.

* 아레오파고스: 아레스의 언덕이라는 뜻으로 아테네에 있었던 대법정을 말한다. 원래 아레오파고스 회의는 아테네 귀족회의의 이름이었다. 기원전 462년 에피알테스의 개혁 이후, 귀족정하에서 법의 옹호자로 국정 전반에 걸쳐 거대한 영향력을 행사했던 아레오파고스 평의회가 살인 등 예외적인 경우를 제외한 대부분의 재판권을 민회·5백인회·시민 법정 등에 이양했다

** 일반적으로 '노모이'는 드라콘과 솔론의 옛 법이나, 기원전 5세기 말에 수정된 법제를 말한다. 이외의 모든 법을 '프세피스마타'라고 불렀는데, 이 말은 민회의 투표에 의한 결의라는 뜻이다.

문제로 기소될 수 있었다는 점이다. 민회가 이미 통과시킨 법령이나 법안에 대해 이의 신청이 들어오면, 이 법안은 법정에서 평결을 내릴 때까지 즉시 효력이 정지된다. 따라서 비합법성에 대한 기소 행위는 민회의 결정을 법정이 통제하는 효과를 가져왔다. 민회가 통과시킨 모든 법안은 법정에서 재심사의 대상이 될 수 있었고, 만약 누군가 재심을 요청한다면 번복될 수도 있었다. 게다가 비합법성에 대한 기소는 기술적인 문제(예를 들면, 만약 발의자가 시민권 박탈 상태에 있었을 경우)뿐만 아니라, 근본적인 문제(법률이나 법령이 기존 법률에 저촉되는 경우)에도 적용될 수 있었다. 4세기에는 법률의 기초를 이루는 민주주의의 기본 원칙과 상충하는 것 모두가 근본적인 문제의 범주에 포함되었다. 이것은 법안이 순전히 공공의 이익에 해롭다는 이유만으로도 이의 제기의 대상이 될 수 있었다는 것을 의미한다. 이 정도로 비합법성 기소는 법정이 민회의 활동에 대해 정치적 통제를 가할 수 있도록 했다.[31] 이러한 기소 행위는 자주 있었던 것 같다. 자료들은 법정이 한 달에 한 번 꼴로 심사를 했다는 것을 시사하고 있다.[32]

민회에 이미 제출된 어떤 제안이 비합법성 기소를 당해서 법정이 재심에 들어갔을 때, 바로 이 두 번째 심사는 첫 번째 심사와 구별되는, 그러면서 두 번째 심사의 더 큰 권위를 보여 주는 어떤 특징들을 갖는다. 우선, 민회의 회원들보다 훨씬 적은 배심원들로 구성되었다는 점이 그렇다. 그들은 나이가 더 많은 사람들이었고, 선서를 한 사람들이다. 여기에 덧붙여 법정이 따랐던 절차는 민회의 절차와 달랐다. 비합법성으로 기소된 의결 사항을 심사하기 위해서는 하루가 몽땅 소요되었던 반면, 민회가 개정된 (반나절 정도) 동안에는 수많은 결정들이 의결되는 것이 일반적이었다. 기소를 당한 법안을 제안했던 사람은 그 법안을 변호해야 했고, 원고는 공격을 했기 때문에 법정 절차는 쌍방이 적대적일 수밖에 없었다. 게다가 쌍방은 소송을 준비할 시간을 가지고 있었다. 반면 만약 발의된 안건에

---

[31] Hansen, *The Athenian Democracy*, pp. 205-208.
[32] 같은 책, pp. 153, 209.

대해 그 누구도 반대하지 않는다면, 토론 없이 즉석에서 결정을 내릴 수도 있었다. 마지막으로 민회에서는 예외적인 경우를 제외하고는 거수 투표를 행했다. 정확한 숫자를 세는 경우는 없었는데, 그것은 평균 6천 명 정도가 되는 참석 인원의 숫자를 일일이 세는 데는 매우 오랜 시간이 소요되었기 때문이다. 반면 법정에서는 비밀 투표가 원칙이었고(따라서 매수나 부패가 더 힘들었다), 투표는 정확하게 계산되었다.33) 따라서 정치적 역할이라고 부르기에 합당한 일을 수행할 때에도 법정은 그 규모나 구성, 그리고 시행 방식에 있어서 민회와는 본질적으로 달랐다.

    비합법성 소송의 최종단계에서, 만약 배심원 판사들이 기소자의 편을 들어 판결을 내리면, 민회의 결정은 폐기되고 그 법안을 발의했던 민회원은 벌금형을 받게 된다. 벌금은 미미한 정도일 때도 있었지만 상당한 액수일 때도 있어서, 남은 생애 동안 도시 국가의 채무자가 되는 경우도 있었고, 그 결과 시민으로서의 권리를 박탈당할 수도 있었다. 이렇듯 벌금으로 빚을 지게 될 수도 있는 가능성은 한 가지 중요한 결과를 초래했다. 즉, 우리가 이미 살펴본 바와 같이, 원하는 사람은 누구나 민회에서 제안을 할 수 있었지만, 그렇게 함으로써 자신이 상당한 위험을 무릅쓰게 된다는 사실을 모든 사람들이 알게 되었다. 한편 이 제도는 신중하지 못한 고발을 막기 위해서 고안된 것이기도 했다. 만약 고발인이 법정에서 판결이 내리기도 전에 자신의 고발을 철회하면 그는 1,000드라크마drachmas의 벌금형에 처해지고 다시는 비합법성에 대한 기소를 할 수 없게 된다. 또한 다른 공공 고발graphai과 마찬가지로, 만약 그의 고발이 투표자 가운데 5분의 1 이하의 표를 얻게 되는 경우에, 고소인은 1,000드라크마의 벌금을 물었으며 권리가 부분적으로 박탈된다.34)

    법정은 탄핵eisangeliai에 대해서도 심사했는데, 여기에는 여러 종류가 있었다. 행정관이 실정(失政)으로 탄핵되는 경우가 있었는데 이 경우 행정관들은 법정으로 넘어가기 전에 평의회에 소환되었다eisangeliai eis tēn boulēn.

33_ Hansen, *The Athenian Democracy*, pp. 147-148, 154-155, 209-212.
34_ 1,000드라크마가 어느 정도인지 짐작하기 위해서는 기원전 5세기 하루 노동의 대가가 1드라크마였다는 점을 기억할 것(주 20을 참조).

또는 정치적 범죄 행위로 (행정관을 포함한) 모든 시민이 탄핵의 대상이 될 수 있었다. 이 경우 고발이 우선적으로 민회에 제출되었다eisangeliai eis ton dēmon. 정치적 범죄라는 개념은 주로 반역, 부패(돈을 받고 아테네 시민들에게 잘못된 충고를 하는 경우), 그리고 정부(즉 민주정)를 전복하려는 시도 등 세 가지 형태의 행동을 말한다. 그러나 이 범주들은 다소 느슨하게 해석되었다. 민회에 탄핵안을 제출하는 경우는 주로 장군들에게 적용되었다. 바로 이것이 아르기누사이Arginoussai 해전*에서(406/5) 생존자들을 구출하지 않았고, 승리 이후에 사망자들을 위한 장례를 치르지 않았다는 이유로 승자들에게 사형을 언도했을 때 적용되었다. 몇몇 장군들은 전쟁에서 패하거나, 헛된 전쟁을 벌였다는 이유로 탄핵을 당하기도 했다. 이러한 탄핵은 빈번했는데, 장군들은 다섯 명 중 한 명 꼴로 그들의 이력의 어떤 시점에서 한 번 정도는 탄핵에 직면했던 것 같다. 결국 행정관에 대한 예비심사와 결산 보고서 검토가 바로 법정에서 이루어졌던 것이다.

따라서 추첨으로 뽑힌 위원들로 구성된 시민 법정이 하나의 진정한 정치적 권위를 구성했다. 기원전 4세기에는 추첨에 의해 임명된 또 하나의 기관, 이른바 노모테타이(즉 법률가들의 위원회)가 아테네 정부에서 특히 중요했다. 411년과 404년의 과두 혁명 이후 민주정이 복원되자, 민회는 더 이상 법률을 통과시킬 수 없으며, 오직 법령만 통과시키기로 결정되었고, 입법 의결은 노모테타이로 위임되었다. 이때부터 법률과 법령이 구체적으로 구분되기 시작했다. 기원전 5세기에는 두 용어가 다소 호환적으로 사용되었다. 민주정이 복원된 후 법률은 **성문법**(5세기에 노모스는 관습을 의미할 수도 있었지만)을 의미했고, **법령보다 훨씬 강한 효력을 지녔으며, 모든 아테네인들에게 똑같이 적용되었다**(반면 법령은 개인에 따라 적용되었다). 이 세 가지 특성은 403년에서 402년 사이에 채택된 법률을

---

* 아르기누사이 해전: 소아시아의 해안에서 멀지 않은 아르기누사이 섬 근처에서 일어났던 펠로폰네소스 전쟁 말기의 해전. 기원전 406년의 일. 당시 지휘관들은 전투 후 침몰선의 승무원들이 나무 조각을 붙잡고 표류하는 것을 구조하고 전사자의 시체를 수습하려 했으나 폭풍 때문에 그러지 못했다. 이런 이유로 10명의 장군 중 8명이 선동가 테라메네스Theramenes에 의해 고발당했고, 이중 6명이 처형되었다. 이때 의회를 주관했던 사람 중 한 사람이었던 소크라테스는 탄핵의 부당함을 호소했지만, 선동에 의해 동요된 민회의 결정을 돌이키기에는 역부족이었다.

정의한 법에 명시되었다.35) 다른 자료들은 그 당시에 법률에 관한 네 번째 특성, 곧 **비한시적 유효성**이 법률의 정의에 포함되었다는 것을 보여주고 있다. 반면 법령은 제한된 기간 동안의 규범을 의미했으며, 법령의 목적이 충족되면 그 내용도 소멸하였다.36) 403년과 402년 사이에 기존의 법률들이 성문화되었고, 그 이후 법률은 노모테타이의 결의에 의해서만 수정될 수 있었다.

4세기의 입법 활동은 다음과 같은 형태를 띠었다. 매년 초, 기존의 법률들은 민회의 승인을 받기 위해 제출되었다. 만약 시행 중인 어떤 법률이 민회에서 거부되면, 누구든지 이 법을 대신할 새로운 법안을 제안할 수 있었다. 그러면 민회는 현행 법률을 변호할 5명을 임명하고, 노모테타이 앞에서 쌍방은 각자의 입장을 주장했다. 게다가, 1년 중 어느 때나, 시민이면 누구든지, 어떤 법률을 폐지하고 다른 것으로 대체할 것을 제안할 수 있었다. 만약 그가 민회의 지지를 얻게 된다면, 그 절차는 첫 번째 경우와 같았다. 끝으로 6명의 집정관들thesmothetai이 지속적으로 법률을 감독하도록 했다. 만약 효력이 없는 법률을 발견하거나, 두 법률이 상충할 경우,37) 그들은 이것을 민회에 회부했다. 만약 민회의 의결이 있을 경우, 노모테타이는 법률 개정 과정을 개시했다. 다시 말하면, 입법 활동은 반드시 민회가 주도권을 가진 상태에서 개정되는 형식을 띠었다. 그러나 최종 결정은 쌍방의 주장에 의거해 노모테타이가 내렸다. 민회가 개정이 필요하다고 의결하면, 민회는 노모테타이라는 위원회를 구성하고 그 법률의 중요성에 따라 그 위원의 수를 정했다(최소 501명이었지만 그 수는 대체로 1,001명, 1,501명, 혹은 그 이상이기도 했다). 검토하기로 정해진 날 아침,

---

35_ 법률을 정의한 법의 가장 완벽한 인용은 안도키데스Andocides*의 연설에서 찾을 수 있다. 『미스테리』Mysteries 87에서 그는 "법: 어떤 상황에서도 행정관에게 불문법을 적용해서는 안 된다. 평의회나 민회의 어떤 법령도 법률보다 상위의 효력을 가질 수 없다. 한 개인에게 적용하기 위해 입안되는 어떤 법률도 없다. 6,000명 정족수의 비밀 투표로 민회가 의결하지 않는 한, 똑같은 법률이 모든 아테네인들에게 적용된다"고 말하고 있다. Hansen, *The Athenian Democracy*에서 재인용.

36_ 같은 책, p. 171.

37_ Aischines, *Contra Ctesiphon*, III, 37-40.

* 안도키데스(BC 440경-391?): 아테네의 웅변가 · 정치가. 정치가로서는 성공하지 못했지만 연설가로서는 훌륭한 재능을 갖고 있었다.

필요한 만큼의 노모테타이 위원이 추첨을 통해 선정되었다. 법정에서와 마찬가지로 그날 참석한 헬리아스타이 중에서 추첨을 통해 이들을 뽑았던 것으로 보인다. 따라서 기원전 4세기에 이와 같은 입법 결정들은 민회와는 별개의 기관이 담당했고, 이들은 추첨을 통해 지명되었다.

오늘날 우리는 대의 민주주의와 "직접" 민주주의를 구별하면서, 보통 후자의 경우 민회가 모든 중요한 정치 권력을 행사했다고 상상한다. 고대 아테네에서 사용된 제도를 면밀히 분석해 보면 이러한 상상이 틀렸다는 것을 알 수 있다. 행정관을 제쳐놓고도, 민회가 아닌 다른 세 가지의 제도, 즉 평의회, 법정, 그리고 노모테타이(입법 위원회)가 중요한 정치적 기능들을 수행했다. 시민 법정과 평의회는 특히 관심을 기울일 만하다. 이 두 기관은 아테네 민주정의 역사를 통해 매우 중요한 역할을 담당했기 때문이다. 법정의 어떤 권력은 소위 국가의 최고 권력kyrion에 해당하는 것으로, 바로 민회의 결정 사항을 뒤집을 수 있는 능력이다.

실제로, 아리스토텔레스는 시민권을 정의하면서 법정에 참여하는 것을 민회에 참여하는 것과 동일한 수준에 놓았다. 그는 민회의 회원과 마찬가지로 법정에 참여하는 사람이 "최고 결정권"kyriōtatoi을 가진다는 점을 분명히 했다.[38] 그렇기는 하지만 우리가 살펴본 바와 같이 법정은 민회와는 완전히 다른 기관이었다. 게다가, 신념과 인식이라는 측면에서, 인민 dēmos을 의미하는 것으로 간주된 것은 법정이 아니라 민회였다. 민회는 의심할 바 없이 도시를 위해서 활동했으며(특히 정치적 역할에 있어서), 도시가 민주정체였으므로, 민회는 아테네 사람들ho dēmos tōn Athēnaiōn을 대표하는 것이었다. 그러나 그들이 인민 그 자체로 인식되었던 것은 아니

---

[38] Aristotle, *Politics*, III, 1, 1275a 28. 이 표현은 사실 좀 더 복잡한 논의의 일부다. 『정치학』*Politics*에서 제시되는 시민 개념은 원칙적으로 모든 정체에 적용된다. 그러나 아리스토텔레스는 시민을 정의하면서, 시민은 "일차적으로 민주정에서 존재한다"고 덧붙였다(*Politics*, III, 1, 1275b 5-6). 시민은 "판결권과 집행권에 참여"하는 자이다(*Politics*, III, 1, 1275a 23). 아리스토텔레스에 따르면 집행권은 일정 기간 동안만 보유하는 것이지만 그 자체로 행정관들에게 속해 있다. 그러나 집행권은 시간적 제약 없이 수행되는 기능들, 즉 소위 민회 회원들이나 판사들에게도 속하는 것이다. 그는 "최고 권력을 가진 자들이 통치하는 것을 부인하는 것은 우스꽝스러운 일"이라고 말했다(*Politics*, III, 1, 1275a 28-29). 아리스토텔레스는 초기에는 행정관의 권력을 민회나 법정의 권력과 동일한 범주에 위치시켰던 것으로 보인다(급진적인 민주주의자들은 이를 반박한다). 그러나 후에 그는 최고 결정권이라는 용어를 민회 회원들과 법정에 국한시켰다.

다. 인민이라는 단어가 법정을 지칭하는 것으로 쓰인 출처는 없는 듯 하다. 이 단어가 정치제도에 사용될 때면 예외 없이 늘 민회를 지칭했다.39)

도시와 아테네인을 대표해서 활동했다는 사실에도 불구하고, 평의회 역시 결코 인민과 동일시되지 않았다. 제한적이나마 일정 정도의 자체 권력을 가지고 있었던 평의회에서 제정한 법령과 민회가 제정한 법령은 엄격히 구별되었는데, 오직 후자만이 "인민 법령"dēmou psēphismata이라고 불렸다. 게다가 민회가 그저 평의회에서 올라온 안을 비준할 때조차도, 그 결정은 다음과 같은 서두로 시작되었다. 즉, "이것은 평의회와 인민에 의해 의결되었다edoxē tē boulē kai tō dēmō." 반면 민회에서 발의한 제안이 의결되었을 때(평의회가 공개 예비칙령을 통해서 관련 의제를 상정하기만 한 경우), 민회의 칙령은 다음과 같은 말로 시작한다. "이것은 인민에 의해 의결되었다."40) 따라서 아테네 민주정에서 인민 스스로가 모든 권력을 행사한 것은 아니었다. 중요한 권력과 결정권의 일부가 사실상 인민이 아닌 다른 기관에 의해 행사되었다.

그렇다면 이런 경우 "직접 민주주의"란 무엇을 의미하는가? 평의회나 법정이 "직접" 통치 기관이라고 주장하는 사람들은, 이러한 직접성은 그 기관이 곧 인민 그 자체라거나 인민과 동일시된다는 측면에서가 아니라, 그 구성원들을 충원하는 추첨이라는 방법 때문이라는 것을 받아들이지 않으면 안 된다.

한때 역사가들은 아테네에서 추첨의 기원과 의미는 종교적인 것이라고 믿었다. 이러한 해석은 퓌스텔 드 쿨랑주Fustel de Coulanges*에 의해 처음 주장되었고, 이후 글로츠G. Glotz**가 조금 변형된 형태로 채택했다.41) 퓌스텔은 추첨(을 통한 관리임명)은 고대 원시시대로부터의 유산이

39_ Hansen, *The Athenian Democracy*, pp. 154-155.
40_ Hansen, *The Athenian Democracy*, pp. 255-256, 139.
41_ Nicolas-Denis Fustel de Coulanges, *La Cite antique*[1864], Book III, ch. 10(Paris: Flammarion, 1984), pp. 210-213. Fustel de Counlanges, "Recherches sur le tirage au sort appliqué à la nomination des archontes athéniens," in *Nouvelle Revue Historique de droit français et étranger*, 1878, 2, pp. 613ff와 Gustave Glotz, "Sortito," in C Daremberg, E. Saglio, and E. Pottier (eds.), *Dictionnaire des antiquités grecques et romaines*, Vol. IV(Paris, 1907), pp. 1401-1407이나 G. Glotz, *La Cité grecque*[1928], II, 5(Paris: Albin Miche, 1988), pp. 219-224를 참조.

며, 제사장과 같은 지위가 통치자들에게 주어졌던 것으로 해석했다. 고대에는 제사장의 지위가 세습되었다. 퓌스텔은 "이것이 사라졌을 때, 사람들은 출생을 대신할 수 있는, 신들도 거부하지 않을 선출 방식을 찾았다. 많은 그리스 사람들과 마찬가지로, 아테네인들은 추첨에 대한 신념을 갖게 되었다. 그러나 우리는 지금까지 아테네 민주정을 비난하는 데 사용되어 온 이 과정에 대해 잘못된 인상을 가져서는 안 된다"고 썼다. 그는 이렇게 덧붙인다. "고대 사람들에게 추첨은 우연이 아니었다. 그들에게 있어 추첨은 신의 뜻이 계시된 것이었기 때문이다."42)

글로츠와 마찬가지로 퓌스텔에게 추첨의 종교적 해석은 두 사람 모두가 주요한 수수께끼라고 보았던, 사실 근대의 정치적 사고에서 본다면 어리석어 보이는, 또는 그렇지 않다면 최소한 기이한 문제에 대한 해답을 제시해 주는 것이었다. 글로츠는 이렇게 이야기했다. "추첨으로 통치자를 임명하는 것은 오늘날 우리에게는 매우 어리석은 일로 보인다. 우리로서는 어떻게 이성적인 사람이 이러한 체제를 구상하고 또 유지할 수 있었는지 상상하기가 어렵기 때문이다."43) 퓌스텔과 글로츠는 아테네인들이 정치적 이유에서 추첨을 사용했다고 인식하지 못했다. 좀 더 정확히 표현하자면, 근대적 사고에서 볼 때, 아테네인들이 추첨을 정치적으로 사용했음에 분명하지만 그들은 그렇게 인식하지 못했다. 정치 세계에서 추첨을 통해 행정관을 임명한다는 것이 너무나 생소하고 충격적이었기 때문에, 그들은 이것이 반드시 다른 세계, 즉 종교와 관련되었을 것이라고 추측했다. 그리고는 아테네인들에게 정치는 그 내용과 우선 순위에서뿐만 아니라 존재론적 측면에서도 근대 정치와는 다를 수밖에 없었을 것이라고 결

42_ Fustel de Coulanges, *La Cité antique*, pp. 212-213.
43_ Glotz, *La Cité grecque*, p. 223.

* 퓌스텔 드 쿨랑주(1830~1889): 프랑스의 대표적 역사가이다. 스트라스부르 대학, 에콜노르말, 소르본 대학 교수를 역임.
** 구스타프 글로츠(1862~1935): 프랑스의 역사가. 아구노 출생. 1882년 에콜노르말을 졸업하고, 교직에 들어가 1897년 소르본의 그리스 역사 교수가 되었으며, 1920년 아카데미 회원이 되었다. 엄밀하고 과학적인 방법을 도입하여 그리스 역사 연구에 커다란 공헌을 했다.

론지었다. 그들은 아테네인들에게 정치란 현세와 내세의 혼합이었을 것이라고 추측했다.[44]

물론, 추첨 사용에 대한 종교적 설명은 자료 해석에 기초하고 있다. 아울러 이러한 해석은 유비에 의한 주장에 의존하고 있다. 실제로 다양한 문화에서 추첨은 초자연적 세계로부터 주어진 신호로 간주되었다. 그럼에도 불구하고, 이 이론은 1891년 헤드램J. W. Headlam이 발표한 선구적 연구에 의해 도전 받았고,[45] 오늘날 전문가들 사이에서는 더 이상 통용되지 않는다.[46] 한센은 "대체로 추첨을 통한 행정관 선출이 종교적 특성이나 기원을 가지고 있다는 것을 직접적으로 증명할 만한 적절한 자료는 단 하나도 없다"고 쓰고 있다.[47]

반면에 수많은 자료들은 추첨을 민주정의 전형적인 모습으로 소개하고 있다.[48] 더욱 중요한 것은 추첨이 바로 민주주의적 선출 방법으로 묘사된 반면, 선거는 다소 과두정치나 귀족주의적인 것으로 나타난다는 것

---

[44] 고대 제도들은 종교적 기원과 연관성 속에서만 이해될 수 있다는 생각이 퓌스텔의 책 전반에 걸쳐 흐르고 있다. 이와 관련해, 저자가 정치 교육의 관점에서 어떤 분명한 목적을 추구하고 있다는 점을 주목해야 한다. 즉, "무엇보다도 근대 사회와 고대를 영원히 구별할 수 있는 근본적이고 본질적인 차이들을 조명함으로써" 저자는 "근대 사회의 발전"을 가로막는 장애물로 보였던 고대를 모방하려는 시도를 막으려 했다. 벤자민 콩스탕Benjamin Constant*의 유명한 (고대와 근대의) 구분을 상기시키면서, 퓌스텔은 "우리는 고대인들의 자유와 관련해 우리 스스로를 기만하고 있다. 그리고 바로 그 이유 하나만으로 근대인들의 자유가 위태로워졌다"고 말했다(La Cité antique, Introduction, pp. 1-2).

[45] Headlam, Election by Lot at Athens, pp. 78-87.

[46] Staveley, Greek and Roman Voting, pp. 34-36이나 Finley, Politics in the Ancient World, pp. 94-95를 볼 것.

[47] Hansen, The Athenian Democracy, p. 51(퓌스텔과 글로츠에 의해 발전된 이론에 대한 상세한 논의는 같은 책 pp. 49-52를 볼 것).

[48] Herodotus, Histories, III, 80, 27(헌법 체제 논쟁에서 민주정을 옹호했던 오타네스Otanes**의 연설), Pseudo-Xenophon, Constitution of Athens, I, 2-3, Xenophon, Memorabilia, I, 2, 9, Plato, Republic, VIII, 561b, 3-5; Plato, Laws, VI, 757e 1-758a 2; Isocrates, Areopagiticus, VII, 21-2; Aristotle, Politics, IV, 14, 1300a 32; VI, 2, 1317b 20-22; Aristotle, Rhetoric, I, 8을 참조.

* 벤자민 콩스탕(1767~1830): 프랑스 태생 스위스의 소설가·정치작가.

** 오타네스: 헤로도투스의 『역사』 3권 61-88에 등장하는 페르시아의 귀족으로, 다리우스 1세가 페르시아의 왕이 되는 데 기여한 6명의 공모자 중 한 명이다. 죽은 페르시아 왕의 행세를 하던 파티제이테스를 몰아낸 후에 있은 정부 수립을 위한 논쟁에서 오타네스는 추첨에 의해 돌아가며 관직을 배분하는 민주정부가 바람직하다고 주장했다. 반면 다리우스는 당파적 갈등과 우중의 지배로부터 페르시아를 해방시키기 위해서는 1인 지배가 필요하다고 역설했다.

이다. 아리스토텔레스는 "내가 말하고자 하는 바는, 추첨을 통해 집정관을 지명하는 것은 민주적인 것이고, 선거에 의한 것은 과두적이라는 것이다. 재산 자격에 기초하지 않은 것이 민주적인 것이고, 그에 대한 제한이 있는 것은 과두적인 것이다"라고 말했다.[49] 추첨은 민주적이고 선거는 과두적이라는 생각은 우리의 상식을 벗어나는 충격적인 것이다. 그러나 아리스토텔레스는 분명 우리와는 다르게 믿고 있었다. 왜냐하면 그가 이 말을 『정치학』의 핵심적 개념의 하나인 혼합 정체memigmenē politeia와 관련지어 주장했기 때문이다.

아리스토텔레스는 만약 민주적 제도와 과두적 제도를 종합한다면 한쪽만의 특징을 가진 정체보다 더 나은 헌법을 만들 수 있다고 생각했다. 추첨, 선거, 그리고 재산 자격 조건들의 다양한 배합은 이러한 종합을 가능하게 했다. 심지어 아리스토텔레스는 혼합 정체를 만드는 방법까지도 제시했다. 예를 들면, 집정관은 (추첨으로 배정하기보다는) 선거를 통해 선출하되, 재산 자격 조건에 상관없이 투표, 입후보, 또는 두 가지 모두 할 수 있도록 한다. 또 다른 혼합은 관직을 배정하는 것은 추첨으로 하되 재산 자격 조건에 따라 한정된 특별한 시민계급 내에서만 실행하도록 한다. 또는 어떤 자리는 선거로, 또 어떤 자리는 추첨으로 충원하도록 한다.[50] 그에 따르면, 이러한 혼합 형태들은 어떤 면에서는 과두적이고 또 다른 면에서는 민주적인 헌정 체제를 만들어 낸다. 따라서 따로 떼어놓고 보면 추첨은 본질적으로 민주적인 반면 선거는 과두적이거나 귀족주의적 방법이지만, 아리스토텔레스에게 선거는 민주정과 양립할 수 없는 것은 아니었다.

아테네인들이 만든 추첨과 민주정의 연결 고리를 이해하기 위해서, 우리는 무엇보다 먼저 그리스 민주정치 문화의 주요한 면모인 관직 교체 rotation의 원칙을 살펴보아야 한다. 민주주의자들은 통치자들과 피통치

---

[49] Aristotle, *Politics*, IV, 9, 1294b 7-9. 선거의 귀족주의적 성격에 대해서는, Isocrates, *Panathenaicus*, XII, 153-154도 참조. 이소크라테스는 조상의 헌법이 현재 헌법보다 본질적으로 더 월등하다고 주장했는데, 그 이유는 그 헌법에서는 (추첨이 아니라) 선거를 통해 집정관이 지명되고 따라서 민주주의적 특성에 귀족주의적 요소를 가미했기 때문이라고 주장했다.

[50] Aristotle, *Politics*, IV, 9, 1294b 11-14; IV, 15, 1300a8-1300b5.

자들 사이에 다른 역할이 있다는 것을 인지하고 있었을 뿐 아니라, 대부분의 경우에 이 두 가지 기능이 동일한 사람에 의해 동일한 시점에 행사될 수 없다는 것을 알고 있었다. 민주정의 기본적인 원칙은 민중이 통치자이자 피통치자라는 것이 아니라, 모든 시민이 이 두 위치를 번갈아 가며 차지할 수 있어야만 한다는 것이었다. 아리스토텔레스는 "민주정의 기본 원칙"인 자유liberty가 취해야 할 두 가지 형태 가운데 하나를 다음과 같이 정의했다. "자유eleutheria의 한 형태는 다스리고 또 다스림을 받는 것을 번갈아 하는 것이다en merei archesthai kai archein."51) 다시 말하면 민주적 자유는 자신에게 복종하는 것이 아니라 내일이면 자신이 차지할 그 자리에 오늘 앉아 있는 누군가에게 복종하는 것이다.

아리스토텔레스는 이처럼 통치와 복종을 번갈아 하는 것을 시민의 덕 혹은 탁월함이라고 했다.52) 그는 다음과 같이 말했다. "좋은 시민의 탁월함은 잘 다스리고 잘 복종함으로to dynasthai kai archein kai archesthai kalōs 나타난다."53) 시민에게 핵심적인 이 두 능력은 역할 교대를 통해

51_ Aristotle, *Politics*, VI, 2, 1317a 40-1317b2. 동일한 생각이 에우리피데스Euripides*에 의해서도 표현되었다. 그는 테세우스Theseus**의 입을 통해, 번갈아 가며 다스린다는 사실이 아테네 민주정의 근본적 특성이라고 말했다(*Suppliant Women*, v. 406-8). 아리스토텔레스가 보기에, 또 다른 형태의 민주주의적 자유였던 "자기가 원하는 바대로 사는 것"(*Politics*, VI, 2, 1317b 11-12)은 정치 권력에 참여하는 것과는 상관이 없었다. 자기가 원하는 대로 살 수 있는 능력이라고 이해되는 자유freedom가 민주주의의 이상 가운데 하나임은 페리클레스의 그 유명한 장례식 연설(*Peloponnesian War*, II, 37)과 니키아스Nicias***의 말을(같은 책, VII, 69) 전하고 있는 투키디데스Thucydides****에 의해서도 증명된다. 여기에서 고전적 자유와 근대인의 자유에 대한 벤자민 콩스탕의 구분, 그리고 페리클레스의 장례식 연설이 제기한 수많은 학문적·이념적 쟁점에 대해서는 논의하지 않겠다.

52_ 아리스토텔레스의 시민 개념은 특히 (아리스토텔레스 자신도 인정한 것처럼) 민주정에서의 시민에게 적용된다(주 46을 참조).

* 에우리피데스(B.C. 485-406): 그리스의 대표적인 비극 시인. 감정 표현과 논의의 전개가 뛰어나다는 평을 받고 있다. *Suppliant Women*은 전쟁과 법의 지배를 주제로 한 작품이다.
** 테세우스: 그리스 건국 신화에 나오는 아테네의 영웅.
*** 니키아스(B.C. 470?-413): 고대 아테네의 정치가, 장군.
**** 투키디데스(B.C. 460?-400?): 아테네 출생. 부유한 집안에서 태어나 펠로폰네소스 전쟁에서 활약하였고, BC 424년 장군이 되었다. 트라키아 지방에서 활동했으나 암피폴리스의 방위에 실패하여 추방당했다. 20년간의 망명 생활을 했고, 아테네가 멸망한 후 귀국한 것으로 보인다. 이 망명 생활 기간에 아테네와 스파르타 양측의 자료를 수집하여 펠로폰네소스 전쟁의 역사를 다룬 『펠로폰네소스 전쟁사』History of the Peloponnesian War(8권)를 저술했다.

배우게 된다. 즉, "잘 복종할 줄 모르는 사람은 잘 통치할 수 없다ouch estin eu arxai mē archthenta는 것은 매우 옳은 말이다."54) 아리스토텔레스의 이 말은 잘 알려져 있다. 이 말은 원래 솔론Solon*의 말이라고 하는데, 바로 이 사실은 아테네 정치 문화에서 교체의 원칙이 갖는 중요성을 나타내는 것이다. 여기에서 "잘 다스리기 위해서"라는 표현은 근본적인 의미로 이해되어야만 한다. 즉 그것의 본질과 이상에 부합하는 통치 행위를 수행해야 한다는 것이다. 일반적으로 말해서 어떤 일은 그것을 완벽하게 수행할 사람에게 합법적으로 위임될 수 있다. 관직의 교체는 따라서 통치의 기본적 정당성을 부여해 주었다. 다스릴 수 있는 권리는 이전에 한때 그 반대되는 위치에 있어 보았다는 데서 비롯된다.

정치적 활동과 공직 참여는 인간이 가진 탁월성의 최고 형태로 간주되

53_ Aristotle, *Politics*, III, 1277a27.
54_ 같은 책 1277b12-13. 아리스토텔레스는 『정치학』에서 이와 동일한 생각을 여러 번 언급하고 있다. 또 다른 구절에서 그는 통치와 복종을 교대로 하며, 시민들이 이 두 가지 역할을 번갈아 완수하도록 하는 것은, 민주정에서처럼 모든 시민들이 평등하거나 그렇게 간주될 때, 하나의 정당한 해결책[절대적인 의미에서 최선은 아닐지라도]이라고 설명했다. 무조건적 최선의 정체를 다루는 7번째 책에서 그는 이렇게 쓰고 있다. "모든 정치적 공동체는 지배자와 피지배자로 구성되어 있기 때문에, 우리는 반드시 지배자와 피지배자가 교체되어야 하는지, 아니면 영구적으로 동일해야 하는지를 살펴보아야 한다……의심할 바 없이, 만약 신이나 영웅들이 우선은 육체적으로 그리고 정신적으로 탁월함을 부여받아 인간들과 구별된다고 믿는 만큼, 어떤 사람이 다른 사람들과 구별된다면, 지배자들이 피지배자들에게 갖는 우월성은 명백하고 논쟁할 여지가 없을 것이며, 이 경우 똑같은 사람이 영원히 지배하고 지배받는 것이 더 나을 것이 명백하다. 그러나, 이런 경우는 있기 어려우며, 스키락스Scylax**에 따르면 인도에서처럼 왕들이 백성들과 크게 다른 경우가 이 곳에서는 없기 때문에, 여러 가지 이유에서 모든 사람들이 동일한 방법으로, 돌아가면서 지배와 피지배를 경험하는 것이 필수적이다"(*Politics*, VII, 14, 1332b 12-27). 그러나 무조건적 최선의 정체를 다룰 때, 아리스토텔레스는 교체의 원칙과 자연에 기초한 기능의 차별성이라는 요구를 절충한다. 이러한 절충을 가능하게 하는 것이 바로 나이age이다. 자연이 그들에게 어떠한 역할을 부여하고자 할 때, 즉 어릴 때에는 지배를 받아야 하고, 자연이 그들에게 더 많은 역량을 부여할 때, 즉 나이가 들어서는 지배를 해야 한다. 여기에 아리스토텔레스는 이렇게 덧붙인다. 나이에 기초한 이러한 교체는 "잘 다스릴 운명을 가진 사람은 반드시 먼저 잘 복종해야 한다"는 원칙을 만족시킨다. 같은 책, 1333a3-4. 최선의 정체를 묘사할 때에도, 아리스토텔레스는 통치는 복종을 통해 배우게 된다는 원칙을 고수한다.

* 솔론(BC 640?-560?): 아테네의 정치가·시인. 명문이지만 중류 재산가의 집안에서 태어났다. 살라미스섬의 영유를 둘러싼 메가라인과의 싸움(BC 596)에서 명성을 얻은 결과, BC 594년 집정관 겸 조정자로 선정되어 정권을 위임받았다. 당시 극심한 빈부의 격차에서 빚어진 사회 불안을 개선하기 위하여 '솔론의 개혁'이라 일컫는 여러 개혁을 단행했다.

** 스키락스(?-?): 30개월 이상 페르시아를 위해 중동을 여행한 6세기경의 그리스인. 그의 정보는 다리우스 황제의 왕국 확장에 도움을 주었다.

었다. 이 점에서 관직 교체는 이러한 견해를 반영하는 것이라고 지적되어 왔다. 그러나 통치와 복종을 번갈아 하는 것은 좋은 정부를 얻기 위한 수단이기도 하다. 이 원칙은 이른바 민주적 정의democratic justice와 부합되는 정치적 결정을 만들어 내는 것을 목적으로 했다. 어느 날 명령을 내리는 사람이 그 전에는 명령에 복종했던 사람이라면, 권력을 가진 사람이 어떤 결정을 내릴 때, 그 결정에 의해 영향을 받게 될 인민의 입장을 참작하여 결정을 내릴 수 있다. 즉, 그들은 자신의 통치가 피지배자에게 어떤 영향을 미칠 것인지를 생생하게 예측할 수 있을 것이다. 왜냐하면 그들 스스로 경험해 보았기 때문에 지배받는다는 것이, 그리고 복종해야만 하는 것이 어떤 느낌인지 알고 있기 때문이다. 게다가 관직에 있는 사람은 피지배자의 견해를 고려하고자 하는 동기를 가지게 된다. 통치하는 사람은 피지배자 위에 군림하는 것을 주저하게 되는데, 그 이유는 다음 날 그가 아랫사람이 되어야 한다는 사실을 알고 있기 때문이다. 일반적으로 인정하듯이, 교체는 단지 절차였을 뿐, 결정의 내용을 지시하거나 무엇이 정의로운 명령인지 결정하지는 않았다. 그럼에도 불구하고 이 절차 자체는 통치자가 결정을 내릴 때, 피통치자의 입장에서 상황을 보게 하고, 동시에 통치자를 신중하게 결정하도록 만듦으로써, 실질적으로 정의로운 결과가 나오는 데 이바지했다.

 2천 년 후에 루소가 제기한 이론적 개요에 따르면, 정의는 법의 보편성에 의해 보장을 받아야 한다. 즉 다른 사람들뿐만 아니라 자기에게도 적용될 법률을 놓고 투표를 하는 각 시민은, 스스로를 위해 하고자 하던 바를 다른 사람을 위해 하도록 유도된다. 교체 절차에서도 이와 유사한 효과가 시간에 따른 승계를 통해 나타난다. 통치자는 입장을 바꾸어 지배받는 사람의 처지에서 결정을 내리도록 유도된다. 왜냐하면 그들의 처지를 잘 알고 있었고, 이후에 다시 알게 될 것이기 때문이다. 아테네의 민주주의자들은 단순히 정의를 외치는 것, 즉 권력에 있는 사람들에게 통치를 받는 사람들의 처지를 상상해 보라고 호소하는 것으로 만족하지 않았다. 그들은 통치자들에게 그렇게 할 수단과 동기를 제공했던 것이다.

 민주주의자들은 관직 교체를 매우 중요하게 생각했기에, 이를 하나의 법률적 요건으로 만들었다. 원칙적으로 권력관계가 역전될 수 있었을 뿐 아니라, 실제로도 불가피하게 역전되었다. 이것이 앞서 언급한 다양한 규제(예를 들면, 추첨으로 임명된 행정관들이 한 번 이상 그 자리에 앉을 수 없다, 혹은 두 번 이상 평의회의 위원이 될 수 없다 등의 규제)의 목적이었다. 이러한 규제 때문에 매년 행정관직과 평의회 위원의 자리를 충원하기 위해 수백 명의 새로운 인물들을 찾아내야 했다. 30세 이상의 시민 가운데 두 명 중 한 명은 평생에 적어도 한 번은 평의회의 위원이 되어야 했다는 계산이 나온다. 게다가 민회와 법정에 참석하는 것에서도 교체가 있었다. 민회에는 일정 수 이상의 시민이 모이지는 않았다(우리가 언급한 것처럼, 4세기에는 총 3만 명의 시민들 중 6천 명 정도였다). 그리고 동일한 시민이 매번 참석하는 경우는 거의 없었다. 민회는 민중과 동일시되었는데, 그 이유는 모든 시민들이 참석했기 때문이 아니라, 그들 모두가 참석할 수 있었고, 그 회원이 지속적으로 바뀌었기 때문이다. 법정의 경우 판사들이 많이 교체되었다는 명백한 고고학적 증거가 있다.[55]

결과적으로 아테네 민주주의는 이론적으로뿐만 아니라 실제적으로도 교체의 원칙을 중심으로 조직되었다. 이 근본적인 원칙이 추첨에 의한 선발을 합리적인 해결책으로 만들었다. 상당수의 사람들이 언젠가는 관직에 올라가기 때문에, 관직에 진출하는 순서는 운에 맡겨졌을 것이다. 게다가 충원되어야 할 자리의 숫자에 비해 시민의 숫자가 턱없이 작았기에, 교체의 원칙은 선거보다 추첨을 더 선호할 만한 것으로 만들었다. 실제로 선거는, 동료 시민들에게 인기 있는 사람들로 후보를 제한함으로써 잠재적 행정관의 수를 축소시켰을 것이다. 아테네인들은, 동료들이 충분히 능력이 있다거나 뽑을 만큼 재능이 있다고 판단하는 사람들을 위해 행정관과 평의회 위원의 자리를 남겨 둘 만한 여유가 없었다고 말할 수 있다. 즉, 이러한 규제는 교체를 방해했을 것이기 때문이다.

그러나 한 걸음 더 나아가, 선거 원칙과 교체는 잠재적으로 상충되는 면이 있다는 것을 살펴볼 필요가 있다. 선거 원칙은 시민들이 관직에 앉힐

---

[55] Hansen, *The Athenian Democracy*, p. 313.

사람을 자유롭게 뽑는다는 원리를 의미한다. 그러나 선거의 자유는 다시 뽑을 자유이기도 하다. 시민들은 해마다 같은 사람이 특정 공직을 차지하기를 바랄 수도 있다. 만약 어떤 시민이 한 번 당선되는 데 성공했다면, 그 사람은 유권자를 다시 사로잡을 가능성이 높다고 추정할 수 있다. 선거로 관리를 선발하는 체제에서 교체의 절대적인 보장을 제공하는 유일한 방법은 예전에 선출되었던 시민은 다시 선출될 수 없다는 결정을 통해 선거권자의 선택의 자유를 제한하는 것이다. 물론 이렇게 할 수 있겠지만, 이는 잠재적으로 정반대의 결과들을 내포하는 두 원칙의 타협을 의미할 뿐이다. 반면, 강제적인 교체와 추첨을 결합하는 데에는 이러한 위험이 없다. 교체 요건은 추첨의 논리를 거스를 위험이 없다. 아테네인들은 선거 원칙과 교체 원칙의 잠재적 갈등을 인지하고 있었고, 그것이 바로 선거를 통해 선출된 행정관직의 경우, 연속해서 여러 번 동일한 관직을 갖는 것을 금지하지 않았던 이유이다. 금지는 오직 추첨에 의해 충원되는 행정관들에게만 적용되었다. 따라서 아테네 민주정에서 추첨을 통한 임명은 무엇보다도 교체에 우선 순위를 둔 것이었다.

둘째, 교체와 추첨의 결합은 전문성에 대한 깊은 불신에서 비롯되었다. 모든 평의회 위원들과 판사들 외에도 대부분의 행정관들은 전문가가 아니라 보통 시민이었다. 아테네인들은 어떤 경우에는 특화된 전문 기술이 필요하다는 것을 알고 있었다. 그러나 일반적인 경우에서는 정반대로 추정했다. 그들은 절박한 이유가 없는 한 각각의 정치적 기능은 비전문가에 의해서 수행될 수 있다고 생각했다. 전문가의 부재, 또는 적어도 전문가의 제한된 역할이 보통 시민의 정치적 힘을 보호하기 위해 고안되었던 것이다.[56]

그들이 내린 가정은 만약 전문가들이 정부에 간여하게 되면 불가피하게 그들이 지배하게 되리라는 것이었다. 아테네인들은 아마도 집단적 정책 결정에서 다른 사람들이 가지지 않은 지식과 기술을 가진다는 것 자체가 권력의 한 근원이 되며, 법률적으로 그들 각각의 권력이 어떻게 규정되

---

[56] Staveley, *Greek and Roman Voting*, p. 55.

든, 그러한 기술을 가진 사람들은 그렇지 못한 사람보다 이점을 갖는다고 판단한 듯 하다. 전문가들로 이루어진 평의회 또는 전문 행정관이 민회를 좌지우지할지도 모르고, 법정에서 전문가들은 다른 판사들의 중요성을 축소시킬 것이다. 역사가들은 추첨에 의한 임명의 주된 목적이 행정관의 권력을 축소시키기 위한 것이었다고 주장하곤 한다.57) 그러나, 이는 모호한 주장이며, 이른바 행정관의 선발에 사용된 추첨의 경우에만 적용된다. 사실 추첨을 통한 임명이 해당 관직의 기능과 권력을 공식적으로 정의하는 데 영향을 미치지는 않았다. 행정관의 공식적인 힘은 사실상 제한되었는데, 이는 행정관이 민회와 법정의 지속적인 감시를 받아야 했기 때문이다. 추첨에 의한 선발은 특히 행정관직으로 봉사하는 개개인이 그들의 전문성으로 인해 과도한 권력을 향유하는 일이 없도록 보장했다. 실제로, 추첨을 통해 판사를 임명하는 것이 법정의 공식적 힘을 축소하기 위한 것은 아니었다. 판사들은 분명 최종적 권력으로 간주되는 권력을 가지고 있었다. 이것이 바로 법정을 살펴보는 것이 아테네인들이 어떻게 추첨을 이용했는지를 분석함에 있어 중요한 이유이다. 법정에서는, 추첨을 통해 판사를 선임하고, 전문가의 참여를 절대적으로 불허함으로써 전문가의 목소리가 시민의 목소리를 능가하지 못하도록 했다.

마지막으로, 아테네 민주주의자들은 정치적 문제에서 민주정과 전문성을 서로 상충하는 것으로 인식했다.58) 민주정은 결정적인 권력을 비전문가들, 즉 아테네 사람들이 평범한 사람hoi idiōtai이라고 부르는 사람들에게 부여하는 것이다. 행정관들은 결산 보고서를 제출할 때, 자신의 실수를 전문지식이 부족한 탓으로 돌리곤 했다.59) 이러한 종류의 수사학적 전략은, 듣는 사람의 입장에서 볼 때, 평범한 시민이 행정관직에 종사할 경우 발생할 수 있는 정상적이고 정당한 것이라는 사실을 전제로 한 것이었다. 웅변가이자 정치적 지도자이기도 한 데모스테네스Demosthenes*와 같은 사람

57_ 이러한 입장은 Staveley, *Greek and Roman Voting*과 Hansen, *The Athenian Democracy*, pp. 84, 235-237의 경우에 해당된다.
58_ Hansen, *The Athenian Democracy*, p. 308.
59_ 같은 책, p. 308.

도 때로는 대중의 호의를 얻기 위해, 특히 그의 초창기 시절에는, "당신들과 똑같은 한 명의 평범한 사람idiōtēs kai pollōn humōn heis"이라고 자신을 소개하기도 했다.60)

플라톤Plato**이 프로타고라스Protagoras***로 하여금 자세하게 이야기하도록 만들었던 신화도 민주주의적 사고의 주요 요소를 잘 표현하고 있다. 물론 플라톤은 민주정에 대해 전혀 공감하지 않았고, 프로타고라스를 자신의 생각과 대치되는 적수로 여겼다. 그러나 플라톤은 페리클레스의 친구인 이 소피스트에 대해 일종의 존경심을 느끼고 있었던 것으로 보인다. 게다가 플라톤이 프로타고라스의 것이라고 말하는 주장들은 반박을 용이하게 하기 위한 단순한 풍자라고 하기에는 아테네인들의 관행과 너무나 잘 일치한다. 『프로타고라스』에서 소크라테스는 민회가 도시를 통치하는 것에 대해 논의하면서, 건물이나 배를 만드는 일을 처리할 때와는 매우 다르게 행동하는 것에 놀라움을 표시했다. 후자의 경우, 민회는 건축가나 조선공을 부르고, 만약 전문가가 아닌 사람이 의견을 내면 군중들은 그를 조롱하고 입을 다물게 만들었다. 그러나 일반 도시 문제들을 토론할 때면, "청중석에는 대장장이, 구두 고치는 사람, 상인, 그리고 뱃사공, 부자와 가난한 사람, 귀족과 평민의 구분이 없다. 그리고 후자의 경우와 달리, 어디에서도, 어떤 선생 밑에서도 훈련받은 바 없는 사람들이 충고를 하려 한다고 해서 누구도 그 사람을 비난하려고 하지 않는다."61) 프로타고라스는 아테네인의 관례를 옹호하기 위해 신화에 호소한다. 제우

60_ Demosthenes, *Prooemia*, 12. 어떤 판본들에는 이 모두 발언이 13번이라고 되어 있다.
61_ Plato, *Protagoras*, 319 D.

* 데모스테네스(BC 384~322): 고대 그리스에서 가장 뛰어난 웅변가로, 아테네 시민을 선동해 마케도니아 왕 필리포스와 그의 아들 알렉산드로스 대왕에 대항하도록 만들었다. 그의 연설문은 BC 4세기 아테네의 정치·사회·경제 생활에 관한 귀중한 자료이다.
** 플라톤(BC 428/427~BC 348/347): 고대 그리스의 철학자. 서양 문화의 철학적 기초를 마련한 고대 그리스의 위대한 철학자이다. 논리학·인식론·형이상학 등에 걸쳐 광범위하고 심오한 철학 체계를 전개했다.
*** 프로타고라스(BC 485?~410?): 최초이자 가장 유명한 그리스의 소피스트. 아테네에서 삶의 대부분을 보냈고 도덕·정치 문제와 관련하여 큰 영향을 미쳤다. 플라톤은 자신의 대화편 중 하나에 프로타고라스의 이름을 따서 붙였다.

스는 모든 사람들에게 정치적 덕목이 있다고 인정했다. 전문적인 기술들이 그렇듯이 만약 정치적 덕목이 몇몇 사람에게만 집중되어 있다면, 도시는 갈등으로 나뉘고, 그 구성원들은 흩어지며, 인간성은 말살되어 도시는 살아남지 못할 것이다.62) 이 신화는 평등한 발언의 원칙에 대한 옹호이다. 즉, 통치에 관한 것인 한, 시민이면 누구나 그의 의견을 말할 수 있는 자격을 충분히 가지고 있다는 원칙.

추첨은 또한 평등의 원칙과 연관되어 있는데, 이는 설명하기가 조금 더 어렵다. 현대의 역사가들은 이 문제에 대해 의견이 분분하다. 핀리M. I. Finley와 같은 학자는 추첨의 관행을 아테네 민주주의자들에게 더없이 소중했던 평등의 표현으로 간주한다.63) 다른 사람들은 한센의 주장을 되풀이하는데, 그것은 추첨과 평등이라는 민주주의적 이상의 결합은 민주주의자들 스스로가 아니라 민주정에 대해 적대적이었던 저술가들(플라톤, 아리스토텔레스, 이소크라테스Isocrates*)이 만든 것이라는 주장이다. 나아가 한센은 이 저술가들이 민주주의자들의 생각이라고 간주했던 평등에 대한 견해들은 아테네 민주정의 현실과 일치하지 않았다고 지적한다.64)

한센의 주장은 수긍하기 힘들고 개념적으로도 취약하다. 그는 평등 개념을 근대적 구분에 따라 두 가지로 나누어 사용하고 있다. 즉 개인들이 모든 것에 대해 동일한 몫을 가지는 결과의 평등과 모두가 동일한 출발선을 가지되, 마지막 분배는 오로지 개개인의 성취에 의해 결정되는 기회의 평등이 바로 그것이다.65) 한센은 아테네 민주주의자들이 실제로 지지했던 평등 개념은 결과의 평등이 아니었다고 말한다. 아리스토텔레스가 뭐라고 했던 간에, 아테네 민주주의자들은 모든 사람이 모든 것을 똑같이 나눠야 한다고 주장하지는 않았다. 게다가 추첨은 기회의 평등도 아니었

62_ Plato, *Protagoras*, 322 C 1-323 A 4.
63_ M. I. Finley, "The freedom of the citizen in the Greek world," in *Talanta: Proceedings of the Dutch Archaeological and Historical Society*, Vol. 7, 1975, pp. 9, 13.
64_ Hansen, *The Athenian Democracy*, pp. 81-85.
65_ 같은 책, p. 81.

* 이소크라테스(BC 436~338): 고대 아테네의 웅변가·수사학자·교사.

다. 왜냐하면 재능에 따라 권력을 배분하는 것이 명백히 아니기 때문이다. 한센은 결과의 평등만이 정당성을 가질 수 있다고 추론했다.* 그리고 이 개념이 평등에 대한 민주주의자들의 견해가 아니었기 때문에, 민주주의자들이 평등에 대한 전망에 의거해 추첨을 옹호했던 것은 아니라고 결론을 내린다.

그러나 이러한 주장은 오늘날 이해되고 있는 결과의 평등과 기회의 평등이라는 구분이 평등의 개념들로 고려될 수 있는 모든 가능성들을 고갈시켜버린다는 것을 전제로 한 것이다. 분명 추첨에 의한 선발에서 재능은 아무런 역할도 하지 않았다. 그러나 그렇다고 해서 추첨이 단지 결과의 평등만을 구현할 수 있다는 결론이 뒤따르는 것은 아니다. 추첨은 근대적인 결과의 평등과 기회의 평등이 아닌, 다른 어떤 평등 개념을 반영하는 것일 수 있다.

한센 자신이 인정한 것처럼, 사실 민주정에 비판적이거나 유보적인 입장을 가지고 있는 서적들만이 추첨의 평등주의적 특성을 강조하는 것은 아니다. 이는 헤로도토스Herodotus**의 정치 체제에 대한 유명한 논쟁(비록 이것은 특별히 아테네에 대한 것은 아니지만)에서도 나타나며, 아테네에 적대적이었는지 아니면 아테네의 정치 문화에 익숙하지 않았던 것인지 알 수는 없지만, 데모스테네스에게서도 발견된다.66) 따라서, 추첨에 의한 선발은 특별히 평등한 절차로 간주되었던 것으로 보인다. 문제는 그것이

66_ 정치 체제에 대한 토론에서, 민주정을 옹호하는 오타네스는 추첨을 정치적 평등(이때 사용된 단어는 isonomiē이다)과 연결시킨다. Herodotus, *Histories*, III. 80, 26. 한 개인적인 연설에서 데모스테네스는 추첨을 통한 지명을 "모든 사람이 동등하게 공유하는" 것이라고 말했다 (Demosthenes, *Against Boiotos*, I, XXXIX, 11).

* 한센은 서양 정치사상에서 두 가지 상이한 정치적 평등 개념이 상충하고 있다고 본다. 하나는 자연적 평등, 즉 인간은 태어나면서부터 평등하다는 것이다. 이런 관점을 한센은 기술적(記述的)인 견해로 본다. 다른 한 가지는 기회의 평등으로, 한센은 이를 규정적(規定的) 평등이라고 정의한다. 그에 따르면 아테네인들은 이를 잘 이해하고 있었고, 특히 아테네 민주주의자들은 후자를 선호했다고 주장한다. 마넹은 이러한 한센의 아테네 민주주의자들에 대한 추론에 반대한다.

** 헤로도토스(BC 484?~425?): 그리스의 역사가. 최초의 역사책인 『역사』*Historiaes*를 썼다. 이 책은 두 부분으로 이루어져 있는데, 전반부에서는 BC 499년부터 시작된 예비 단계(6권에 묘사된 이오니아의 반란과 마라톤 전투를 포함)와 함께 BC 480~479년의 전쟁을 체계적으로 서술했으며, 후반부에서는 페르시아 제국의 성장과 조직, 지리와 사회 구조 및 역사를 기록했다.

평등의 복잡한 개념 중 어디에 속하는 것인가를 밝히는 것이다.

그리스 문화에서는 평등을 두 가지 형태로 구분한다. 하나는 한 단체의 모든 구성원이 똑같은 분배를 받게 되는 산술적 평등arithmetical equality이다. 즉 어떤 단체의 구성원 모두가(부, 명예, 혹은 권력과 상관없이) 똑같은 몫을 받는 것이다. 다른 하나는 그것이 무엇이든 간에 어떤 특정한 기준에 의해서 측정된 개인의 가치에 따라 그 개인에 대한 분배가 이루어지는 기하학적geometrical 또는 비례적proportional 평등이다. 달리 설명하자면, A와 B라는 두 사람에게 주어진 a와 b라는 특별한 자산이 있다고 하자. 산술적 평등은 a가 b와 동일할 경우를 가리키고, 기하학적 평등은 두 사람들 사이의 가치의 비율이 그들에게 분배된 몫의 가치의 비율과 똑같은 경우를 말한다(A/B=a/b).

추첨을 완전히 거부하고 있지 않다는 점에서 주목할 필요가 있는.『법률』의 한 구절에서 플라톤은 추첨을 산술적 평등 개념과 연결시키고 있다. 민주정에 대한 플라톤의 입장은 『국가』에 나타나는 단호한 공격들로 단순하게 환원될 수 없다. 『법률』에서 플라톤은 군주정과 민주정을 결합하려 했다. 아니 보다 정확히 말해서 이 두 정치 형태들 사이의 중간 지점을 찾고자 했다.67) 많은 분석가와 주석가들은 플라톤의 정치사상에서 이러한 변화를 설명하려고 노력해 왔다. 여기서 그런 해석상의 토론을 하려는 것은 아니다. 『법률』이 플라톤 사상의 연대기적 발전을 나타내는지, 아니면 그 내용이 『국가』에서와는 다른 목적을 추구했던지 간에, 문제는 『법률』에서 플라톤은 민주정에 대해 그렇게까지 비판적이지 않았다는 사실이다.68) 민주정체에 대해 아무런 열정도 보이지 않으면서도, 그는 민주주의적 견해와 제도에 어느 정도 주의를 기울이는 것이 신중한 처사일 것이라는 데에 동의한다. 이것은 특히 추첨에 대한 그의 언급에서 명백히

67_ 예를 들면, 『법률』에서 아테네 이방인(저자의 목소리)이 자신이 제시한 평의회의 위원 임명 방법을 옹호하는 구절을 참조. "선거는 군주정과 민주정의 중간에 위치하고, 이것이 이상적인 헌법이 지향해야 할 두 가지 형태의 정부 사이에 존재한다"(Laws, VI, 756E 8-9).

68_ 플라톤의 정치사상에서 『법률』이 차지하는 위치에 대한 해석으로는 Glenn R. Morrow, *Plato's Cretan City, A Historical Interpretation of the Laws*(Princeton, NJ: Princeton University Press, 1960), 특히 5장 pp. 153-240을 볼 것.

드러난다. 아테네 이방인은 "양, 무게, 그리고 수"의 평등과 "각 사람의 격에 비례해서 각각에게 주는" 평등으로 두 가지 형태의 평등을 구분한다. 그는 첫 번째 평등은 추첨에 의한 배분을 통해 쉽게 실행될 수 있다고 지적한다. 좀 더 종교적이고, 진정한 형태인 두 번째 평등의 경우는 제우스의 도움이 필요하다.69) 도시를 건설하는 사람은 진정한 정의를 우선적 목표로 삼아야 하는데, 진정한 정의라는 단어의 엄격한 의미는 비례적 평등을 뜻한다. 그러면서 이 이방인은 이렇게 덧붙인다. "그러나 도시는 어느 부분에서 반란이 일어나는 것을 피하기 위해서, 때때로 불가피하게 다른 관점에서 이러한 두 가지 평등에 대한 표현들 모두를 받아들이게 된다. 왜냐하면 형평to epieikes과 방종은 적용될 때마다 항상 엄격한 정의justice와 관련된 완벽성과 적합성을 희생시키기 때문이다. 이러한 이유로 민중들의 불만을 피하기 위해duskolias tōn pollōn heneka, 다시 한번 최상의 정의를 향해 운명을 조정할 수 있는 신이나 좋은 운에 호소하면서 추첨이 가져다주는 평등에 의지하게 되는 것이다."70)

플라톤보다 민주주의에 호의적이었던 아리스토텔레스도 추첨을 산술적 또는 수적인 평등 개념과 연결시킨다.71) 아리스토텔레스 역시 정의에 대한 그의 이론에서 산술적 평등과 기하학적 또는 비례적 평등 사이의 구별에 대해 보다 상세한 철학적 설명을 덧붙이고 있다. 아리스토텔레스는 정의에 대한 진정한 (가장 보편적) 정의는 기하학적 평등이며, 개개인이 절대적으로 평등하거나 모든 면에서 같다고 보는 산술적 평등은 단지 기하학적 평등의 한 가지 특수한 입장일 뿐이라고 생각한다. 실제로, 만약 A와 B가 절대적으로 같다면(A/B=1), 비례적 정의를 적용하면 a/b=1이 되는 분배를 가져올 것이고, 따라서 a=b라는 산술적 평등의 결과가 나타날 것이다.72) 아리스토텔레스는, 민주주의자들은 시민들이 한 부분(모두

69_ Plato, *Laws*, VI, 757B.
70_ 같은 책, 757 D-E(역자 부분 수정).
71_ Aristotle, *Politics*, VI, 2, 1317b 18-1318a 10.
72_ Aristotle, *Politics*, III, 9, 1287a7-25; *Nichomachean Ethics*, 1131a 24-28도 참조. 보다 심도 있는 논의를 위해서는 코르넬리우스 카스토리아디스Coirnelius Castoriadis가 짧은 글에서 밝힌 아리스토텔레스의 정의론에 대한 연구를 참조할 것. "Value, equality, justice, politics: from Marx to Aristotle and from Aristotle to ourselves," in *Les carrefours du labyrinthe*(Paris: Seuil, 1978),

가 자유롭게 태어났다는 점)에서 동일하기 때문에, 모든 점에서 평등하다고 믿는다고 주장했다. 아리스토텔레스에 따르면, 이러한 이유로 정의에 대한 민주적 개념이 산술적 평등으로 귀착되었던 것이다. 시민들이 절대적으로 평등하다고(혹은 모든 면에서 평등하다고) 간주하는 민주주의자들은 정의를 "각각의 사람들이 산술적으로 똑같은 몫을 가진다는 사실to ison echein apantas kat' arthmon"로 규정한다는 것이다.[73] 비록 이러한 개념 규정은 정의의 순수한 개념에 대한 하나의 특수한 해석이지만, 그럼에도 불구하고 아리스토텔레스는 이것이 잘못된 것이라고 말했다. 그는 민주주의자들의 잘못은 실제 평등의 의미를 과장하는 것이라고 말한다. 즉 민주주의자들이 특정한 관점(자유인으로 태어나는 것)에서 시민들이 평등하다고 간주하는 것은 옳지만, 이 사실로부터 시민들이 모든 면에서 평등하다고 추론하는 것은 옳지 않다는 것이다.[74]

이소크라테스의 경우, 추첨과 산술적 평등을 연관짓고, 그다지 세련되지 못한 주장을 근거로 곧바로 산술적 평등의 개념을 거부했다. 즉, 산술적 평등은 선한 사람과 사악한 사람에게 동일한 몫을 배당한다는 것이다. 그의 시각에서는 기하학적 평등만이 진정한 정의였다.[75]

문제는 추첨을 산술적 평등과 연관시키는 것이 정당한 것인지, 그렇지 않으면 추첨이 평등과 정의의 부차적인 개념에서 파생된 것이라 주장함으로써 추첨의 사용을 부적절한 것으로 만들고자 했던 것인지를 밝히는 것이다. 특히 이 질문은 방금 인용한 『법률』의 한 구절과 연관되어 있다. 여기에서 플라톤은 민주주의자들이 애정을 갖는 제도에 대해 달리 판단할 여지

---

pp. 249-316; 영문판, *Crossroads in the Labyrinth*(Cambridge, MA: MIT Press, 1984), pp. 260-339.

[73] Aristotle, *Politics*, VI, 2, 1318a 5.

[74] 같은 책, III, 9, 1280a 7-25. 아리스토텔레스에 따르면, 과두정과 귀족정의 주창자들도 같은 실수를 범하고 있다. 어떤 점에서(부나 덕에서) 시민들이 불평등하다고 본 것은 옳다. 하지만, 그들은 그 이유로 도시의 구성원들이 모든 면에서 불평등하다고 (그래서 불평등한 몫을 받아야 한다고) 추론했다는 것이다. 이 주장으로부터 도출되는 결론은 시민들은 어떤 점에서는 평등하고 또 어떤 점에서는 불평등하다는 것으로, 평등과 불평등 모두를 인정해야만 한다는 것이다. 이 입장은 민주주의적 특성을 과두적이거나 귀족적인 특성과 혼합하려는 아리스토텔레스의 혼합 정체에 대한 선호를 정당화한다.

[75] Isocrates, *Areopagiticus*, VII, 20-23.

가 있다는 것을 인정한다. 이러한 점은 아리스토텔레스도 마찬가지인데, 아리스토텔레스의 관심은 단순히 진정한 정의 개념을 만들고 옹호하기 위한 것만이 아니라, 여기저기에 존재하는 정치 체제들 속에 반영되어 있는 정의에 관한 상이한 견해들을 분석하고 설명하기 위한 것이기도 했다.

모두가 인정하는 것처럼, "모든 사람에게 산술적으로 동등한 몫"이라는 표현 자체만으로는 아테네 민주주의에서 추첨을 사용했던 이유를 충분히 설명할 수 없다. 그러나 우리는 아리스토텔레스가 왜 이 표현을 아테네인들의 관습을 가장 정확하게 묘사한 것으로 간주했는지 이해하기 위해 구절의 의미를 좀 더 구체화해 볼 필요가 있다. 첫째, 이미 우리가 살펴보았지만 지금 한층 더 중요해 보이는 한 가지를 생각해내야 한다. 즉, 추첨을 통해 지명된 이름은 오직 자원한 사람의 이름이었다. "후보"가 될 필요가 있거나, 추첨 기계에 자신의 이름을 넣기 위해 아침 일찍 법정 밖에 모습을 드러낸 사람들 말이다. 다시 말하자면, 이 체제는 모든 사람들에게 관직을 분배한 것이 아니라, 오직 원하는 사람들에게만 관직을 분배했다. 추첨을 자발성의 원칙과 연관지어 바라보게 되면 중요한 점이 나타난다. 추첨과 자발성의 결합은 발언의 평등이라고 하는 (즉 민회의 청중석에 자리를 차지하거나 제안을 할 수 있는 공평한 가능성) 개념을 반영하는데, 이 개념이 바로 민주정의 정치 문화가 갖고 있는 핵심 가치이다. 이 두 경우 모두, 문제는 **원하기만 하면** ─ "첫 번째 연설하는 사람" ─ 누구든지 정치에서 중요한 역할을 담당할 기회가 보장되었는가 하는 것이다.

민주주의적 평등에 대한 아리스토텔레스의 서술은 자발성의 요소가 빠져있다는 점에서 불완전하다. 그러나 모든 사람들에 대한 산술적 평등과 중요한 정치적 역할을 담당하고자 하는 사람들에 대한 산술적 평등 사이에 큰 차이가 있는 것은 아니었다. 게다가 "똑같은 몫"으로 주로 번역되는 아리스토텔레스적 표현은 실제로 그리스어에서는 명사화된 중성 형용사to ison, 즉 "평등한 무엇"something equal이었다. 따라서 그 "무엇"이 권력 행사의 **가능성**을 의미하는 것으로 사용되었고, 이 경우 자발성이라는 차원이 아리스토텔레스의 정의에 들어 있다고 말할 수도 있겠다. 즉, 추첨은 사람들이 원하기만 한다면 권력을 행사할 수 있는 기회를 제공했다고 말하는 것은 매우 정확한 것이었다.

그러나 추첨에 적용된 "산술적으로 평등한 몫"이라는 개념은 좀 더 다듬어질 필요가 있다. 추첨을 통해 행정관, 의원, 또는 배심원을 선발할 때, 추첨에 참여했던 모든 사람이 동일한 권력을 분배받는 것은 아니다. 물론, 교체 제도는 모든 자원자들이 언젠가는 관직에 오를 수 있는 기회를 보증한다. 하지만, (교체와 상관없이) 추첨에서 뽑힌 몇몇 사람만이 관직에 오를 수 있었다. 이 점에서 추첨과 발언의 평등은 차이가 있다. 시민들은 그들이 원하기만 한다면 누구나 민회에서 연설하고, 법안을 제출할 수 있었다. 따라서 비록 원하는 사람 중 단지 몇몇 사람에게만 허용되었던 행정관이나 판사직과는 달리, 연설과 의안 제출권은 원하는 사람들 모두가 똑같이 공유했다. 추첨을 통해 동일하게 배분되었던 것은 권력이 아니라 바로 권력을 가질 수 있는 (수학적) 확률이었다.

물론, 아테네인들은, 확률이라는 수학적 개념을 잘 알지 못했다. 그 개념은 17세기에 이르러서야 구체화되었다. 운chance이 수학적 필연성과 맞아떨어지고, 무작위 추출의 예상 확률을 계산할 수 있다는 생각은 그리스인들에게는 낯선 것이었다.[76] 그러나 설령 그리스인들에게 적절한 개념적 도구가 없었다 해도, 그들이 추첨의 정치적 이용을 생각하면서 수학적으로 동일한 기회라는 개념과 별반 다르지 않은 어떤 직관에 도달하지 않았을까 하는 의문을 가져볼 수 있다. 비록 그 정확한 효과를 엄밀하게 이론화하긴 어려웠다고 하더라도, 어쨌든 추첨이 수적인 측면에서는 평등한 무엇to ison kat'arithmon을 배분하는 효과를 가졌다는 것은 사실이다. 당시의 수학적 수준으로는, 실제로 배분될 몫의 평등과, 원하는 무엇을 가질 수 있는 가능성의 평등을 명확하게 구분할 수 없었기 때문에, 아리스토텔레스와 마찬가지로 플라톤 역시 추첨의 평등과 실제로 배분된 몫의 평등을 혼동하게 되었던 것은 당연하다. 이러한 의미에서 볼 때, 그러나 이러한 의미에서만, 추첨에 대한 그들의 정의에는 오류가 있다.

추첨을 통해 획득된 평등은 재능과 노력에 따라 관직을 분배하는 것이

---

[76] S. Sambursky, "On the possible and the probable in Ancient Greece," in *Osiris, Commentationes de scientiarum et eruditionis rationeque*, Vol. 12, Bruges, 1965, pp. 35-48.

아니기 때문에 오늘날 우리가 이해하는 기회의 평등과는 분명히 다르다. 이것은 우리가 말하는 결과의 평등도 아니다. 왜냐하면 모두에게 동일한 몫을 주는 것이 아니기 때문이다. 그러나 이런 이중적 상이함은 추첨이 평등과 아무런 관계가 없다는 것을 증명하지 못한다. 왜냐하면 평등은 정의에 대한 현대의 이론들이 간과한 세 번째의 형태, 즉, 어떤 것을 가질 수 있는 균등한 가능성을 상정하기 때문이다.

왜 아리스토텔레스가 선거를 기하학적이거나 비례적 평등으로, 따라서 귀족적이거나 과두적 평등 개념의 한 표현으로 보았는지를 설명하는 것은 더 어렵다. 선거는 동료 시민들의 눈에 비치는 후보들의 장점에 의존하기 때문에, 그리고 모든 후보가 다른 사람이 높이 평가하는 특성을 가지는 것이 아니기 때문에, 선거 과정에서 후보는 관직에 진출할 동일한 기회를 가지는 것이 아니라고 지적할 수도 있다. 따라서 선거와 귀족주의적 정의라는 개념, 즉 어떤 특정한 관점에서 보았을 때 사람이 갖는 가치에 따라 재화, 명예, 그리고 권력이 배당된다는 개념 사이에는 유사성이 있다. 게다가 우리가 살펴본 것처럼, 아테네에서 있었던 실제 선거에서 선출 행정직은 주로 상위 계급에게 돌아갔다. 따라서 선거는 과두정 또는 귀족정과 연결된다는 직관은 이해할 만하다. 아리스토텔레스의 논리는 바로 이런 직관을 표현한 것이다.

조금 다른 각도에서 보면, (아테네에서와 마찬가지로) 시민들이 자신이 선호하는 사람을 자유롭게 뽑는 선거 체제에서, 무엇이 정치적 가치나 장점을 구성하는지를 객관적·고정적·보편적 개념으로 정의할 수는 없다. 각각의 시민들은 자기 스스로의 관점에서 한 후보가 다른 후보보다 더 자격이 있다고 결정한다. 관직에 진출할 가능성은 분명히 그의 인기에 달렸다. 그러나 과두정이나 귀족정에서 일반적으로 이야기되는 범주(재산 또는 덕)와는 달리, 인기는 다른 사람들의 존경과는 무관하게 존재할 수 없다. 인기란 다른 사람들의 자유로운 결정이 가져다주는 특성이다. 따라서 사람들이 그렇게 결정을 내리면, 왜 "선착자"가 다른 후보들보다 인기가 없는지, 혹은 더 인기가 있는지를 설명할 수 있는 명확한 이유가 없다. 또한 자유로운 선거 체제에서 왜 모든 시민들이 더 많은 인기를 얻을 기회를 동일하게 가질 수 없는지를 설명할 수 있는 분명한 근거도 없다. 선거를 귀족주의적 절차로 규정하려면, 투표를 할 때, 어떤 객관적 기준이 이미 존재해서 사람들의 선택을 제한하고, 실제로 그들이 원하는 후보를 지지하지 못하게 한다는 것을 증명했어야 했다. 아리스토텔레스는 이러한 증거를 제공하지 못했을 뿐 아니라, 왜 선출 행정관들이 대개 높은 사회 계급에서 나왔는지도 설명하지 않았다. 따라서 선거의 귀족주의적 또는 과두주의적 특징에 대한 그의 서술은 그럴듯하고 심오한 것이었지만 설명되지 않은 직관에 불과하다.

이제 두 가지 중요한 결론이 드러난다. 첫째, "직접" 민주주의의 가장 중요한 사례에서 보았듯이, 민회에 모인 시민들이 모든 권력을 행사했던 것이 아니다. 주요한 — 때때로 민회보다 더 큰 — 권력이 독립적인 보다 작은 기관에 배정되었다. 그러나 그 기관의 구성원은 주로 추첨을 통해 임명되었다. 대의 정부가 결코 추첨으로 정치 권력을 배정하지 않았다는 사실은, 대의 체제와 "직접" 체제 사이의 차이는 '선출된 사람들의 제한된 숫자'가 아니라 '선출 방법'과 관련이 있다는 것을 보여 준다. 대의정이 무엇인가는, 소수가 민중을 대신해서 다스린다는 사실에 있는 것이 아니라, 그들이 선거에 의해서만 선택된다는 데 있다.

둘째, (오늘날까지 종종 언급되는 것과는 대조적으로) 추첨에 의한 선발은 아테네 민주주의에서 주변적인 제도가 아니었다. 추첨은 몇 가지의 근본적인 민주주의적 가치를 표현했다. 추첨이 관직 교체의 원칙에 잘 부합했던 것은 분명하다. 또한 추첨은 전문가 중심의 정치political professionalism에 대한 민주주의자들의 깊은 불신을 반영하는 것이었다. 그리고 무엇보다도 추첨은 아테네 민주주의의 최고의 원칙인 이세고리아isēgoria — 민회에서 발언할 수 있는 동등한 권리 — 와 유사한 결과를 낳았다. 이세고리아는 원하는 사람 누구에게나 민회에서 권력을 행사하는 데 있어 동일한 몫을 주었다. 추첨은 관직을 원하는 사람 누구에게나 소수의 시민이 맡는 통치 기능을 수행할 수 있는 동일한 확률을 보장했다. 비록 어떻게 그러할 수 있는가를 설명할 수는 없었지만, 민주주의자들은 선거는 그와 같은 평등을 보장할 수 없으리라는 직관을 가지고 있었다.

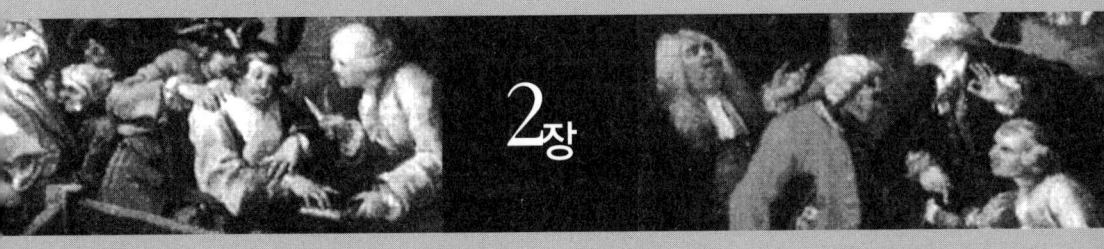

2장

선거제도의 승리

2장_ 선거제도의 승리

 오늘날의 생각과는 달리, 아테네 민주정에서만 특이하게 추첨을 정치적으로 사용했던 것은 아니었다. 그 정도와 형태는 달랐지만 대의 정부가 생기기 이전에도 세습 군주가 아니라 시민이 권력을 행사한 대부분의 정치제도에서는 추첨이 사용되었다. 추첨은 로마 시민의 의회*에서도 (제한적이기는 했지만) 일정한 역할을 담당했다. 중세와 르네상스 시기의 이탈리아 공화국들에서는 추첨을 통해 행정관을 선발하곤 했다. 시민적 인문주의civic humanism와 공화주의 부흥의 지적 중심지였던 피렌체에서, 공화주의 체제의 핵심은 바로 추첨을 통한 행정관의 선출이었다. 마지막으로 베네치아 — 안정과 지속이라는 특성으로 인해 관찰자들을 매혹시킨 가장 평화로운 공화국 — 에서는 1797년 몰락할 때까지도 추첨이 계속해서 사용되었다.1) 새로운 대의 정부들(미합중국이 혁명 초기부터 또는 프랑스가 1792년부터 그렇게 했던 것처럼)은 스스로를 공화국이라 불렀음에도 불구하고, 추첨을 사용하지 않음으로써 공화주의적 전통에서 벗어나게 되었다.
 그러나 공화주의적 전통은 17, 18세기의 정치 문화 속에 여전히 살아 있었으며, 논쟁의 한 주제였다.2) 이 시기까지 베네치아 공화국은 아직

1_ 첫 번째 도제doge**가 임명된 것이 697년이다.

* 로마 공화국은 두 개의 comitia를 갖고 있었다. 그것은 군사적 성격과 재산에 따른 제도적 차별이 존재했던 과두적 comitia centriata, 그리고 비군사적이고 보다 민회적 성격을 가진 comitia tributa이다. 여기에서는 그리스의 민회와 구분해서 의회라고 번역했다.
** 도제는 베네치아 공화국의 최고 통치권자로 시민 전원의 집회에서 선출되었다가, 이후에 대평의회에서 선출되었다.

붕괴되지 않았다. 따라서 대의 정부가 고안될 당시에, 사람들은 아테네뿐 아니라 다른 곳에서도 추첨이 행해졌다는 점을 잘 알고 있었으며, 사실상 이 시기에도 추첨이 여전히 사용되고 있었다. 이런 이유에서 정치 이론가들은 과거와 현재의 공화주의적 실험에 대해 자세히 검토했다.

베네치아 공화국의 열렬한 추종자요, 마키아벨리Machiavelli*의 애독자였던 해링턴Harrington**은 미래의 자유로운 정부를 이끌 모델을 찾기 위해 공화주의 전통을 꼼꼼히 조사했다. 몽테스키외Montesquieu***는 공화주의 정부는 과거의 것이고, 미래에는 군주정이나 영국 정체와 같은 것이 될 것이라고 결론지었다. 그러나 이는 몽테스키외가 과거에 대한 동경 — 그는 특히 로마를 동경했다 — 과 공화 체제에 대한 주의 깊은 연구를 통해 도달한 결론이었다. 루소의 경우, 자신이 공화국의 시민으로 태어났다는 사실을 떠올리는 걸 좋아했는데, 제네바 당국자들과의 논쟁에도 불구하고 그는 고향의 정치제도에 대한 관심과 애착을 간직하고 있었다. 아울러 루소는 프랑스 대사의 비서로 얼마간 머물렀던 베네치아에 대해서도 알고 있었다.3) 끝으로 그는 "정당성 있는 모든 정부는 공화정이

2_ 이제는 고전이 되어버린 책에서, 포콕John Pocock은 이탈리아 르네상스 시기에 부활한 공화주의 전통과 17, 18세기 영국 및 미국에서의 정치 논쟁 사이의 연결 고리를 잘 보여 주었다. J. G. A. Pocock, *The Machiavellian Moment*(Princeton, NJ: Princeton University Press, 1975).

3_ 루소는 베네치아에서 프랑스 대사로 있던 몽테규Montaigu 백작의 비서로 1743년 9월에서 1744년 8월까지 일했다. 이러한 자격으로, 루소는 일련의 외교적 기록들을 작성했다. J. J. Rousseau, "Dépêches de Venis," in *Oeuvres Complètes*, Vol. III(Paris: Gallimard, 1964), pp. 1045-1234.

* 마키아벨리(1469~1527): 르네상스기 이탈리아의 작가・정치가・정치이론가. 1498년 약관의 나이로 피렌체 공화정에 참여하여 외교 업무를 담당함. 피렌체 공화정의 외교 사절로서 당대에 겪은 생생한 체험과 관찰에 근거하여 『군주론』을 작성. 또한 『로마사 논고』는 마키아벨리의 가장 긴 저서이면서 동시에 정치철학에 관한 그의 독창적인 저술로 평가받고 있다.

** 해링턴(1611~1677): 영국의 정치철학자. 그의 주저인 『오세아나』는 체제의 안정과 혁명에 대한 아리스토텔레스의 이론을 다시 기술한 책이다. 해링턴은 공화주의에 동조했지만 찰스 1세의 헌신적인 친구였고, 영국 내란이 진행 중이던 1649년 찰스 1세가 처형당하기 직전에 잠시 감옥에 갇히기도 했다. 해링턴은 강력한 중산층이 존재할 때 민주주의가 가장 안정될 수 있으며, 경제권과 정치 권력이 분리되면 혁명이 일어난다고 믿었다. 이런 믿음은 특히 미국 대통령 토머스 제퍼슨의 민주적 토지 균분론과 루스벨트, 윌슨 대통령의 트러스트 규제 정책에 영향을 주었다.

*** 몽테스키외(1689~1755): 프랑스의 정치철학자. 1689년 프랑스 보르도 출생. 계몽사상의 대표자 중 한 사람으로, 보르도 대학 법학부를 졸업하고 보르도 고등법원에서 법률 고문관을 지낸 후 1716년에 고등법원장이 되었다.

다"라고 선언할 정도로 로마에 심취해 있었다.⁴⁾ 이처럼 세 사람 모두는 공화주의 전통에 대해 잘 알고 있었으며, 어느 누구도 추첨을 그리스 문화의 독특한 특성으로만 설명할 수 있는 이상한 것으로 간주하지 않았다. 이들에게 추첨은 일반적인 방식으로 분석될 수 있는 그리고 여타의 문화 및 정부 체제와도 관련된 하나의 제도였다. 그들이 보기에 추첨은 이미 시도되고 검증된, 세습이 아닌 다른 방법으로 권력을 이양하는 방법 가운데 하나였다. 따라서 그들은 추첨을 선거와 똑같은 범주로 구분했으며, 두 제도의 특성과 효과를 비교했던 것이다.

공화주의 모델은 일반적으로 이 두 절차의 조합 혹은 동요의 산물이었다. 베네치아에서와 마찬가지로, 고대 로마에서는 선거가 지배적이었다. 심지어 17, 18세기 연구자들은 베네치아 공화국을 선거 공화정의 전형으로 간주했다. 피렌체 공화주의자들은 한때 추첨과 선거 사이에서 망설였으며, 이로 인해 이 두 가지 임명 방법이 갖는 각각의 장점에 대해 토론을 벌이기도 했다.

따라서 이 두 가지 방법을 비교하고 대조하면서, 해링턴, 몽테스키외 그리고 루소는 공화주의 전통을 유지했던 것이다. 오늘날 추첨과 선거에 대한 그들의 생각은 단지 호기심의 대상일 뿐이다. 현대의 논평자들은 그들의 생각에 거의 주의를 기울이지 않는다. 그러나 해링턴, 몽테스키외, 루소 스스로가 추첨과 선거를 주변적인 것으로 여겼다고 가정하는 것은 과거에 대한 무비판적 추측에 근거한 것이다. 게다가, 영향력 있는 저자의 작품 속에 추첨과 선거에 대한 생각이 존재한다는 것은 두 임명 제도의 대조가 17, 18세기의 정치 문화에서 중요했다는 것을 나타낸다. 다시 말해, 당대의 지적 대가들은 추첨, 혹은 선거 절차의 특성이 가진 일반적 속성에 대해 논의했던 것이다. 대의 정부를 설립했던 교양 있는 엘리트들은 분명히 이러한 논의들을 알고 있었다. 그리고 이러한 사실은 엘리트들이 어떤 신념과 열망에서 근대 대의 정치는 오직 선거에 기초해야만 한다고 결정했는지를 명확하게 보여 준다.

4_ J. J. Rousseau, *On the Social Contract*, Book II, ch. 6.

공화주의 전통에서의 추첨과 선거: 역사의 교훈

로마

로마는 민주정이 아니었으며, 누구도 그렇게 생각하지 않았다. 그리스 정치사상에 정통한 연구자가 로마 정부 체제를 특징지을 때도 민주정에 대해서는 언급하지 않는다. 기원전 2세기 로마에 살았던 그리스 역사가 폴리비우스Polybius*는 로마 정치 체제를 민주정이 아니라 혼합 정부로 묘사했다. 폴리비우스는 로마 정부는 군주정, 귀족정, 그리고 민주정의 특성들을 혼합한 것이라고 주장했다. 일반적으로 집정관과 행정관은 군주제적 요소였고, 원로원은 귀족제적 요소, 그리고 민중 의회는 민주제적 요소였는데, 폴리비우스에 따르면 이러한 세 제도들의 균형이 로마에 매우 예외적인 안정을 가져다주었다는 것이다. 이 세 가지의 권력들은 견제와 균형을 통해, 모든 단순 정체(군주정, 귀족정, 또는 민주정)를 괴롭혔던, 그리하여 그들 각각을 타락시키고 종래에는 순환적 원환 속에서 서로 대체되도록 만들었던 권력의 남용을 막았다.5)

폴리비우스는 여전히 로마 정체에 대한 주요한 정보의 원천이다. 그러나 현재 이 글의 목적과 관련하여 보다 중요한 것은 폴리비우스의 저작이 로마에서 큰 성공을 거두었고, 로마 정치사상에 지대한 영향을 끼쳤다는 사실이다. 로마의 제도에 대한 이 그리스인의 생생한 묘사를 통해 로마인들은 스스로의 모습을 인지했다. 실제로 키케로Cicero**의 주요 정치 저서인, 『공화국』De Republica, 『법률』De Legibus, 그리고 『웅변』De Oratore에는 폴리비우스가 주장했던 개념의 흔적이 남아 있다.6)

5_ Polybius, Histories, VI, ch. 10, 11-14 그리고 chs.11-18.
6_ Claude Nicolet, Le métier de citoyen dans la Rome antique(Paris: Gallimard, 1978), pp. 282-288; 영어로는 The World of the Citizen in Republican Rome, trans P. S. Falla(Berkeley and Los Angeles: University of California Press, 1980), pp. 205-213을 참조.

* 폴리비우스(BC 200?~118?): 그리스의 정치가・역사가. 로마가 세계적인 강대국으로 등장하는 과정을 역사로 썼다
** 키케로(BC 106~43): 로마의 정치가・법률가・학자・작가. 로마 공화국을 파괴한 마지막 내전 때 공화정의 원칙을 지키려고 애썼지만 실패했다. 저술로는 수사법 및 웅변에 관한 책, 철학과 정치에 관한 논문 및 편지 등이 있다. 오늘날 그는 가장 위대한 로마의 웅변가이자 수사학의 혁신자로 알려져 있다.

폴리비우스의 영향은 로마의 정체가 공화주의 전통 속에서, 특히 이탈리아 르네상스 시기의 정치적 문필가들 사이에서 재현되는 방식에서도 살펴볼 수 있다. 예를 들면 로마 공화국에 대한 관심을 다시 불러일으키는 데 큰 역할을 한 마키아벨리의 『로마사 논고』Discourses on Livy는 로마의 안정성에 대한 폴리비우스의 해석을 놀라울 정도로 한 마디 한 마디 되풀이하고 있다.7)* 폴리비우스와 마찬가지로, 마키아벨리도 로마 공화정의 눈부신 성공은 혼합 정체에 기인한 것이라고 보았다. 혼합 정부의 개념은 대체로 잊혀졌지만, 서양 정치사상의 형성에 지대한 공헌을 했다. 보댕Bodin**과 홉스Hobbes***는 바로 이 혼합 정체에 대한 반대로서 불가분의 절대 주권이라는 근대 이론을 발전시켰다.8) 어떤 경우에서든 정치 체제론이라는 측면에서 로마 정체가 민주정이라기보다 혼합 정부 또는 혼합 공화국이라는 이름으로 역사에 기록되었다는 것은 의미심장한 일이다.

오늘날의 역사가들은 로마의 정치 체제를 재산 자격 요건에 기초한 체제, 명예 지상의 금권정치로 정의한다. 로마 시민들은 지위와 계급에 따라 분류되고, 이는 인구조사를 통해 정기적으로 수정되었다. 물론 재산이 시민들의 위계를 규정하는 유일한 척도는 아니었다. 인구조사에서는 사람들의 육체적(군사적 이유에서), 도덕적, 그리고 사회적 특성도 고려되었다. 그러나 부가 주요한 역할을 담당했으며, 주로 재산의 정도에 따라 한 사람의 정치적 영향력이 결정되었다.

7_ Niccolò Machiavelli, Discourses on the First Decade of Livy, Book I. 2.
8_ 혼합 정체 개념의 역사에 대해서는 다음 책이 가장 좋다. W. Nippel, Mischverfassungstheorie und Verfassungsrealität in Antike and früher Neuzeit(Stuttgart: Klett-Cotta, 1980).

* 마키아벨리의 폴리비우스 인용에 대해서는 많은 논란이 있다. 마키아벨리가 인용했다고 알려져 있는 폴리비우스 『역사』 6권의 라틴어 번역본이 없었다는 문헌사적 논쟁에서부터, 마키아벨리가 폴리비우스의 순환적 역사관을 수용했는지 여부에 이르기까지 다양한 논쟁이 전개되고 있다. 그러나 마키아벨리가 폴리비우스의 로마 정체에 대한 정치적·군사적 입장을 상당 부분 수용하고 있다는 데에는 이견이 없다.

** 보댕(1530-1596): 프랑스의 정치사상가. 국왕과 의회가 상호 균형을 이루며, 신법과 자연법에 근거한 입법권이 보장되는 이상주의적 군주제 이론을 전개했다.

*** 홉스(1588-1679): 영국의 철학자·정치이론가. 초기 자유주의와 절대주의의 중대한 이론적 전제가 되는 개인의 안전과 사회계약에 관한 저서로 유명하다.

부가 권력을 결정하는 한 가지 방식은 투표의 편성에서 드러난다. 비록 공화국 후기에는 가장 가난한 시민들도 투표를 할 수 있었다 해도, 그들의 표는 의회에서 부자들의 표와 동일한 비중을 가지지 못했는데, 이는 집단 투표 방식 때문이었다. 최종 계산에 들어가는 투표 단위는 개인이 아니라 집단이었다. 개인이 각 집단에서 하는 투표는 그 집단의 투표 향방을 결정했는데, 각 집단의 투표는 집단의 크기와 상관없이 동일한 비중을 가지고 있었다. 켄투리아회comitia centurata[9]의 경우 백인대century(군사·재정상의 분류), 트리부타회comitia tributa의 경우 부족(지역적 분류)별로 집단 투표가 행해졌다. 부유층은 특히 전자의 경우에 이점을 가지고 있었는데, 그 이유는 하층 계급의 백인대는 상층보다 더 많은 수의 시민들로 구성되었기 때문이다. 그 반면 트리부타회는 민주적 요소가 강했다.

부의 지배적 역할은 고대 로마의 인구 피라미드에서 상층만 행정관직을 갖도록 하는 법에서도 나타난다. 행정관(서민을 위한 호민관을 제외하고)이 되기 위해서는 기사계급의 일원이어야 했고, 원로원 의원은 반드시 행정관직을 거친 사람이어야 했기 때문에 원로원은 기사계급의 전유물이었다.

독재관dictator을 제외한 대부분의 행정관은 선거로 뽑혔다. 어느 누구도 추첨을 통해 임명되지 않았다. 민중 의회[트리부타회-역자]에 모인 사람들은 하위 행정관과 호민관을 선출했다. 켄투리아회에 모인 사람들은 상위 행정관(집정관, 치안관, 감찰관)을 임명했다. 따라서 공화정 시기에 변화·발전했던 복잡한 체제를 간단히 요약하면, 다음과 같이 말할 수 있을 것이다. 즉, 로마에서 민중들은 행정관을 선출하기는 했지만 그들 스스로가 행정관이 될 수는 없었다. 인구조사는 정기적으로 수정되었기 때문에 세대별로 사회·정치적 유동성이 있었다. 낮은 계층에 속한 시민의 자손도 부와 지위가 충분히 증가하면 행정관이 될 수 있었다. 그러나 어느 순간에든지, 하위 계층이 누렸던 유일한 권력은 상위 계층에서 나온

---

[9] 각각의 백인대는 도시에 똑같은 기여를 하는 것으로 간주된다. 즉, 각각은 군대가 소집될 때 동일한 수의 남성을 조달하고, 똑같은 액수의 세금을 지불하며, 의회에서 동일한 기여를 한다(각 백인대는 한 표를 가진다). C. Nicolet, *Rome et la conquête du monde méditerranéen, 264-227 BC*, Vol I, *Les structures de l'Italie romaine*(Paris: Presses Universitaires de France, 1979), p. 342.

후보들 중에서 선택을 하는 것이었다.

민중 의회의 역할이 행정관 선출에만 국한되었던 것은 아니다. 의회에서 시민들은 법률을 통과시키고, 특정 소송을 다루기도 했다. 대부분의 법률은 오늘날 역사가들이 민중 권력의 핵심적 기관이라고 보는 트리부타회에서 통과되었다. 그러나 발의권(의안 제출권)은 전적으로 행정관들의 전유물이었다는 점이 반드시 지적되어야 한다. 로마 시민의 의회는 그 책임을 담당하는 행정관에 의해서만 소집되었다. 의회를 소집하고 표결에 붙여질 질의를 작성하는 것도 언제나 행정관이었다. 니꼴레Claude Nicolet는 "민중들의 의결은 일종의 응답"이었다고 썼다.[10] 따라서 로마의 정치 체제는 직접 민주정적 요소를 가지고 있기는 했지만, 아테네에서와 같이 발의권을 "누구나" 가졌던 것은 아니었다.

비록 행정관은 모두 선거를 통해 임명되었지만, 추첨은 의회에서 일정한 역할을 담당했다. 그렇다면 부가 권력인, 대체로 과두적인 정치 체제에서 추첨의 본질과 의미는 무엇일까? 추첨은 켄투리아회에서 누가 첫 번째로 투표할지, 그리고 민중 의회에서 어떤 투표가 처음으로 계산되어야 할지를 결정하는 데 쓰였다.[11] 전자의 경우, 첫 번째로 투표할 백인대(투표의 단위)는 추첨으로 뽑혔다. 이 백인대는 "우선 투표 백인대"prerogative century라고 알려져 있다. 역사가 우리에게 제공하고 있는 정보의 대부분은 최우선 투표권을 가진 백인대를 뽑는 것의 중요성과 그 효과에 대한 것이다.

켄투리아회는 5개의 계층에서 뽑힌 193개의 백인대로 구성되었다. 여기에서 부유한 계층이 압도적 우위를 차지하게 된 이유는 두 가지 요소 때문이다. 우선 18개의 기사계급 백인대와 80개의 일급 보병 백인대로 구성되는 첫 번째 계급이 단독으로 과반수(193표 중 98표)를 획득할 수

10_ Nicolet, *Le métier de citoyen dans la Rome antique*, p. 345; 영문, pp. 254-255.
11_ 로마인들의 의회 구성과 절차 전반에 대해서는 L. Ross Taylor, *Roman Voting Assemblies from the Hannibalic War to the Dictatorship of Caesar*(Ann Abor: University of Michigan Press, 1966)을 볼 것. E. S. Staveley, *Greek and Roman Voting*(Ithaca, NY: Cornell University Press, 1972); Nicolet, *Le metiér de citoyen dans la Rome antique*, ch. 7, 그리고 *Rome et la conquête du monde méditerraneén*, ch. 9도 참조.

있었다. 게다가, 앞서 살펴본 것처럼 각 백인대의 크기가 같지 않았다. 즉, 인구조사 위계에서 위치가 높은 백인대일수록 적은 숫자의 시민들이 그에 속해 있었다. 각 백인대는 위계 질서에 따라 투표를 하고, 투표와 동시에 그것이 계산되었다. 계산은 과반수의 표가 얻어지면 바로 끝이 났다. 이러한 방식으로 상위 계층이 모두 투표를 하게 되면, 과반수에 이르게 되고, 하위 계층의 차례가 오기도 전에 투표는 끝이 났다. 하위 계층은 상위 계층에서 의견이 불일치되거나, 표가 여러 갈래로 나뉘는 경우를 제외하고는 정책 결정에서 아무런 역할을 하지 못했다. 결국, 낮은 계층은 부유한 엘리트 사이에서 갈등과 분열이 있는 경우에 그것을 중재하는 힘을 가지고 있었다고 말할 수 있을 것이다. 이 체제는 분명 상위 계층이 정치적 결속을 유지하도록 하는 데 보탬이 되었을 것이다.

기원전 3세기 말경, 켄투리아회에 중요한 개혁이 단행되었다. 일급 보병 백인대의 수가 80개에서 70개로 떨어진 것이다. 기사계급 백인대는 여전히 18개였으므로, 이 개혁으로 인해 투표가 과반수에 이르기 위해서는 인구조사에서의 두 번째 계급에 속한 8개 백인대의 투표가 필요하게 되었다. 이 시기는 또한 추첨을 통해 최우선 투표권자를 뽑는 관습이 채택된 시기이기도 하다. 이러한 개혁 이전에는 18개의 기사계급 백인대들이 먼저 투표를 했다. 그들은 집합적으로 맨 처음에 호명된 사람들primo vocatae이라고 알려져 있기도 하다. 개혁 후에는, 오직 한 백인대만 첫 번째 투표를 하게 되었다.12) 최우선 투표권을 가진 백인대는 일급 보병 백인대 중에서 추첨으로 결정했다. 투표 결과는 다른 백인대가 투표를 시작하기 전에 즉각적으로 발표되었다(투표는 기사계급이 제일 먼저, 그리고 다음이 일급 보병 백인대 등 위계 질서의 순서에 따라 진행되었다).

첫 백인대를 뽑기 위한 추첨의 결과는 신의 계시로 여겨졌고, 나아가 이 백인대가 투표하는 것 역시 종교적 의미를 가졌던 것으로 추정된다. 이 (소위) 개시 투표는 투표의 최종적 결과를 미리 알려 준다고 여겨졌을 뿐만 아니라, 어떻게 투표해야 하는지도 규정하는 것으로 간주되었다.13) 따라서

12_ 따라서 "우선 투표권을 가진 백인대"라는 이름은 라틴어 praerogare에서 온 것으로, 처음으로 부르다라는 뜻을 가진 단어에서 나왔다. 물론, 이 말은 영어 prerogative의 어원이다.

첫 백인대의 결정은 이후의 투표를 좌우하는 효과를 가지고 있었다.

오늘날 역사가들은 첫 백인대와, 추첨을 통한 이들의 선출이 의회 내의 단합과 동의를 촉진했던 제도라는 점에 대해 대체로 동의한다. 어떤 사람은 최상위층 백인대의 정치적 응집에 기여했다는 점을 강조하는가 하면,14) 다른 사람들은 전체적으로 의회를 통합했던 역할을 강조하기도 한다.15) 투표가 실시되는 순서와, 상이한 계급 각각의 투표수를 고려해 볼 때, 두 가지의, 구별되지만 연속적인 방법을 통해 통합 효과가 발생했으리라 생각된다. 우선 첫 백인대의 투표는 최상위층 백인대에게 그들이 어떻게 투표해야 할지를 조정하는 중심점을 형성했다. 추첨의 종교적 의미에 의해 두드러지게 된 결집점의 존재는 켄투리아회에서 부유층의 지배를 강화했다. 만약 첫 번째 계급의 백인대들이 (그리고 두 번째 계급의 여덟 백인대가) 최우선 투표권을 가진 백인대의 전례를 따른다면, 최종 결정은 상층 계급의 손에 달려 있었다. 왜냐하면 이미 과반수에 도달했기 때문에 위계상 다음 백인대들은 투표를 할 수 없기 때문이다. 한편 첫 번째 백인대에서 분산된 투표는 결정적인 투표를 계층 사다리의 아래로 이동시킨다. 따라서 추첨의 사용은 우선 투표 백인대의 투표에 종교적 가치를 부여함과 동시에, 선거가 초래할 수 있는, 그리하여 종래에는 그들을 약화시키는, 부유층 사이의 불일치 혹은 경쟁을 피하게 하거나 완화시켰다.16) (종교적 의미와 아울러) 추첨의 중립성은 결집점의 유효성을 더욱 강화시켰다. 즉, 첫 백인대들은 최초의 투표에 의해 만들어진 길을 따라가는 것을 그리 주저하지

13_ 이 점은 Christian Meier, "Praerogativa Centura" in *Paulys Realencyclopadie der Classischen Altertumswissenschaft*, Supplement Band VIII(Munich: Alfred Druckenmuller Verlag, 1980), pp. 568-5980에서 무척 강조되고 있다. 특히 이 부분에 대해서는 pp. 595-596을 볼 것. 첫 백인대의 투표가 가진 종교적 성격은 자료에 의해 명확히 입증되었고, 모든 근대 역사가들에 의해 인정받고 있다. 예컨대, Ross-Taylor, *Roman Voting Assemblies*, pp. 70-74; Nicolet, *Le métier de citoyen dans la Rome antique*, pp. 348, 355; 영문판 pp. 257, 262를 참조.
14_ 예컨대, Meier, "Praerogative Centuria," pp. 583-584와 Staveley, *Greek and Roman Voting*, pp. 155.
15_ 한 가지 예로 니꼴레는 우선 투표 백인대라는 제도에 대해 로마 저자들도 조금씩 다르게 해석하고 있다고 지적했다. 그러나 이러한 해석들도 우선 투표 백인대의 최초 투표가 의회를 통합하는 효과가 있었다는 점에서는 일치한다. Nicolet, *Le métier de citoyen dans la Rome antique*, p. 355; 영문판, p. 262를 볼 것.
16_ Meier, "Praerogative Centuria," p. 584 참조.

않았다. 왜냐하면 이것은 적어도 부분적으로는 무엇인가 외생적이고, 중립적이며, 공평한 무엇을 따른 것처럼 보이기 때문이다.17)

추첨이 켄투리아회의 결속에 기여한 두 번째의 경우는 하위 계층에게는 조금 다른 효과를 가져왔다. 만약 상위 계층의 백인대들이 최우선 투표권을 가진 백인대의 투표에 나타난 신의 인도를 따르면, 대체로 하위 계층은 투표를 하지 않게 된다. 그러나 투표의 최종적 결정이 어떤 중립적 현상이나 초자연적 지시로부터 내려온 것으로 비쳐진다는 사실은 투표를 하지 않은 사람들이 그 결과를 좀 더 쉽게 받아들이도록 했을 것이다.

비록 어떤 식으로 행해졌는지는 덜 알려져 있지만, 추첨은 트리부타회에서도 사용되었다. 민중 의회에서 추첨의 사용은 법안 통과나 재판을 위한 모임이었는지, 혹은 하위 행정관 선발을 위한 모임이었는지에 따라 각기 상이하게 사용되었다. 법률 제정이나 재판을 위한 민중 의회의 모임에서, 각 부족들은 차례대로 투표했다. 따라서 어떤 부족이 먼저 투표할지를 정해야만 했다. 나머지 부족들은 정해진 순서에 따라 투표했는데, 그 순서가 위계적이지 않았다는 것 외에는 알려진 것이 거의 없다. 사실 추첨은 앞서 정해진 순서의 어디서부터 투표가 시작되어야 할지를 결정하는 것이었다. 첫 번째 투표하는 부족에게는 특정한 이름(첫 번째 principium)이 붙여졌는데, 이는 어떤 점에서는 켄투리아회에서의 우선 투표 백인대(최우선 투표권을 가진 백인대)에 상응하는 것이었다.18) 각 부족의 투표 결과는 투표를 마치자마자 발표되었으며, 그 동안에도 다른 사람들은 계속해서 투표를 했다. 투표는 부족 과반수(35개 부족 중에서 18표)에 의해 법안이나 판결이 결정되자마자 중단되었다. 결과적으로 민중 의회의 입법과 사법 투표에서 추첨은 켄투리아회에서와 동일한 효과를 가졌음이 분명하다. 추첨의 종교적 성격과 중립성은 표가 첫 번째 투표 쪽으로 결집되도록 도왔으며, 투표를 하지 않은 부족들로 하여금 그 결과를 좀 더 쉽게 받아들일 수 있게 했다. 그러나 켄투리아회에서 나타난 결과와는 달리, 이 경우에는

17_ 추첨의 중립성이 가진 통합 효과는 특히 Staveley, *Greek and Roman Voting*, p. 155에서 강조되고 있다.
18_ Nicolet, *Le métier de citoyen dans la Rome antique*, pp. 383-4; 영문판, pp. 283-284.

응집 효과가 어떤 특별한 계급의 이익으로 환원되지는 않았다.

반면, 민중 의회에서 행정관을 선출할 때에는, 모든 부족이 동시에 투표했기 때문에 어느 부족이 먼저 투표할 것인지를 정할 필요가 없었다. 그러나 어느 부족의 투표가 먼저 계산될지를 결정할 때에는 추첨이 사용되었다. 후보는 18표를 얻기만 하면 당선이 선언되었고, 표 계산은 바로 그 순간 중단되었다. 투표 절차의 특수성은 개표 순서가 중요하다는 것을 의미했다. 만약 모든 표가 계산된다면, 중간에 상대편보다 적은 표를 획득했던 사람이 최종적으로 선출될 수도 있었기 때문이다.* 여기에서 다시 한번 추첨의 중립성과 종교적 특성은, 자신의 표가 계산되지 않은 사람들로 하여금 투표 결과를 받아들일 수 있도록 돕는 역할을 담당했다.

아테네인들과 달리, 로마인들은 평등주의적 특성 때문에 추첨을 사용했던 것은 아니다. 인구조사에 기초한 로마 공화국에서, 추첨은 중립성과 종교적 해석이라는 특성으로 인해, 주로 표를 결집시키고 정치적 응집력을 증진시키는 효과를 가져왔는데, 이 효과는 우선적으로는 부유한 계층의 사람들에게, 그리고 다음으로는 민중 전체에게 미쳤다.

이탈리아 도시 공화국

11세기와 12세기에 설립된 초기 이탈리아 코뮨에서는 행정관을 선발하기 위해 추첨을 사용했다.[19] 초기에는, 위원회 위원과 관리를 뽑기 위해 여러 가지 방법들이 지속적으로 실험되었다. 그 중 다음 세 가지 절차가 가장 빈번하게 사용되었던 것으로 보인다. 간접 선거, 즉 최종 결정을 내릴 선거인단을 우선 결정하는 체제, 퇴임하는 위원이나 관리가 지명하는 체제,

---

[19] 이탈리아 코뮨의 전반적 사항에 대해서는 Daniel Waley, *The Italian City Republics*, 3rd edition (London: Longman, 1988)을 참조.

* 마넹의 표현은 다소 오해의 소지가 있다. 행정관 선거의 경우에는 다수표를 획득하는 문제가 아니라 어떻게 하면 18부족으로부터 먼저 승인을 받아 자기의 이름을 등록시키느냐의 문제였다. 따라서, 마넹이 말한 것처럼 최종적으로는 더 많은 부족의 표를 획득할 수 있었다 해도, 선거에서 질 수 있었는데, 그 이유는 각 부족의 승인이 오는 순서에 따라 관직이 채워지기 때문이다. 요컨대, 로마 공화국에서 행정관 선출은 공석을 차례대로 메우는 것이었다. 로마 공화국 후기에 가서 이러한 개표 순서에 따른 당락 변화에 대한 불만을 줄이기 위해 추첨을 통해 각 부족의 승인 결과를 발표하도록 했고 그것이 관례가 되었다.

마지막으로 "추첨을 통한 선발"이라고 불리던 추첨이 그 절차들이다. 웨일리Daniel Waley는 "간접 선거와 추첨의 목적은, 자신이 속한 파당의 사람을 선택함으로써 지배를 연장하려 하는 도당들이 도시의 정치를 지배하는 것을 막기 위해 고안된 것이다"라고 쓰고 있다.20) 이탈리아 도시 공화국의 역사에서, 정치는 파당주의의 지배를 받아 왔다. 그러나 파당 현상을 시민들이 관직에 높은 가치를 부여했다는 사실과 떼어놓고 생각할 수는 없다. 시민들은 관직의 "명예와 이득"을 얻기 위해 열심히 노력했고, 파당 사이의 갈등은 무엇보다도 관직을 둘러싸고 일어났다. 관직에 대한 열망은 이상적으로는 인간의 탁월성에 대한 생각이 표현된 것으로 볼 수 있다. 즉, 관직을 얻음으로써 인간은 정치적 동물이라는 인간 본성을 실현시킬 수 있다는 것이다.21) 그러나, 보다 세속적인 의미에서 본다면, 관직을 향한 애타는 열망이 파당적 갈등에 불을 붙였던 것이다. 이탈리아 도시 공화국의 역사는 공직에 대한 열망이 가져온 분열의 쓰라린 경험으로 이해될 수 있다.

이러한 파당의 분열적 효과를 극복하기 위해, 13세기 초 대부분의 도시 지역 공동체들은 치안과 경찰권 모두를 담당했던 포데스타podestà*라고 하는 단독 행정수반 제도를 만들었다. 제노바의 한 연대기 학자는 1190년에 다음과 같이 쓰고 있다. "공동체의 집정관이라는 **관직을 열망하는** 수많은 사람들간의 시기로 도시에 **분쟁, 증오에 가득찬 음모, 그리고 분열**이 나타났다. 따라서 도시의 원로들과 위원회 의원들은 다음 해부터는 공동체의 집정관직을 폐지하기로 결정했고, 최고 행정수반podestà을 만들어야 한다는 데 모두 동의했다."22) 포데스타의 가장 주목할 만한 특성은 이들은 다른 도시 출신이어야 하되, 가능하면 이웃 도시 공동체는 피해야 한다는 것이었는데, 이것은 "분쟁과 음모에 중립적"이어야 하기 때문

20_ Waley, *The Italian City Republics*, p. 37.
21_ 이것이 포콕이 자신의 책 *The Machiavellian Moment*에서 주장하는 전반적 해석이다.
22_ Waley, *The Italian City Republics*, p. 41. 강조는 인용자.

* 포데스타는 "power"라는 의미다. 이것은 중세 이탈리아 도시 공동체의 군사와 치안을 담당하는 최고위 행정관에서 비롯되었는데, 신성 로마 제국 프리드리히 1세가 롬바르디 지역 도시들의 잦은 반란 때문에 만든 관직이다. 12세기 말 신성 로마 제국의 힘이 줄어들자 각 도시들이 자체적으로 포데스타를 선출했는데 이들의 힘이 점점 커졌다. 중립성을 보장하기 위해 대체로 다른 도시의 전문가를 데려왔다.

이었다.23) 초기 이탈리아 도시 공동체의 추첨은 우선적으로 이러한 관점에서 이해되어야 한다.

비록 추첨이 아니라 선거로 행정수반을 선출했지만, 행정수반을 뽑는 제도와 추첨 사이에는 놀라운 형식적 유사성이 있었다. 공통적인 요소는 두 경우 모두 파당간의 싸움을 극복하기 위해 무언가 외부적이고 중립적인 것에 의지하려 했다는 것이다. 이탈리아 도시에서, 추첨이 가진 중대한 특성은 관직 분배를 인간의 영향력 밖에 있는 절차로 바꾸어 놓았다는 것이다. 우선, 추첨의 결과는 그 독특한 공평무사성으로 인해 갈등하는 파벌들로 하여금 그 결과를 좀 더 쉽게 수용할 수 있도록 만들었다. 다른 한편, 결정이 인간의 손이 닿지 않은 곳에 있다는 사실은 파당간의 공개적인 경쟁으로 인해 초래되는 분열을 방지했다. 따라서 추첨과 행정수반 선거는 어떤 공통적 주제 — 외생적 결과가 가져오는 잠재적 평화 유지 기능 — 의 다른 형태로 이해할 수 있다. 어쨌든 추첨이 파당 문제에 대한 해결책으로 이해되었다는 것은 (그러한 이유에서 도입되었든 그렇지 않든 간에) 14세기 피렌체의 추첨제 도입에 대한 레오나르도 브루니Leonardo Bruni*의 다음과 같은 논평을 통해 뚜렷이 나타난다. 그는 "이 방법[추첨에 의한 행정관 선택]이 선거에서 경쟁하는 시민들 사이에 빈번히 발생했던 갈등을 제거하는 데 유용할 것이라는 점이 경험적으로 드러났다"고 말했다.24) 한편 『피렌체 사람들의 역사』Histories of the Florentine People, 1415-21라는 책의 동일한 구절에서 브루니는 추첨을 비판하면서, 시민들은 선거에서 이기기 위해 경쟁해야 하고, "그들의 평판을 공개적으로 내걸어야 하기" 때문에, 그들 스스로가 훌륭하게 처신하려는 동기를 가지게 된다고 부연했다. 이러한 동기는 추첨으로 관리를 뽑게 되면 당연히 사라지게 된다는 것이다. 브루니는 추첨제도에 이러한 동기가 없다는 사실을 개탄

23_ 위의 책.
24_ John M. Najemy, *Corporatism and Consensus in Florentine Electoral Politics 1280-1400* (Chapel Hill: University of North Carolina Press, 1982), pp. 308-309에서 재인용.

* 브루니(1370?~1444): 르네상스 시대의 인문주의 학자, 피렌체 공화국의 총리(1427~44 재임).

했다. 그러나 추첨에 대한 브루니의 근원적인 반대는 그가 인식했던 추첨제의 주된 장점을 강조하는 역할을 했다.

외부적이고 중립적인 메커니즘을 통해 관리를 임명하려 했던 것은 이탈리아 공화주의 사상의 지속적인 특징이다. 이러한 모색의 또 다른 예는 프란체스코 구이치아르디니Francesco Guicciardini*의 "로그로그노 논고"Discorso di Logrogno(1512)에서도 발견된다. 피렌체 정부에 대한 검토에서, 구이치아르디니는 대평의회the Great Council(행정관을 선출하는 모임)의 위원 자격을 (피렌체 대평의회의 실제 위원 자격에 비해서) 더 많은 시민들에게 확대해야 한다고 제안한다. 구이치아르디니의 제안과 그것을 정당화하는 구체적인 방식에 대해 꼼꼼히 검토해 볼 필요가 있다. 그는 대평의회 위원 자격을 관직을 가질 수 없는 시민들에게까지 확대해야 한다고 제안했다. 즉, 그는 이러한 시민들은 개인적 야망에 의해 흔들리지 않는 공평무사한 중재자가 될 것이라고 주장했다.25) 구이치아르디니에 따르면, 선거는 분열적인 것이고, 유권자들 스스로가 선출될 수 있다면 당파적 이해관계가 난무하게 될 것인데, 그 이유는 판관들[유권자-역자] 역시 파당적 이해관계를 가지기 때문이다. 구이치아르디니는 공공선을 증진시키기 위해 시민들, 혹은 최소한 그들 중 일부는 선거 경쟁의 결과에 개인적이고 직접적인 이해를 가지지 않아야 한다고 주장했다. 다시 말해 그들은 외부에서 후보로 나선 사람들의 상대적인 장점만을 판단해야 한다는 것이다. 한편 브루니와 마찬가지로, 구이치아르디니도 추첨을 옹호하지는 않았다. 반대로 그 역시 선거를 선호했다. 그의 제안은 정

25_ "Del modo di ordinare il governo popolare"[1512](이 책은 Discorso di Logrogno라고 불린다). F. Guicciardini, *Dialogo e discorsi del Reggimento di Firenze*, R. Palmarocchi (ed.)(Bari: Laterza, 1931), pp. 224-225.

* 구이치아르디니(1483~1540): 피렌체의 정치가·외교관·역사가. 로렌초 데 메디치 지배 때 피렌체의 저명한 귀족 집안에서 태어나 1498~1505년에 피렌체·페라라·파도바 등지에서 로마법을 공부했으며, 피렌체에서 법률 실무에 종사했다. 1521~25년에 쓴 『피렌체 정부론』*Dialogo e discorsi del Reggimento di Firenze*에서 피렌체의 가장 이상적인 정치 체제는 베네치아식의 귀족 정치 체제라고 주장했다. "로그로그노 논고"는 구이치아르디니가 스페인 로그로그노에서 1512년 쓴 글이다. '피렌체 민중 정부를 어떻게 조직할 것인가에 대한 논고'라는 제목으로도 알려져 있다. 두 제목 모두 구이치아르디니가 붙인 것이 아니라 이후 학자들과 편집자들이 붙인 것이다.

확히 선거의 장점과 외부적이고, 따라서 중립적인 중재자의 공평무사함을 혼합하려 한 것이었다. 구이치아르디니의 제안은 투표권의 확대에 대한 뜻밖의 (그러나 잠재적으로는 멀리까지 영향을 미칠) 옹호라는 측면에서 두드러진다. 그러나 관직을 놓고 벌이는 경쟁의 분열적 결과들을 완화시킬 수 있는 중립적 제도를 찾으려 했다는 점이 더욱 중요하다. 이탈리아 도시 공화국 정치 문화의 이러한 핵심적 문제 속에서, 추첨은 하나의 외부적이고 중립적 장치로 간주되었다.

피렌체

피렌체 정치제도의 역사는 추첨의 또 다른 측면을 보다 구체적으로 조명해 준다.[26] 피렌체인들은 공화정 기간 동안 다양한 행정관과 정무위원회Signoria 위원의 선발에 추첨을 이용했다. 실제로 피렌체의 제도들은 14세기와 16세기 사이에 많은 발전과 격변을 겪었다. 따라서 간단한 연대기적 개요가 필요할 것 같다.

간단히 말하자면, 피렌체에는 구별되는 두 개의 공화정 시대가 있었다. 첫 번째 시기는 1328년부터 1434년까지다. 피렌체 공화국은 13세기 이래 존재했지만, 1328년에 중요한 개혁이 단행되었고, (비록 문제가 없었던 것은 아니지만) 상대적으로 안정된 공화주의적 제도가 나타나 1434년 메디치 가문이 처음으로 권력을 잡기까지 지속되었다. 이 시기부터 1494년까지, 메디치가*는 공화정의 외관은 유지했지만, 사실상 그들의 하수인들과 다양한 속임수를 통해 정부를 관리했다. 결과적으로 그 60년간의 통치 방식은 일반적으로 공화정이라고 간주되지 않는다. 사보나롤라

---

[26] 피렌체에 대해서는 N. Rubinstein, "I primi anni del Consiglio Maggiori di Firenze," *Archivio Storico Italiano*에 있는 두 부분, 1954, Issue 403, pp. 151ff. 와 Issue 404, pp. 321ff를 볼 것. 또한 N. Rubinstein, "Politics and constitution in Florence at the end of the fifteenth century," in Ernest F. Jacob (ed.), *Italian Renaissance Studies*(London: Faber & Faber, 1960); Gene A. Brucker, *Florentine Politics and Society 1342-1378*(Princeton, NJ: Princeton University Press, 1962); Nicolai Rubinstein, "Florentine constitutionalism and Medici ascendancy in the fifteenth century," in N. Rubinstein (ed.), *Florentine Studies: Politics and Society in Renaissance Florence*(Evanston, IL: Northwestern University Press, 1968); Gene A. Brucker, *The Civic World of the Early Renaissance Florence*(Princeton, NJ: Princeton University Press, 1977); Najemy, *Corporatism and Consensus*를 볼 것.

Savonarola**가 중요한 역할을 했던 1494년 혁명과 함께 공화국이 부활했으며, 1512년까지 사보나롤라가 권좌에 앉아 있었다. 이후 메디치 가문이 다시 권력을 잡았으며 15년간 도시를 지배한다. 공화국은 최종적으로 붕괴되었다가 메디치 가문이 지배하는 토스카나 대공국이라는 세습 정부 형태가 되기 직전인 1527년부터 1530년까지 마지막으로 잠깐 복원되었다. 분석을 단순화시키기 위해, 1494년부터 1512년까지 기능한 제도들을 살펴본 다음, 두 번째 공화주의 체제라고 부를 1527년부터 1530년까지를 살펴볼 것이다.27)

첫 번째와 두 번째 공화정 체제에서 모든 시민들은 심사squittinio를 통해 승인을 받아야만 했다. 이들 중 일정 수 이상의 표를 얻은 사람의 이름이 주머니에 들어갔고, 이 주머니에서 행정관이 될 이름이 무작위로 뽑혔다(특히 9명의 정무위원회 행정관, 12인 위원회Buoni Huomini, 그리고 16명의 행정구역별 수반Gonfalonieri, 피렌체 각 구역들의 행정관). 심사는 비밀 투표로 이루어졌다. 심사에 제출될 이름은 노미나또리nominatori라고 알려진 예비 선정 위원회에서 뽑았다. 첫 번째와 두 번째 공화정의 차이점은 후보 지명과 심사에 쓰인 방법에 있었다.

두 시기의 또 다른 공통적인 특징은 관직 교체를 보장하는 예비 조항이 있었다는 것이다. 이 조항들은 주어진 기간 동안 동일인, 또는 동일 가문의 사람들이 같은 관직을 여러 번 잇달아 맡는 것을 방지하기 위한 것이었다. 정무위원회 위원은 두 달마다 교체되었던 반면, 다른 행정관의 임기는 조금 더 길었다. 따라서 피렌체 공화국은 아테네 민주정을 특징짓

27_ 두 번째 공화주의 체제에 대한 가장 좋은 자료로는 Donato Giannotti, "Discorso intorno alla forma della repubblica di Firenze"[1549], *Opere Politiche e Letterarie*, 2 vols.(Firenze: Le Monnier, 1850), Vol. 1, pp. 17-29를 참조.

* 메디치가: 두 차례의 짧은 공백기(1494~1512, 1527~30)를 제외하고 1434~1737년에 걸쳐 피렌체와 토스카나 지방을 지배했으며, 4명의 교황(레오 10세, 클레멘스 7세, 피우스 4세, 레오 11세)을 배출했고, 유럽의 여러 왕가와 혼인 관계를 맺었던 이탈리아의 가문.
** 사보나롤라(1452~1498): 이탈리아의 그리스도교 설교가, 종교개혁자, 순교자. 전제군주들과 부패한 성직자들에 맞서 싸운 것으로 유명하다. 1494년 메디치가 몰락한 뒤 피렌체의 유일한 지도자가 되어 민주공화정을 세웠다.

는 추첨과 교체의 혼합을 표본으로 했다.

14세기, 행정관이 되는 통로는 유력 시민Ottimati, 거대 상인 가문의 귀족, 그리고 주요 길드조합의 지도자에 의해 부분적으로 장악되어 있었다. 귀족이 아닌 사람(즉 중간급 상인이나 기능인)도 관직에 오를 수는 있었다. 그러나 이는 누가 "심사를 받을지" 결정하는 위원회[노미나또리-역자를 지배했던 돈 많고 가문 좋은 엘리트들이 승인을 했을 때에나 가능한 일이었다.[28] 반면 심사를 통해 회부된 이름을 승인하거나 거부했던 기관은 보다 개방적이었다. 추첨을 통해 선출된 시민들이 뽑은 이 기관의 위원arrotti은 수백 명에 달했다.[29] 따라서 심사 이후 최종적으로 주머니에 들어간 이름은 두 번에 걸쳐서, 즉 한 번은 귀족의, 또 한 번은 더 넓은 범위의 집단의 승인을 받았던 것이다.

14세기 말, 이 복잡한 체제는 행정관 선발에서 공평성을 보장하고 파당을 막는 것으로 간주되었다. 바로 이러한 복잡성이 개인이나 당파에 의해 행정관 선출이 조작되는 것을 막았다. 즉 어느 누구도 그 과정의 각 단계를 통제하거나, 자신이 원하는 결과를 끌어낼 수 없었다.[30] 마지막 단계에서 사용되었던, 중립적이고 조작 불가능한 추첨이라는 메커니즘이 바로 공정하다고 느끼도록 만들었던 것이다. 이런 측면에서 피렌체는 다른 이탈리아 공화국들과 별반 다르지 않다.

그러나 피렌체의 경험은 추첨의 사용에 있어 그 이상의 차원을 보여준다. 추첨은 1291년에 처음으로 피렌체에 도입되었지만, 초기의 실험은

28_ 14세기 예비 선정 위원회의 구성에 대해서는 나제미Najemy가 상세히 분석한 바 있다. Najemy, *Corporatism and Consensus*, p. 122. 14세기 노미나또리는 아무런 제한 없이 피렌체 시민 누구나, 즉 성인 연령에 도달한 모든 남성 납세자들(이들만이 엄격한 의미에서 시민cittadini이었다) 가운데서 심사에 넘길 사람의 이름을 고를 수 있었을 것이다. 피렌체의 총 인구는 14세기에 5만에서 9만 명(여성과 어린이를 포함해서)을 오르내렸다. Najemy, *Corporatism and Consensus*, p. 177을 참조. 1350년대에는 3,500명의 이름이 심사에 회부되었다. 1382년에는 그 수가 5,350명으로 증가했고, 1433년 메디치 가문이 처음으로 권력을 잡은 해에 그 수는 6,354명이었다. Najemy, *Corporatism and Consensus*, pp. 177, 273, 275를 참조.

29_ 그 절차는 추첨으로 12개의 주요 조합으로부터 12명의 집정관과 이전에 다른 관직(정무위원 the Priorate, 12인 위원회, 행정수반) 심사에서 승인을 받은 적이 있는 55명의 시민을 뽑는 것이었다. 추첨을 통해 지명된 67명의 사람들은 심사에서 투표할 100명의 선거인단을 뽑았다. 14세기의 심사 기관의 구성에 대해서는, Najemy, *Corporatism and Consensus*, p. 122를 참조.

30_ 같은 책.

그리 오래가지 못했다. 실제로 피렌체 공화주의의 초석이었던 심사와 추첨의 결합은 1328년 칙령에 의해 확립되었다. 새로운 칙령의 머리말에서는 이 개혁(추첨의 사용)의 목적을 다음과 같이 피력하고 있다. "선하고 법을 준수하는 시민들의 호의적인 합의를 통해, 삶과 습관에 있어 존경할 만하고 자격 있는 사람이라고 승인된 피렌체의 시민들은, **공정한 절차**에 따라 [관직이라는] 명예를 취하고 가질 수 있을 것이다."31) 피렌체인들은 아테네인들과 마찬가지로 무능력하거나 존경할 만한 가치가 없는 시민에게 통치받기를 원하지 않았다. 심사는 (물론 그 자체가 당파적 목적에 이바지하기도 했지만) 이런 사람들을 제거하는 역할을 했다. 그러므로 아테네에서 무능력한 사람을 제거하는 방법이 앞으로 처벌받을 가능성을 가지고 있는 자발적 지원이었다면, 피렌체에서는 다른 사람들의 판단이었던 것이다. 그러나 추첨은 존경할 만하고 능력이 있다고 판단되는 사람들(즉 심사에서 규정 투표수를 획득한 사람) 사이에서 한층 더 공평한 배분을 가져온다고 생각되었다. 이것이 바로 1328년 칙령이 공직 진출에 있어서의 평등을 한층 더 보장하는 것으로 제시되고, 또 그렇게 기억되는 이유이다.32) 그러나 추첨이 평등하고 민주적인 특성을 가지고 있다는 신념이 하루아침에 만들어진 것은 아니었으며, 아테네에서처럼 논란의 여지가 없는 사안도 아니었다. 실제로 15세기 말까지도, 추첨이 가진 실제 특성(그리고 선거의 특성도 마찬가지로)은 논란거리였다. 이 주제에 대한 피렌체의 정치 논쟁에서 우리는 망설임, 동요, 그리고 번복 등을 발견할 수 있다.

 1328년에 추첨은 명백하게 정치적 평등과 관련되었지만, 1291년 추첨이 처음으로 도입되었을 당시에는 이러한 관련성이 아직 만들어지지 않았다.33) 앞서 언급한 브루니의 논평은 그 당시에는 추첨이 무엇보다도 파당 싸움을 방지할 수 있는 중립적이고 외부적인 메커니즘으로 여겨졌다는 것을 보여 준다. 1328년 이후, 그리고 14세기의 나머지 기간 동안 피렌체

31_ Najemy, *Corporatism and Consensus*, p. 102에서 재인용(강조는 인용자).
32_ 이 점에 관해서는 Rubinstein, "Florentine constitutionalism and Medici ascendancy in the fifth century," in N. Rubinstein (ed.), *Florentine Studies*, p. 451도 참조.
33_ Najemy, *Corporatism and Consensus*, pp. 31-32.

의 사회·정치적 체제에서 민중적 요소였던 각종 조합들corporations은 추첨에 특별한 애착을 가지고 있었다.34) 그러나 한 세기 이후, 첫 번째 메디치 시대(1434~94)에 이어, 공화국이 재건되었을 때에는 한동안 추첨의 효과에 대해 의심과 망설임을 갖게 된다.

1494년 혁명의 주요 변혁은 베네치아를 모델로 대평의회를 설립한 것이었다. 이 시기에 대평의회의 모든 위원들은 행정관 선발에 참여해야 했다. 그리고 그들 스스로도 관직에 나갈 수 있는 자격을 갖게 되었다.35) 선거에 나갈 이름을 예비 선정하는 것은 계속 되었지만, 귀족들은 예비 선정에 대한 통제력을 상실했다. 왜냐하면 그때부터 노미나또리는 대평의회 위원들 중에서 추첨으로 선출되었기 때문이다.36) 그러나, 보다 중요한 문제는 대평의회가 어떤 선발 절차를 사용할지 결정하는 것이었다. 즉, 첫 번째 공화정 시기에 사용되었던 심사와 추첨의 결합(규정 투표 이상을 얻은 이름을 몽땅 주머니에 넣고 무작위로 추첨하는 방법)을 유지할 것이냐, 아니면 추첨은 이용하지 않고 **심사**에서 **다득표**le più fave를 얻은 사람에게 행정관직을 배정할 것이냐의 문제였다.37) 두 번째 체제는 명백히 선거였다. 따라서 선거와 추첨의 상대적 장점에 대한 논쟁이 시작되었다.

메디치가를 축출한 1494년 혁명은 일부의 부유한 유력 시민층과 민중 Popolani(세공업자들, 소규모 상인들, 그리고 소매상들을 포함한 하층 계급)의 연합을 통해 달성되었다. 15세기 마지막 몇 년 동안의 핵심적인 문제

34_ 촘피 폭동의 패배 이후, 민중파의 지도자들은 민중에게 적대적인 귀족이 정무위원회에 후보 지명을 받는 것을 막기 위해 추첨을 폐지하자고 주장했다. 조합들은 오랜 논의 끝에 그 주장을 따르지 않았다. Najemy, *Corporatism and Consensus*, pp. 257-9를 참조하시오.

35_ 1494년 개혁은 다음의 두 가지 사항을 결정했다. (1) 향후 대평의회에는 최고 행정 관료(정무위원, 12인회, 16구역 행정수반) 심사에서 통과한 사람, 또는 아버지나 할아버지가 그러한 관직과 관련된 심사를 통과한 사람들이 모두 포함되어야 한다. (2) 한편 대평의회는 3년마다 반드시 납세자와 이전에 공직자를 배출한 가문에 속하는 사람들 중에서 60명의 시민을 선발해야 한다. 이 60명은 자동적으로 대평의회 위원이 된다. 1500년경, 대평의회 위원은 3,000명 이상이었는데, 당시 전체 인구는 대략 7만 명(여성과 어린이를 포함해서)이었다. Felix Gilbert, *Machiavelli and Guicciardini: Politics and History in Sixteenth Century Florence*(Princeton, NJ: Princeton University Press, 1965), p. 20.

36_ Donato Giannotti, "Discorso intorno alla forma della repubblica di Firenze"[1549], in Giannotti, *Opere Politiche e Letterarie*, Vol. 1, p. 20.

37_ 투표가 검정 콩과 흰 콩으로 행해졌기 때문에 더 많은 콩*le più fave*이라고 표현되었다[fave는 fava 즉 콩의 복수형이다-역자].

2장 선거제도의 승리 83

는 새로운 공화정 체제에서 이 두 집단 중에 누가 우위를 확보해야 하는지를 가려내는 것이었다. 이 질문에 대한 답은 대평의회가 어떤 절차를 채택하는지에 달려 있었다. 놀랍게도, 몇 해 동안 주요 인물들은 추첨과 선거 각각의 효과에 대해 확신이 없었던 것처럼 보인다. 두 진영은 각각 어떤 선발 방식이 그들에게 유리할지 궁금하게 여겼다. 루빈스타인Nicolai Rubinstein은 그의 매력적인 논문에서 이 논쟁과 관련된 사람들의 동요와 망설임을 상세하게 기록했다.[38]

피렌체 헌정사에서 매우 중대한 사건인 1494년 혁명은 세 시기로 나뉜다. 첫 번째 시기(1494년 11월 9일~12월 2일)에는 첫 번째 공화정의 제도를 복원하라는 결정이 내려졌다. 다시 말하면, 짧은 과도기 이후에 추첨으로 다시 돌아가기로 결정한 것이다. 유력 시민들은 이 시점에서 심사와 추첨의 결합이 14세기에 그들이 향유했던 압도적 영향력을 되찾게 해 주리라고 믿었던 것으로 보인다. 추첨에 대한 그들의 선호는 이미 완성된 전통적 절차에 대한 애착을 반영하는 것이기도 했다. 결국 유력 시민들은 선거가 권력을 다시 메디치의 하수인들에게 쥐어 주게 될 것을 두려워했던 것이다. 두 번째 시기(1494년 12월 9~23일)는 첫 번째 개혁에 대한 민중의 불만에 응답하여 보다 민중 정부적인 방향을 취하게 된다. 이 시기에는 사보나롤라의 영향력이 절정에 달했고, 그 결과 12월 22~23일에 급진적인 개혁이 이루어졌는데, 이때 대평의회가 만들어졌다. 그러나 개혁의 또 다른 측면은 정무위원회 위원 임명을 추첨에서 선거로 대체한 것이었다. 사보나롤라는 이 두 번째 결정에서 핵심적인 역할을 했던 것으로 보인다. 그는 선거를 강력히 지지했으며, 선거를 민중 정부에 절대적으로 필요한 것으로 간주했다.[39] 이때 민중 정부는 선거가 자신들에게 유리한 방향으로 작용하리라고 확신했다. 한편 유력 시민들도 동시에 그들의 입장을 바꾸었다. 그들은 인간관계, 지위, 그리고 재능 등을 통해 선거 경쟁에서 승리할 수 있으리라 믿었고, 이에 따라 선거제도를 받아들

---

[38] Rubinstein, "I primi del Consiglio Maggiori di Firenze(1494-1499)," part I, II, 그리고 Rubinstein, "Politics and constitution in Florence."
[39] 같은 책, p. 178.

였다. 유력 시민과 입장을 같이했던 한 관찰자는 새로운 제도(추첨이 아닌 선거)는 "국가를 귀족들에게 되돌리는 것 외에 그 어떤 목표도 가지지 않았다"고까지 말했다.40) 결국 1494년 12월에는, 추첨과 비교되는, 선거의 효과는 여전히 불확실했다. 바로 이러한 불확실성으로 인해 개혁은 계속 진행될 수 있었다. 즉, 각 진영은 이 변화가 자신들에게 유리한 방향으로 작용할 것이라고 믿었다. 초기에는 민중 정부의 기대를 입증하는 것으로 보였다. 대평의회에 대한 민중적 열정 속에서, "첫 번째 선거에서는 새로운 세력들gente nuova*"과 민중 정부의 지지자들이 고위직에 선출되었다. 그러나 얼마 후에 이러한 양상은 바뀌었다. 루빈스타인은 "새로운 세력들은 점차 사라지고, 특권과 영향력은 점차 유력 시민들의 손아귀로 다시 들어갔다 …… 따라서 우리는 메디치 지배하에서, 그리고 그 이전에 권력을 가지고 있었던 가문이 다시 고위직에서 상당한 비율을 차지하는 것을 목도하게 된다"고 썼다.41) 이 시점에서 민중들은 추첨이 자신에게 더 유리하다고 믿게 되었다. 유력 시민들 측에서는 선거를 통해 공직에 진출하는 데 성공했으므로, 선거 체제에 더욱 만족하게 되었다. 결국, 세 번째 시기(1495~97)에는 민중 운동 세력이 추첨을 선호하게 됨에 따라 선거는 단계적으로 폐기되었다.

두 번째 시기(1494~95년의 선거)에 일어난 변화는 중요한 전환점을 형성했다. 이 결정적인 시기에 선거와 추첨이 갖는 각각의 효과들에 대한 신념 체계가 영원히 고정된 것으로 보인다. 그 이후에 선거는 좁은 정부governo stretto("협소한" 또는 귀족적 정부)와, 추첨은 넓은 정부governo largo("열린" 또는 민중 정부)와 각각 체계적으로 결합되었다. 이러한 신념에 대한 가장 탁월하고 권위 있는 표현은 구이치아르디니의 저작에서 찾을 수 있다. 유력 시민 가문의 일원이며 귀족주의적 공화주의의 유력한 옹호자였던 구이

40_ 이 사람은 파렌띠Parenti이다. 이 점에 대해서는 Rubinstein, "I primi anni del Consiglio Maggiori di Firenze(1494-1499)," p. 324, 그리고 Rubinstein, "Politics and constitution in Florence," p. 179를 참조.

41_ 같은 책, p. 179.

* gente nuova는 새롭게 정치 일선에 나서기 시작한 중산층을 말한다.

치아르디니는 선거와 추첨 각각의 장점에 대한 두 연설을 저술했다.[42]

첫 번째 연설에서는 선거에 대해 이야기하고(다득표 제도), 두 번째 연설에서는 심사와 추첨의 결합을 옹호하고 있다. 비록 구이치아르디니는 기존의 양식에 따라 먼저 첫 번째를 옹호한 다음 두 번째를 옹호하고 있지만, 조심스럽게 그러나 명확하게 자신이 선거를 선호함을 밝히고 있다. 선거를 옹호하면서 그는 공화정을 건설하는 데 있어서 두 가지 목적을 함께 고려해야 한다고 주장한다. "무엇보다 중요한 점은 모든 시민이 법 앞에서 평등하고, 이 가운데 부자와 가난한 사람, 힘있는 사람과 힘없는 사람의 차별이 없어야 하며, 그리하여 사람들의 인격, 부, 지위가 손상되지 않아야 한다." 또 다른 정치적 목적, 공직은 "가능한 많은 시민들이 참여할 수 있도록 가능한 모두에게 열려 있어야 한다"는 것이다.[43] 법 앞에서 평등하고 공직에 참여할 수 있는 공평한 기회를 갖는다는 것은 피렌체 공화주의의 핵심적 가치였고, 구이치아르디니의 연설은 공화주의 사상의 공통된 주제를 공식화한 것이었다. 한 세기 전, "난니 스트로찌 Nanni degli Strozzi의 장례식 연설"에서 브루니는 다음과 같은 말로 공화주의적 평등을 정의했다. "따라서 공화국에서의 다음과 같은 평등이 바로 진정한 자유이다. 즉, 누구로부터의 폭력이나 불법 행위를 두려워할 필요가 없는 것, 법 앞에서 그리고 공직 참여에 있어 시민들이 평등을 향유할 수 있는 것 말이다."[44] 그러나 구이치아르디니는 두 목적을 분류했다. 그는 첫 번째(법 앞의 평등)는 제한 없이 반드시 실현되어야 하는 반면, 두 번째(공직 참여의 평등한 기회)는 반드시 어떤 제한 안에서만 추구되어야 하는데, 그 이유는 도시의 운명이 충분한 자격을 갖추지 못한 사람들 손에 맡겨져서는 안 되기 때문이라고 부연했다. 이것이 선거가 추첨보다 우월한 점이다. 선거는 행정관들이 "가능한 한 선별scelti"되도록 보장한다.[45]

42_ "Del modo di eleggere gli uffici nel Consiglio Grande," in Guicciardini, *Dialogo e discorsi del Reggimento di Firenze*, pp. 175-185를 참조.

43_ 같은 책, pp. 175-176.

44_ Leonardo Bruni, "Fureral Oration for Nanni degli Strozzi"[1428], Hans Baron, *The Crisis of the Early Italian Renaissance*(1955)(Princeton, NJ: Princeton University Press, 1966), p. 419에서 재인용(바론은 p. 5560에서 라틴어 문구를 인용하고 있다).

45_ 이탈리아어 scelti는 선별된 그리고 선택(선별된 소수 내에서) 두 가지 모두를 의미한다. 여기에서

나아가 그저 아무나 "중요한 자리에 올라가는 것"을 막는 장점을 가지고 있다. 선거 체제에서, 탁월성은 자기 자신이 아니라 다른 사람이 평가한다. 동시에 투표하는 사람들은 위대한 체하는 사람과 진정으로 위대한 사람을 구별할 수 있다. 구이치아르디니는 선거에 대해 적절하게 제기할 수 있는 유일한 반론은 "행정관직을 차지하는 사람의 숫자가 점차 적어진다"는 것이라고 인정했다.46) 이러한 반론에 대한 답으로 다음과 같이 질문할 수 있다. 만약 민중들이 선택된 집단 내에서 공적인 기능이 유지되는 것을 선호한다면, 그것이 어째서 잘못인가? 그리고 만약 이에 반대하는 사람이, 선거에서 시민들이 계속해서 같은 사람을 뽑는 바람에, 나머지 사람들이 공직에서 계속 배제된다고 주장한다면, 다음과 같이 대답할 수 있을 것이다. "어떤 사람이 가치가 있는지 없는지는 개인이 판단할 문제가 아니라 민중, 즉 누구보다 나은 판단력을 가지고 있는 사람이 판단할 문제다. 왜냐하면 이들이 곧 군주이며, 이들은 열정에 사로잡히지 않기 때문이다. [민중은] 우리가 우리 스스로를 아는 것보다 우리 하나하나를 더욱 잘 알고 있으며, 그들은 관직에 오를 만한 자격이 있는 사람들에게 관직을 배분하는 것 이상의 목적을 갖고 있지 않다."47) 민중은 그것이 사람이든 결정이든 주어진 바를 판단할 수는 있지만, 그들 스스로 통치할 수는 없다는 것이 구이치아르디니의 사상에서 반복되는 주제다. 따라서 선거는 추첨보다 선호할 만하다. 왜냐하면 선거는 민중이 누가 최고인지를 판단하도록 남겨둔 채, 최고를 선택하기 때문이다. 이런 가치 판단을 논외로 한다면, 구이치아르디니가 선거와 추첨 각각의 특성을 묘사한 방법은 1495~97년 이후 확립된 두 가지 모델에 대한 일반적인 견해를 상당히 명확하게 보여 주는 것 같다.

파당주의를 없애기 위해 추첨을 도입하면서, 피렌체인들은 경험을 통해 추첨이 선거보다 더 민주적이라는 아테네 민주주의자들의 수수께끼

구이치아르디니는 명백하게 이 중의적 의미를 이용하고 있다.
46_ 여기서 다시 구이치아르디니는 많은 함의를 가지고 있는 스스로를 위대하게 만들다[si fare grande]라는 표현을 사용함으로써, 그들 스스로가 중요하다고 공언하는 사람뿐만 아니라, 중요한 시늉을 하거나 중요한 척하는 사람 모두를 표현하고 있다.
47_ "Del modo di eleggere gli uffici nel Consiglio Grande," pp. 178-179.

같은 생각을 마침내 재발견하게 되었다. 비록 구이치아르디니는 어째서 선거가 공직을 엘리트들의 전유물로 만드는가 하는 문제에 대해서 아리스토텔레스가 설명했던 것만큼 말하지는 않았지만, 그는 의심할 여지없이 그러하다고 생각했고, 대부분의 피렌체 공화주의자들도 비슷하게 생각했다. 이후 피렌체 공화주의는 공화주의 사상의 발전에, 특히 영국과 미합중국에 차례로 상당한 영향을 미치게 된다.[48] 따라서 피렌체 공화주의의 경험을 잘 알고 있던 17, 18세기 사상가와 정치가들은 선거의 귀족주의적 본질에 대한 신념이 그리스 정치 문화만의 독특한 특징이 아니었다는 것을 알고 있었을 것이다.

베네치아

베네치아 역시 추첨을 사용했지만 그 방식은 상당히 달랐다.[49] 베네치아인들은 유럽 전역의 정치 저술가들 사이에서 유명한 극도의 복잡하고 정교한 행정관 임명 제도를 완성시켰다.[50] 해링턴은 그가 이상적으로 꿈꾸던 오세아나Oceana라고 하는 공화국에 이 제도를 채택하도록 추천했었다.[51] 베네치아 체제에서 추첨은 대평의회에서 심사할 후보를 지명하는 위원회nominatori 위원을 선정할 때에만 사용되었다. 이 위원들은 추첨과 선거가 조합된 여러 단계의 절차를 통해 임명되었다.[52] 따라서 피렌체에서와 마찬가지로 행정관을 뽑기 위해 추첨이 사용된 것은 아니었다. 베네치아의 노미나또리는 충원되어야 하는 각각의 관직에 여러 사람의

---

[48] 피렌체 정치사상의 영향은 바론, 길버트Felix Gilbert, 그리고 포콕 등에 의해서 잘 증명되었다.

[49] 베네치아에 대해서는 William J. Bouwsma, *Venice and the Defense of Republican Liberty: Renaissance Values in the Age of the Counter-Reformation*(Berkely: University California Press, 1968); Frederic Lane, *Venice: A Maritime Republic*(Baltimore, MD: Johns Hopkins University Press, 1973)을 참조. 베네치아 헌법에 대한 주요 저서로는 Guiseppe Maranini, *La Costituzione di Venezia*, 2 Vols.(Florence: La Nuova Italia, 1974)[1927년 초판]이 있다.

[50] 베네치아의 임명 체제에 대해서는 Marini, *La Costituzione di Venezia*, Vol. II, pp. 106-124에 잘 묘사되어 있다.

[51] J. Harrington, "The manner and use of the ballot," J. G. A. Pocock (ed.), *The Political Works of James Harrington*(Cambridge: Cambridge University Press, 1977), pp. 361-367.

[52] 추첨과 선거의 조합은 행정수반의 선거를 위한 노미나또리의 임명 과정에서 사용되었다. 반면, 다른 행정관들의 선출을 위한 노미나또리는 추첨을 통해 임명되었다. 행정수반의 선거 절차에 대해서는 Maranini, *La Costituzione di Venezia*, Vol.1, pp. 187-190을 참조.

이름을 추천했다. 추천된 이름들은 **즉각적으로** 대평의회 투표에 회부되었다.53) 가장 많은 표를 얻은 후보가 각 행정관에 임명되었다.54) 따라서 이 체제는 우선적으로 선거에 기초한 것이었다. 왜냐하면 후보가 결국 대평의회에 의해 선출되었을 뿐만 아니라, 추천된 후보는 예비 선정 위원회에서 **최다 득표**를 한 사람들이었기 때문이다.

추첨을 통한 추천자의 선택은, 후보 추천 과정에서 파벌이 영향력을 행사하지 못하도록 했다. 즉, 대평의회 위원들은 어떤 직책에 대한 후보 추천이 있을지를 미리 알 수 없었다. 또 다른 예방 조치로 후보가 발표되자마자 투표가 행해졌는데, 이로 인하여 대평의회 안에서 선거 운동을 할 시간이 전혀 없도록 했다. "추첨을 통한 추천 위원의 선정과 지명 및 투표의 즉각성은 **특히** 관직 획득을 위해 파당을 자극하는 선거 운동을 막기 위해 고안되었다."55) 관찰자의 호기심을 불러일으키는 이 체제의 또 다른 측면은 대평의회에서의 투표가 비밀 투표였다는 것인데, 이것도 같은 역할을 했다. 베네치아인들은 대평의회에서의 투표를 철저히 비밀로 하기 위해 무척이나 애를 썼는데, 투표에 사용된 공이 항아리에 떨어질 때 소리를 내지 않게 하기 위해서 공을 옷감으로 쌌을 정도였다. 여기에서도 그 목적은 조직된 집단들에 의해 행동이 제약을 받지 않도록 하기 위해서였다. 투표할 때 대평의회 위원들은 집단에서 그리고 파당의 압력으로부터 가능한 한 고립되었다.

추첨의 가장 중요한 목적이 선거에 늘 있어 왔던 음모나, 분열적인 선거 운동을 배제하기 위한 것이었다고 해도, 몇몇 저술가들(그 중에서도 특히 베네치아 헌법의 가장 유명한 이론가인 가스파로 콘타리니Gasparo Contarini*)

53_ 그러나 이 절차가 모든 행정관 선발에 사용된 것은 아니다. 가장 중요한 관직들, 원로원Consiglio dei Pregadi은 지명을 받아 선거를 했고, 대평의회는 이 절차가 적용되지 않았다. 대평의회에서 선출되는 행정관들은 정무위원회 또는 원로원에서 추천을 하기도 했다. Lane, *Venice*, pp. 258-259를 참조.

54_ Marini, *La Costituzione di Venezia*, Vol. II, p. 118을 참조.

55_ Lane, *Venice*, p. 110(강조는 인용자).

* 가스파로 콘타리니(1483-1542): 추기경이자 외교관. 콘타리니가는 베네치아의 유력 가문으로 8명의 베네치아 총독과 기타 저명 인사들을 배출했다.

은 추첨이 더 많은 사람들에게 일정한 역할을 부여하는 "민중적" 측면도 가지고 있다고 보았다.56) 그러나, 이러한 평등주의적 측면은 대평의회의 모든 위원들이 "중요한" 사람이 될 수 있는 똑같은 기회를 가지고 있다는 것, 다시 말해 관직에 나갈 수 있는 똑같은 기회가 아니라 추천인이 될 수 있는 평등한 기회를 말한다.57) 비록 제한적이고 극히 특수한 기능과 관련되어 있었지만, 베네치아에서도 역시 추첨은 정부의 민중적 차원과 공평한 기회라는 개념과 연관되어 있었다.

현실적으로 최고 행정관직은 항상 대평의회보다 훨씬 적은 소수의 유력한 가문들의 손에 쥐어졌다는 사실은 해링턴과 루소 같은 통찰력이 뛰어난 관찰자들의 눈을 피해가지 못했다. 예를 들면, 루소는 『사회계약론』의 선거에 대한 장에서 이렇게 썼다. "베네치아 정부를 진정한 귀족정이라고 보는 것은 잘못이다. 비록 인민이 정부에서 아무런 역할도 하지 못했지만, 귀족 스스로가 인민이었다. 다수의 가난한 바르나보트Barbites[싼 바르나바스Saint Barnabas 지역에 사는 베네치아 귀족들는 어떤 행정관직도 가질 수 없었고, 그들이 귀족이라는 점에서 가진 것이라고는 각하라는 공허한 호칭과 대평의회에 참석할 권리였다."58) 루소가 간파했듯이, 베네치아 귀족은 제네바에서 대평의회를 구성했던 부르주아와 동격이었고, 베네치아는 루소의 고국보다 "더 귀족적"이지 않았다. 그가 보기에 두 도시는 모두 "혼합 정부"였다.59)

모두가 인정하듯, 베네치아 대평의회는 인구의 작은 일부만을 포함하고 있었다. 위원 자격은 세습되는 것이었는데, 위원들은 1297년 개혁(고정the Serrata 또는 대평의회의 "종결"*)때 입회했던 사람들의 후손이었

56_ Gasparo Contarini, *De Magistratibus et Republica Venetorum*(Paris, 1543).
57_ Lane, *Venice*, p. 259.
58_ J. J. Rousseau, *On the Social Contract*[1762], Book IV, ch.3; 영문판으로는, J. Masters, *On the Social Contract*(New York: St. Martin Press), p. 112. 동일한 주제에 대한 해링턴의 논평은, *The Prerogative of Popular Government*, in Pocock (ed.), *The Political Works of James Harrington*, p. 458을 볼 것.
59_ J. J. Rousseau, *Social Contract*, Book IV, 3.

* 대평의회 위원의 자격을 정해 이후 새로운 사람들이 구성원이 될 수 없도록 조치했다는 의미.

다. 16세기 중반에 대평의회에는 2,500명의 위원이 있었다. 따라서 대평의회는 베네치아의 귀족을 구성했다. 그리고 이러한 귀족들만이 정치적 권리를 향유했다. 즉, 이들만이 시민이었던 것이다. 그러나 루소와 해링턴이 주목했던 점은 대평의회의 세습적 성격과 폐쇄적 특성이 아니라, 그렇게 제한된 집단 속에서도 소수의 사람들만이 행정관이 될 수 있었다는 사실이었다. 이러한 추가적인 제한은 선거의 자유에는 아무런 제약을 가하지 않은 채 이루어졌다.

다소 모호한 구절에서, 사려 깊은 관찰자이자 베네치아의 열렬한 숭배자인 해링턴은 이러한 특징을 베네치아 정부의 큰 수수께끼라고 묘사했다.

> 자, 이 수수께끼를 풀어보자. 도대체 이것이 무엇인가? 베네치아의 행정관직(권력이라기보다 간판뿐인 행정직을 제외하면)의 임기는 1년 또는 길어야 2년이었다. 임기가 끝난 사람들은 새로운 선거를 통해서가 아니면 누구도 행정관직을 계속할 수 없었다. 선거는 대부분 대평의회에서 행해졌으며, 가장 평등하고 공평무사한 방법인 투표를 통해 이루어졌다. 그렇지만 최고 행정직은 항상 소수의 손에서 움직였다. 만약 내가 정치학을 공부할 사람에게 조언을 할 자격이 있다면, 베네치아를 연구하라고 권하고 싶다. 베네치아를 제대로 이해한 사람은 (각 정체 간의 차이에도 불구하고) 세상의 모든 정부를 제대로 판단할 수 있을 것이다.[60]

해링턴은 이 수수께끼에 명쾌한 해답을 주지는 않았지만, 독자는 그 답을 손쉽게 발견할 수 있을 것이다. 즉, 비록 선거가 자유롭고 공정할 때에도, 유권자들은 매번 반복해서 동일한 탁월한 인물 또는 걸출한 가문에 투표하는 경향이 있다. 해링턴은 더 나아가서 정치의 이 불가사의한 법칙의 영향은 베네치아 이외의 사례로도 확대될 수 있다고 시사했다.

대평의회의 위원들 사이의 음모를 제한함으로써, 추첨은 베네치아 귀족이 뛰어난 응집력을 유지하는 데 도움을 주었다. 이러한 응집력이 공화국에 놀라운 안정성을 가져온 원인 가운데 하나였다는 것은 분명하다. 다른 이탈리아 도시공화국에서는 상위 계층의 일부가 하위 계층과 손을 잡고 민중 폭동을 일으킨 경우들이 있었지만, 베네치아 귀족의 강력한

---

[60] Harrington, *The Prerogative of Popular Government*, p. 486.

내부 결속은 효과적으로 다른 계급들을 권력으로부터 배제할 수 있었고, 결과적으로 현상 유지를 파괴하는 소란을 피할 수 있었다.

베네치아의 안정, 과거 오스만 투르크와의 전쟁에서 얻은 승리, 부, 그리고 예술의 융성은 베네치아에 거의 신화적인 지위를 가져다주었다.[61] 이 도시는 선거 정부의 한 전형이라는 평판도 얻었다. 이것은 공화주의적 성공과 선거 사이에 어떤 관련성이 존재한다는 인상을 주는데, 이는 상당히 오래 존속했던 또 하나의 성공적인 선거 중심 공화국인 고대 로마에 의해 더욱 뒷받침될 것이다. 한편, 피렌체의 경험을 통해 추첨이 투표보다 더 평등주의적이라는 아테네인들의 오랜 생각이 유지되었다. 정치적 권리를 향유하는 인구의 비율은 베네치아에서와 마찬가지로 소수였지만, 피렌체 공화주의자들은 이러한 제한 속에서 추첨은 공직 분배의 평등을 촉진시킬 것이라고 인식했다. 17, 18세기 정치 사상가들은 이러한 고대와 당시 공화국들의 경험을 염두에 두고 선거와 추첨을 사고했다.

17, 18세기의 선거와 추첨

해링턴

크롬웰의 호민관 통치하에서 공화주의의 옹호자였던 해링턴은 아테네가 멸망에 이르게 된 이유를 추첨에 의해 임명된 평의회 boulē로 인해, 도시에 "자연 귀족"natural aristocracy이 결여되었기 때문이라고 말했다. 해링턴은 아테네가 다음과 같은 이유로 불완전했다고 썼다. 즉, "투표가 아니라 추첨에 의해 선발되었고 매년 그 일부가 아니라 전체를 바꿨다는 측면에서 원로원은 자연 귀족을 형성하지 못했으며, [의원들이-역자] 업무를 이해할 수 있거나 그 일에 완벽해질 수 있을 만큼 오랫동안 자리에 있지 못했기 때문에, 원로원은 민중의 지속적인 소동을 억제할 수 있을 만큼 충분한 권위를 가지지 못했고, 종래에는 무너지고 말았다."[62] 동일

61_ 사상가들이 본 "베네치아 신화"에 대해서는, Pocock, *The Machiavellian Moment*, pp. 100-102, 112-113, 234-235, 319-20, 324-325, 327-328을 참조.

한 이론이 그가 『오세아나』를 옹호하기 위해 쓴 『인민정부의 대권』The Prerogative of Popular Government에서도 반복된다. 아테네인들은 추첨을 통해 대평의회(또는 원로원) 의원을 선발함으로써 "귀족계급의 자연적이고 필연적인 역할"을 용인하지 않았다는 것이다.[63] 해링턴이 선거는 추첨과 달리 이미 존재하는 엘리트들을 선택한다고 믿었다는 것은 분명하다. 자유롭게 내버려두면, 사람들은 자연히 자신보다 더 나은 사람을 알아본다고 해링턴은 주장했다.

> 만약 모두가 바보가 아니라면 — 바보라고 해도 — 20명의 사람이 결코 똑같을 수는 없다. 그들 가운데 3분의 1은 나머지보다 지혜롭거나 적어도 덜 어리석다는 차이가 있을 것이다 …… 서로간의 면식을 통해 비록 적은 수일지라도 이들은 발견되고 (가장 큰 머리를 가진 수사슴처럼) 무리를 이끌게 될 것이다. 여섯 명이 그들이 맡은 부분에 대한 탁월함을 보이면서 서로서로 토론을 하고 주장을 하는 동안, 나머지 열 넷은 무리가 생각지도 못한 것을 발견하거나, 예전에 그들을 혼란스럽게 만든 다양한 진리를 분명하게 이해할 수 있을 것이다.[64]

이러한 설명은 해링턴이 이상적인 원로원 선거에 대해 논의한 『오세아나』의 예비 조항을 적은 한 구절에서 등장하지만, 그것은 자신보다 뛰어난 사람을 선택하는 것-역자| 인간 본성에 대한 일반적 특성으로 제시된다. 해링턴은 아마도 이것이 모든 형태의 선거에 적용된다고 생각한 것 같다. 『오세아나』의 저자가 선거를 옹호하는 것은 자연 귀족에 대한 자유로운 인지를 승인하기 위한 것이었다.

따라서 해링턴은 관직 선발에서 추첨을 거부한다. 그럼에도 그의 이름은 관직 교체를 찬미했던 것과 관련해서 기억되고 있다. 포콕은 해링턴의 사상에 있어서 교체의 중요성을 특히 강조했는데, 그것은 해링턴이 얼마나 시민적 인문주의의 핵심 원칙에 강한 애착을 가지고 있었는지를 보여주고 있다. 그 원칙이란 인간은 정치에 참여함으로써 자신의 본성을 완전

62_ J. Harrinton, Oceana[1965], in *The Political Works of James Harrington*, p. 184.
63_ Harrington, *The Prerogative of Popular Government*, p. 477.
64_ Harrington, *Oceana*, p. 172.

히 구현할 수 있다는 것이다.65) 그러나 전통적으로 교체의 원칙은 추첨과 연관되었다. 만약 앞서 지적한 바대로, 선출할 자유는 또한 다시 뽑을 수 있는 자유이고, 따라서 선거라는 원칙과 교체의 이상이 잠재적으로 갈등 상태에 있다는 것이 진실이라면, 어떻게 해링턴은 선거와 교체를 동시에 옹호할 수 있었을까? 이를 위해 『오세아나』의 제도적 장치들 또는 "제도들"orders을 면밀하게 살펴볼 필요가 있다.66)

지방 교구 수준(해링턴의 체제에서 가장 작은 정치적 하부 단위)에서 "원로들"은 매년 그들 중 5분의 1을 선출하는데, "이들은 선거일로부터 1년 동안 교구의 대표가 된다. 이들은 그 이상 대표직에 있을 수 없고, **2년 연속 선출될 수도 없다.**"67) 따라서 해링턴은 각각의 원로는 5년마다 지방 교구의 대표가 된다고 추정한다. 그러므로 이 수준에서 모든 원로들이 돌아가며 대표가 되기에 교체가 이루어진다.68) 그러나 교구 대표들은 단지 오세아나의 최고 의회(원로원과 대권 의회)를 위한 **선거인단**일 뿐이

65_ 특히 *The Machiavellian Moment*에서, 그리고 포콕이 편집한 *The Political Works of James Harrington*의 "Historical Introduction," pp. 1-152를 참조. 포콕은 해링턴이 주장한 것과 마찬가지로 교체를 대표와 대표되는 사람 간의 구별을 초월하는 제도로 보았다. 그는 "기병과 보병(해링턴이 확립하려 한 두 소유 계급들)과 같이 다양한 능력을 가진 전체 시민이 지속적으로 정부에 참여한다. …… 사실 만약 전체 시민이 교체에 참여할 수 있다면, 의회 그 자체는 이해의 범위를 초월할 것이고, 자유로운 선택을 하는 시민은 그 자체로 지속적으로 연속되는 정부일 것이다. 대권 의회 Prerogative Tribe(하층계급에 의해 선출된 민중 의회) 또는 대표 의회조차도 자주 갱신되기에 대표와 대표되는 사람 간의 모든 구분은 없어질 것이다"라고 썼다(Pocock, "Historical Introduction" in *The Political Works of James Harrington*, p. 69).

66_ "Orders"라는 말로 제도를 언급하는 것은 해링턴만의 독특한 특징이다. 이러한 신조어는 해링턴이 마키아벨리로부터 영향을 받았음을 나타내는 수많은 흔적 가운데 하나다. 『로마사 논고』의 저자인 마키아벨리는 제도를 의미하기 위해 ordini*라는 용어를 사용했다.

67_ Harrington, *Oceana*, "Fifth Order," p. 215(강조는 인용자).

68_ 하지만 앞서 언급한 규제의 결과로 교구 대표의 완전한 교체가 이루어지는 것은 아니다. 명문화된 규칙에서도, 투표자들 가운데서 60%가 각각 20%씩인 세 개의 하부 집단 내에서만 관직이 교체되도록 연합을 결성할 수 있다. 해링턴은 그가 추천한 예비 조항의 결과를 잘못 계산한 것으로 보인다. 왜냐하면 그가 『민중 의회의 대권』에서 그들이 교구 수준에서 대표의 완벽한 교체를 보장할 수 있다고 명시적으로 주장했기 때문이다(주 70에서 인용된 구절을 참조). 이러한 관찰은 엘스터에 힘입은 바 크다.

* 마키아벨리가 사용하는 ordini는 orders의 뜻을 가지고 있다. 번역자에 따라서는 제도institutions라고 번역하기도 하지만, 여러 가지 의미로 해석될 수 있다. 예를 들면, 질서, 통치 체제, 제도, 명령 등이다. 삶의 방식을 이야기하는 modi는 ways라고 번역이 되지만, 실제 마키아벨리의 표현은 modes에 가깝다. 시간 속에서 중첩된 생활 방식이나 습관을 이야기할 때에는 modi가 중요하다.

다. 각 지방 교구의 대표들은 기사(원로원의 의원들)와 대의원(대권 의회의 의원)을 선출하기 위해 해링턴이 "갤럭시"galaxy라고 부르는 의회에 모인다. 최고 의회 수준의 규정은 지방 교구 수준과는 다르다. 즉, "3년의 임기를 마친 의회galaxy의 대표인 기사는 **3년 동안의 휴직기를 갖지 않으면 동일한 지위나 그 밖의 부류로 선출될 수 없다.**"[69] 다른 말로 하자면, 원로원의 위원이나 대의원이 여러 번 재선되는 것을 방지할 아무런 장치도 없었으며, 단지 연임이 금지되었을 뿐이었다. 다음 입법상의 임기가 만료된 이후에는 다시 선출될 수 있었던 것이다. 지방 행정구 대표의 숫자와 오세아나를 다스리는 의회의 크기를 고려해 볼 때, 두 번째 단계에서는 완전한 교체가 이루어지지 않았다. 지방 교구를 대표하는 어떤 선거인단들은 원로원이나 대권 의회의 의원으로 뽑힐 수 없었을지도 모른다. 즉, 오세아나에서는 평생에 두 번 이상 평의회boulē 위원이 되는 것을 금지했던 아테네의 규정과 비교될 만한 아무런 장치도 없었던 것이다.

해링턴은 『인민정부의 대권』의 한 구절(그가 오세아나를 옹호하기 위해 쓴 글)에서 이 점을 더욱 명확히 했다. 그는 두 형태의 교체, 선거인단의 교체와 선출된 사람의 교체를 명백하게 구분하고 있다.

> 매년 있었던 [국민의회 선거인단] 교체가 5년마다 행해지거나, 아니면 5년이라는 기간 동안 모든 사람이 한 번은 투표를 할 수 있는 것으로 바뀌었다. 비록 각자가 반드시 자기 차례를 가지는 선거인단이 될 수는 있지만, 주권 또는 전체 국가를 이끄는 역할을 갖는 행정관에 선출될 수 있다는 것은 아니다. 모두가 이러한 의회에 필수적으로 참여하도록 하는 것이 가장 안전한 것이다. 그러나 나라를 위한 판단과 양심이라는 측면에서 적합한 사람 모두에게 차례가 돌아갈 수 있다는 것만으로도 충분하다. 그런 까닭에 선거인단(앞에서 밝힌 그대로 만들어지는)들의 판단에 입각해서, 누가 주권적 행정직에 참여할 것인지 또는 어떤 지파의 의회에서 원로원이나 대권 의회로 선출되어야 할지를 결정하게 되는 것이다.[70]

오세아나의 제도들은 의심할 바 없이 원로원과 대권 의회 안에서의

69_ Harrington, *Oceana*, "Twelfth Order," p. 227(강조는 인용자).
70_ Harrington, *The Prerogative of Popular Government*, p. 487.

교체를 보장하고 있다. 이유는 그 구성원들이 연속해서 두 번 위임받을 수 없기 때문이다. 그러나 교체는 선거인단의 "판단과 양심"에서 그러한 관직에 앉을 가치가 있다고 판단되는 사람들의 집단으로 국한된다.

또 다른 구절에서 해링턴은 "오세아나에서 의회 의원은 휴직 기간의 필요성에도 불구하고 12년 동안 6번 행정직을 유지할 수 있다"고 쓰고 있다.71) 위에서 인용된 『인민정부의 대권』의 구절은 해링턴이 이런 일이 생기기를 원했다는 것을 보여 준다. 따라서 해링턴이 말하는 교체에는 두 가지 형태가 있다. 즉 완전한 또는 절대적인 선거인단의 교체(모든 시민이 5년마다 선거인이 되는 것), 그리고 선출된 사람들 사이에서의 제한적 교체, 즉 선거인단이 승인한 자연 귀족 사이의 교체이다. "동일한 헌법 기관으로서, 4천 명에 이르는 경험 있는 지도자들인 원로원과 대권 의회 ― 또는 민중대표 의회 ― 는 **새로운 선거를 통해 지도력을 유지할 수 있었다.**"72) 따라서 해링턴에게 있어 교체의 원칙과 선거의 원칙은 상충하지 않는다. 왜냐하면 교체는 선거인단에게만 절대적인 의미에서 적용되고, 그들이 선출한 사람들에게는 적용되지 않기 때문이다.73)

몽테스키외

마키아벨리, 해링턴, 그리고 아마도 구이치아르디니의 저서를 읽었던 몽테스키외는 한편으로는 추첨과 민주주의를, 다른 한편으로는 선거와 귀족정을 밀접히 연관시킨다. 몽테스키외는 "추첨에 의한 선발은 민주정의 특성이요, 선거에 의한 선발은 귀족정의 특성이다. 추첨은 누구의 감정도 상하게 하지 않는 선발 방법으로, 각각의 시민에게 조국을 위해 봉사하고자 하는 희망을 준다"라고 썼다.74) 첫 번째로 지적해야 할 것은 선발 절차와 공화주의적 정부의 유형 사이에 만들어진 연결 고리의 강도이다.75)

71_ 같은 책, p. 493.
72_ 같은 책, p. 494(강조는 인용자).
73_ 따라서 포콕이 오세아나에서 전체 민중이 정부에 "스스로를 지속적으로 쏟아 붓는다"고 말한 데 대해 동의할 수 없다.
74_ Montesquieu, *De l'Esprit des Lois* [1748], 2권 2장.
75_ 몽테스키외의 책에서 민주정과 귀족정은 공화국이 취할 수 있는 두 가지 형태라는 점을 염두에

"사물의 본성에서 유래하는 필연적인 관계"를 찾으려던 사회과학자 몽테스키외는 민주정이 추첨과, 그리고 귀족정이 선거와 어울린다는 것을 하나의 불변적이고 보편적인 법칙으로 상정했다.76) 이 두 방법은 어떤 독특한 문화에 속한 것이거나, 어떤 민족이 가진 "일반 정신"의 산물이 아니다. 이 둘은 바로 민주정과 귀족정의 본질 그 자체에서 파생된 것이다. 나아가 몽테스키외는 이 두 가지가 공화국의 "기본법"의 일부를 구성한다고 보았다(참정권의 확대, 비밀 또는 공개 투표, 또는 심지어 입법권의 할당과 같은 방법으로).77)

몽테스키외는 분명히 추첨을 "그것만 따로 분리해서 보면 불완전한 것"으로 여겼다.78) 그러나, 그는 추첨이 가진 명백한 결점(무능력한 사람들이 선택될 수 있는 가능성)은 바로잡을 수 있으며, 바로 이것이 가장 위대한 입법자들이 해야 할 일이라고 말했다. 그런 다음 몽테스키외는 솔론이 추첨이 갖고 있는 바람직하지 않은 측면을 피하거나 줄이는 장치를 통해 추첨의 위험에 대한 방지책을 세웠다고 칭찬하면서, 아테네에서의 추첨 사용을 분석한다. 몽테스키외는 다음과 같이 적고 있다. "그러나 추첨으로 인한 폐단을 바로잡기 위해 그[솔론]는 선출[추첨]이 오직 스스로 지원한 사람들 사이에서만 [추첨이] 실행되도록 규정했다. 선출된 사람은 반드시 재판관의 심사를 받아야만 했고, 선출된 사람이 적합하지 않을 경우 누구든지 [그들을] 고발할 수 있었다. 이것은 추첨과 선거 모두에 적용되었다. 자기 임기를 마칠 시점에, 행정관은 직무를 수행한 방법에 대해 또 한 번의 심사를 받아야 했다. 능력이 없는 사람들은 추첨에 자기 이름을 내놓기를 매우 꺼렸다."79) 몽테스키외 분석의 역사적 통찰력은 놀라운 것이다. 이후 역사가들(특히, 퓌스텔 드 쿨랑주)은 아테네에서 추첨 후보

두어야 한다. 몽테스키외는 "공화정은 하나의 집단으로서의 민중 또는 민중의 일부가 주권을 가지는 것"이라고 쓰고 있다(Spirit of the Laws, 2권 1장).
76_ Montesquieu, Spirit of the Laws, 1권 1장.
77_ "누가 투표권을 가지는 지에 대한 구분이 공화정에 있어서 기본법의 하나인 것과 마찬가지로, 투표 방법을 정하는 법률 역시 또 하나의 기본법이다"(Spirit of the Laws, 2권 2장).
78_ Spirit of the Laws, 2권 2장.
79_ Spirit of the Laws, 2권 2장.

에 대한 예비 선정이 있었는지를 궁금하게 여겼던 반면, 몽테스키외는 가장 최근의 역사 연구에 의해서 확인된 사실, 즉 추첨은 스스로 지원한 사람들 사이에서만 실시되었다는 것을 이미 알고 있었던 것이다. 게다가 몽테스키외는 추첨 후보의 자발성과 처벌될 수 있는 가망성의 결합이 후보들의 자기 선정self-selection을 초래했다는 점을 간파했다.

추첨의 두 가지 성격이 민주정에서 필수적이다. 추첨은 행정관으로 선발되지 않은 사람들에게 굴욕감을 주지도 또 불명예를 가져다주지도 않는다(추첨은 "누구의 감정도 상하게 하지 않는다"). 왜냐하면 그들은 운에 따라 자신도 공평하게 선발될 수 있다는 것을 알고 있었기 때문이다. 그리고 동시에 추첨은 뽑힌 사람들에 대한 시기와 질투를 방지한다. 몽테스키외는 이렇게 논평했다. 귀족정에서 "선발은 추첨으로 해서는 안 된다. 왜냐하면 결점만 있기 때문이다. 사실 이미 가장 공격적인 차별이 존재하는 정부에서는, 비록 어떤 사람이 추첨에 의해 뽑힌다고 해도 그 사람은 적지 않은 혐오의 대상이 된다. 왜냐하면 시기의 대상이 되는 것은 행정관이 아니라 귀족이라는 신분이기 때문이다."[80] 한편 추첨은 민주주의자들이 다른 어떤 것보다 소중히 여긴 원칙, 즉 평등과 일치한다. 왜냐하면 추첨은 각각의 시민에게 어떤 공공 기능을 수행할 "적절한" 기회를 제공하기 때문이다.[81]

그렇다면 이것은 몽테스키외에게 있어 선거는 관직을 가질 "적절한" 기회를 모든 사람에게 제공하지 않는다는 것을 의미하는가? 그는 선거의 귀족주의적 특성에 대해서는 추첨의 민주주의적 특성에 대해서만큼 분명히 밝히고 있지 않다. 그 역시 왜 선거가 귀족주의적인지 설명하는 데 실패했다. 그러나 "선택choice에 의한 선발"에 대한 그의 관찰은 선거가 사실상 어떤 특정 부류의 사람만을 행정관직에 임명한다고 강하게 시사했다. "장점을 파악할 수 있는 민중의 자연적 능력"에 대한 몽테스키외의 찬미는, 무엇보다도, 그가 해링턴과 마찬가지로 민중들은 자연적으로 진

---

[80] *Spirit of the Laws*, 2권 3장.
[81] "민주정에서 공화국에 대한 사랑은 민주주의에 대한 사랑이다. 민주주의에 대한 사랑은 곧 평등에 대한 사랑이다"(*Spirit of the Laws*, 5권 3장).

실로 우수한 사람을 선택하게 된다고 믿었다는 것을 보여 준다.82) 게다가 이 이론을 뒷받침하기 위해 인용한 예들은 다음과 같은 결론을 유도한다. 몽테스키외는 능력에만 의존하는 자연 귀족과 가문, 부, 그리고 특권에 의해 규정되는 사회의 상류 계층을 구분하지 않았다는 것이다.

누구나 아는 것처럼 로마에서는 민중 스스로가 평민을 관직에 앉힐 권리를 가지고 있었지만, 선뜻 평민을 선발할 수는 없었다. 그리고 비록 아테네에서는 아리스티데스Aristides*의 법률에 의거해서 모든 계급으로부터 행정관이 선출될 수 있었지만, 크세노폰은 우리에게 일반 민중이 자신의 안전이나 영광에 영향을 미칠 수 있는 행정관직을 자청하는 일은 결코 일어나지 않았다고 전하고 있다.83)

몽테스키외는 이에 앞서 한 구절에서 다음과 같이 말했다. "민중은 자신의 권위의 일부를 위탁할 사람을 선택하는 탁월한 능력을 가지고 있다. 민중은 자신이 무시할 수 없는 것과 자명한 사실에 기초해서 결정하기만 하면 되었기 때문이다."84) 그러나 이러한 명제를 설명하기 위해 그가 인용한 예를 살펴보면, 전쟁에서의 승리로 인해 장군으로 선출된 군인, 동료

82_ "인간의 장점을 판별할 수 있는 민중의 자연적 능력을 의심하는 사람이 있다면, 아테네인들과 로마인들이 계속적으로 탁월한 선택을 한 것을 눈여겨볼 필요가 있다. 이것을 운이었다고 치부할 수는 없다"(Spirit of the Laws, 2권 2장).

83_ Spirit of the Laws, 2권 2장. 이 문단은 반드시 『로마사 논고』의 다음 구절과 비교해 보아야 한다. 마키아벨리는 로마 역사가를 인용한 부분의 마지막에서 다음과 같이 말하고 있다. "로마 시민들은 앞에서 언급한 것과 같이 집정관을 불쾌한 존재로 생각했기 때문에 평민이 집정관이 될 수 있게 하든지 아니면 집정관의 권위를 줄이고자 했다. 귀족들은 이 두 가지 대안 중 어떤 것을 채택함으로써 집정관의 권위가 손상되는 것을 막기 위해 중간 길una via di mezzo을 선택하고, 평민계급이나 귀족 모두가 오를 수 있는 네 명의 호민관을 임명하는 데 동의했다. 평민들은 이 조치에 만족했는데, 왜냐하면 이는 집정관직을 폐기하는 것과 마찬가지이고, 자신들이 최고위직에 참여할 수 있다고 생각했기 때문이다. 이로부터 주목할 만한 사건이 발생했다. 호민관을 선출하려 했을 때, 비록 민중은 호민관 모두를 평민으로 선출할 수도 있었지만, 그들은 모두 귀족을 뽑았던 것이다. 이에 대해 티투스 리비우스는 이렇게 언급하고 있다.* '이 선거의 결과는 자유와 명예를 위해 투쟁할 때의 태도와, 싸움이 끝나고 편견 없는 판단에 맡겨졌을 때의 태도가 다르다는 것을 보여 준다.'" Machiavelli, Discourses on the First Decade of Titus Livy, Vol. 47, L. J. Walker(London: Penguin, 1983), p. 225(인용자의 수정, 역자의 재수정).

84_ Montesquieu, Spirit of the Laws, 2권 2장.

* 여기에서 언급된 티투스 리비우스의 말은 4권 6장에 있다. 여기에서 인용한 부분은 『로마사 논고』, 1권 47장으로 "인간들은 일반적인 것에서는 기만당하지만, 개별적인 것에서는 기만당하지 않는다"는 제목이 붙어 있다).

시민들에 의해 치안관으로 승격된 성실하고 정직한 판관, "너그러움"이나 "부"로 인해 의원으로 뽑힌 시민 등이 있다. 여기에서 어떤 사람이 선출되도록 하는 특성에는 순수하게 개인적 업적(전쟁에서의 성과)에서부터, 도덕성과 사회적 신분의 결합(존경할 만한 판관으로서의 열정, 솔직함, 그리고 권위), 그리고 단순히 세습된 것(부) 등이 포함된다. 몽테스키외는 민중은 최고를 선출하지만, 최고는 대개 상위 계급에 속한다고 주장했다.

루소

루소 역시 『사회계약론』에서 추첨과 민주정을, 선거와 귀족정을 연결시킨다. 추첨과 선거는 "정부"를 선택하는 데 사용할 수 있는 두 가지 절차로 제시된다. 루소가 사용하는 "정부"("군주"라고도 불리는)라는 단어가 행정부를 의미한다는 것을 기억할 필요가 있다. 입법권은 항상 인민(주권)에게 있었다. 따라서 이 단계에서는 아무런 선택도 일어나지 않는다. 그러나 행정관을 선발하는 데에는, 어떤 방법을 사용할 것인지를 선택해야 한다. 이 질문을 다룬 구절에서, 루소는 몽테스키외에 대한 인용으로 시작하면서, "추첨에 의한 선발은 민주정의 본질"이라는 그의 생각에 동의를 표한다. 그러나 그는 왜 그런지는 몽테스키외가 주장한 것(질시의 방지, 관직의 평등한 분배)과는 다르다고 덧붙인다.

> 그 이유 때문은 아니다. 만약 지도자의 선출이 정부의 기능이고, 주권의 기능이 아니라는 점에 유의한다면, 왜 추첨이 민주정의 본질에 보다 합당한지 알게 될 것이다. 그 이유는 행정은 그 활동이 적으면 적을수록 더 낫기 때문이다. 모든 참다운 민주정에서, 행정직이란 혜택이라기보다 어떤 부담스러운 책임이기 때문에, 이것을 특정 개인에게 부과하는 것은 공평한 것이 아니다. 법률만이 이러한 책임을 추첨된 사람에게 부과할 수 있다. 모든 사람들에게 조건이 동일할 때, 그리고 누구의 의지에 선택이 달려 있지 않을 때, 법의 보편성을 바꿀 어떤 개별적 적용도 없기 때문이다.[85]

---

[85] Rousseau, *Social Contract*, 4권 3장. 언급된 몽테스키외의 인용은 위에서 인용된 구절이다. *Spirit of the Laws*, 2권 2장.

이런 복잡한 논법은 오직 이 주장 전체가 위의 구절에 명시적으로 언급되지 않은 한 가지 핵심 개념에 근거를 두고 있다는 것을 깨달을 때에만 이해할 수 있다. 루소에게 추첨에 의한 것이든, 선거에 의한 것이든 간에 행정관직의 배정("지도자들의 선출")은 하나의 **특수한**particular 조치다. 관직 배분은 모든 시민들에게가 아니라, 이름이 확인되는 개인과 관련된다. 그러므로 이 과정은 인민이 주권자로서 행할 수 있는 것이 아니다. 사실『사회계약론』의 핵심 원칙 가운데 하나는 주권은 오직 법률을 통해서만, 즉 모든 시민들에게 평등하게 영향을 미치는 일반적 규칙을 통해서만 행해질 수 있다는 것이다. 특수한 조치들은 정부의 영역이다. 따라서 만약 인민이 행정관을 임명한다면, 그것은 오직 정부라는 자격으로서만 가능한 것이다("지도자들의 선발은 주권의 기능이 아니라 정부의 기능이다").86) 그러나 여기에서 두 가지 문제가 발생한다.

루소에 따르면, 첫째, 민주정은 (모든 정당성 있는 정치 체제에서 그러하듯) 그 안에서 인민이 주권자이고 동시에 정부라는 사실에 의해서 정확히 정의된다. 즉 민주정에서는 인민이 법을 만들고 집행한다. 더 나아가 루소는 심지어 인민이 행정권을 집합적으로 휘두를 때에도, 개별 시민에게 개별 행정직이 할당되어야 한다는 것을 전제로 했다. 민주정의 정의가 이렇다고 한다면, 선거("선택에 의한 선발")는 특별히 민주정에 적합한 듯 하다. 왜냐하면 이런 체제에서 인민은 정부로서 행동할 수 있기 때문이다. 그러나 루소가 내린 결론은 이와 다른데, 바로 여기서 그의 논법에 또 다른 주장이 개입된다. 입법과 행정 기능 모두를 인민이 행사할 경우 한 가지 중요한 위험이 발생한다. 즉, 정부로서 기능할 때 채택해야 하는 특수한 견해들에 의해서 주권자로서의 인민의 결정(법률들)이 영향을 받을 수 있다는 것이다. 루소는 민주정에 대한 장에서 이렇게 쓰고 있다. "법률을 만드는 사람이 법률을 집행하는 것은 좋지 않다. 인민이 그의 관심을 일반적인 문제에서 특수한 사항으로 옮기는 것 또한 좋은 일이 아니다."87) 인간은 완벽하지 않기에, 이러한 위험은 민주정의 주요한 결

86_ Rousseau, *Social Contract*, 4권 3장.
87_ 같은 책, 3권 4장.

점이 된다. 이것이 바로 루소가 민주정에 대한 장을 자주 인용되는 다음의 말로 결론짓는 이유다. "만약 신들로 구성된 인민이 있다면, 그들은 민주적으로 통치할 것이다. 그러나 그런 완벽한 정부는 인간에게 적합하지 않다." 신들은 마음 속에서 주권자로 행위할 때 가져야만 하는 일반적인 견해와 법률을 집행할 때 적용해야 할 특수한 견해를 구별할 수 있고, 후자를 통해 전자의 폐단을 피할 수 있다. 그러나 이것은 인간의 능력을 넘어서는 것이다. 그러므로 민주 정부는 주권자로서의 인민이 정부로서 특별한 결정을 내릴 기회가 적으면 적을수록 잘 운영된다.

이것이 앞서 인용된 구절에서 루소가 민주정에서 "행정은 하는 일이 적을수록 더 좋다"라고 말한 이유다.[88] 따라서 추첨은 이 첫 번째 문제를 해결한다. 행정관이 추첨을 통해 선발되면, 인민은 오직 한 가지 결정만 내리면 된다. 즉, 그들은 추첨을 통한 행정관 선출을 법률로 제정하기만 하면 되는 것이다. 분명히 이와 같은 결정은 그들이 주권자의 자격으로 통과시킬 수 있는 일반적인 규정이거나 법률인 것이다. 더 이상의 특별한 개입이 정부로서의 인민에게 요구되지 않는다. 반면, 만약에 민주정에서 선거를 한다면, 인민은 반드시 두 번 개입해야 한다. 첫 번째는 선거를 조직하고 선거가 어떻게 실시되어야 하는지에 대한 법을 통과시키는 것이고, 그 다음으로는 정부로서 행정관을 선출하는 일이다. 루소식 노선에서는 이 경우 첫 번째 결정은, 두 번째 결정에 대한 전망으로부터 영향을 받을 위험이 있다고 주장할 수 있다. 예를 들면 어떤 특정 인물의 선출이 얼마간 가능하도록 만들기 위해 선거법을 입안할 수도 있는 것이다.

그러나 여기에 두 번째 문제가 있다. 민주정에서 인민이 통치하기 위해 채택할 필요가 있는 개별적 견해가 주권자로서 내리는 결정에 영향을 주지 않도록 유지한다고 가정하더라도, 행정관을 선택할 때, 개개인의 특성personality에 대한 개별적 고려가 선택에 영향을 미칠 것이라는 사실은 여전히 남는다는 것이다. 정부 구성원(이 경우 모든 시민들)이 정부 관직을 그들 사이에서 분배할 때 그들은 각 관직을 다른 사람이 아닌 어느

---

[88] *Social Contract*, 4권 3장.

한 사람에게 (각 행정직은 다른 어떤 사람이 아닌 어느 한 사람에게) 배정한다. 비록 행정관직의 배분이 보편적인 법칙에 따라 수행된다고 하더라도, 개개인의 특성에 대한 문제가 법과 어떤 사람에게 역할을 부여하는 일 사이에 불가피하게 개입되며, 이것은 편파성이라는 위험을 불러일으키게 된다.[89] 이런 측면에서 볼 때, 추첨에는 또 한 가지의 이점이 있다. 즉, 추첨은 또 다른 결정이, 개별적인 사례에 적용하기 위해서, 필요하지 않은 배분 법칙이라는 점이다. 만약 추첨을 통해 공직이 할당된다면, 어떤 특정한 의도가 개입할 여지가 없다("법의 보편성을 변경해야 할 특별한 적용은 없다"). 따라서 조건은 정부의 모든 구성원에게 철저하게 동일하다. 왜냐하면 구성원들은 행정직 분배를 통제하는 법 앞에서 모두 평등하고, 말하자면 그 법 자체가 구성원들을 개별 공직에 배정하기 때문이다.

따라서 인민들이 특별한 견해를 적용해야 할 필요가 있는 경우를 제한하기 위해서건, 아니면 공직 배분에 있어 편파성의 위험을 방지하기 위해서건, 추첨은 민주주의에 적당한 선발 방식이다. 왜냐하면 추첨은 어떤 **특수 의지**particular will의 개입 없이 행정직을 배정하기 때문이다. 나아가 루소는 민주정에서 시민들의 처지는 추첨의 사용에 대한 반대(즉 무능하거나 자격 없는 시민들의 선발)를 고려하지 않아도 될 정도로 평등하다고 덧붙인다. "순수한 민주정에서 추첨을 통한 선발은 그렇게 많은 불이익이 없다. 순수한 민주정에서는 모두가 도덕과 재능에서, 아울러 처세와 재산에서도 평등하기에, 선택에 대해서는 거의 무관심할 것이다."[90]

반대로 선거는 귀족정에 적합하다. "귀족정에서는 통치자가 통치자를 선택하고, 정부는 정부 자체에 의해서 유지된다. 바로 여기에서는 투표가 적절할 것이다."[91] 귀족정에서 선거는 아무런 위험도 갖지 않는다. 왜냐하면 정의상, 선택을 하는 기관(통치자 또는 정부)은 법률을 만드는 기관과

89_ 루소는 '참된' 민주정에서 행정관직의 수행은 본질적으로 '무거운 부담'으로 여겨지며, 그 결과 정치적 정의는 혜택이 아니라 비용을 분산하는 것이라고 덧붙인다. 그러나 이 생각이 논리 전개에 필수불가결한 것은 아니다. 공직 분배 원칙의 개별적 적용에 있어서 부정의의 위험은 행정관직이 혜택으로 간주된다 해도 계속 존재할 것이다.

90_ Social Contract, 4권 3장[역자의 부분 수정].

91_ 같은 책, 4권 3장.

동일하지 않기 때문이다. 정부가 행정관을 그들 중에서 고를 때, 선거에 의지할 수 있는데, 이것은 필연적으로 특수한 견해와 의도를 수반한다. 여기에서 특수한 견해가 법 제정 — 특히 선거법 — 에 영향을 미칠 위험은 없다. 왜냐하면 입법권은 어떤 경우든 다른 사람의 손에 있기 때문이다. 루소가 붙인 각주는 이런 해석을 다시 한번 확인시켜 준다. 그는 귀족정에서 선거를 관리하는 규정이 주권자의 손에 남아 있다는 것이 매우 중요하다고 지적한다. "행정관 선거의 형태를 **법**[주권]에 의한 결정들으로 규정해야 한다는 것은 매우 중요하다. 왜냐하면, 선거 형태를 통치자(행정)의 의지에 맡긴다면, 세습적 귀족정으로 전락하는 것을 피할 수 없기 때문이다."92) 만약 행정관을 선출하는 권력을 가진 사람이 행정관이 어떻게 선출되어야 하는지를 결정하는 권력 또한 가지고 있다면, 그들은 자신들의 이익에 가장 적합한 방식 — 이 경우에는 세습 — 으로 결정할 것이다. 다른 한편, 귀족정은 시민들 사이의 차이와 구별이 자유롭게 나타날 수 있는 **바로** 그런 체제이다. 그리고 이러한 차이들은 정치적 목적에 이용될 수 있다.

> 귀족정에는 두 권력[주권과 행정]이 구별된다는 이점 외에도, 그 구성원에 대한 선택권을 가진다는 이점이 있다. 왜냐하면 인민 정부에서 모든 시민들은 통치자로 태어나지만, 이런 종류의 정부[귀족정]는 통치자를 소수로 국한하며, 행정관은 오직 **선거**에 의해서만 선출될 수 있기 때문이다. 즉, 선거는 청렴, 교양, 경험, 그리고 대중으로부터 선호와 존경을 받을 만한 다른 모든 이유들이 훌륭한 다스림을 받을 수 있다는 것을 보증하는 수단인 것이다.93)

귀족정에서는 재능과 재산의 차이를 정치적으로 이용할 수 있기 때문에, 선거 귀족정은 가장 좋은 형태의 정부다.94)*

몽테스키외가 『법의 정신』에서 탁월한 역사적 통찰을 가지고 추첨에 대해 논의했다면, 루소의 『사회계약론』은 주장의 논리정연함이 두드러진다. 사실 루소 자신은 추첨의 민주주의적 성격에 대한 몽테스키외의 해석

92_ 같은 책, 3권 5장(루소의 주, 강조는 인용자).
93_ *Social Contract*, 3권 5장(강조는 인용자. 여기에서 "선거"라는 말은 근대적 의미의 선거다. 다른 맥락에서 루소는 "선택에 의한 선발"이라고 불렀다).
94_ 같은 책, 3권, 5장.

이 기본적으로는 논리적 타당성을 가지고 있지만, 불충분하게 논의되었다고 생각했다. 그러나 루소 자신의 세밀하고 흠잡을 데 없는 해석 논리는, 역사적 분석보다는 『사회계약론』에서 세운 특이한 정의와 원칙 덕분이다. 이런 복잡성으로 인해, 루소가 추첨과 민주정을 연결시킨 정밀한 추론은 정치가들에게 제한된 영향력만을 행사했다고 지적할 수 있을 것이다. 물론, 그럴 수도 있지만, 중요한 점은 다른 곳에 있다.

첫 번째로 주목해야 할 것은 심지어 1762년까지도 "정치적 권리의 원칙들"Principles of Political Right(사회계약론의 부제)을 세우려고 했던 사상가가 그의 정치 이론에 추첨을 위해 지면을 할애했다는 점이다. 몽테스키외와 루소 모두는 추첨이 무능력한 사람을 선택할 수도 있다는 것을 잘 알고 있었다. 이것이 오늘날 우리에게 놀라운 것이며, 또한 우리가 추첨에 공적 기능이 있다고 생각조차 하지 않는 이유이다. 그러나 이 두 저술가는 추첨이 다른 특성 또는 장점 **또한** 가지고 있으며, 이것이 적어도 추첨을 진지하게 고려할 대안적 가치로 만들었다는 것을 잘 인지하고 있었고, 아마도 누군가는 반드시 다른 제도를 통해 추첨의 명백한 결점을 고치려고 노력해야 한다고 주장했다.

또 하나의 주목할 만한 사실은, 해링턴, 몽테스키외, 그리고 루소라는 우수한 정치 저술가들이 그들 각각의 입장과 방법을 통해, 선거는 본질적으로 귀족적인 반면, 추첨은 **탁월한** 민주적 선발 절차라는 동일한 명제를 주창할 수밖에 없었다는 것이다. 즉 추첨은 대의 정부가 만들어진 시기의 이론적 지평에서 사라지지 않았을 뿐 아니라, 지적 권위자들 사이에서 추첨과 선거 각각의 특성에 대해 공통적으로 받아들여진 어떤 원칙이 있었다는 점을 주목해야 한다.

---

* 마넹이 언급하고 있는 루소의 구절은 다음과 같다. "제도 때문에 생긴 인위적 불평등이 자연적 불평등보다 심화됨에 따라 재산이나 권력이 연령보다 중시되었고, 귀족정은 선거제로 바뀌었다. 그리하여 마침내 재산과 함께 아버지의 권력이 그 자손에게 계승되자, 귀족 가문이 나타나고 정부의 세습제가 생겼으며 겨우 스무 살 난 원로원 의원도 생기게 되었다. 그러므로 귀족정에는 자연적인 것, 선거에 따른 것, 세습적인 것의 세 가지 종류가 있다. 자연적인 귀족정은 소박한 인민에게 적합하고, 세습적인 귀족정은 모든 정부 가운데 최악의 것이며, 선거에 따른 귀족정은 최선의 정부로서 이것이 곧 본래 의미의 귀족정이다."

그러나 『법의 정신』과 『사회계약론』 이후 한 세대도 지나지 않아서, 추첨의 공적 기능에 대한 생각이 흔적도 없이 사라져 버렸다. 미국과 프랑스 혁명기 동안 추첨은 신중하게 고려되지 않았다. 두 국가의 설립자들은 모든 시민은 평등하다고 외치면서 동시에, 대서양의 양쪽 지역에서 모두, 조금도 주저함이 없이 오랜 시간 동안 귀족적이라고 여겨졌던 선발 방식의 절대적인 지배를 확립시켰다. 공화주의 역사와 이론에 대한 우리의 면밀한 연구는 옛 사상의 갑작스럽지만 조용한 사라짐과 지금까지 주목받지 못했던 역설을 밝힐 것이다.

선거의 승리: 관직 수행에서 권력에 대한 동의로

공화주의 전통과 그 전통이 창출한 학설이라는 점에서 놀라운 것은, 대의 정부 초기에 추첨을 통한 권력 배분 논의가 전무했다는 점이다. 대의 정부 체제의 입안자들은 추첨의 바람직하지 못한 효과를 바로잡기 위해, 추첨과 함께 사용될 수 있는 여타의 제도를 찾으려고 애쓰지 않았다. 터무니없는 무자격자가 선발되는 것을 막기 위한 피렌체의 예비심사 같은 것은 검토조차 되지 않았다. 추첨 그 자체만으로는 행정관이 관직에서 한 일에 대해 시민들이 아무런 통제권도 행사하지 못한다고 주장할 수도 있다. 그러나 처벌과 함께, 보고서를 제출하도록 한 절차는 행정관들의 결정에 대해 일정한 형태의 민중적 통제를 제공했을 터인데, 이러한 해결책 역시 논의된 적이 없었다. 대의 정부의 입안자들이, 전체 인구를 대상으로 추첨을 함으로써 행동의 완전한 자유를 부여받는 통치자를 선출하는 것을 고려하지 않았다는 것은 분명 놀라운 일은 아니다. 놀라운 일은 추첨의 사용이, 심지어 다른 제도들과 결합된 형태로도 진지하게 논의되지 않았다는 것이다.

그러나 추첨이 완전히 잊혀졌던 것은 아니었다. 우리는 정치가들의 저술과 연설문에서 추첨이 때때로 언급되는 것을 발견한다. 예를 들면, 미국 헌법을 구체화한 논쟁에서, 윌슨James Wilson*은 미합중국의 대통령은 선거인단이 선출해야 하며, 선거인단은 의회 구성원들 중에서 추첨으로 선발되어야 한다고 주장했다. 윌슨의 제안은 명백하게 베네치아 모델에 기초한 것으로, 대통령을 뽑는 과정에서 있을 수 있는 음모를 피하기 위한 것이었다.95) 그러나 이 제안에 대해서는 아무런 토론도 없었으며, 거의 즉각적으로 거절당했다. 프랑스에서 몇몇 혁명론자들(혁명 전의 시에예스, 1792년 랑테나스Lanthenas**)은 선거와 추첨의 결합에 대해 검토했었다. 그리고 1793년 프랑스 국민공회French Convention의 의원이었던 몽길베르Montgilbert***는 추첨이 보다 평등주의적이라는 근거에서 선거를 추첨으로 대치할 것을 제안했다.96) 그러나 이러한 제안 중 어떤 것도 프랑스 혁명의 회에서 의미 있는 수준의 토론에 붙여지지 못했다. 1795년 테르미도르 반동파****는 매달 입법 의회(500인회Cinq Cents와 원로원)에서의 좌석 배치를 추첨으로 정할 것을 결정했다.97) 이 조치는 의원들 사이에 물리적인 의미의 경계(이익을 위한 권역)가 형성되는 것을 방지하기 위한 것이었다. 추첨은 여전히 파당을 막으려는 시도와 맞물려 있긴 했지만, 부차적인 방법으로 논의되었다. 어쨌든 이것은 한번도 시행되지 않았다.

혁명론자들은 해링턴, 몽테스키외, 그리고 루소의 권위에 호소했고, 초기 공화국들의 역사를 면밀하게 검토했다. 그러나 영국에서도, 미국에서도, 프랑스에서도, 그 누구도 명백하게 추첨을 통해 공무를 배정할 수 있다는

95_ M. Farrand (ed.), *The Records of the Federal Convention of 1787* [1911], 4 vols.(New Haven, CT: Yale University Press, 1966), Vol. II, pp. 99-106. 이 책은 엘스터의 도움으로 알게 되었다.
96_ 몽길베르가 쓴 팜플릿과 함께, 시에예스와 랑테나스의 제안들은 P. Guéniffey, *Le Nombre et la Raison. La révolution française et les elections*(Paris: Editions de l'Ecole des Hautes Etudes en Sciences Sociales, 1933), pp. 119-1200에 인용되어 있다.
97_ Guéniffey, *Le Nombre et la Raison*, p. 486.

* 제임스 윌슨(1742~1798): 식민지 시대 미국의 법률가・정치이론가. 미국 독립선언서 서명자이고 1787년 제헌회의 대표를 지냈다.
** 랑테나스: 프랑스 혁명당시 지롱드파의 한 사람으로, 토마스 페인의 『이성의 시대』를 불어로 번역한 사람이다. 성직자들에게 강한 반발을 가지고 있었고, 노예 거래를 반대한 인물로 유명하다.
*** 몽길베르: 루이 16세의 재판에 대한 혁명가들의 의견을 서술한 프랑스 혁명가 중 한 사람.
**** 테르미도르의 반동: 프랑스 대혁명 기간중 혁명력 제2년 테르미도르 9일(1794. 7. 27)에 시작된 반란. 이 반란으로 막시밀리앙 로베스피에르는 몰락하고 혁명의 열기와 '공포정치'가 끝났다.

가능성에 대해 진지하게 고려하지 않았다.98) 예를 들어, 미합중국의 설립자 가운데 한 사람인 애덤스John Adams*는 하나의 가능성으로서 추첨에 대해, 심지어 추첨에 대한 반대를 위해서도, 검토하지 않았다. 『미합중국 정부의 헌법 옹호』Defense of the Constitutions of Government of the United States of America에서 아테네와 피렌체에 대해 길게 언급하고 있는 장에서 애덤스는 이 도시에서는 추첨을 통해 행정관을 선발했다고 간략하게 적고 있지만, 이 주제에 대해 깊이 검토하지는 않았다.99) 대의 체제가 만들어졌을 때, 이러한 방법으로 통치자를 선정하는 것은 상상할 수 있는 가능성의 범위 안에 있지 않았다. 그 누구도 이러한 방법에 대해서는 생각하지 않았다. 지난 2세기 동안 이 주제는, 적어도 지금까지는, 영원히 사라져 버렸다.

이처럼 놀라운, 그럼에도 거의 언급되지도 않는, 현상을 설명하기 위해 우선적으로 떠오르는 생각은, 추첨으로 통치자를 뽑는 일이 거대한 근대국가에서는 "불가능"하다는 점이다.100) 추첨은 대의 정부가 창안된 국가에서는 불가능한 조건을 "전제한다"고 주장할 수도 있다. 예를 들어, 구에니페이Patrice Gueniffey는 추첨은 모든 구성원들이 서로에 대해 잘 아는

98_ 이 주장에는 다음과 같은 단서가 덧붙여져야 한다. 근대의 3대 혁명에 대한 1차 자료들은 고사하고, 역사적 저작 모두를 참고한 것은 아니다. 게다가 추첨의 정치적 활용은 지금까지 매우 제한적인 학문적 관심을 받아왔다. 따라서 앞으로의 연구가 추첨이 논의되었던 부가적 경우들을 밝힐 수 있을 것이다. 그럼에도 불구하고, 내가 현재 알고 있는 바에 의하면, 추첨에 의해 통치자를 뽑는 것이 영국, 미국, 그리고 프랑스 혁명 동안 어떤 주요한 정치적 논쟁에서도 심사숙고되지 않았다고 주장하는 것은 타당한 것 같다.

99_ 적어도 세 편의 중요한 정치적 저술에서는 그렇다. *Thoughts on Government* [1776], *A Defense of the Constituions of Government of the United States of America* [1787-8], 그리고 *Discourses on Davila* [1790]. C. F. Adams (ed.), *The Life and Works of John Adams*, 10 vols.(Boston, MA: Little Brown, 1850-6), Vols. IV, V, VI.

100_ 추첨을 통한 통치자 선발에 관심을 표명한 몇 안 되는 근대 저자 중의 한 사람인 칼 슈미트가 이러한 견해를 받아들여야 한다고 주장한 것은 이해할 수 없다. 슈미트는 추첨이 지배자와 피지배자 사이의 동일성을 보장하는 가장 좋은 방법이라고 논평했지만, 곧바로 "오늘날에는 이 방법이 실행 불가능하다"고 덧붙인다. C. Schmitt, *Verfassungslehre*, $19(Munich: Duncker & Humbolt, 1928), p. 257.

* 존 애덤스(1735~1826): 미국의 초대 부통령(1789~97 재임), 제2대 대통령(1797~1801 재임). 1765년 인지조례 제정에 따른 반영운동의 지도자가 되어 1874~78에는 대륙회의 대표로서 활약, 독립선언서 기초 위원의 한 사람이 되었다.

작은 공동체 내에서만 정치적 의무감을 창출할 수 있다고 주장했다. 그는 이 감정이 "그들이 전혀 참여하지 않은 결정이나, 단지 간접적으로 참여한 결정을 받아들이는 데 필수 불가결한 것"이라고 주장했다.[101] 구에니페이는 추첨으로 선발이 이루어지는 경우, 정치적 기능이 단순해야 하고, 기능을 수행함에 있어 특별한 능력이 필요하지 않아야 한다고 부연했다. 마지막으로 그는 무작위로 통치자를 선발하는 것이 가능하려면, "정치체 구성원들 사이에 어떤 환경과 문화의 동등함이 반드시 선재해서, 결정이 누구에게든지 공평무사하게 적용될 수 있는 상태여야 한다"고 주장했다.[102]

이러한 논평은 어느 정도 진실을 담고 있지만, 모든 역사적 발전에서 일정하게 존재했던 우연과 선택이라는 요소를 가리고 있다는 점에서 불완전한 것이었다. 그리고 이러한 논평은 분명 추첨에 대한 선거의 승리에 기여했다. 처음부터 추첨이 완전히 실행불가능한 것은 아니었다. 이 점은 이미 지적되었지만 되새겨 볼 만하다. 영국과 같은 경우, 선거민의 크기는 사람들이 생각하는 것만큼 크지 않았다. 예를 들어, 1754년 영국과 웨일즈의 총 유권자 수는 (8백만 정도 인구 중에서) 28만 명이었다.[103] 여기에는 다단계적 절차의 확립을 막을 만한 실제적인 장애물이 존재하지 않았다. 즉, 작은 행정구역에서 추첨이 실시될 수 있었을 테고, 첫 번째 단계에서 추첨으로 선발된 사람들 중에서 그 다음의 추첨이 또 실행될 수 있었을 것이다. 이 점에서 어느 누구도 지역적 목적을 위해 추첨을 사용할 것을 검토하지 않았다는 것은 더 놀랍다. 읍 단위 마을, 또는 17세기와 18세기의 군들counties은 고대 아티카나 르네상스 피렌체보다 더 크지도, 더 많은 인구를 갖지도 않았다. 지방의 정치적 기능들은 아마도 고도의 복잡성을 가지지는 않았을 것이다. 그러나 미국과 프랑스의 혁명론자들은 추첨을 통한 지방 공무원 배정을 전혀 고려하지 않았다. (토크빌Tocqueville*이 나중에 직접 민주주의의 모델이라고 묘사했던) 17, 18세기에 뉴잉글랜

101_ Guéniffey, *Le Nombre et la Raison*, p. 122.
102_ 같은 책, p. 123.
103_ J. Cannon, *Parliamentary Reform 1640-1832*(Cambridge: Cambridge University Press, 1973), p. 31.

드의 읍 단위 마을에서도 추첨을 통해 지방 관리를 뽑지 않았다. 관리는 항상 선거로 뽑혔다.104) 동질적 인구와 제한된 기능을 가진, 그리고 매년 개최되는 마을 회합을 통해 모든 거주자들이 공공 업무를 토의하는 마을은 오늘날 추첨의 사용에 필수적이라고 주장되는 조건에 매우 근접했음이 틀림없다. 이탈리아 르네상스 도시 국가 및 뉴잉글랜드의 식민지와 혁명기의 마을 사이의 차이는 외적 상황에 있었던 것이 아니라, 무엇이 집단적 권위에 정당성을 부여하는가에 대한 신념에 있었던 것이다.

   17, 18세기의 정치 행위자들은 추첨을 통해 통치자를 뽑는 것이 가능하다고 생각하지 않았다. 두 가지의 선출 방법에서 어떤 것을 선택할지에 대해 아무런 망설임도 없었다는 사실이 보여 주듯, 그들은 선거를 유일한 경로로 여겼다. 그러나 이것은 순전히 외적 조건들로 인해 결정된 결과는 아니었다. 추첨은 당시의 행위자들이 획득하려던 **일정한** 목적과, 정치적 정당성에 대한 지배적 신념에 미루어 볼 때 명백하게 부적합한 것으로 간주되었다. 따라서 외적 상황들이 추첨의 소멸과 선거의 승리에 어떤 역할을 했던지 간에, 어떤 신념과 가치가 이러한 현상을 초래했는지 살펴보아야 한다. 두 절차의 상대적 장점에 대한 어떤 뚜렷한 논쟁이 대의 정부의 창시자들 사이에서 없었기 때문에, 우리의 논의는 불가피하게 추측일 수밖에 없다. 따라서, 유일하게 가능한 접근방식은 어떤 사상들이 17, 18세기의 정치 문화에서 인증되었는지를 통해 선거와 추첨을 비교하는 것이다. 이 방법은 어떤 동기에서 사람들이 선거를 자명한 방법이라고 받아들였는지를 파악할 수 있게 해 줄 것이다.

104_ 여기에서도, 이러한 주장은 주의를 요한다. 내가 식민지와 혁명 시기 동안의 뉴잉글랜드의 지역 정부 체제를 다루는 모든 역사적 연구를 검토한 것은 아니다. 게다가, 추첨을 활용한 실례들이 역사가들의 관심을 받지 못했을 수도 있다. 그러나 비록 추첨 행위가 여기저기에 존재했다 해도, 분명 널리 확산되지도, 두드러진 현상도 아니었다. 이 문제에 관해서는, J. T. Adams, *The Founding of New England*(Boston, MA: Little Brown, 1921, 1949), 11장; Carl Brindenbaugh, *Cities in Revolt. Urban Life in America 1743-1776*(New York: A. A. Knopf, 1955); E. M. Cook Jr, *The Fathers of the Towns: Leadership and Community Structure in Eighteenth-century New England*(Baltimore, MD: Johns Hopkins University Press, 1976)을 볼 것. 내가 언급한 토크빌의 분석은 *Democracy in America*, Vol. 1, 1부, 5장을 참조.

* 토크빌(1805~1859): 프랑스의 정치학자·역사가·정치가. 19세기 초의 미국 정치·사회 제도에 대한 예리한 분석서인 『미국의 민주주의』(4권, 1835~40)의 저자로 잘 알려져 있다.

실제로, 추첨과 선거 각각의 장점이 매우 상이하고 불균등하게 보이도록 만든 견해가 있었다. 즉, 모든 정당한 권위는 그 권위가 행사될 대상의 동의에서 나온다는 원칙 — 다른 말로 하면, 개개인은 그들이 동의했었던 바에 의해서만 의무를 갖는다는 원칙이다. 근대의 세 혁명은 이 원칙 아래에서 이루어졌다. 이 사실은 여기에서 길게 증명할 필요가 없을 만큼 충분하게 입증되었다.105) 설명에 도움이 되는 몇 가지 실례를 살펴보자. 크롬웰 군대의 급진주의자들과 보수주의자들 사이에 있었던 푸트니 논쟁Putney Debate(1647년 10월)*은 영국 혁명론자들의 신념에 대한 가장 주목할 만한 문서이다. 여기에서 수평주의자의 대변인 레인스보로우Rainsborough**는 다음과 같이 선언한다. "한 정부하에 살아야 하는 모든 사람들은 먼저 자신의 동의에 의해 스스로를 그 정부에 맡겨야 한다. 그리고 엄밀한 의미에서 볼 때 영국에서 가장 가난한 사람은 그가 스스로를 맡긴다고 말할 만한 목소리[권한-역자]조차 없으므로 정부에 구속되지도 않는다고 생각한다." 이에 대해, 보수적인 집단의 수석 대변인 아이어튼Ireton***은 동의의 원칙에 대해서는 문제삼지 않았지만, 동의할 수 있는 권리는 오로지 "이 왕국에 고정적이고 영구적인 이해"를 가진 사람에게만 속한다고 주장했다.106) 130년 후, 미국의 독립선언문은 다음과 같은 말로 시작된다. "우리는 다음의 진리를 자명한 것으로 여긴다. 모든 사람은 평등하게 창조되었

105_ 18세기 영미 정치 문화에서 동의라는 사상의 역할에 대해서는 특히 J. P. Reid, *The Concept of Representation in the Age of the American Revolution*(Chicago: University of Chicago, 1989), 특히 1장 "The Concept of Consent"를 참조.

106_ "The Putney debates," in G. E. Aylmer (ed.), *The Levellers in the English Revolution*(Ithaca, NY: Cornell University Press, 1975), p. 100.

* 푸트니 논쟁은 1967년 4월 수평주의자들의 영향으로 일반 병사뿐만 아니라 장교들까지 포함하는 군 위원회가 생긴 시점부터 시작한다. 1647년 이 대표 기관에서는, 내란에서 의회가 승리함에 따라 와해되었던 국가를 재건하기 위해 수평주의자들이 제시했던 새로운 사회 계약에 대해 토론을 벌이게 된다. 푸트니 논쟁은 교착 상태에 빠지고, 장군들은 무력으로 군대의 규율을 회복했다. 1649년 수평주의 지도자들이 감옥에 갇히고, 수평주의 군대의 폭동은 진압된다.

** 레인스보로우(1610-1648): 영국의 군인. 수평파의 일원. 1647년의 푸트니 논쟁에 급진파의 일원으로 참여, 군대와 의회로 하여금 왕과의 협상을 파기하고 새로운 헌법을 만들 것을 요구하였음. 국왕파에 의해서 살해당함.

*** 아이어튼(1611-1651): 영국의 군인, 정치가. 청교도 혁명 시 의회파의 지도자. 크롬웰의 사위. 정치 권력의 분립과 종교적 관용을 옹호. 성년 남자의 참정권과 투표권의 재산 자격 조항 폐지를 주장하여 수평파의 공격을 받음. 아일랜드 총독.

다. 그들은 창조자로부터 양도 불가능한 권리를 부여받았다. 이 권리는 생명, 자유, 그리고 행복의 추구에 대한 권리이다. 이러한 권리를 지키기 위해서 인간들 사이에 정부가 세워지고, 그들의 정당한 권력은 피지배자의 동의로부터 나온다."107) 마지막으로, 프랑스에서는 1789년 8월 초, 혁명 초기 몇 달 동안 핵심적인 인물이었던 뚜레Thouret*가 다음과 같은 조항이 들어 있는 권리선언의 초안을 발표했다. "모든 시민은 개별적으로 또는 그들의 대표를 통해 법률의 제정에 동의하고, 그들이 자유롭게 동의한 것에만 복종할 권리를 가진다."108)

그로티우스Grotius**로부터 루소, 홉스, 푸펜도르프Pufendorf***, 그리고 로크Locke****를 포함한 모든 자연법 이론가들은 동의가 합법적인 권위의 유일한 근원이며 정치적 복종의 근거라는 신념을 공유하고 있었다. 이 역시 충분히 검증되었기에, 한 가지 예만 들어도 될 것이다. 이러한 예는 영국, 미국, 그리고 프랑스의 세 나라에 걸쳐 지배적인 지적 권위를 누렸던 로크에게서 찾을 수 있다.109) 『통치론』the Second Treatise of Government에서 로크는 이렇게 쓰고 있다. "언급했듯이, 태어날 때부터 모든 인간은 자유롭고, 평등하며, 독립적이다. 누구도 이러한 지위를 박탈당해서는 안 되며, 스스로 **동의하지** 않는 한 다른 사람의 정치 권력에 종속

107_ "Declaration of Independence" [4 July 1776], in P. B. Kurland and R. Lerner (eds.), *The Founder's Constitution*, 5 vols.(Chicago: University of Chicago Press, 1987), Vol. 1, p. 9.
108_ Thouret, "Projet de declaration des droits de l'homme en société" [1789] in S. Rias (ed.), *La declaration des droits de l'homme et du citoyen*(Paris: Hachette, 1988), p. 639.
109_ 자연법 학파의 사상에 대한 탁월한 설명으로는 R. Derathé, *J. J. Rousseau et la science politique de son temps*[1950](Paris: Vrin, 1970), 특히. pp. 33ff, 180ff를 참조.

* 뚜레(1746-1794): 프랑스 혁명주의자. 변호사. 당시 수많은 변호사들과 마찬가지로 성직자에 대해 격렬히 반대했으며 교회 재산의 세속화를 강력히 지지했다. 종교적 위계 질서와 교회의 특권에 대한 억압을 주장했고, 사법·행정부 시스템의 변화에 적극적으로 기여 했다. 프랑스에서 권력 분립의 계기가 된 1790년의 포고령을 발기한 사람 중 하나이며, 이후 4차례나 제헌국회 의장을 역임했다.
** 그로티우스(1583~1645): 네덜란드의 법학자. 국제법의 아버지, 자연법의 아버지로 불린다. 3권으로 되어 있는 『전쟁과 평화의 법』*De Jure Belli ac Pacis*은 전쟁의 권리·원인·방법에 대하여 논술하였는데, 국제법 전반을 체계적으로 서술한 최초의 저작이다.
*** 푸펜도르프(1632~1694): 근대적 자연법학의 창시자로 알려져 있다. 모든 개인은 인간의 존엄성에 근거하여 평등권과 자유권을 가진다고 주장했다.
**** 로크(1632~1704): 영국과 프랑스 계몽주의의 선구자로서 미국 헌법에 정신적 기초를 제공했다.

되지 않는다." 그는 더 나아가 "따라서 모든 **정치사회를 시작하고 실질적으로 구성하는 것은**, 다수파를 만들 수 있는 숫자의 자유인들이 연합하고, 그러한 사회에 스스로를 편입시키기로 동의한 것에 지나지 않는다. 그리고 이것이, 바로 이것만이 세상의 **모든 합법적 정부의 시작**이고, 기원일 수 있는 것이다."110)

일단 이런 방식으로 권력의 원천과 정치적 구속의 근원을 동의나 피지배자의 의지에 두게 되자, 추첨과 선거는 완전히 새로운 차원에서 보이게 되었다. 그러자 여타의 장점에도 불구하고, 추첨은 동의의 표현으로 받아들여질 수 없다고 인식되었다. 물론 추첨을 통해 사람들이 자신의 지도자를 지명하는 것에 동의하는 체제를 만들 수는 있다. 이러한 제도에서, 특정한 시기에 선출된 사람들의 권력은 궁극적으로 피지배자의 동의에 기초하고 있다. 그러나 이 경우 동의에 의한 정당성 확보는 간접적인 것에 불과하다. 왜냐하면 모든 개별적 결과의 정당성은 전적으로 선택 절차에 대한 동의로부터 나오는 것이기 때문이다. 추첨에 기초한 체계에서는, 사람들이 추첨을 사용하기로 한때 합의를 했더라도, 선출된 사람은 그가 권위를 행사할 대상이 되는 사람들의 의지를 통해 권좌에 앉은 것이 아니다. 즉 그는 어느 누구에 의해서 권좌에 오른 것이 아니다. 반면 선거 체제에서는, 시민의 동의가 지속적으로 반복된다. 사람들은 선출 방법 — 그들이 선거를 이용하고자 결정했을 때 — 에 동의했을 뿐 아니라, 개별적 결과 — 그들이 선출했을 때 — 에 대해서도 동의한 것이다. 만약 동의에 기반한 권력과 정치적 구속력을 세우는 것이 그 목적이라면, 분명히 선거는 추첨보다 훨씬 더 안전한 방법이다. 그들은 (추첨에서와 마찬가지로) 관직을 가질 사람을 선택하지만, 동시에 그들의 권력을 정당화하고, 투표자에게 그들이 임명한 사람에 대한 구속과 헌신이라는 감정을 창출한다. 정치적 정당성과 구속의 근거에 대한 이러한 견해가 추첨의 몰락과 선거의 승리를 가져왔다는 것을 믿을 만한 충분한 이유가 있다.

사실상, 선거와 동의 사이의 연관성은 대의 정부가 수립되었을 당시에

110_ J. Locke, *The Second Treatise of Government*, 8장 §§95, 99. *Two Treatises of Government*, ed. P. Laslett(Cambridge: Cambridge University Press, 1960), pp. 330, 333(강조는 로크).

완전히 새롭게 고안된 것은 아니었다. 모든 사람에게 복종을 요구하기 위해서는 모든 사람의 동의를 받아야 한다는 점을 근대 자연법 이론가들이 고안해 낸 것도 아니었다. 선거를 통한 동의의 표현이 사람들에게 구속의 감정을 발생시키는 효과적인 방법의 하나임은 이미 입증되어 있었다. 수세기에 걸쳐 선출된 대표의 회합은, 특히 세금과 관련해서, 이러한 감정을 조성할 목적으로 성공적으로 사용되었다. 중세(그리고 근대) 신분제 의회와 삼부회는 이 원칙에 기초한 것이었다. 물론, 어떤 역사가들은 중세 "신분제 의회"와, 세 개의 대혁명들의 결과로 권력의 중심이 된 대표 의회the representative assemblies의 차이를 강조하기도 한다. 그 차이는 사실 상당히 크다. 하지만, 그렇다고 해서 [두 제도 사이의-역자] 연속성을 은폐해서는 안 된다. 사실 1641년과 1688년 영국 의회는 옛 헌법에 기초한 의회에서 파생된 것이고, 그렇게 간주되었다. 미국 식민지들도 역시 선출된 대표 의회를 경험했고, 1776년 혁명의 구호("대표 없이 과세 없다")는 선출된 대표들의 모임이 세금을 부과하는 유일하고도 정당한 방법이라는 고대의 신념이 널리 퍼져있었음을 입증하고 있다. 프랑스에서는 단절이 더욱 돌연한 것이었을 수 있다. 그럼에도 불구하고 왕이 삼부회를 소집한 것은 바로 재정위기 때문이었는데, 이는 복종의 감정을 창출하는 데 효과적이라고 알려진 제도를 부활시킨 것이었다. 게다가 대의 정부에서 사용한 선거 기술들은 중세의 선거, 즉, 중세의 "신분제 의회"와 교회에서 사용한 선거 기술(예를 들면 로마 공화국의 선거들이 아니라)에 그 기원을 두고 있다고 말할 충분한 근거가 있다.111)

모든 입증자료에 따르면, 중세 시대의 선거는 서양 제도사에 중요한

111_ 특히 Léo Moulin, "Les orgines religieuses des techniques électorales modernes et délibérative modernes," in *Revue Internationale d'Histoire Politique et Constitutionelle*, April-June 1953, pp. 143-8; G. de Lagarde, *La Naissance de l'esprit laïque à la fin du Moyen Age*(Leuven/Louvain: E. Nauvelaerts, 1956); L. Moulin "'Sanior et Major pars', Etude sur l'évolution des techniques électorales et délibératives dans les ordres religieux du VI au XIII siècles," in *Revue Historique de Droit Francois et Etranger*, 3-4, 1958, pp. 368, 397, 491-529; Arthur P. Monahan, *Consent, Coercion and Limit, the Medieval Origins of Parliamentary Democracy*(Kingston, Ontario: McGill-Qeens University Press, 1987); Brian M. Downing, *The Military Revolution and Political Change. Origins of Democracy and Autocracy in Early Modern Europe*(Princeton, NJ: Princeton University Press, 1992).

영향을 미친 어떤 원칙의 발효와 보조를 맞추었다. 이것은 로마에 기원을 둔 원칙, 즉 "모든 사람에게 영향을 미치는 것은 반드시 모든 사람에 의해 검토되고 승인받아야 한다"Quod omnes tangit, ab omnibus tractari et approbari debet는 것이었다. 12세기 로마법이 다시 등장함에 따라, 시민 그리고 교회 법률가들이 이 원칙을 확산시켰다. 비록 로마에서는 민법과 관련된 것이었으나, 이들은 이 원칙을 공적인 사안에 적용함으로써 재해석했다.112) Q.O.T. 원칙은 에드워드 1세Edward I*가 1295년 영국 의회를 소집하는 소환장에서 발동되었는데, 최근의 연구는 13세기 말 무렵에 이 구절이 이미 광범위하게 사용되었다는 것을 보여 주고 있다. 이 표현은 1302년 프랑스의 왕 필립 4세Philip IV**가 삼부회를 소집할 때에도 사용되었고, 신성 로마 황제 프리드리히 2세Frederick II***가 이탈리아 투스카나 지방 도시들에게 전권 특사들을 보내라고 할 때도 사용되었다.113) 교황 호노리우스Honorius 3세****와 이노첸트Innocent 3세***** 모두 이 표

112_ 이 원칙의 공식(일반적으로 "Q.O.T."라고 줄여서 알려진)은 유스티니안Justinian의 531년 Codex에서 발견되는데, 그라치안Gratian과 같은 중세 주석가들의 근거가 되었다. 그라치안은 Decretum(1140년경; Decretum, 63, post c.25)에서 이를 언급하고 있다. "Q.O.T."의 원래 의미에 대해서는 G. Post, "A Roman legal theory of consent, quod omnes tangit in medieval representation," in Wisconsin Law Review, Jan. 1950, pp. 66-78; Y. Congar, Droit ancien et structures ecclésiales(London; Variorum, 1982), pp. 210-59. 이 법적 원칙의 또 다른 흐름에 대해서는, A. Marongiu, "Q.O.T., principe fondamental de la dèmocrati et du consentement au XIV siecle," in Album Helen Maud Cam, 2 vols.(Leuven/Louvain: Presses Universitaires de Louvain, 1961), Vol. II, pp. 101-15; G. Post, "A Romano-canonical maxim, "Quod omnes tangit," in Bractom and early parliaments," in G. Post, Studies in Medieval Legal Thought(Princeton, NJ: Princeton University Press, 1964), pp. 163-238.

113_ Monahan, Consent, Coercion, and Limit, pp. 100 ff.

* 에드워드 1세: 영국 플랜태저넷 왕가의 왕(재위 1272~1307).

** 필립 4세(1268~1314): 국내 교회령에 대한 과세 문제가 발단이 되어, 로마 교황 보니파티우스 8세와 분쟁을 일으켰다. 교황이 군주에 대한 교회권의 우위를 주장한 데 대하여, 1303년 최초로 삼부회를 소집하고 국내를 결속시킨 뒤, 아나니로 교황을 급습하여, 교황청을 아비뇽으로 옮겼다.

*** 프리드리히 2세(1194-1250): 하인리히 6세의 아들. 독일왕, 신성 로마 제국의 황제. 제6차 십자군 전쟁을 일으켜 예루살렘 왕국을 수립.

**** 호노리우스 3세(1216~27 사이에 교황으로 재위) 교황청 역사상 손꼽히는 행정가들 가운데 한 사람으로 평가된다. 로마 귀족 출신으로 1188년 교황청 재무대신이 되었고, 교황 인켄티우스 3세에게 사제 추기경으로 임명되었으며, 1216년 7월 18일 그를 계승하여 교황이 되었다. 전임 교황의 정책들을 발전시켜 나갔는데, 그 가운데서도 특히 교회 개혁과 이슬람 교도로부터 성지를 회복하는 일에 힘썼다.

***** 이노첸트 3세(1198~1216 사이에 교황으로 재위): 재위 동안 중세 교황권의 명예와 권력은 절정에 달했다. 제4차 십자군 원정과 알비파(프랑스 이단종파) 진압을 위한 십자군을 이끌었다.

현을 매우 자주 사용했다. 대표 선거를 위해 소환된 특사들은 항상 그들이 전권plenipotentiarii을 위임받아야 한다고 주장했던 것에 주목해야 한다. 다시 말하면, 투표자는 선출된 사람의 결정이 무엇이든 간에 반드시 그 결정에 스스로가 구속된다고 생각해야 한다는 것이다. 대표 선출에 있어 피통치자들의 의지와 동의의 개입은, 추첨에 의해 선출된 사람들의 결정이 가지지 못하는, 대표 의회의 결정에 대한 어떤 구속력을 부여한다. 일단 대표들이 특정 법안이나 세금에 대해 동의하면, 왕, 교황, 또는 황제는 인민을 향해 다음과 같이 말할 수 있었다. "당신은 당신의 입장을 대변할 대표를 가질 것에 동의했다. 그러기에 당신은 지금 그들이 승인한 것에 복종해야 한다." 선거에는 복종하겠다는 약속과 같은 것이 있었다.

Q.O.T. 원칙에 호소하는 것은 피지배자의 동의가 정당성의 유일한 혹은 원칙적인 근원이라는 것을 의미하지는 않았다 — 이것이 근대 의회와의 근본적인 차이다. 오히려 구속력을 가지는 완전히 합법적인 명령이 되기 위해서는, "위"에서 희망하는 바가 "아래"로부터의 승인을 받아야만 한다는 것을 의미했다.114) 이 원칙은 사람들이 후보들 중에서 선택하거나, 의회가 제안을 선택한다는 관념을 수반하지는 않았다. 오히려 사람들은 권위자(시민적이든 교회적이든 간에)가 제안한 것을 승인하도록 요구되었다. 종종 이러한 승인은 단지 박수나 갈채를 보내는 "발성 투표"의 형식을 취하기도 했다.115) 그러나 비록 이러한 형태에서도, 이 원칙은, 적어도 이론적으로는, 승인이 보류될 수도 있다는 것을 암시했다. 결국 Q.O.T. 원칙의 반복적인 사용은, 피지배자의 동의가 정치적 정당성과 구속력의 근원이라는 신념을 확산시키고 확립하는 데 공헌했다.

여기에 조금 덧붙여야 할 것이 있다. 이탈리아 도시 국가에서 여전히 추첨이라는 절차가 통용되던 때에, 로마 교회가 주교와 대수도원장의 선정

114_ 중세 사상과 실천에서 "위로부터 형성되는" 권위 개념과 "아래로부터 형성되는" 권위 개념들의 연합에 대해서는 울만Walter Ullman의 연구가 기본적이다. 특히 그의 *Principles of Government and Politics in the Middle Ages*(London: Methuen, 1961)를 참조.

115_ 영국혁명 이전, 대표의 선거를 박수로 대신한 것에 대해서는, M. Kishlansky, *Parliamentary Selection: Social and Political Choice in Early Modern England*(Cambridge: Cambridge University Press, 1986), 특별히 2장.

에 추첨을 금지함으로써 추첨 제도가 종식되는 데 주도적인 역할을 했다는 주장이 제기되곤 한다.116) 실제로 호노리우스 3세는 1223년에 교황령 Ecclesia Vesta(루까Lucca 총회에 제시한 것)를 선포함으로써 추첨을 통한 성직자 임명을 금지했다.117) 그 이전에는 주교를 충원할 때 추첨이 종종 사용되었는데,118) 여기서 추첨은 하나님의 의지를 표명하는 것으로 이해되었다. 1223년 교황령이 금지한 것은 추첨을 신의 섭리에 호소하는 것으로 사용하는 것이었다. 그리고 부록Liber Extra에서도 추첨을 금지하는 교서가 발견되는데, 미신으로 간주되었던 점치는 행위를 금지하는 항목에 제비뽑기De sortilegiis라는 제목으로 이 교서가 들어 있다. 따라서 로마 교회는 추첨이 순전히 세속적으로 사용되는 것에 반대하지는 않았다. 여기에 초자연적 의미가 주어지는 것은 아니었기 때문이다. 이러한 교회 금지령에 대한 해석은 『신학대전』Summa Theologiae에서도 확인된다.119) 세부적인 주장(여기서는 길게 설명할 필요가 없다)에서, 토마스 아퀴나스 Aquinas*는 몇 가지 사용 가능한 추첨, 즉, 분배적 추첨sors divisoria, 협의

116_ Moulin, "Les origines religieuses des techniques electorales modernes et deliberatives modernes," p. 114.

117_ *Corpus Juris Canonici*, E. Friedberg edition, 2 vols.(Tauschnitz, 1879-81), Vol. II, p. 823 (*Liber Extra*, Tit. XXI, cap. III). 이 문헌은 캘리포니아의 스티브 호르위츠Steve Horwitz 덕택에 알게 되었다. 그는 교회법과 고서의 전문가로 그와는 이메일로 연락했다. 그에게 진심으로 감사한다. 물렝Moulin(바로 전의 후주에서 언급된)은 교황령이 있었다는 것은 언급했지만, 세부적인 언급이나 분석을 하지는 않았다. 교회법에 대한 수많은 전문가들에게 물었고, 나 스스로도『교회법 대전』*Corpus Juris Canonici*를 연구했지만 소득이 없었다. 내가 또 감사를 해야 할 사람으로, 폴 불렌Paul Bullen은 이 문제를 인터넷에 등록되어 있는 중세 그리고 교회법 전문가들에게 문의하는 것이 좋겠다고 제안했다. 이 방법으로 나는 이 교황령의 텍스트를 검토할 수 있었고, 그 세부적 내용은 우리가 보는 바와 같다. 오늘날 지식 사회를 전 지구로 확대시킨 기술력에 존경을 표해야 할 것 같다!

118_ Jean Gaudemet, "La participation de la communaute au choix de ses pasteurs dans L'Eglise latine: esquisse historique," in J. Gaudemet, *La societe ecclesiastique dans l'Occident medieval*(London: Variorum, 1980), ch. 8을 참조. 그는, 599년 바르셀로나 위원회에서 "성직자와 사람들의 동의를 통해 선택된 둘 또는 세 명의 후보 가운데", 추첨을 통해 주교를 뽑기로 결정했다고 지적한다(*La cociete ecclesiastique*, pp. 319-20).

119_ Thomas Aquinas, *Summa Theologiae*, IIa IIae, qu. 95, art. 8. 이 구절에 관심을 갖도록 도와준 폴 불렌에게 감사한다.

* 아퀴나스(1224/25-1274): 이탈리아 스콜라 철학자 · 신학자. 아리스토텔레스 철학을 가톨릭 세계관에 도입하여 체계화시키는 데 크게 공헌하였다.

적 추첨sors consultatoria, 그리고 예지적 추첨sor divinatoria을 구분했다. 중요한 것은 아퀴나스에 따르면 "소유, 명예, 또는 위계"를 배정하기 위해 분배적 추첨을 사용하는 것은 죄가 아니었다는 점이다. 만약 추첨의 결과가 우연의 산물 이상이 아니라고 본다면, 추첨을 사용하는 데에는 아무런 해가 없다. "헛되이 추첨을 행하는 것을 제외하고 말이다." 따라서 추첨의 절차에 종교적 의미를 두지 않는다는 전제에서, 로마 교회는 관직 배정에 추첨을 사용한 것을 반대하지 않았다. 사실 이것은 어떻게 매우 가톨릭적인 이탈리아 공화국들이 교황령 이후에도 교회와의 별다른 논쟁 없이 계속 추첨을 사용했는지를 설명해 준다. 결국, 중세 교회가 추첨의 정치적 이용의 쇠락에 공헌했다면, 이는 추첨을 통한 "공직" 배정을 금지했기 때문이 아니라, 동의의 원칙을 보급시켰기 때문이다.

공화국의 역사에 대해 잘 알고 있던 17, 18세기 저술가들은 선거를 통한 대표의 임명이 공화주의적 전통이라기보다 봉건적인 것이라는 점을 알고 있었다. 해링턴, 몽테스키외, 그리고 루소는 이 점에 대해 일치한다. 로마에서 최우선 투표권을 가진 백인대를 뽑기 위해 추첨을 사용했던 것을 논평하면서, 해링턴은 이렇게 쓰고 있다. "그러나 [역사의 단계에서] 세 번째 상태에 속하는 국가의 정책에서, 중세적 신중함은 민중의 **투표**[즉 선거]로 대표를 모집하는 것에 완벽히 집약되어 있다."120) (앞서 보았듯이) 해링턴은 공화주의자였음에도 불구하고 추첨보다 선거를 선호했다. 따라서 선거는 아마도 "고대적 신중함"의 원칙을 되살리려는 의도 속에서 유지할 수 있었던 "중세적 신중함"의 유일한 원칙이었다. 이와 유사한 방향에서 몽테스키외는 영국 정부의 근원에 대한 유명한 구절에서 다음과 같이 지적하고 있다. "이 감탄스러운 제도가 삼림에서 발견되었다" ― "중세적" 관습과 봉건제를 낳았던 바로 그 게르마니아Germania의 삼림 말이다.121)

120_ Harrington, *The Prerogative of Popular Government*, p. 477(강조는 해링턴).
121_ Montesquieu, *Spirit of the Laws*, Book 11, ch. 6. 『팡세』*Pensee*의 한 구절은 몽테스키외가 영국의 법률들과 중세적 체제 사이에 밀접한 관련이 있다고 본 것을 확인시켜 준다. "요크씨Mr. Yorke가 로드 쿡Lord Cook과 리틀턴Littleton에서 영국의 법률에 대해 한 마디도 이해하지 못하는 외국인에 대해 말했던 데 대해, 나는 그에게 이렇게 말했다. 나는 봉건제 법률들과 영국의 고대 법률들에 관해 이해하기가 어렵지 않았고, 거의 대부분의 민족들의 법률을 이해할 수 있었는데, 이것은 유럽 법률이 중세적이기 때문이고, 그들이 동일한 근원과 동일한 특성을 가지고 있었기

마지막으로, 『사회계약론』의 유명한 구절에서 욕설만 읽어내는 것은 옳지 않다. "대표라는 개념은 근대에 생긴 것이다. 이것은 봉건 통치로부터, 다시 말해 인류를 타락시키고, 인간이라는 이름을 모독하는 사악하고 부조리한 통치에서 유래되어 오늘날까지 이어져 온 것이다."122) "인간이라는 이름"은 놀랍게도 봉건적 서약을 지칭하는 것이다. 이것을 통해 가신들이 충성을 맹세함으로써 스스로를 주인의 "사람"으로 만들었던 것이다. 루소에게 있어서 이것은 그 이름을 종속적 행위에 연관시키는 것이므로 인간에게는 수치스러운 일이었다.

대의 정부가 설립되었을 당시, 중세적 전통과 근대 자연권 이론들이 한 데 모아졌는데, 이는 피통치자의 동의와 의지를 정치적 정당성과 구속력의 유일한 근거로 만들기 위함이었다. 이러한 상황에서, 선거는 권력을 위임하는 방법으로 제시되었다. 그러나 동시에 정당성이라는 질문은 정치적 기능을 배분함에 있어 배분적 정의의 문제를 너무나 애매모호하게 만들었다(아니면 기껏해야 참조 사항 정도로 후퇴시켰다). 그 이후 관직이 시민들 사이에서 평등하게 배분되는지는 더 이상 문제가 되지 않았다. 관직에 있는 사람이 나머지 사람들의 동의를 통해 관직에 올랐는지의 여부가 더 중요했다. 이것은 그 결과가 무엇이든지 간에 그것이 받아들여지도록 권력을 배분하는 방법이었다. 물론, 관직의 할당에 있어서 배분적 정의에 대한 고려가 완전히 사라진 것은 아니었다. 그러나 권력을 위임하는 방법으로서 선거는 이전에 있었던 소위 세습이라는 원칙보다 본질적으로 더 공정하고 더 평등적인 것으로 보였다. 선거와 세습을 구분하는 차이와 비교할 때, 두 가지의 비세습적인 절차(추첨과 선거)가 가진 배분적 효과 사이에 존재하는 차이는 무시할 만한 것으로 보였다. 다른 측면에서 정당성의 개념은 이 두 가지의 비세습적 방법 중 하나에 명백한 선호를 부여했기 때문에, 가장 평등주의적인 혁명론자들도 추첨을 도입하는 것을 진지하게 고려하지 않았다는 것은 이해할 만하다. 보수적이든 진보적이든

때문이라고 말했다."(Pensée 1645, in *Oeuvres complètes*, 3 vols.(Paris: Nagel, 1950), Vol. II, p. 481.

122_ *Social Contract*, 3권, 15장.

간에 교육받은 지도자들은 추첨과 선거 각각의 배분적 효과들 사이의 차이를 분명히 알고 있었다. 그러나 이에 대한 논쟁을 일으키지는 못했다. 왜냐하면 보수파들은 (은밀하게 또는 그다지 은밀하지 않게) 이런 사실에 매우 행복해 했고, 급진파들은 추첨을 옹호하기에는 동의의 원칙에 너무나 애착을 가지고 있었기 때문이다.

사실 외부적 상황 역시 관직 할당에 있어 배분적 정의의 문제를 참조 사항 정도로 격하시키는 데 공헌했다. 17, 18세기의 큰 국가에서, 충원해야 할 관직의 숫자와 시민 사이의 비율에는 큰 차이가 있었고, 이는 선출 방법이 무엇이든, 모든 시민이 그러한 지위에 올라갈 수 있는 가능성이 극히 낮았다는 것을 의미한다. 그러나 다음과 같은 사실은 여전히 남아 있다. 즉 만약 아리스토텔레스, 구이치아르디니, 또는 몽테스키외가 옳았다면, 추첨은 그 미세한 가능성이나마 평등하게 배분할 수 있었을 것이고, 선거는 매우 불평등하게 배분했을 것이라는 사실이다. 이렇게 낮은 가능성 때문에, 관직 배분은 덜 절박하고 정치적으로도 덜 시급한 문제가 되었는데, 그 이유는 관직 참여에 동일한 가치가 부여된다고 상정하더라도, 기원전 5세기의 아테네 또는 15세기의 피렌체보다 판돈이 더 적었기 때문이라고 주장할 수도 있다. 아마도 18세기 시민 각각의 관점에서 본다면, 자신이 선출될 확률이 다른 시민보다 약간 높은지 아니면 낮은지가 별 문제가 아니었다는 것이 사실일 수도 있다(왜냐하면 어쨌거나 그 확률은 매우 작았기 때문이다). 그러나 추첨이나 선거를 통한 관직 배분의 차이가 하찮다는 것은 아니다. 예를 들면, 통치하는 의회에 농부보다 변호사가 더 많다는 것은 시시한 문제가 아니다. 변호사가 의회에 들어갈 기회를 더 많이 가지게 된다는 것이 농부에게 상대적으로는 무관심한 일이라 해도 말이다.

대의 정부가 설립되었을 당시의 상황과 신념이 각각 어떤 역할을 했던 지 간에, 관직 배정에 있어서 평등에 대한 고려는 뒷전으로 밀려났다. 여기에, 앞에서 언급했던 것처럼, 시민들간의 정치적 평등이 선언된 바로 그 시점에 추첨보다 덜 평등한 관직 배분 방법(선거)이 논쟁이나 확증도 없이 우세하게 된 역설에 대한 답이 있다. 대의 정부가 등장했을 무렵에 중요했던 정치적 평등은, 권력에의 동의에 대한 평등한 권리였지 관직을 가질 평등한 기회가 아니었다 — 또는 후자인 경우가 훨씬 적었다. 이것은 새로운 시민권의 개념이 나타났다는 것을 의미한다. 이제 시민들은 스스로 관직에 참여하기를 원하는 사람들이 아니라, 우선적으로 정치적 정당성의 근거로 간주되었다.

이러한 변화에 주목하면 대의 정부의 본질에 대한 새로운 견해를 펼치게 된다. 근대의 정치적 대의제가 설립된 지 200년이 지난 오늘날, 시민은 권력의 근원이며 관직을 배정하는 사람으로 간주된다. 그리고 이것이 바로 시민권으로 자연스럽게 묘사된다. 우리는 18세기 말에 지배적이었던 견해를 공유하고 있다. 게다가, 이로 인해 우리가 특정한 시민권 개념에 대한 우위를 인정하고 있다는 것을 깨닫지 못하고 있다. 우리는 모든 사람이 정부에 참여하는 것이 불가능하다 해도, 시민들이 관직을 얻고 싶어할 수 있다는 사실을 완전히 망각하고 말았다. 그러므로, 우리는 충분치 못한 재화인 관직이, 대의제도를 통해 어떻게 시민들에게 배분되었는지에 대해 질문하지 않게 되었다. 선거가 승리하게 된 역사에 대해 살펴봄으로써, 우리는 대의 정부에 대한 이해를 심화시킬 수 있다.

3장

탁월성의 원칙

3장__ 탁월성의 원칙

앞서 살펴본 것처럼, 대의 정부의 창시자들은 선거가 불평등한 공직 분배를 가져올 수도 있다는 점에 대해 우려하지 않았다. 왜냐하면 그들의 관심은 선거라는 방식이 가능하게 만들었던, 동의할 수 있는 동등한 권리에 집중되어 있었기 때문이다. 한편, 광범위한 토론을 거치면서, 대표는 자신을 선출한 사람보다 사회적으로 더 뛰어나야만 한다는 대의 정부의 또 다른 불평등한 특징이 서서히 도입되었다. 사람들은 선출된 대표는 재산, 재능, 그리고 덕성이라는 측면에서 대부분의 유권자보다 우위에 있어야만 한다고 굳게 믿었다. 물론 대의 정부가 처음 만들어진 시기에 선거인단을 구성하는 집단은 나라마다 달랐다. 예를 들면, 영국에서는 상류층만이 투표할 수 있었던 반면, 미국과 혁명기 프랑스에서는 투표권이 좀 더 민중적인 집단에까지 확산되었다. 그러나 그 경계가 어디였든지 간에, 이는 대표의 우월성이 보장되는 한도 내에서 이루어졌다. 절대적 의미에서의 사회적 지위뿐만 아니라, (아마도 더 중요했던 것은) 선거권자들의 지위에 대한 대표의 상대적 지위가 중요하게 생각되었다. 선출된 대표는 선출하는 사람과는 사회적으로 다른, 탁월한 시민이며 또 그런 사람들이어야 한다는 뚜렷한 자각 속에서 대의 정부는 제도화되었던 것이다. 우리는 이것을 "탁월성의 원칙"principle of distinction이라고 부를 것이다.

초기 대의 정부의 비민주적 특성은 일반적으로 참정권의 제한에 따른 것으로 보인다. 실제로 내란 이후 영국에서는 소수의 인구만이 투표권을 가지고 있었다. 프랑스 제헌의회 역시 "활동적인" 시민과 "수동적인" 시민을 구분했는데, 투표할 수 있는 자격은 오직 활동적인 시민만이 가지고 있었다. 미국 헌법은 이러한 결정을 각각의 주에서 내리도록 했다. 이 헌법에서는, 연방 선거에서 투표할 자격은 각 주에서 하원에 출마한 사람들과 동일해야 한다고 명문화했다. 1787년 대부분의 주에서 선거권자들의 재산 또는 세금납부 자격을 만들었기 때문에, 필라델피아 제헌의회 Philadelphia Convention*의 결정은 사실상 연방 선거에서의 참정권을 다소 제한하는 결과를 초래했다.1)

초기 대의 정부의 투표권 제한에 대해서는 이미 잘 알려져 있으며, 역사가들은 주로 19세기와 20세기에 그러한 제한이 점차적으로 사라진 것에 주로 관심을 가지고 있다. 그러나 이러한 규제와는 별개로, 선출된 사람이 선출하는 사람보다 사회적으로 더 높은 지위에 있도록 만드는 일련의 규정, 제도 그리고 부수적 조항들이 있었다는 점은 그다지 관심을 끌지도 못했고, 널리 연구되지도 않았다. 이것은 영국, 프랑스, 그리고 미국에서 각각 상이한 방법을 통해 이루어졌다. 전반적으로, 영국에서는 우월한 사회적 지위가 법률상의 규정, 문화적 관습, 그리고 실제적인 요인들 간의 결합을 통해 보장되었고, 프랑스에서는 순수하게 법적 규정을 통해 이루어졌다고 말할 수 있다. 미국의 경우는, 앞으로 살펴보겠지만, 좀 더 복잡하며 더욱 현저하다.

1_ J. R. Pole, *Political Representation in England and the Origins of the American Republic* (Berkeley: University of California Press, 1966), p. 365를 볼 것.

* 필라델피아 제헌의회: 극심한 경제적 어려움으로 셰이스의 반란과 같은 과격한 정치적 움직임이 일어나고 강력한 중앙 정부의 출현을 요구하는 주장이 나옴에 따라 1787년 5월 25일부터 9월 17일까지 필라델피아에 있는 펜실베이니아 주정부 청사에서 회의가 열렸다. 이 회의가 소집된 이유는 1777년 대륙회의에서 마련된 연방헌장Articles of Confederation의 수정 때문이었다. 1786년 아나폴리스 회의에서 발의된 각 주의 대표 파견 제안에 로드아일랜드 주를 제외한 모든 주가 응했다. 각 주의회에서 선출된 74명의 대표 가운데 55명만이 회의 진행 과정에 참여했으며 이중 헌법 안에 서명한 대표는 39명이었다. 이들 대표 중에는 당대의 주요 인물들이 다수 포함되어 있었는데 제헌회의 의장으로 선출된 조지 워싱턴을 비롯해 제임스 매디슨, 벤저민 프랭클린, 제임스 윌슨, 존 러틀리지, 찰스 핑크니, 올리버 엘스워드, 구버노어 모리스 등이었다.

영국

17, 18세기에 영국 하원의원의 자격이 소수의 사회 집단에 한정되었다고 말하는 것은 새로운 이야기가 아니다. 20세기 초부터, 수많은 연구들이 이 사실을 증명했기 때문에 여기서 그것을 다시 강조할 필요는 없다.[2] 혁명기 동안 선거 경쟁이 이전보다 더 빈번하게 일어났다는 의미에서, 첫 번째 혁명은 어느 정도 정치적 경쟁의 문을 열었다고 볼 수 있다. 최근의 한 연구는 내전 이전에는 의원 선출이 전체적이고 통합된 권위의 일부였다는 것을 보여 준다. 하원의원을 선출하는 것은 지역 공동체의 "타고난 지도자"를 예우하는 한 가지 방법이었다. 선거에서 경쟁을 하는 경우는 거의 없었다. 의원직을 놓고 경쟁하는 것은 관습적으로, 그 자리를 유지하고 있던 사람이나, 그 사람의 가문을 모욕하는 것으로 간주되었기 때문이다. 따라서 선거에서의 경쟁은 두려운 것이었고, 가능한 한 회피되었다. 선거는 대부분 만장일치였고, 표를 계산하는 일도 거의 없었다.[3] 내전은 엘리트 사이의 종교적·정치적 분열을 심화시켰고, 따라서 선거 경쟁은 더욱 잦아졌다. 선거는 이제 분열되고 경쟁하는 엘리트 사이에서의 선택으로 간주되었다. 그러나 혁명기에도, 비록 축소되긴 했지만, 선택의 사회적 구성 요소가 사라지지는 않았다.[4] 더 나아가, 수년간의 혼란 이후, 17세기 후반에는 "상류층과 귀족이 강화"되는 것을 목격하게 된다. 마크 키쉬란스키Mark Kishlansky는 "선거인단을 구성하는 사회 집단이 확대된 반면, 피선된 사람들을 구성하던 사회 집단은 줄어들었다"고 쓰고 있다.[5] 이는 경쟁적 선거가 두드러지게 줄어든 18세기 중엽 이후 더욱 그러했다.[6]

두 가지 중요한 요소를 통해 영국 대표 체제의 귀족적 혹은 과두제적 본질을 설명할 수 있다. 첫째, 영국의 문화적 풍토에서는 사회적 지위와

2_ 이에 대한 일반적 견해를 살펴보기 위해서는, J. Cannon, *Parliamentary Reform 1640-1832* (Cambridge: Cambridge University Press, 1973)을 참조.
3_ M. Kishlansky, *Parliamentary Selection: Social and Political Choice in 'Early Modern England'* (Cambridge: Cambridge University Press, 1986), 특히, chs. 1-4.
4_ 같은 책, pp. 122-123.
5_ 같은 책, p. 229.
6_ Cannon, *Parliamentary Reform*, pp. 33-40.

특권이 매우 큰 영향력을 행사했다. 권력자 집단(또는 위계 질서)에 대한 존경이 사람들의 의식 속에 깊이 자리 잡고 있었다. 투표자들은 그 지역에서 가장 뛰어난 인물의 예를 본받는 경향이 있었고, 뛰어난 인물이 하원의원으로 선출되는 것을 당연한 일로 간주했다. 이러한 독특한 영국 정치 문화의 양상은 이후 "경의[혹은 추종-역자]"deference*라고 불렸다. 이 용어는 19세기 후반 월터 배젓Walter Bagehot**에 의해 만들어진 것이지만, 이 말이 지칭하는 현상은 오랫동안 영국의 사회·정치적 삶을 상징했다.7)

두 번째 요소는 엄청난 선거 운동 비용이다. 이 비용은 내전과 18세기 전반에 걸쳐 지속적으로 증가했다. 의원들 스스로도 사적인 편지와 의회 논쟁에서 선거 비용이 너무 많은 것에 대해 불평을 토로하곤 했다. 선거가 부자들만의 사안이었다는 점은 역사 연구를 통해 명확히 드러난다. 이러한 사실은 주로 영국 선거의 특수성에 기인하는 것이다. 투표소가 별로 없었기 때문에, 투표자들은 먼 길을 여행해야 했다. 그리고 각 후보는 지지자들을 투표 장소까지 수송하고, 여행과 체류 기간 동안 그들을 접대하는 것이 통례였다. 따라서 명시적인 법적 조항은 없었지만, 경의와 선거 비용의 결합은 "자동적으로" 하원으로의 통로를 제한했다.

1710년에 또 다른 요소가 등장했다. 하원의원MPs에 재산 자격요건이 도입되었던 것인데, 유권자의 재산 자격과는 큰 차이가 있었다. 주 선출 대의원은 한 해에 600파운드 정도에 상당하는 가치의 부동산을 가지고 있어야만 했고, 자치시의 선출 대의원은 300파운드의 부동산을 가지고 있어야 했다(9 Anne, c.5).8) 이 조치는 토리 내각에 의해 통과되었는데, 이것은 "지주들"에게 유리한 것이었다. 그러나 "자본가들"(제조업자들,

---

7_ 19세기 선거에서의 "경의"의 역할에 대해서는 David C. Moore, *The Politics of Deference. A Study of the Mid-nineteenth Century English Political System*(New York: Barnes & Noble, 1976)을 볼 것.

8_ 가치worth라는 말은 회계사의 감정에 따라, 어떤 소유물이 만들어낼 수 있는 지대의 양을 의미한다.

* deference는 타인의 인품·연령·지위·업적 따위를 존경하여 자신을 제쳐 두고 그 사람의 희망과 의견을 따르려는 마음가짐을 뜻한다.

** 월터 배젓(1826~1877): 영국의 저널리스트, 빅토리아 시대 중반 이코노미스트The Economist의 편집을 맡아 활동하면서, 당시 가장 유력한 언론인 중 한 사람으로 인정받았다.

상인들, 그리고 금융업자들)도 여전히 땅을 살 수 있었고, 실제로도 그랬다. 1715년에 휘그파가 승리*하게 되지만 휘그파 역시 이 법안을 폐기하려 하지 않았다.9) 사실 그들 스스로도 오랫동안 피선자들의 소유 자격을 도입하려고 했다. 휘그파의 지도자로, 왕위 배제 법안 위기Exclusion Crisis 때 주도적인 역할을 했던 샤프츠베리Shaftesbury**는 1679년에 선거 개혁 법안을 의회에 제출했다. 이 법안에는 다양한 조항이 있었는데, 그 목적은 왕으로부터 의회의 독립을 지키기 위한 것이었다. 이 중에 가장 유명한 조항이 참정권에 영향을 미치게 된다. 즉, 샤프츠베리는 주에서 가옥 소유자와 200파운드를 보수로 받는 사람만이 투표할 수 있다는 조항을 제안했다(1429년 입안되었던 40실링 참정권을 대신해서 제시되었는데, 이는 그 가치가 현격하게 떨어진 것이었다). 이 조항의 목적은 왕으로부터 독립적일 수 있을 만큼의 충분한 "자산"을 가지고 있고, 따라서 왕이 꾀하는 부패한 일에 영향을 덜 받을 만한 사람에게만 투표권을 부여하기 위한 것이었다.10) 그러나 이 법안에는 또한 유권자와 구별되는 의원의 재산(그리고 연령) 자격을 구체적으로 정한 또 다른 조항이 있었다. (사후 발견된 그의 논문 중) 출간되지 않은 소책자에서, 샤프츠베리는 자신의

9_ Cannon, *Parliamentary Reform*, p. 36; Pole, *Political Representation*, pp. 83, 397. 폴Pole은 만약 이 조치가 통과되고 유지되었다면, 이는 아마도 유권자와 선출되는 사람 사이의 "자연적" 차이가 더 이상 명백하지 않았기 때문일 것이라고 언급했다.

10_ 1679년 법안에 대해서는 J. R. Jones, *The First Whigs, The Politics of the Exclusion Crisis 1678-1683*(London: Oxford University Press, 1961), pp. 52-55를 참조.

* 토리당과 휘그당: 18세기 영국에서 정치적 입장을 달리한 두 정당 또는 정파. 원래 휘그와 토리라는 말은 1679년 요크 공작(후의 제임스 2세)을 왕위 계승권에서 배제하려는 왕위 계승 배제 법안을 둘러싸고 의회 내 찬성파와 반대파 간에 주고받은 경멸적인 말이었다. 휘그는 스코틀랜드 게일어에서 유래한 말도둑을 의미하는 단어였고 후에는 스코틀랜드의 장로파를 뜻하기도 했다. 또한 비국교도·반란 등을 내포하기도 해 왕위 계승권 배제파에게 적용되었다. 토리는 아일랜드어로 불법적인 가톨릭교도를 뜻했으며, 제임스가 로마 가톨릭교도였음에도 불구하고 그의 왕위 계승권을 지지하는 사람들을 부르던 말이었다. 1714년 앤 여왕이 죽은 후 휘그당이 지지하는 조지 1세가 왕위에 오르자, 토리당 지도자인 헨리 세인트 존(볼링브룩 자작)이 프랑스로 도망한(1715) 후 토리당은 정당으로서의 정치력이 붕괴될 위기에 처했다. 그후 거의 50년간 영국은 휘그당의 전통 및 정서와 노선을 같이하는 귀족계급에 의해 통치되었다.

** 샤프츠베리(1621~1683): 영국의 정치가. 크롬웰의 공화국 시기에 국무회의 위원(1653~54, 1659)을 지냈고, 찰스 2세 때는 각료 회의 위원이자 대법관(1672~73)이었다. 그는 가톨릭교도인 요크 공작(제임스 2세)을 왕위 계승에서 배제하기 위해 애쓰다가, 결국 반역 혐의를 받았다. 이 혐의는 벗겨졌지만 그는 영국을 탈출해 망명 생활을 했다.

3장 탁월성의 원칙 129

법안을 옹호하면서 다음과 같이 썼다.

> 선거하는 사람이 자산이 있어야 하듯, 선출되는 의원 또한 반드시 그에 **비례하는 정도를** 가지고 있어야 한다. 사람들의 재산을 재산이 없는 사람에게 맡기는 것은 안전하지 않다. 이는 그들 가정의 궁핍이 외부의 유혹왕과 왕실과 맞물려서 그들의 권익에 반대되는 쪽으로 일탈하는 것을 막기 위해서다. 이것이 이전의 의회에서 우리가 종종 유감스럽게 느꼈던 부분이다.11)

샤프츠베리는 의원들은 "부동산과 동산의 가치가 적어도 1만 파운드 이상이고, 부채가 없는"(그리고 40세 이상의) 상류층 인사들 가운데서 선출되어야 한다고 제안했다.12)

영국에서 참정권은 이미 극도로 제한되어 있었음에도 불구하고, 추가적인 제약이 선출된 의원들에게 적용되었다. 비록 각기 다른 이유에서였지만, 휘그파와 토리파는 피선자들은 반드시 유권자보다 높은 사회적 지위에 있어야 한다는 데 의견을 같이 했다.

프랑스

프랑스에서 제헌의회는 초기에 매우 광범위한 참정권을 제정했다(국민의회를 1789년에는 제헌의회라고 불렀다-역자). 물론 오늘날의 기준에서는 제한적인 것으로 보인다. "능동적 시민" 자격을 얻기 위해서는 3일치에 해당하는 임금을 직접세로 지불해야만 했다. 게다가, 여성, 노예, 극빈자, 유랑민, 그리고 수도승 등은 투표를 할 수 없었는데, 그 이유는 자신

11_ Anthony Ashley Cooper, First Earl of Shaftesbury, "Some observations concerning the regulating elections for Parliament"(probably, 1679), in J. Somers (ed.), *A Collection of Scarce and Valuable Tracts*, 1748, First coll., Vol. 1, p. 69. 강조는 인용자.

12_ Shaftesbury, "Some observations concerning the regulating of elections for Parliament," p. 71. 1만 파운드는 엄청나게 액수로 수긍하기 어려운 것으로 보인다. 물론, 내가 1748년 판본에서 발견한 것이 잘못 인쇄된 것일 수도 있다(1천 파운드가 더 설득력 있다). 아직 이에 대해서는 보다 자세히 검토하지 못했다. 어쨌든 정확한 액수가 중요한 것은 아니다. 여기서 핵심은 샤프츠베리가 피선자들에게 선거인단보다 더 높은 재산 자격을 제시했다는 점이다. 이 점에 대해서 나는 전적으로 확신한다.

만의 정치적 의지를 가지기에는 그들의 처지가 다른 사람들에게 너무나 의존적이라는 것이다. 이러한 "수동적 시민들"에게 선거권을 주지 않았던 것은 19세기와 20세기 초기 역사가들에게 커다란 관심을 불러 일으켰다. 이는 제헌의원들이 정치적 권리가 합법적으로 시민권과 분리될 수 있으며, 오직 후자(시민권)만이 모든 시민들에 의해 향유될 수 있다고 생각했다는 것을 의미하기 때문에 매우 중요하다. 그러나 최근의 연구들은 제헌의회에서 확립된 참정권이(여기서는 여성을 부부 단위의 일부로 간주했다), 그 당시의 문화에 비추어 볼 때 상당히 광범위한 것이었다는 점을 보여 준다. 이것은 동시대의 다른 곳(특히 영국), 또는 이후 왕정복고 시대의 프랑스(1815~48)와 비교해 보아도 그렇다. 1789년에 정해진 이러한 자격하에서 프랑스 선거인단은 약 4백 4십만 명에 이르렀다.[13] "보통" 선거권을 확립한 1792년 8월의 칙령은 분명히 선거인단을 확대했지만, 이것은 기본적으로 선거 연령을 25세에서 21세로 내린 결과였다(여성, 노예, 그리고 유랑민들은 여전히 배제되었다).[14] 비록 모든 성인 남성의 참정권을 천명했다는 점에서 역사적인 사건으로 인식되긴 하지만, 실제 변화는 제한적이었다. 1794년 이후 테르미도르파는, 정치적으로 적절치 않은 용어인 "능동적"·"수동적" 시민 개념을 부활시키지 않고, 읽고 쓸 수 있는 능력에 따라 선거권을 부여함으로써(비밀 선거시 기명 투표를 할 수 있는 능력이 요구된다는 것이 그의 주장이었다) 1789년과 유사한 선거 체제로 돌아갔다. 테르미도르 반동 이후에도 유권자 수는 여전히 컸는데, 그 숫자는 대략 5백 5십만 명이었다.[15]

프랑스에서 민중적 대의 정부와 관련된 논쟁의 중심은 누가 투표를 할 수 있느냐가 아니라 누가 선출될 수 있는가의 문제였다. 1789년 제헌의회는 다음 두 가지의 조건을 만족시키는 사람, 즉 토지를 소유하고 있으며

13_ P. Guéniffey, *Le Nombre et la Raison. La révolution française et les élections*(Paris: Editions de l'Ecole des Hautes Etudes en Sciences Sociales, 1933), pp. 44-45. 이러한 숫자는 전체 인구의 15.7% 정도, 그리고 성인 남성 인구의 61.5% 정도를 의미한다(Gueniffey, *Le Nombre et la Raison*, pp. 96-97).
14_ 같은 책, p. 70.
15_ 같은 책, p. 289.

납세금액이 적어도 은화 1마르크1marc d'argent(500일 임금과 맞먹는 금액)가 되는 사람만이 국민의회 의원으로 피선될 수 있다는 법령을 포고했다. 바로 이 포고령을 중심으로 논쟁이 전개되었다. 유권자에 대한 3일 수당 세금 요건은 상대적으로 적은 수의 시민의 참정권을 박탈하는 것이었던 반면, 은화 마르크라는 대의원 자격은 큰 제한이었던 것으로 보인다(실제로 어느 선에서 배제가 이루어졌는지는 다소 불확실하다).[16] 현재 사용되는 용어는 아니지만 편리한 용어를 빌자면, 제헌의회의 의원들은 투표를 어떤 "권리"로 간주했지만, 관직의 보유는 "기능"으로 여겼다고 말할 수 있다. 기능은 사회를 위해서 수행되기 때문에, 사회는 자격 없는 사람들로부터 보호되어야 할 권리가 있었다. 그 목표는 대의원의 지위를 유산 계급으로 국한하는 것이었으며, 제헌의회는 법률적인 수단을 통해 이 목적을 달성키로 결정했다.

    이 법령은 즉각적인 반대를 불러일으켰다. 어떤 위원들은 대의원 자격은 오직 유권자들과 민중의 신임으로 결정되어야 한다고 주장했다. 어떤 대표(프리에Prieur*)는 "은화 마르크 대신 신임trust을"이라고 선언했으며,[17] 대개의 경우 민주정에 반대했던 시에예스 역시 이에 동의했다. 그러나 이런 목소리는 무시되었다. 1791년 혁명의 급진화 위협과 반대 조류의 상승에 직면해서야 마침내 의회는 은화 마르크 규정을 포기하게 되었다. 이에 따라, 다른 수단을 통해 동일한 목적을 달성하기 위해 이 규정을 대체할 제도가 고안되었다. 1789년에 제헌의회는 간접 선거제를 수립했는데, 이것은 일종의 여과 장치로서, 지위와 신분이 높은 시민의 선발을 보장했다. 투표자들은 군canton 단위의 "예비의회"에 모여, 두 번째 단계를 위한 선거인단(능동적 시민 100명당 1명)을 뽑게 되었다. 그리고 이들은 대표를 선출하기 위해 주départment 단위에서 모인다.[18] 1789년 제헌의회는 두

16_ 구에니페이Guéniffey는 단지 인구의 1%만 이 조건을 충족할 수 있었다고 본다(*Le Nombre et la Raison*, p. 100).

17_ 같은 책, p. 59.

* 프리에(1756-1827): 프랑스 정치가. 변호사. 앙시앵 레짐을 격렬하게 반대하고 루이 16세 처형을 주동한 인물로 알려져 있다. 국왕 살해죄로 국외 추방되어 브뤼셀에서 사망.

번째 단계의 투표자에 대한 중간 자격을 정했는데, 이른바 10일간의 노임과 맞먹는 세금을 지불해야 한다는 것이다. 1791년 의회는 은화 마르크 규정과 대표의 재산 자격을 폐기했지만, 여전히 간접 선거 체제를 유지했으며, 중간 세금 자격을 올렸다. 이에 따라, 40일간의 임금에 해당하는 돈을 지불하는 사람들만이 두 번째 단계의 투표자로 선출될 수 있도록 의회에서 결의했는데,[19] 이것은 매우 높은 장벽이었다.[20] 어떤 사람들은 이것이 "은화 마르크를 은밀히 대체한 것"이라며 비난했다.[21] 실제로 이 조치는 진출 장벽을 선거인단 위계의 한 단계에서 다른 단계로 옮긴 것에 지나지 않았다. 이 조치는 재산이 있는 두 번째 단계의 투표자들이 대개의 경우 그들이 속한 계층에서 대표를 뽑으리라는 것을 암묵적으로 가정한 것이었다. 한편 이 조치는 대중 운동 측에 대해서는 투표자에게 계급과 상관없이 능력 있는 사람을 뽑을 수 있는 자유를 주었다고 응수할 수 있는 근거가 되기도 했다. 실제로, 새로운 규제는 (만약 이 법안을 발의한 사람들이 원했듯이 "혁명에 종지부를 찍"지 못했다 하더라도) 두 번째 단계에서 유자격자의 수를 대폭 감소시키는 데 성공했다. 1792년에는 모든 종류의 재산 또는 세금 자격이 폐지되었지만, 간접 선거의 원칙은 유지되었다.[22] 테르미도르파는, 대표가 되기 위한 재산이나 세금 자격은 없지만 두 번째 단계의 투표자에 대해서는 제한적이었던, 1791년 체제로 돌아갔다.

그럼에도 불구하고 통계학적 연구는 1792년을 포함한 혁명의 과정을 통틀어서, 두 번째 단계의 선거인단은 부유한 계급에 의해 지배되었다는 것을 확인시켜 준다.[23] 이러한 현상은 국민 대표 의회의 구성에도 반영되었다. 국민의회 자체도 (전체의 52%가 법률가로 구성된) "농부들이 선출한 법률가들의 의회"였다.[24]

[18] 군의 크기(64평방 킬로미터)는 작았지만, 그 수는 많았다(4,660개). 이렇게 구획된 이유는 투표자들이 선거 장소(군의 주요 마을)에 도달하기 위해 여행해야 할 거리를 줄이기 위한 것이었다. Guéniffe, *Le Nombre et la Raison*을 참조. 영국은 이와 반대였다.
[19] P. Guéniffey, *Le Nombre et la Raison*, p. 61.
[20] 이러한 40일 노임 자격의 통계학적 결과에 대해서는 같은 책 pp. 101-102를 참조.
[21] 이 표현은 브리소Brissot가 그의 일기에서 쓴 것이다. Guéniffey, *Le Nombre et la Raison*, p. 61.
[22] 같은 책, p. 70.
[23] 같은 책, pp. 411-413.

선거의 사회적 선택 효과는 분명 영국보다는 훨씬 덜 명백했지만, 그래도 존재하기는 했다. 프랑스에서도, 대의 정부의 설립자들은 선출되는 사람이 투표자보다 더 부유하고 뛰어난 체제를 확립하는 것을 목표로 했다. 그러나 영국에서는 이런 결과가 사회적 관습과 경제적 제약의 조용한 조정을 통해 부분적으로 획득되었다면, 프랑스에서는 유사한 결과가 두 번째 단계 투표자를 위한 세금 자격 조건과 간접 선거의 원칙이라고 하는, 완전히 명시적인 제도적 장치들을 통해 획득되었다. "민주주의의 여과장치"[25]로 간주되었던 간접 선거 체제는 혁명의 전 기간 동안 유지되기 때문에 상세히 언급할 필요가 있다.

미국

필라델피아

참정권에 관한 한, 필라델피아 제헌의회는 그 당시 고려된 여러 가지의 해결책 중에서 가장 개방적인 선택을 했다는 점에서 프랑스의 제헌의회와 유사하다. 헌법의 한 조항은 초기의 명문화 과정을 암시적으로 시사하고 있다. "각 주의 선거인은 가장 많은 의원을 가진 주 의회의 선거인에게 요구되는 자격 요건을 구비해야 한다"(1조, 2절, 1항). 이것은 하원 선거에만 적용되었다. 1787년의 헌법 초고에서는, 상원의원은 각 주의 의회에서 선출하며(1조, 3절, 1항), 주 의회가 임명한 "대통령 선거인단"이 대통령을 뽑도록 했다(2조, 1절, 2항). 결국, 대통령과 상원은 선거권에 관한 더 이상의 결정을 필요로 하지 않는다. 이에 따라 선거와 관련된 가장 중요한 논쟁과, 선거가 대표성의 본질에 어떤 영향을 미칠지에 대한 문제는 하원 선거에 집중되었다. 주 참정권 자격이 개별 주 **헌법**에 의해 정해졌다는 점 역시 염두에 두어야 한다. 따라서, 연방의 조항은 각 주 의회의 참정권에 대해 규제하지 않았던 것이다.

24_ 같은 책, p. 414.
25_ Guéniffey, *Le Nombre et la Raison*, p. 41.

필라델피아 제헌의회의 의원들은 어떤 주에서는 참정권에 대한 상당한 규제가 있으며, 결과적으로 이것이 연방 대표 선거에 대한 규제를 의미한다는 점을 잘 알고 있었다. 그러나 제헌의회가 궁극적으로 도달한 결정은 다음과 같은 맥락에서 이해할 필요가 있다. 즉, 사실상 이 결정은 가장 개방적인 것, 또는 윌슨이 펜실베이니아 비준논쟁에서 말한 것처럼 필라델피아에서 논의되었던 선택 사항들 중에서 가장 "관대한" 것이었다. 왜냐하면 의회 선거인에 대한 연방 차원의 **재산** 자격 요건을 선호하는 기류가 대표들 사이에 있었기 때문이다. 이 기류는 낮은 세금 자격 요건이 주 선거에서 행사되고 있던 (펜실베이니아와 같은) 주에서는 참정권을 제한했을 것이다.[26] 예를 들어 모리스Gouverneur Morris*는 투표권을 자유 부동산 보유자로 국한시킬 수 있는 재산 자격을 요구했다. 재산이 없는 사람은 부자들에 의해 부패하기가 쉽고, 그들의 도구로 전락할 수 있다는 것이 그의 주장이었다. 그는 자신의 제안을 이른바 "귀족정치"에 대한 경계라고 제시했고,[27] 이 점에서 매디슨의 지지를 얻었다. 매디슨은 "이 사안을 장점에서만 살펴본다면", "공화국 자유의 가장 안전한 담지자는 자유 부동산 보유자일 것"이라고 주장했다. 원칙적으로 매디슨은 자유 부동산 보유 자격의 도입을 찬성한 것이다. 그러나 동시에 그는 이러한 조치에 대한 대중의 반대를 두려워했다. "헌법상의 자격이 자유 부동산 보유자이어야 하는가의 문제는 현재 모든 종류의 사람들이 권리를 행사하는 주 단위에서 이러한 변화에 대해 보여 줄 반응에 달려 있다."[28] 매디슨의 연설에는 일종의

---

[26] 급진적인 1776년 펜실베이니아 헌법은 주 선거를 위한 재산 자격 요건을 철폐했고, 투표권을 그들의 선거구에 1년 이상 거주했던 모든 성인 납세 자유인에게로 확대했다. 이것은 광범위한 수준의 참정권이었다(소무역상, 독립 장인, 그리고 기계공도 투표할 수 있었다). 반대로 버지니아에서는 투표권이 자유 부동산 보유자들에게 국한되어 있었는데, 독립 장인과 기계공은 배제되었다. 또 다른 예를 들자면, 매사추세츠 헌법은 전체적인 재산 자격 위계를 세웠지만, 실제 효과는 매우 넓은 참정권이었다(3명 중 2명, 또는 4명의 성인 남성들 중 3명이 참정권을 가졌다). 이에 대해서는 Pole, *Political Representation*, pp. 272, 295, 206을 볼 것.

[27] *The Records of the Federal Convention of 1787*, M. Farrand (ed.)[1911], 4 vols.(New Haven, CT: Yale University Press, 1966), Vol. II, pp. 202-203. 앞으로 파랑드Farrand 판을 칭할 때에는 *Records*라고 하겠고, 몇 권 몇 페이지라고 쓰겠다.

* 모리스(1752~1816): 미국의 정치가·외교관·재정전문가. 뉴욕 식민지의회 의원(1775~77)으로서 최초로 주 헌법에 종교적 자유 조항을 설치했으며 1778~79년 대륙회의에서 뉴욕 식민지 대표로 활동했다.

망설임이 드러나 있는데, 『의사록』Records에 따르면, 그는 궁극적으로는 재산 자격을 옹호했지만, 그 조건이 부동산의 형태는 아니었던 것으로 보인다. 어쨌든 모리스도 매디슨도 성공을 거두지는 못했으며, 그 때 표명된 연설들의 전반적인 성격은 다수의 대의원들이 각 주에서 채택한 규제 외의 또 다른 규제에 대해서는 반대했다는 것을 보여 준다. 주된 논점은 사람들이 투표권에 강한 애착을 가지고 있었으며, "연방 헌법이 그들의 참정권을 박탈한다면 연방 헌법에 쉽게 찬성하지 않을" 것이라는 점이다.29) 그렇다고 필라델피아에서 연방 참정권이 개별 주의 참정권보다 더 넓어야 한다고 누가 제안했던 것도 아니다. 즉, 제헌의회는 그 당시에 고려되었던 것 중 가장 넓은 형태의 선거 참정권을 채택했던 것이 분명하다.

이 글의 목적과 관련하여 더욱 중요한 문제인 하원의원 자격과 관련하여, 다음과 같은 구절을 헌법에서 발견할 수 있다. "연령이 25세에 미달하거나, 미합중국의 시민이 된 지 7년이 못되었거나, 뽑혔을 당시 그가 선출된 주의 주민이 아닌 경우에는 누구도 하원의원이 될 수 없다"(1조 2절 2항). 분명 이러한 요건들은 그리 엄격한 것이 아니었으며, 탁월성의 원칙이라고 불렀던 것과 아무런 관련이 없다. 대서양 건너편의 좀 더 평등주의적인 문화와 동질적인 인구 구성은 수세기에 걸쳐 위계적 조직 구성을 갖고 있던 구대륙에서와는 다른 성격을 대의 정부에 부여했을 수 있다. 그러나 『의사록』에 대한 꼼꼼한 해석은 제헌의회의 닫힌 문 뒤에서 대표의 자격을 둘러싼 복잡한 논쟁이 있었음을 보여 준다.

1787년 7월 26일, 메이슨George Mason*은 세부준비위원회(본회의의

28_ Records, Vo. II, pp. 203-204. 매디슨은 연방회의에 대한 자신의 기록을 출판하려 했는데, 이 과정에서 참정권에 대해 1787년 8월 7일 필라델피아에서 행한 연설을 수정했다는 점에 주목해야 한다. 그는 자신의 견해가 이후 변했다고 설명했다. 앞의 인용들은 원래의 연설에서 가져온 것이다. 일반적으로 "Notes on the right of suffrage"라는 제목으로 알려진 1821년 수정본은, 우리가 앞으로 살펴보겠지만, 매우 중요한 문서이다.

29_ 이 표현은 엘스워드Oliver Ellsworth의 것이다(Records, Vol. II, p. 201), 그러나 이것은 여러 연설들의 일반적 논조를 합한 것이다.

* 메이슨(1725~1792): 미국의 애국파(愛國派) 정치인. 버지니아 헌법(1776)과 연방헌법(1787) 제정에 참여하면서 개인 자유의 보호를 주장했다. 그는 시대를 앞서 노예제에 반대했고 그것을 허용한 타협적인 헌법을 거부했다.

일을 준비하는 기관)에서 "입법부 의원들에게 어떤 특정한 부동산 자격 요건과 시민권을 요구하고, 청산되지 않은 구좌가 있거나 미합중국에 채무가 있는 사람을 실격시키는" 조항을 만들 것을 요구했다.30) 토론 과정에서, 메이슨은 우리가 앞서 논의했던 앤 여왕 통치기 영국에서 채택되어 "광범위한 지지를 받았던[그의 말에 따르면]" 의회 자격 요건을 인용했다.31) 이에 대해 모리스는 투표권에 자격 요건을 두는 편이 더 낫다고 답했다. 매디슨은 메이슨의 법안에서 "부동산"이라는 단어를 없앨 것을 요구했다. 그는 "부동산 소유가 실제 부유함의 분명한 증거는 아니다"라고 지적하고, 상인과 제조업자 또한 "대중 의회the public Councils에서 그들의 권리가 공감되고 이해되어질 기회를" 가져야 하므로, 부동산을 특별히 취급해서는 안 된다고 주장했다.32) 매디슨의 제안은 10 대 1이라는 압도적인 다수의 지지로 채택되었다.33) 이에 따라 세부준비위원회는 하원의원에 대한 차별화되지 않은 재산 요건을 세우는 조항을 초안하도록 요구받았다.

따라서 제헌의회의 토론은 대표에게 요구되는 소유의 **유형**에만 초점이 맞추어져 있었다. 이러한 주저함과는 별개로, 모든 제헌의회 의원들은 명백하게 이러저러한 종류의 소유 자격 요건이 적합하다는 데 동의했다. 제헌의회는 선거인들에 대해서는 가장 관대한 쪽을 선택한 반면, 피선거인에 대해서는 명백히 정반대였다. 두 가지의 중요한 주장이 제출되었다. 첫째, 대표가 경제적으로 충분히 독립적이어서 모든 부패한 영향으로부터, 특히 행정부의 영향을 받지 않도록 보장하는 것이 가장 중요했다. 이러한 우려(행정부와의 관계에서 입법부의 독립을 보호하는 것)는 임기 중 상원의원과 하원의원이 연방 관직을 가지는 것을 금지했던 조항에서도 나타난다(1조, 6절, 2항). 분명 이 조항은 18세기 공화주의자들이 혐오했던 영국 계통의 "지위체계"place system를 견제하기 위해 고안된 것이었다. 보다 일반

30_ *Records*, Vol. II, p. 121.
31_ *Records*, Vol. II, p. 122.
32_ *Records*, Vol. II, pp. 123-124.
33_ In the *Records*, 투표는 주단위로 계산되었다. 10명이 'Ayes' 1명이 'No'라고 했다는 것은 10명의 대표가 찬성했고, 1명이 반대했다는 것이다.

적으로, 경제적 독립이 부패를 막는 최상의 보증이라는 것이 공화주의 사상의 중심 원칙이었고, 따라서 필라델피아 대표들의 견해는 이러한 폭넓은 사상적 조류와 궤를 같이 하는 것이었다.34) 둘째, 대표에 대한 소유 자격 요건은 정당한 것으로 간주되었다. 왜냐하면 모든 대표는 재산권이 가장 중요한 권리이며, 이 권리를 보호하는 것이 정부의 주된 목적이라고 생각했기 때문이다. 그러므로 대표가 재산 소유자의 권익을 진지하게 생각할 수 있도록 보장하는 예방책이 필요한 것으로 보였다. 소유가 공화주의적 자유의 보루로 간주되었든 혹은 근본적인 권리라고 여겨졌든 간에, 대표는 반드시 재산을 가진 사람이어야 하고, 결과적으로 대표를 선출한 사람보다 높은 지위에 있어야 한다고 제헌의회는 생각했다. 왜냐하면 선거권에는 이러한 자격이 요구되지 않았기 때문이다. 따라서 탁월성의 원칙은 필라델피아에서도 존재했던 것으로 보인다. 문제는 어째서 이 원칙이 헌법 조항으로 옮겨지지 않았는가 하는 것이다.

해답을 얻기 위해 논쟁으로 돌아가 보자. 몇 주 뒤에, 세부준비위원회는 다음과 같은 조항을 본회의에 제출했다. "미합중국 입법부는 상하원 구성원의 재산에 관한 일정한 자격 요건을 세울 권위를 가진다. 재산에 관해서는 입법부가 판단하는 것이 적절하기 때문이다."35) (위원회의 위원인 러틀리지Rutledge*와 엘스워드Ellsworth**가 설명했던 것처럼) 이 위원회는 어떤 세부적 재산 조건에도 동의하지 못했고, 결과적으로 이 문제를 다음 입법부가 해결하도록 남겨 두었다. 위원회가 합의에 도달하지 못한

34_ J. G. A.Pocock, *The Machiavellian Moment*(Princeton, NJ: Princeton University Press, 1975)을 참조.

35_ *Records*, Vol. II, Report of the Committee of Detail, p. 165. 세부준비위원회는 고르햄Gorham, 엘스워드, 윌슨, 랜돌프, 그리고 러틀리지로 구성되었다. J. H. Hutson, *Supplement to Max Farrand's The Records of the Federal Convention of 1787*(New Haven, CT: Yale University Press, 1987), pp. 195-196을 볼 것.

* 러틀리지(1739~1800): 미국의 정치가. 1787년 제헌회의 의원으로 노예제와 강력한 중앙 정부 체제를 지지했다.
** 엘스워드(1745~1807): 미국의 변호사, 정치가, 외교관, 제3대 대법원장(1796~1800). 의회를 상하 양원제로 구성한다는 '코네티컷 타협안'(1787)의 공동 작성자이자 연방사법제도를 확립한 1789년 '재판법'의 작성자로 잘 알려져 있다.

데에는 두 가지의 장애물이 있었기 때문이었다. 첫째, 러틀리지가 언급했듯이, 위원회의 구성원들은 "[자격] 조건을 높이면 국민을 불쾌하게 만들 위험이 있고, 반대로 조건을 낮춘다면 그 조건 자체가 무의미해질 수 있기 때문에 갈팡질팡하고 있었다." 둘째, 엘스워드에 따르면, "미국의 각 부분들이 각기 다른 상황에 처해 있었고, 현재와 미래의 상황 간에 있을 수 있는 전반적인 차이로 인해 위원회가 **단일하거나 정해진** 자격 요건을 만드는 것이 부적절했다. 남부에 있는 주에 적합하도록 그 자격을 높인다면, 동부에 있는 주에는 부적당할 것이다. 후자에 맞추면, 전자에게는 아무런 용도가 없을 것이다."[36] 제안된 조항은 세부준비위원회의 내부 문제를 해결할 수는 있었겠지만, 본회의에서는 큰 반대에 직면했다. 이 문제를 입법부의 재량으로 남겨 두는 것은 극도로 위험했다. 왜냐하면 그러한 조건의 단순한 조정만으로도 정치 체제의 본질 자체가 크게 변경될 수 있었기 때문이다.[37] 세부준비위원회의 위원이었음에도 불구하고, 윌슨 역시 "아마도 하나의 **획일적인** 규정을 입법부에서 정할 수는 없을 것"이라고 지적하고, "회기를 끝내자고" 제의했다.[38] 윌슨의 중재 후 즉시 투표가 실시되었고, 위원회의 제안은 7 대 3으로 거부되었다. 이에 따라 헌법에는 대표에 대한 재산 자격은 포함되지 않게 되었다.

이 일화는 1787년 헌법에 재산 자격이 없었던 것은, 원칙에 근거한 것이 아니라 편의에 의한 고려였다는 사실을 보여 준다. 대표들은 재산 자격 원칙에는 찬성했다. 그러나 북부와 남부의 모든 주가, 그리고 서부의 저개발 농업 중심의 주와 부유한 동부의 상업 중심의 주 모두가 원하는 결과를 가져올 수 있는 어떤 획일적 경계에 대해서는 동의할 수 없었다. 따라서 영국과 프랑스의 유형과는 크게 다르게, 헌법에 대표에 대한 자격 요건이 없었다는 것은 대부분 의도하지 않은 결과였다고 보아야만 한다. 물론, 각 대표들은 최종 표를 던지면서, 십중팔구 자신들이 재산 자격의 원칙을 포기하고 있다는 것을 알고 있었을 테고, 따라서 결과는 엄밀하게 말해서

---

[36] *Records*, Vol. II, p. 249; 강조는 원저자.
[37] 반대는 매디슨에 의해 개진되었다, *Records*, Vol. II, pp. 249-250.
[38] *Records*, Vol. II, p. 251, 강조는 인용자.

의도하지 않은 것이라고는 할 수 없다. 그럼에도 불구하고 회의에 출석한 대표들은 외부적 환경에 의해 처음의, 그리고 그들의 분명한 의도와는 다르게 (사실상 정반대로) 최종 투표를 했음에 틀림없다. 게다가 그들이 중간에 그 원칙의 핵심에 대한 생각을 바꾸었다는 아무런 증거도 없다. 미합중국의 대의제도가 예외적일 만큼 평등주의적 특성을 가지고 있는 것은 철학적 이유에서라기보다는 지리적 이유 때문이라고 할 수 있다.

필라델피아 제헌의회의 의원들은 선거에 관한 두 가지 결정을 더 내렸다. 우선 하원의원들이 적절한 수준에서 유권자에 의지하도록 만들기 위해 그 임기를 짧게 하여, 매 2년마다 하원의원을 선출하기로 했다. 이렇게 결정한 가장 큰 이유는, 영국의 경험에 기초해 볼 때, 전제정의 표상처럼 되어 있던 장기 의회에 대한 두려움 때문이었다. 어떤 대표는 선거를 매년 할 것을 주장하기도 했으나, 대체로 큰 논란 없이 2년 임기에 대한 합의에 도달했다. 또한 제헌의회는 다음과 같이 결정했다. "하원의원의 수는 [거주자] 3만 명당 1명을 초과하지 못한다. 다만 각 주는 적어도 한 명의 하원의원을 가져야 한다"(1조 2절 3항). 첫 번째 인구조사가 실시되기까지는 65명으로 하원을 구성하기로 결정했다. 선거인과 피선거인 사이의 비율은 하원의 크기가 통제 가능한 범위 안에서 유지되어야 한다는 견해에 의해 조절되었다. 예상되는 (또는 희망하는) 인구의 증가가 있을 때에도 마찬가지이다. 대다수의 대표들은 거대 의회가 초래하는 "혼란"을 피해야 한다고 생각했다. 세부준비위원회는 우선 자격이 있는 유권자 4만 명당 의원 1명의 비율을 제안했다.39) 몇몇 대표들, 그 중에서도 특히 메이슨, 게리Gerry*, 그리고 랜돌프Randolph** 등은 소규모의 하원에 반대했다.40) 그러나 게리 스스로가 그의 편지에서 인정했듯이 이러한 문제는

39_ *Records*, Vol. I, p. 526.

* 게리(1744~1814): 미국의 독립선언문 서명자, 매사추세츠 주지사, 부통령(1813~14). 주지사로 있을 때 나중에 '게리맨더링'으로 알려진 선거구 조작 방식을 이용해 유명해졌다.

** 랜돌프(1721~1775): 미국의 대륙회의 초대 의장. 1744년 버지니아 하원에 진출했으며 평생 버지니아 하원 의원을 지냈다. 식민지 귀족의 일원이었던 그는 스스로를 영국 왕과 버지니아 주민 모두의 대변자로 생각했다. 1774년 7명으로 구성된 버지니아 대표단을 이끌고 제1차 대륙회의에 참가했다. 대륙회의에서 초대 의장으로 선출되었으나 1775년 필라델피아에서 뇌졸중으로 사망했다.

제헌의회에서 주요한 논쟁을 불러일으키지 못했다.[41] 대표들은 선거인과 피선거인의 비율보다는 미래의 연방 의회에서 개별 주가 가지게 될 상대적 중요성에 더 많은 관심을 가졌다.[42]

비준논쟁

하원의 크기에 대한 문제가 필라델피아 제헌의회에서 큰 논쟁들을 불러일으키지 못했던 반면, 비준논쟁에서는 주된 논점으로 드러났다. 컬랜드Kurland와 러너Lerner가 언급했듯이, 사실상 대의제의 문제에 있어 "모든 [여타의] 논쟁과 관심을 무색하게 만든 것은 제안된 하원의 크기에 표현되어 있듯이 적절한 대표성이라는 문제였다."[43] 하원의 크기에 대한 문제(어떤 면에서는 적절한 심의를 위해 필요한 최적의 숫자라는 기술적 문제)는 정치적으로 매우 중요한 것이었다. 이 문제는 대표와 대표되는 사람의 관계를 포함하는 것이었는데, 이는 곧 대의제 개념의 핵심이었다. 논쟁은 피선거인과 선거인 사이의 비율이 가져올 결과에 전적으로 집중되었다. 참정권의 확대나 하원의원의 합법적 자격은 문제가 되지 않았다. 왜냐하면 반연방주의자들(필라델피아에서 준비된 안을 거부한 사람들)은 참정권 확대에 반대하지 않았고, 헌법에는 하원의원의 자격이 포함되지 않았기 때문이다. 또 다른 중요한 논점은 이 논쟁이 두 가지의 대표성 개념에 반대했다는 점이다. 반연방주의자들은 대의제의 필요성을 받아들였다. 즉, 민회에 의

40_ *Records*, Vol. I, p. 569(Madison and Gerry); Vol. II, p. 563(Randolf).

41_ 게리Elbridge Gerry가 매사추세츠 회의의 부통령에게 보낸 편지(January 21, 1788), *Records*, Vol. III, p. 265.

42_ 대표성의 **근거**와 의석 배정에 대한 문제가 제헌의회 논쟁에서 매우 중요했지만, 이 글에서는 이 문제를 다루지 않고 있다. 대표성의 근거에 대한 논쟁은 폭넓은 함의를 가지고 있다. 왜냐하면 이 논쟁은 **무엇이** 대표될 것인가에 대한 결정을 수반하기 때문이다. 이러한 측면에서의 주된 문제는 의석 수(따라서 대표)의 배정을 **재산**에 두어야 하는지 아니면 **사람**에 두어야 하는지였다. 폴J. A. Pole이 상세하게 보여 준 바대로, 의석을 우선적으로 인구수(심지어 "연방 비율"에 따라 재산의 형태로 간주되었던 노예를 5분의 3명으로 계산할 수 있도록 했다)에 따라 배정한다는 마지막 결정은 "아마도 의도하지는 않았겠지만 정치적 민주주의라는 사상을 촉진시켰음에 틀림없다"(*Political Representation*, p. 365). 결국, **특정한 또는 구별되는 재산조건에 의한** 대표성을 주창했던 사람들은 궁극적으로 패배했다. 폴은 매우 명료하고 설득력있게 이 논쟁을 연구한 바 있다. 이 장은 그의 결론을 전제하고 있다.

43_ P. B. Kurland and R. Lerner (eds.), *The Founder's Constitution*, 5 vols.(Chicago: University of Chicago Press, 1987), Vol. I, p. 386, "Introductory note."

한 직접적인 통치를 옹호하지 않은 것에서 알 수 있듯이 그들은 18세기에 통용되었던 의미의 "민주주의자"들은 아니었다. 터렌스 볼Terence Ball은 최근 논문에서 이러한 점을 적절하게 강조했다.44)

반연방주의자들이 헌법에 대해 제기했던 주된 반대는 피선거인과 선거인에 대한 비율이 너무 낮아서 적절한 유사성likeness을 확보할 수 없다는 것이었다. "유사성", "닮음"resemblance, "근사"closeness라는 개념들과, 대표는 반드시 국민의 "진정한 사진"true picture이어야 한다는 생각이 반연방주의자들의 저술과 연설에서 지속적으로 제기된다.45)

비준논쟁에서 상충되는 입장이었던 대표성의 두 개념에 대한 터렌스 볼의 분석이 전적으로 만족스러운 것은 아니다. 한나 피트킨Hanna Pitkin의 범주를 이용해, 볼은 반연방주의자들의 대표성에 대한 견해를 "위임이론"이라고 특징지었다. 이에 따르면 대표의 임무는 "그가 대표하는 사람의 견해를 그대로 반영하는 것"이며 "그들의 태도와 감정을 공유하는" 것이다. 반대로 연방주의자들은 대표성을 "선거권자의 이익과, 어떻게 그들에게 봉사할 것인지에 대해 스스로 판단을 내려야만 하는 수탁자"의 "독립적" 행위로 보았다.46) 분명 반연방주의자들은 대표가 그들이 대표하는 사람의 처지, 태도, 느낌을 반드시 공유해야 한다고 생각했다. 이러한 관심은 연방주의자들의 사고에서는 거의 부재했다는 것 또한 사실이다. 그러나 논쟁의 중심은 "위임"과 "독립" 사이의 대조가 의미하는, 대표의 자유로운 행동에 대한 것은 아니었다. 반연방주의자들이 반복해서 제기했던 비난은 발의된 헌법하에서는 대표가 지시 받은 그대로 행동하지 않을 것이라는 점이 아니라, 대표가 그들을 선출한 사람과 **같지** 않을 것이라는 점이었다. 두 문제가 서로 관련 있는 것은 사실이지만 그렇다고 동일한 것은 아니다. 비준논쟁은 위임과 지도의 문제가 아니라 선거인과 피선

44_ T. Ball, "A Republic - If you can keep it," in T. Ball and J. Pocock (eds.), *Conceptual Change and the Constitution*(Lawrence: University Press of Kansas, 1987), pp. 144ff.

45_ 반연방주의자들 사이에서 "유사성" 개념이 가지는 중요성에 대해서는, H. J. Storing (ed.), *The Complete Anti-Federalist*, 7 vols.(Chicago: University of Chicago Press, 1981), Vol. 1, *What the Anti-Federalist were for?*, p. 17을 참조.

46_ Ball, "A Republic - If you can keep it," p. 145. 볼이 언급한 책은 H. Pitkin, *The Concept of Representation*(Berkeley: University of California Press, 1967)이다.

거인 사이의 유사성의 문제를 제기한 것이었다.

예를 들면, 브루투스Brutus*는 이렇게 썼다.

> 대표라고 하는 용어는 이런 목적에서 선택된 사람 또는 기관이 반드시 그들을 임명한 사람들과 **닮아야**한다는 것을 의미한다 — 즉 미국민의 대표라는 말에서, 만약 이것이 진실이라면, 대표는 국민과 **유사해야** 한다 …… 그들은 기호이다 — 국민은 그 기호에 의해 표현되는 내용이다 …… 따라서 국민을 대신하는 사람들은 반드시 그들의 감정과 느낌을 가지고 있어야 하고, 그들의 이익에 의해 통제되어야만 한다. 다른 말로 하자면, 그들이 대리하고 있는 사람들과 최대한 **닮아야** 한다. 의회가 어느 지역의 사람들과 진정한 **유사성**을 갖기 위해서는, 의원들이 상당히 많아야 한다는 것은 분명하다.47)

뉴욕 비준회의에서 해밀턴Hamilton**의 호적수였던 스미스Melancton Smith***는 하원의원 추천인에 대한 연설에서 다음과 같이 선언했다. "우리가 대표에 대해 이야기할 때, 우리의 마음 속에 자연적으로 떠오르는 것은, 대표는 그들이 대표하는 사람들과 **닮아야**한다는 것이다. 왜냐하면 그들은 바로 국민의 **진정한 사진**이어야 하기 때문이다. 대표는 그들의 처지와 그들의 필요에 대한 지식을 가지고 있어야 한다. 그들의 고통을 함께 느껴야 하고, 그들의 진정한 이익을 추구하고자 해야 한다."48) 선거인과 피선거인의 일체성 또는 유사성에 대한 지칠 줄 모르는 주장이 반연방주의자들의 팜플릿과 연설에 나타나는 가장 두드러진 특징이다.49) 물론 반연방주의자

47_ Brutus, Essay III, in Storing (ed.), *The Complete Anti-Federalist*, Vol. II, 9, 42; 강조는 인용자. 앞으로 반연방주의자들의 저술들과 연설에 대한 인용은 *Storing*으로 약칭할 것이다. 숫자는 원편집자의 것이며, 로마자는 권수를 의미한다.

48_ Melancton Smith, "Speech at the New York ratification convention"(June 20, 1788), *Strong*, VI, 12, 15.

* 브루투스: 1787년 10월부터 1788년 4월까지 『뉴욕 저널』에 출간된 16편의 반연방주의적 글을 쓴 사람의 필명. 로마의 독재자 줄리어스 시저를 살해한 공화주의자 브루투스의 이름을 빌림.

** 해밀턴(1755-1804): 미국 제헌회의의 뉴욕 대표(1787), 초대 재무장관(1789-95). 문서『연방주의 교서』의 주요 작성자로서 신생 미국에 강력한 정부가 수립되어야 함을 역설했다.

*** 스미스(1744-1798): 미국 뉴욕주 하원의원. 뉴욕 롱아일랜드 태생. 푸킵시시에서 사업을 하다가 1775년 5월에 실시된 뉴욕주 최초 지방 선거에 하원의원으로 당선. 1775년 6월에 조직된 대륙 전투 연대 Continental Line Regiment에서 복무했고 후에 더치스 카운티 민병대를 조직, 민병대장으로 활약.

들이 모두 지적으로 유사한 경향을 가진 것은 아니었다. 비록 어떤 사람들은 보수적이고 어떤 사람들은 급진적이었지만, 그들은 전적으로 대표는 대표하는 사람과 유사해야 한다는 요구에 있어서는 모두 동의했다.

정치적 대표성이 반영 또는 사진으로 간주되어야 하며, 대표의 주된 덕목은 원본[선거인들-역자]과의 유사성이라는 생각은 독립 초에 가장 영향력 있었던 책인 애덤스의 『정부에 대한 생각』 Thoughts on Government에서 발견된다. 비록 애덤스가 1787년의 헌법 논쟁에 참여한 것은 아니지만, 반연방주의자의 사고에 많은 영향을 미쳤다. 그는 1776년에 다음과 같이 썼다. "하원을 구성하는 것은 매우 어려우며 최대한 주의를 기울여야 한다. 대표는 작게 축소된, 일반 국민의 정확한 초상화가 되어야 한다. 대표는 반드시 선거인과 똑같이 생각하고, 느끼고, 사고하고 행동해야 한다[바로 직전의 문단에서 애덤스는 큰 주에서 대표가 필요하다고 역설했다]."50) 피트킨의 범주에 따르면, 반연방주의자들은 "묘사적"descriptive 대표 개념을 옹호했다고 말할 수 있다. 이러한 관점에서 볼 때, 그 목적은 국민의 축소판으로서의 의회가, 국민이 회합했더라면 했을 법한 행동을 하는 것이다. 이런 의미에서 "묘사적" 견해와 "위임" 이론의 목적은 동일하다. 그러나 후자의 경우, 대표와 국민의 의지 사이의 일체감은 형식적·법적 조항(명령 또는 필수적인 권한의 위임)을 통해 확보되는 반면, "묘사적" 개념에서 대표는 **자연적으로** 국민과 똑같이 행동하리라고 기대된다. 왜냐하면 그들은 국민들의 반영이고, 유권자와 처지를 공유하며, 그리고 비유적·공간적 의미에서 그들과 가깝기 때문이다.

반연방주의자들이 "유사"또는 "근사"를 이야기할 때, 그들은 우선적으로 사회적 의미에서 말한 것이다. 헌법에 반대하는 사람들은 인구 가운데 어떤 계급은 제대로 대표될 수 없을 것이라고 주장했는데, 그 이유는 그들 중 누구도 의회에 들어갈 수 없기 때문이라는 것이다. 사무엘 체이스

49_ The Federal Farmer, Letter II, *Storing*, II, 8, 15; Minority of the Convention of Pennsylvania, *Storing*, III, 11, 35; Samuel Chase, Fragment 5, *Storing*, V, 3, 20; Impartial Examiner, III, *Storing*, V, 14, 28-30을 참조.

50_ J. Adams, *Thoughts on Government* [1776], in C. F. Adams (ed.), *The Life and Works of John Adams*, 10 vols.(Boston: Little Brown, 1850-6), Vol. IV, p. 195.

Samuel Chase*는 이렇게 썼다.

> 몇몇 소수의 사람이 수많은 갖가지 계급이나 사회 집단 — 상인, 농민, 대농장주, 기계공과 상류층 또는 부자들 — 을 포함하는 미합중국의 감정과 이해를 충분히 알린다는 것은 불가능하다. 정확하고 진정한 대의제를 만들기 위해서, 각 사회 집단은 반드시 그 집단에 속한 어떤 사람을 자신의 대표로 선택할 기회를 가져야 한다 …… 오직 …… 극소수의 상인과 부유하고 야심에 찬 사람들만 그런 기회를 잡게 된다. 대다수의 농장주와 농민은 그들 집단의 대표를 기대할 수 없다 — 그들이 뜻을 품기엔 그 위치가 너무나 높다 — 국민과 그들의 대표 사이의 거리는 너무나 멀어서 농민이나 농장주가 선출될 가능성이 없을 것이다. 모든 부문의 기계공은 일반적 목소리에 의해 의석에서 배제될 것이다 — 단지 상류층, 부자, 귀족만이 선출될 것이다.[51]

미국 인구의 다양성 때문에, 오직 큰 의회만이 적절한 대표성의 필요 조건들을 충족할 수 있었다. 브루투스는 이렇게 주장했다. 진정한 대표 의회에서 "농민, 상인, 기계공, 그리고 다른 다양한 집단의 사람들은 그들 각각의 비중과 숫자에 따라 대표되어야만 한다. 그리고 대표는 사람들의 필요를 상세하게 알고 있어야만 하고, 여러 집단의 다양한 이익을 이해해야 하며, 적절한 감정을 느끼고, 그들의 변영을 촉진시키는 데 열정적이어야 한다."[52] 그러나 반연방주의자들은 모든 계급이 예외 없이 의회 의원을 가져야 한다고 요구하지는 않았다. 그들은 단지 중간 계층(자유 부동산 소유자, 독립 제조업자, 그리고 소규모 무역상 등)을 특히 강조하면서, 사회의 주요 구성원들이 대표되어야 한다고 요구했다.

그러나 그들은 헌법에 규정된 대표성은 가장 부유하고 중요한 계급의 이익을 위해 왜곡될 수 있다고 생각했다. 이 점에서 그들은 헌법이 "귀족적" 경향을 가졌다며 비난했다("귀족정"에 대해 우려했던 또 다른 초점은

51_ Samuel Chase, Fragment 5, *Storing*, V, 3, 20.
52_ Brutus, Essay III, *Storing*, II, 9, 42.

* 사무엘 체이스(1741~1811): 미국의 연방대법관(1796~1811). 메릴랜드 의원과 대륙회의 의원을 지냈고, 독립선언서 서명인의 한 사람이었으며, 1791~96년에는 메릴랜드 총회(General Court)의 수석재판관으로 봉직하다가 1796년 조지 워싱턴 대통령의 임명으로 연방대법관이 되었다.

상원이 상당한 권력을 가졌기 때문이다). 반연방주의자들이 "귀족정"을 이야기할 때, 그것이 세습 귀족을 의미한 것은 물론 아니다. 미국에는 결코 귀족이 없을 것이고 또 없어야 한다는 것, 그리고 헌법이 귀족의 직위를 부여하는 것을 명시적으로 금지하고 있다는 것은 어느 누구도 의심하지 않았다(1조 9절 9항). 반연방주의자들이 생각했던 것은 법적으로 정의된 특권이 아니라, 부, 지위 또는 심지어 재능에 의해 주어진 사회적 우월성이었다. 이러한 다양한 우월성을 향유하는 사람들이 소위 "자연 귀족"을 형성했다 — 여기서 "자연적"이라는 말은 법적 또는 제도적이라는 표현에 반대된다는 뜻이다. 뉴욕 비준논쟁에서 스미스는 이렇게 말했다.

> 나는 이 정부가, 일반적으로 공동체의 첫 번째 계급, 즉 내가 이 나라의 자연 귀족이라는 이름으로 구별하려 하는 사람들로 대표가 구성되도록 설립되었다고 확신합니다 …… 사람들은 자연 귀족이 무엇을 의미하냐고 질문할 것입니다 — 그리곤 우리 중에는 그러한 계급 구분에 속하는 사람들이 없다고 이야기할 것입니다. 이러한 것에 대한 어떤 법적·세습적 구분을 가지고 있지 않다는 것이 우리만의 축복이라는 것은 사실입니다. 그러나 진정한 차이는 여전히 있습니다. 모든 사회는 자연스럽게 계급으로 나뉩니다. 자연의 창조자는 어떤 사람에게는 다른 사람보다 더 위대한 능력을 부여했고 — 태생, 교육, **재능** 그리고 부는 인간들 사이에 구별을 창조했고 직위와 훈장만큼의 영향력을 만들었습니다. 모든 사회에서 이 계급에 속한 사람들은 더 많은 존경을 받을 것입니다 — 만약 몇몇 소수가 정부의 권력을 행사할 수 있도록 정부가 설립되었다면, **사물의 자연적 이치에 따라** 정부는 그들의 손아귀에 들어가게 될 것입니다.53)

브루투스는 다음과 같이 말했다.

> **인간사의 공통된 경로에 따르면**, 그 나라의 자연 귀족이 선출될 것이다. 부는 항상 영향력을 창출하고, 그리고 이 영향력은 유력 가문들간의 관계를 통해 광범위하게 확대된다 …… 단지 극소수의 상인과 가장 부유하고 야심에 찬 몇몇 사람들만이 그들 집단의 대표를 가질 수 있다 — 이렇게 제한된 대표성에서 주 유권자들의 주의를 끌만큼 충분히 뛰어난 인물은 거의 없다.54)

53_ Melancton Smith, speech of June 20, 1788, *Storing*, VI, 12, 16: 강조는 인용자. 스미스가 재능, 태생, 부를 같은 지위에 둔 것은 눈여겨볼 만하다. 이 책에서 이러한 범주로 인해 발생하는 철학적 논쟁을 다룰 수는 없지만, 강조할 필요는 있다.

펜실베이니아 소수파는 이렇게 강조했다. "사회 활동에서 가장 뛰어난 지위에 있는 사람만이 선택될 것이다."[55] 반연방주의자들은 사회적, 경제적, 또는 개인적 불평등이 존재하는 것을 비난하는 급진적인 평등주의자들은 아니었다. 그들이 보기에, 이런 불평등은 사물의 자연적 질서의 일부를 구성하는 것이었다. 그들은 자연 귀족이 특수한 정치적 역할을 수행하는 것을 반대하지도 않았다. 그러나 그들은 자연 귀족이 권력을 독점하는 것을 원하지는 않았다.

반연방주의자들은 어째서 부자와 뛰어난 사람들만이 선출되느냐에 대한, 간략하고 명쾌한 설명은 말할 것도 없고 공개적인 논쟁에서 성공적으로 이용될 만한 상세한 설명을 제시하지 않았다. 그들의 생각은 심오하기는 했지만, 명료하게 표현되지 않은 직관적 지식이었다. 그들은 선거구가 커지면 커질수록, 부의 영향력도 커질 것이라고 주장했다. 선거구를 작게 한다면 보통 사람들도 선출될 수 있겠지만, 큰 선거구에서 성공할 수 있는 후보는 특별히 눈에 띄는 특출한 사람일 수밖에 없다. 이 두 주장 모두 추가적인 증명이나 설명이 필요한 것이었으나, 헌법에 반대하는 사람들은 그 주장에 대해 더 이상 설명하지 못했다. 이런 명확한 세부 설명의 부족으로 인해, 명백하고 논박하기 힘든 연방주의자들의 논리에 직면해서는 옹색한 설득력밖에 지니지 못하게 되었다. 반연방주의자들은 상대측 주장의 논쟁적 설득력을 잘 알고 있었다. 결국 그들은 오히려 연방주의자들이 사람들을 기만한다는 단순하고 불충분한 주장으로 물러섰다. 반연방주의자들의 핵심 입장과 논쟁적 유약성을 모두 담고 있는 진술에서, 연방 농민the Federal Farmer이라는 필명의 저자*는 이렇게 썼다.

54_ Brutus, Essay III, *Storing*, II, 9, 42: 강조 인용자. 오직 "자연 귀족"만 선출될 것이라는 견해에 대해서는 The Federal Farmer, Letter IX, *Storing*, II, 8, 113도 참조.

55_ The Address and Reasons of Dissent of the Minority of the Convention of Pennsylvania to Their Constituents, *Storing*, III, 11, 35.

* the Federal Farmer: 발의된 헌법에 대한 체계적인 비판과 반연방주의자들의 주장을 담은 일련의 신문 기사가 1787년 11월에서 1788년 1월까지 뉴욕 *Poughkeepsie Country Journal*에 실렸는데 그 제목은 "Letters from the Federal Farmer"였다. 저자는 리차드 핸리 리Richard Henry Lee라고 알려진 버지니아 사람으로 오랫동안 알려졌지만, 이후에 많은 학자들은 그가 스미스Melancton Smith였을 것이라고 생각했다. 두 사람이 함께 썼을 가능성도 크다.

만약 대의제가 하나 또는 그 이상의 자연 계급의 사람들에게 다른 사람들에 대한 부당한 지배를 허용한다면, 국민이 유권자일지라도, 이것으로는 불완전하다. 전자는 점차 주인이 될 것이고, 후자는 노예가 될 것이기 때문이다 …… 만약 그들이 **사물의 자연스러운 이치를 따라**, 그들 중에서, 진정으로 자신과 같은 누군가를 선택할 수 없다면, 국민들에게 너희가 유권자라고 또 너희들의 입법자를 선택할 수 있다고 말하는 것은 국민을 기만하는 것이다.56)

비난과 수사적인 과장으로 주장의 본질적인 약점을 은폐할 수는 없었다. 반연방주의자들은 하원의원들이 그들의 유권자들과 같을 수 없다는 것에 깊은 확신을 가졌다. 그러나 이런 결과를 초래하는 수수께끼 같은 "사물의 이치"나 "인간사의 공통된 흐름"을 간단 명료한 표현으로 설명할 수가 없었다.

이러한 입장은 매디슨의 날카로운 반격에 완전히 무방비 상태로 놓여 있었다. 매디슨 역시 수사적인 한 구절에서 다음과 같이 선언했다. 하원이 하나의 과두정을 구성할 것이라는 말을 들었다. 그러나,

누가 연방 대표자들의 선거인이 되어야 하는가? 부자와 마찬가지로 가난한 사람도, 배운 사람과 마찬가지로 무식한 사람도, 탁월한 가문의 오만한 자손들과 마찬가지로 미천하고 불운한 운명에서 태어난 보잘것없는 사람도 선거인이 될 수 있어야 한다. 대표를 뽑는 사람은 합중국의 시민 전체이다 …… 누가 대중의 선택 대상이 되어야 하는가? 국가의 존경과 확신을 받을 만한 장점이 있는 모든 시민이다. 부, 태생, 종교적 신념, 또는 직업 등의 조건이 판단을 구속하거나 국민의 의향을 좌절시켜서는 안 된다.57)

반연방주의자들은 연방 참정권에 대해 반대하지 않았고, 그들은 헌법에

56_ The Federal Farmer, Letter VII, *Storing*, II, 8, 97: 강조는 인용자.

57_ Madison, "Federalist 57," in A. Hamilton, J. Madison, and J. Jay, *The Federalist Papers* [1787-8], ed. C. Rossiter(New York: Penguin, 1961), p. 351. 대표로 선출되기 위한 자격에 대해서는 "Federalist 52"도 참조. 여기에서 매디슨은 추가적인 설명에 앞서 헌법에 입안된 세 가지 자격 요건을 환기시킨다(25세, 미국 내에서 7년 거주, 그리고 후보가 의회에 출마하는 주의 거주자). "이러한 합리적인 제한하에서, 연방정부의 이 부문에 대한 관문은 모든 종류의 우수성에 개방되어 있었다. 본국 출생자든 이주자든, 젊었든 늙었든, 그리고 빈곤이나 부에 관련 없이, 또는 어떤 특별한 종교적 신념을 가졌든 간에"(p. 326). 이후 『연방주의 교서』*The Federalist Papers*에 대한 참조는 로시터Rossiter 편의 번호와 쪽 수로 약칭하겠다.

대표자의 재산이나 세금 자격 요건이 없다는 점을 인정했다. 따라서 그들은 효과적인 반론을 펼치지 못했다.

이 첫 번째 변호 이후, "연방주의 교서 57"에서 매디슨이 주장한 내용의 골자는 헌법이 대표가 국민의 신뢰를 배신하지 않도록 보장한다는 점이다. 매디슨은 대표는 "동료 시민들의 선호에 의해서 식별"될 것이기 때문에, 시민들의 선택을 만족시킬 자질을 실제로 가지고 있을 것이며, 시민들의 기대에 부응할 것이라고 주장한다. 게다가 대표는 자신이 국민들 덕분에 공직에 오르게 되었다는 점을 잘 알고 있으므로 "적어도 당분간은 선거구민들이 호의를 갖게" 만들 것이다. 더 중요한 것은, 잦은 선거는 그들이 선거인단에게 의존하고 있다는 것을 상기시켜 줄 것이다. 마지막으로 그들이 통과시킨 법률은 사회 전반에 적용되며, 따라서 그들 자신과 친구들에게도 적용될 것이다.58)

이와 같은 보증물을 통해, 매디슨은 반연방주의자들을 반박하고, 다음의 질문을 통해 간접적으로 공화주의 또는 민중 정부에 대한 그들의 애착에 대해 의심을 제기한다.

> 공화주의 정부에 대한 최고의 불타는 열정을 표하면서도 공화주의의 근본적인 원칙[자신을 통치할 사람들을 선출할 국민의 권리]을 대담하게 비난하는 사람들에게 우리는 무엇을 이야기할 것인가. 지도자를 선택할 국민의 권리와 능력을 보호하기 위해 싸우는 투사인 양 하지만, 곧바로 그리고 틀림없이 주어진 신뢰를 배신할 사람을 [국민이-역자] 선택할 것이라고 또 주장하는 사람들에게 무어라 말해야 할까.59)

매디슨은 자칭 공화주의자들이 사실은 자신이 좋아하는 통치자를 뽑을 국민의 권리와, 후보를 판단하는 그들의 능력에 대해 의심하고 있다고 암시했다. 비록 매디슨은 앞서의 주장 속에서 효과적으로 대표성의 민중적 또는 공화주의적 차원을 강조했지만, 그의 논의 어디에서도 헌법이 대표와 대표되는 사람들 사이의 유사성 혹은 근사성을 보장해 줄 것이라

58_ Madison, "Federalist 57," pp. 351-352.
59_ Madison, "Federalist 57," p. 353.

고 주장하지 않는다. 그 역시 그렇지 않을 것을 알고 있었다.

이와는 달리 매디슨은 무엇이 공화주의적 대표성이 될 수 있고 되어야 하는가라는 완전히 다른 개념을 발전시킨다.

> 모든 정치적 헌법의 목적은 첫째, 사회의 공공선을 분별할 수 있는 최상의 지혜, 추구할 수 있는 최상의 덕을 가진 사람을 통치자로 얻는 것이고 또 그래야만 하는 것이다. 그리고 그 다음은 그들이 계속 대중의 신뢰를 유지하는 한편, 그들의 덕성을 지키도록 하는 가장 효과적인 견제책을 강구하는 것이다. 이런 형태의 정부에서 그들의 타락을 방지할 수 있는 신뢰할 만한 수단들은 셀 수 없을 만큼 많고 다양하다. 가장 효과적인 것은 그 임기를 제한해서 국민에 대한 적절한 책임을 유지하도록 하는 것이다.[60]

공화정부의 성격을 이와 같이 묘사하면서도, 대표와 대표되는 사람 사이의 동일성에 대해서는 전혀 언급하지 않는다는 점은 주목할 만하다. 사실상 대표는 그들의 선거인과 달라야 한다. 왜냐하면 공화주의 정부는 다른 정부와 마찬가지로 "최고의 지혜"와 "최고의 덕"을 가진 사람들, 즉 동료 시민들보다 우위에 있고, 동료 시민들과는 다른 사람들에게 권력이 위임될 것을 요구하기 때문이다. 이 구절은 연방주의자들이 생각하고 있던 탁월성의 원칙을 가장 잘 표현한 서술 중의 하나인데, 매디슨은 이와 동일한 견해를 수차례 언급했다. 민주정과 공화정의 차이를 제시한 유명한 구절인 "연방주의 교서 10번"에서, 매디슨은 공화정을 정의하는 특징을 다음과 같이 이야기한다. 우선 "나머지 사람들에 의해 선출된 소수의 시민에게 정부의 권력을 위임하는 것이다 …… [이것은 **선택된 시민 집단**이라는 매개를 거치면서 대중의 견해가 정제되고 확대되는 효과를 가진다. 그들의 지혜는 나라의 진정한 이익을 가장 잘 분별할 수 있을 것이며, 그들의 애국심과 정의에 대한 사랑은 일시적이고 부분적인 이해관계 때문에 나라의 진정한 이익을 희생시키지 않을 것이다"[61] 따라서 공화정이 민주정과 다른 것은 대표단이 존재한다는 사실뿐만 아니라, 대표들이 "선택된 집

60_ Madison, "Federalist 57," pp. 350-351.
61_ Madison, "Federalist 10," p. 82, 강조는 인용자.

단"이라는 사실 때문이다. 이전에 구이치아르디니가 그랬던 것처럼, 매디슨은 분명히 "선택된"이라는 단어를 두 가지의 의미에서 사용하고 있다. 글자 그대로 대표는 선택된다. 왜냐하면 그들은 (투표를 통해서) 선출되기 때문이다. 그러나 그들은 또한 "선택된 소수"이다. 따라서 공화주의가 통치자를 정하는 방법을 가장 완전하게 표현하자면, 인민이 선거를 통해 가장 지혜롭고 가장 덕스러운 사람을 선택한다는 것이다.

그러나 매디슨의 공화주의는 가장 지혜롭고 가장 덕스러운 사람의 선택을 보장하는 것만으로 충분한 것이 아니다. 지혜롭고 덕망 있는 엘리트들을 맹목적으로 신뢰하지 않았기 때문이다. 제약과 제재 조치, 그리고 보상 등을 통해 대표가 반드시 계속해서 도덕적인 길을 걷도록 해야만 했다. "그들의 도덕성을 계속해서 유지할 수 있도록 할 수 있는 가장 효과적인 견인책은" 그들을 빈번한 선거와 재선의 대상이 되도록 하는 것이다. 관직을 유지하고자 하는 기대와 함께 다가오는 선거에 대해 갖게 되는 지속적인 기대는, 국민의 이익에 대한 그들의 적절한 헌신을 보장할 것이다. 만약 공화주의적 정부에서 선출된 사람들 그리고 선택하는 소수의 사람들이 자신의 이익보다 공공선을 위해 봉사한다면, 이것은 유권자와의 유사성 때문이 아니라, 정기적인 선거로 인해 국민에 대한 책임성을 유지하게 되기 때문이다. 반연방주의자들은 대표가 국민에게 봉사하기 위해서는, 전자는 후자와 "같아야"한다고 생각했다. 매디슨은 대표는 아마도 국민과 다를 것이며, 사실상 달라야 한다고 응수했다. 그럼에도 불구하고 그들은 국민을 섬길 것인데, 왜냐하면 그들은 제도적 수단에 의해 국민에게 충분히 의존적인 상태로 남아 있을 것이기 때문이다. 사회적 유사성이나 근사성이 아니라, 반복되는 선거가 국민 이익의 최고 보호자이다. 두 가지의 대표성 개념 사이의 분기점이 이제 보다 명백히 드러난다. 즉, 반연방주의자들은 선거가 반복되어야 할 필요성에 대해서는 의심하지 않았지만, 그들에게 이것은 단지 대표의 성실성을 위한 하나의 필요조건이었던 반면, 유사성과 근접성 또한 요구되었다. 한편 연방주의자들은 선거는 좋은 대의제의 필요충분조건이라고 보았던 것이다.

헌법이 귀족적이라는 반대에 직면한 연방주의자들은 순수하고 단순한 귀족정과 "자연 귀족정"의 차이를 강조하고, 게다가 후자에 대해 반대할 만한 근거가 없다는 주장으로 대응했다. 이러한 주장의 한 예가 펜실베이니아 비준논쟁에서 윌슨이 했던 연설에서 발견된다. 연방주의 지도자 가운데 그가 가장 민주주의적인 생각을 가진 사람이었다는 점에서 헌법에 대한 그의 변론이 특히 중요하다. 예를 들어, 그는 헌법의 "민주주의적" 특성을 칭송했다. (해밀턴보다는 다소 덜하지만) 매디슨이라면 이러한 말은 결코 하지 않았을 것이다. 그럼에도 불구하고 윌슨은, 발의된 헌법이 귀족정으로 기울었다는 반대에 직면하여, 자연 귀족정으로 정부를 정당화했다.

나는 지금 자연 귀족정이 무엇을 의미하는지 묻고 있습니다. 내가 이 단어의 어원학적 정의를 모르는 것은 아닙니다. 왜냐하면 이 단어가 파생되었던 단어를 추적하면, 귀족정은 공동체 최고의 사람들, 또는 펜실베이니아 헌법의 명령에 의해 추천된 사람들의 정부 그 이상도 그 이하도 아니기 때문입니다. 펜실베이니아 헌법은 지혜와 덕이 가장 뛰어난 사람들로 대표를 구성하라고 지시하고 있습니다(1776년 펜실베이니아 헌법은 가장 "민주적" 헌법으로 널리 알려져 있었고, 이는 윌슨의 청중들에게 하나의 판단기준이 되었다는 것을 기억해야 한다). 이러한 대의 체제에 어떤 위험이 있습니까? 나는 이러한 특성들을 사용하는 것이 뭐가 잘못되었는지 잘 모르겠습니다 …… 만약 이것이 자연 귀족정이 의미하는 것이라면 ― 그리고 나는 그 외의 것을 알지 못합니다 ― 덕성과 재능들로 가장 인정받는 사람들에게 일을 맡겨야 한다는 것이 반대할 만한 것입니까?[62]

자연 귀족정에 대한 정의에서, 윌슨은 부에 대해 전혀 언급하지 않았는데, 이로 인해 그는 자신의 입장을 보다 쉽게 옹호할 수 있었으며, 그 주장을 다소 서민적으로, 그러나 진부하지 않게 했다. 이러한 윌슨의 주장은 반드시 전체적인 논쟁의 맥락에서, 그리고 상대 측이 제기한 비난과 관련해서 이해되어야 한다. 이러한 관점에서, 윌슨의 주장은 반연방주의자들이 제기했던 두 가지 논점을 분명히 시인했다는 점에서 중요하다. 첫째, 대표는 그들의 유권자들과 *같지* 않을 것이며, 그들과 같아서도 안 된다. 그들이

---

[62] J. Wilson, speech on December 4, 1787, in John Elliot (ed.), *The Debates in the Several State Conventions on the Adoption of the Federal Constitution as recommended by the General Convention at Philadelphia*, 5 vols.(New York: Burt Franklin, 1888), Vol II, pp. 473-474.

더 재능 있고 도덕적이라는 것은 실로 바람직한 것이다. 둘째, 대표 의회는, 전적으로 그러한 것은 아니지만, 주로 자연 귀족으로 구성되어야 한다.

자연 귀족정을 변호한 후, 윌슨은 이것이 엄격한 의미의 귀족정과 확연히 다르다고 강조했다. 계속해서 그는 "귀족적 정부"란,

> 국민이 최상의 권력을 갖는 것이 아니라, 선택된 사람이 그 권력을 갖는 정부입니다. 이들은 공석이 생기는 경우, 그들 스스로의 선택과 선거를 통해서 새로운 인물을 뽑거나, 세습의 원칙이나 영토의 소유, 또는 개인적인 특성의 산물이 아닌 다른 자격으로 그 자리를 채웁니다. 내가 말하는 개인적인 특성이란, 두뇌의 우수성과 심성을 의미합니다.63)

헌법의 귀족적 특성과 관련하여 유사한 반대에 직면했을 때, 해밀턴은 우선 상대방의 귀족정 개념에 조소를 보냄으로써 이에 맞선다.

> 그렇다면 우리가 왜 이렇게 자주 귀족정에 대해 들어야 합니까? 제 입장에서는, 이 단어가 적용되는, 의미를 알지 못하겠습니다 …… 그러나 우리 가운데 누가 귀족입니까? 어디에서 우리가 동료 시민들보다 높은 신분으로 영원히 격상된, 그리고 시민들로부터 독립된 권력을 가지고 있는 사람을 발견할 수 있습니까? 여러분들[반연방주의자]의 주장은 부유한 사람, 가난한 사람, 지혜로운 사람, 지혜롭지 않은 사람이 있다는 것, 그리고 결국 모든 구별되는 사람들은 귀족이라는 것을 증명하는 것일 뿐입니다 …… 이러한 설명을 나는 터무니없는 말이라고 여깁니다. 그 관념은 하나의 착각입니다. 새 정부가 부자를 가난한 사람보다 더 자격이 있는 사람으로 만듭니까? 아닙니다. 새 정부는 그런 자격을 요구하지 않습니다.64)

해밀턴은 연방주의자들이 가장 선호했던 주장, 다시 말해 국민은 그들이 좋아하는 사람을 통치자로 선택할 권리를 가지고 있다는 주장으로 몇 번이고 다시 되돌아간다. 그러나 그는 부가 선거에서 점점 더 중요한 역할을 하게 된다는 점을 인정하면서, 한 걸음 더 나아간다. "부가 소수의 손에서 증가하고 축적됨에 따라, 사치가 사회에 만연함에 따라, 덕은 더욱 더 부

63_ J. Wilson, speech of December 4, 1787, p. 474.
64_ Hamilton, speech of June 21, 1788, in Elliot (ed.), *The Debates...*, Vol. II, p. 256.

의 우아한 부속품으로만 간주될 것이며, 일상의 경향은 공화주의적 기준에서 벗어날 것입니다. 이것이 인간 본성의 진정한 성향입니다. 이것은 의원님도[스미스Melancton Smith를 가리킴], 나 자신도 바로잡을 수 없는 것입니다."65) 그리고 비록 해밀턴은 이러한 불가항력적인 발전을 통탄했지만, 단순한 체념 이상의 무엇인가를 다음의 말을 통해 드러낸다.

> 공동체의 부자와 가난한 사람들, 배운 사람과 배우지 못한 사람들을 면밀히 조사해 보십시오. 누구의 덕이 더 우세합니까? 차이는 사실상 다양한 계급에서 흔히 있는 악덕의 많고 적음이 아니라 악덕의 종류에 있는 것입니다. 그리고 바로 여기에 부자들이 가지고 있는 이점이 있습니다. 그들의 악행은 아마도 궁핍한 사람들의 그것보다는 국가의 번영에 더 이로울 것이며, 도덕적으로 덜 타락한 것입니다.66)

해밀턴은 부유함이 대표의 선발에 미치는 영향을 그 어떤 연방주의자보다도 공개적으로 옹호할 각오가 되어 있었다. 로마는 그를 매료시켰고, 그의 최고의 목적은 이 신흥 국가가 강대국이 되는 것, 아마도 제국이 되는 것이었다. 그는 경제력이 역사적 위대함을 향해 나아가는 올바른 길이라고 여겼다. 따라서 그는 부유하고, 용감하며, 근면한 상인들이 국가를 지도하길 바랬다. 뉴저지 대표단이 내놓은 안에 대한 반대로 필라델피아에서 행한 연설에서 그는 "비중 있고, 영향력 있는 진정한 인재들"이 정부에 관심을 갖도록 만들 필요가 있다고 역설했다.67)『연방주의 교서』에서 그는 연방주의자들에게 "각 계급의 사람들에 의한, 모든 계급의 실질적 대표라는 생각은 완전한 환상"이라고 답한다. 그리고 "서로 다른 직업마다, 한 사람 또는 그 이상의 구성원을 파견해야 한다고 헌법에 명시적으로 규정하지 않는 한, 그러한 일은 실제로는 결코 일어나지 않을 것이다"68)라고 덧붙인다. 핵심은, 다시 한번 반연방주의자들의 주장을 인정하는 것이었다. 즉, 사회의 다양한 계급들 각각의 수적 중요성이 하원에 자

65_ Hamilton, speech of June 21, 1788. p. 256.
66_ 같은 책, p. 257.
67_ Records, Vol. I, p. 299.
68_ Hamilton, "Federalist 35," p. 214.

연적으로 반영되는 일은 결코 없을 것이라는 점이다.

> 기계공과 제조업자들은 언제나, 거의 예외 없이, 그들과 같은 직업이나 무역에 종사하는 사람이 아니라 상인에게 투표하는 경향이 있다. 분별력 있는 시민들은 기계공이나 제조 기술이 무역업과 제조업의 원료를 공급한다는 것을 잘 알고 있다 ······그들은 상인이 그들의 **자연적** 후견인이고 친구라는 것을 안다. 그리고 자신의 양식을 아무리 신임한다 할지라도, 그들의 이익이 자신에 의해서 보다는 상인들에 의해서 더욱 효과적으로 증진될 것을 알고 있다.[69]

반연방주의자들과의 차이는 해밀턴의 경우 이러한 "자연적" 형태를 환영했다는 것이다.

이후 10년 동안의 논쟁과 갈등이 보여 주듯, 모든 연방주의자들이 상업과 부의 역할에 대해 해밀턴과 똑같이 생각했던 것은 아니다. 1790년대에 매디슨과 해밀턴은 서로 반대되는 진영에 있었다. 관직에 있던 해밀턴은 계속해서 상업과 금융 이익을 대변하고, 강한 중앙 집권적 권력을 옹호했던 반면, 매디슨은 제퍼슨Jefferson*과 함께 연방정부의 월권뿐만 아니라 금융 및 상업과 연계된 부패에 대해 비난했다. 그러나 연방주의자들은 대표가 선거인과 같지 않아야 한다는 데에는 모두 동의했다. 그 차이가 지혜, 덕, 재능 또는 단순한 부와 재산으로 표현되든지 안 되든지 간에, 그들은 모두 피선거자들은 그들을 뽑은 사람들보다 높은 곳에 있기를 기대했고 또 원했다.

결국, 연방주의자들은 이러한 차이가 단지 선거구의 크기(다시 말해, 선거인과 피선거인 비율)에 기인한다는 반연방주의자들의 직관을 공유하고 있었다. 발의된 헌법의 옹호자들은 이러한 현상이 나타나는 이유에 대해 반연방주의자들보다 더 설명하지는 않았다. 그러나 연방주의자들이

69_ Hamilton, "Federalist 35," p. 214, 강조는 인용자.

* 토마스 제퍼슨(1743~1826): 미국의 3, 4대 대통령. 1775년 버지니아 대표로서 1·2차 대륙회의에 참가했고, 1776년 독립선언문 기초 위원으로 선출되었다. 1796년 부통령, 1800년 3대 대통령에 당선되어 새 수도 워싱턴에서 취임식을 거행한 최초의 대통령이 되었다. 1804년 재선되고, 1809년 4월에 정계에서 은퇴했다.

이것을 헌법의 주요 장점들 중의 하나로 공개적으로 제시하지 않았기 때문에, 이것을 설명하지 못하는 그들의 무능력은 논쟁에서 반연방주의자들보다 덜 문제가 되었다. 그러나 이 생각은 연방주의자들의 연설에서 자주 나타난다. 예를 들면, 윌슨은 다음과 같이 선언한다.

> 그리고 나는 모든 사람들의 경험이, 선거구가 커지면 커질수록 대표성이 좋아진다는 것을 증명한다고 믿습니다. 아주 멀리 떨어진 곳에서도 선동가들이 거의 나타나지 않기 때문입니다. 진정으로 비중 있는 인물만이 커다란 구획에 걸쳐 진정한 영향력을 행사할 수 있습니다. 이러한 사실은 매사추세츠 주에서 두드러지게 나타납니다. 매사추세츠에서 하원의원은 매우 작은 구역에서 선출됩니다. 작은 구역에서 내분이 거의 없는 정당 파벌의 영향은 자신들의 주에서 일어난 반란자들[세이스Shays 도당*]의 행위를 대부분의 사람들이 용인하는 것으로 귀결됩니다.[70]

이와는 대조적으로, 매사추세츠의 주지사는 보다 큰 선거구인 주 전체의 선거민에 의해 선출되었다. 윌슨은 매사추세츠의 투표권자들은 주지사를 선출할 때, "가장 뛰어난 사람들 사이에서만 마음에 흔들림이 있었다"고 주장했다.[71] 1786년에 있었던 세이스의 반란에 대한 암시적 언급은 윌슨이 의미했던 "뛰어난 사람들" 또는 "진실로 비중 있는 인물"의 사회·경제적 특징을 상당히 명쾌하게 보여 준다.[72] 큰 선거구가 천박한 선동가들과 지방 파벌주의에 대한 보호막이 될 것이라고 주장하기 전에도, 윌슨은

---

[70] J. Wilson, speech of December 4, 1787, in Elliot (ed.), *The Debates...*, Vol. II, p. 474.
[71] 같은 책.
[72] 1786년 매사추세츠 주에서 일어난 세이스 반란은 헌법 제정에 영향을 끼친다. 이 반란은 필라델피아에서 표현된 "민주정"에 대한 반감을 초래했다. 보스턴 입법부에 의해 추진되었던, 해안 지역 상인에게 유리한 정책에 반발해 매사추세츠 주 서부 지역의 일부 소수 농민들이 반란을 일으켰다. 입법부는 경화hard currency[화폐 또는 금과 쉽게 교환할 수 있는 통화-역재 정책을 받아들이고 공공 부채를 상환해 줄 것을 결정했다. 이것은 세금 부담을 가중시키는 결과를 가져왔다. 반란 이후 입법부 선거에서, 불만 세력이 큰 성공을 거두었다. 세이스 반란에 대해서는 Pole, *Political Representation*, pp. 227-241을 참조.

* 세이스의 반란은 1786~87년 매사추세츠 주에서 일어난 농민 반란이다. 독립 후 경제 불황으로 생활고에 시달리던 스프링필드의 농민들이 1786년 8월 반란을 일으켰고, 이듬해 2월 반란은 중앙에서 파견된 군대에 의해 진압되었다. 이 반란 이후 연방 차원에서 중앙집권적 개헌의 필요성이 대두되었다.

1787년 12월 11일의 연설에서 (강조점만 조금 다를 뿐) 똑같은 주장을 반복했다.[73]

"연방주의 교서 10번"에서 매디슨 역시 유권자의 크기와 탁월한 후보의 선발 사이의 관계를 정립한다. 비록 이 구절에서 매디슨이 선거 비율과 하원의 크기에 대해 말하는 것이 아니라, 작은 공화국에 비해 확대된 큰 공화국이 갖는 장점을 논의하지만, 그는 윌슨과 유사한 주장을 사용한다. 즉, 투표자가 더 많으면 많을수록, 존경할 만한 인물이 선발될 가능성이 더 높다는 것이다.

> 큰 공화국에서 각 대표들은 작은 공화국에서보다 더 많은 숫자의 시민들에 의해 선택될 것이고, 이 때문에 [큰 공화국에서는 역자] 선거에서 흔히 나타나는 자격 없는 후보들의 부도덕한 술책이 성공하기가 더 어려울 것이다. 그리고 사람들의 표는 자유로워지고 가장 매력적인 장점을 가진, 또한 그 명성이 가장 널리 퍼져있고, 안정되어 있는 사람들에게 더욱 집중될 것이다.[74]

"투표권에 관한 그[매디슨-역자]의 연설 기록"에서(1787년 8월 7일 회의에서 행한 연설에 대한 부연 설명),[75] 매디슨은 광역 선거구를 통해 기대하는 이점을 보다 분명히 보여 준다. 이 기록에서 매디슨은 초반에 투표권의 주요 문제에 대한 해결책을 고민한다. "권리를 재산에 따라 부여한다면, 사람들의 권리를 억압할 수 있다. 이것은 봉건 정체만으로도 충분히 증명할 수 있다. 권리를 모두에게 똑같이 확대하면, 재산권이라던가 정의에 대한 주장 등은 재산이 없거나 또는 부정의한 방법에 관심이 있는 다수에 의해 가로막히게 될 것이다."[76] 그러므로 선거권과 관련된 사안의 주요 목표는 사람과 재산 모두의 권리를 보장하는 것이다. 매디슨은 다섯 가지 해결 방법을 검토한다. 처음의 두 가지 해결책은 불공정한

---

[73] J. Wilson, Speech of December 11, 1787, in J. B. McMaster and F. Stone (eds.), *Pennsylvania and the Federal Constitution*(Philadelphia, 1888), p. 395.

[74] Madison, "Federalist 10," pp. 82-83.

[75] 주 28을 참조.

[76] Madison, "Note to the speech on the right of suffrage"(probably 1821), in *Records*, Vol. III, p. 450.

것으로 거부된다. 즉, 자유 부동산 소유자 또는 여타의 소유 형태로 선거인의 재산 자격을 제시하는 것, 그리고 입법부의 어떤 기관의 선거는 재산 소유자로 그리고 다른 기관의 선거는 재산 무소유자로 하는 것이 그 두 가지이다. 매디슨은 세 번째 가능성에 대해서는 보다 길게 설명한다. 즉, 입법부의 한 부문을 선출할 권리는 자유 부동산 보유자로 제한하고, 이들을 포함한 모든 시민들에게 다른 부문을 뽑을 권리를 주는 것(자유 부동산 보유자에게 이중 투표권을 주는 것)이다. 그러나 매디슨 자신도 세 번째 해결책의 결과에 대해 명확히 확신할 수는 없지만, 시도해 볼 만할 것이라고 믿는다고 적고 있다. 그는 곧 네 번째 해결책으로 넘어가는데, 여기에 대해서 그는 분명히 좀 더 확실한 견해들을 가지고 있다.

> 미국에서 일반적으로 유행하고 있듯이, 경험이나 여론이 정부의 각 부문에 대한 동등하고 보편적인 선거권을 요구한다면, [그리하여-역자] 토지 혹은 다른 재산을 소유한 사람들이 소수파가 되었을 때, 이들에게 유리한 수단은 입법부의 한 부문에 대한 선거구의 확대와 복무 기간의 연장일 것이다. 큰 선거구는, 조그만 극장에서나 유용한, 개인적인 간청에 의존하는 경쟁자들보다, 일반적으로 존경받는 사람들 그리고 재산권에 대해 확실한 애착이 있는 사람들의 선출에 분명히 더 유리하다.[77]

마지막으로, 이러한 해결책조차 받아들여지기 힘든 경우, 매디슨은 여러 요소들을 결합하여 재산권을 보호하기 위한 최후의 보루를 검토한다. 즉, "재산으로 인해 소유하게 되는 일상적인 영향력과 재산 소유자에게 부수적으로 따르는 우수한 정보,"[78] "교육의 확산을 통해 계몽되고 확대된 정의에 대한 대중 의식," 그리고 "나라 전역에 걸쳐 불순한 의도들을

---

[77] *Records*, Vol. III, p. 454. 강조는 인용자.
[78] 『연방주의 교서』에서 매디슨은 재산 보유자들에 대한 경의deference를 언급하고 있다. 일정 정도의 노예 소유(3/5 "연방 비율"[흑인 노예 1명을 백인의 3/5명으로 간주하여 좌석을 배분함-역자)에 기초한 좌석 배당을 정당화하는 주장에서, 매디슨은 개별 주의 부는 반드시 **법에 따라** 해석되어야 한다고 설명한다. 왜냐하면 부유한 주가, **부**를 통해 누릴 수 있는, 우월한 영향력을 **자연적으로** 가지게 되는 것은 아니기 때문이다. 그는 각 주의 상황은 개별 시민의 상황과 다음과 같은 측면에서 다르다고 주장한다. 즉, "만일 법률이 대표를 선출함에 있어 부유한 시민에게 단 한 표만 허락한다면 그는 그의 부에서 얻는 존경과 그의 사회적 지위를 이용해 다른 사람들을 그가 선택한 대상에게 투표하도록 유도할 것이고, 이러한 **눈에 띄지 않는** 경로를 통해 재산권은 대표를 뽑는 권리로 연결된다"("Federalist 54," p. 339; 강조는 인용자).

모으고 달성시키는 어려움." 네 번째와 다섯 번째 해결책은 헌법에 명백하게 구체화되어 있다.79) 광역 선거구의 효과와 관련하여, 매디슨은 더 이상 ("연방주의 교서 10번"에서 그러했듯이) 덕과 지혜라는 말을 언급하지 않는다. 그는 크기가 큰 것이 재산과 부의 편에서 작용할 것이라고 좀 더 직설적으로 이야기한다.

그러나 매디슨과 대부분의 연방주의 지도자들을, 은밀히 재산 자격(광역 선거구)을 헌법에 도입하고도, 대중의 승인을 얻기 위해 뛰어난 자질을 가진 모든 사람에게 의회가 열려 있다고 공공연하게 주장하는, 위선적이고 약삭빠른 정치인들로 묘사하는 것은 무의미한 것이다. 반대로, 법적 측면에만 배타적으로 초점을 맞추고, 대표가 되기 위한 재산 자격이 헌법에 없다는 이유로 연방주의자들을 정치적 평등의 옹호자라고 주장하는 것 역시 순진한 생각이다.80) 연방주의자들이 가진 놀라운 힘은 다음과 같은 사실에서 나왔다. 즉 매디슨 또는 윌슨이 국민은 자신이 좋아하는 사람을 선출할 수 있다고 선언했을 때, 그들은 논쟁의 여지가 없는 명제를 표명하고 있었던 것이다. 이러한 점에서 연방주의자들이 "국민을 기만"한다고 비난하는 것은 전혀 신빙성이 없는 것이었다. 헌법의 옹호자들은 분명히 한 가지의 진실을 말하고 있었다. 그러나 여기에는 또 다른 진실 또는 더 정확하게는 또 다른 생각, 즉, (비록 그들이 왜 그러한지를 정확하게 이해하지 못했지만) 양측이 모두 진실이라고 생각했던 것이 있다. 즉 국민들은 자유롭게, 대체로 재산이 있고 "존경할 만한" 후보들을 뽑는다는 것이다. 두 명제(그리고 이것이 핵심이다)는 동시에 객관적인 진실일 수 있다. 그 당시에도 또한 현재에도 자유로운 선거는 재산이 있고 존경할 만한 후보의 선택을 이데올로기적으로 감추는 것에 지나지 않는다고 치부

79_ 이 기록의 상태와 날짜는 명확하지 않다. 처음부터 매디슨은, 연방회의 『의사록』에 기록되어 있는, 1787년 8월 7일 연설이 "그 주제에 대한 연설가의 풍부하고 성숙된 견해를 전달하지" 못했다고 썼다. 가장 설득력 있는 해석은, 이 기록이 매디슨이 회고적으로(1821년에) 1787년에 입안된 투표권의 이론적 근거로 간주했던 바를 썼다는 것이다. 반면 우리가 살펴보았듯이 이 당시 그는 재산 자격에 찬성했다. 매디슨의 생각이 변한 날짜를 정확히 알기란 힘들다. "연방주의 교서 10번"에 있는 주장들로 미루어, 가장 늦게 잡는다면 1787년 말에 큰 선거구가 재산 소유자에게 유리하게 작용할 것을 깨달은 것으로 보인다. 하지만 그는 이러한 효과를 더 일찍 발견했을 것이다(예를 들어, 필라델피아 논쟁기에).
80_ 이러한 "단순한" 해석은 명백하게 역사적 문헌들과 모순되며, 이것을 토론할 이유가 전혀 없다.

할 수만은 없다.

심지어 선거구의 크기가 사실상 형식적 자격 요건의 부재에서 비롯되는 효과를 상쇄하기 위한 방법이라고 주장할 수도 없다. 헌법의 두 가지 요소 모두는 진실인데(또는 진실로 간주되는데), 연방주의자들은 이러한 두 가지 요소 모두에 의존하지 않았다. 그들은 제한적 요소(선거구의 크기로 인해 자연 귀족에게 부여된 이점)는 보다 개방된 것(대표들을 위한 재산 자격의 부재)의 효과를 없앨 것이라는 믿음을 가지고 있었기 때문이었다. 이러한 주장은 공식적 자격 요건을 정했을 때의 구체적 결과가 선거구를 크게 획정했을 때의 결과와 정확하게 일치할 것이라고 가정한다(또는 이러한 이유에서 그러한 것으로 인식한다).

하지만, 두 조항이 동등하지 않다는 것은 직관적으로 명백하다. 오늘날 폭넓게 받아들여지듯이, 법률과 제도는 단지 외면적인 것이 아니며, [사회에-역자] 영향을 미친다. 그러나 법률이 단순히 "형식적 체계"가 아니라는 직관이나 일반적 원칙만으로는 불충분하다. 의회에서 제정한 자격 요건이라는 특정한 상황에서, 법률적 자격 요건들이 어떠한 이유로 연방주의자들과 반연방주의자들 모두가 선거구획의 크기로부터 기대했던 것과 동일한 효과를 산출하지 않는지를 정확하게 설명할 필요가 있다.

광역 선거구는 두 가지의 주요한 이유에서 형식적인 재산 자격 요건과 완전히 동일할 수 없다. 첫째, 광역 선거구가 자연 귀족에게 유리할 것이라는 관념은 경험이 일반적으로 확인해 주는 것으로 다음과 같은 현상을 전제하고 있다. 즉 (윌슨이 말하는 것처럼) "[지금까지의-역자] 경험은" 광역 선거구에서는 일반적으로 오직 "존경받을 만한 인물"만이 선출된다는 것을, 또는 (브루투스의 표현을 빌리면) 이러한 효과는 "인간사의 **일반적 과정에 따라**" 생긴다는 것을 "증명한다."[81] 따라서 큰 선거구와 자연 귀족의 선출 사이의 인과관계는 **대개의 경우** 성립되는 것이다. 대조적으로 형식적 재산 조건은 **항상** 그러한 효과를 갖는다. 비록 유산계급의 이점이,

---

[81] 앞서 언급한 해밀턴의 말 또한 다시 한번 음미해 볼 만하다. "기계공과 제조업자들은 **언제나, 거의 예외 없이**, 그들과 같은 직업이나 무역에 종사하는 사람이 아니라 상인에게 투표하는 경향이 있다"(강조는 인용자), 주 69번을 볼 것.

통계학적으로 증명된 선거 행태의 규칙성에 의해 확인된다 하더라도, 이 체계는 일정 정도 융통성을 갖는다. 즉, 그 효과가 나타나지 않는 상황이 생길 수 있다는 것이다. 왜냐하면, 예외적 관심이, 투표자들이 보통 때처럼 "저명한" 후보에게 관심을 기울이는 것을 막기 때문이다. 하지만, 법에 의해서 입법부 의원의 자격이 높은 사회 계층에 국한되어 있다면 상황은 다르다. 왜냐하면 법은 정의상 엄격한 것이기 때문이다. 물론, 법은 평화적으로 혹은 폭력적 수단에 의해서 변화될 수 있다. 그러나 그 과정은 더욱 복잡하다.

항상 발생하는 것과, 대개의 경우에 발생하는 것 사이의 차이는 사소한 것이 아니다. (아리스토텔레스가 개발한) 이 두 범주의 구분은 특히 정치학과 관련이 있다. 정치 현상의 궁극적인 진리를 대개의 경우(예외 없이 항상 발생하는 것이 아니라-역자)를 상정한 형태에서 찾는 것은 실수이며, 사실상 그릇된 생각인데, 이런 일은 종종 있어 왔다. 현실에서는, 예외적인 경우 역시 중요하다. 왜냐하면 정치학에서 문제가 되는 것은 상황에 따라 달라지며, 통계학적으로 드문 어떠한 상황이 매우 중요한 역사적 결과들을 수반할 수도 있기 때문이다. 반대로, 드물고 동시에 높은 위험을 수반하는 극단적인 사례에 인식론적 특권을 부여하는 것 역시 잘못된 것이다. 정치학에서 궁극적인 진리는 규칙적인 것들 속에서 밝혀지지 않는 것과 마찬가지로 예외적인 것들 속에서도 드러나지 않는다.[82] 물론, 위기와 혁명은 중요하다. 이것들이 일상적 상황들 사이의 경계를 결정한다는 점에서, 위기와 혁명이 일상적인 것이 무엇인지를 규정한다고도 할 수 있다. 그러나 이런 예외적인 것들이 일상 정치의 진면목과, 일상

---

[82] 칼 슈미트의 사상은 예외적인 사례들이 어떤 현상의 본질을 드러내게 한다는 잘못된 원칙이 가장 정교하고, 체계적이며, 의식적으로 전개된 것들 가운데 하나다. 극단적인 사례에 대한 슈미트의 분석은 대부분 뛰어난 통찰력을 가지고 있다. 그러나 슈미트는 (의식적이긴 하지만) 과도하게 예외적인 경우로부터 도출해 낸 현상의 일반적 특성을 확대 해석했다. 예를 들면, 그는 다음과 같이 썼다. "적확하게 구체적 삶에 대한 철학은 반드시 예외성과 극단적인 사례부터 후퇴해서는 안 된다. 오히려 가장 높은 수준의 관심을 가져야 한다 …… 예외성은 일상적인 것보다 더 흥미롭다. 일상적인 것은 아무것도 증명하지 않고, 예외는 모든 것을 증명한다. 즉, 예외는 일상적인 것뿐만 아니라 존재까지 확인한다. 이것은 오직 예외성에서 나온다"(*Politische Theologie: Vier Kapitel zur Lehre der Souveränität* [1922]; 영문 번역, *Political Theology. Four Chapters on the Conception of Sovereignty*, trans. G. Schwab, Cambridge, MA: MIT Press, 1985, p. 15).

적인 정치를 이해하는 열쇠를 제공한다는 뜻은 아니다. 혁명이나 위기의 상황에서는 정상적인 상황에서는 부재했을, 따라서 정상적인 정치를 이해하는 데 도움을 주지 못하는, 어떤 요소와 메커니즘이 작동하게 된다. 가장 강력한 정치 이론은 두 가지의 차이를 유지하고 개별적으로 설명하면서, 또한 정상적이고 예외적인 것 모두를 위한 공간을 제공하는 이론이다. 로크의 사상이 하나의 전형적인 사례이다. 로크는 이렇게 언급했다. 대체로 사람들은 기존의 정부를 믿는데, 특히 그들이 선출한 정부라면 더욱 그러하다. 반면 그들은 쉽사리 "그들의 옛 형태들로부터 벗어"나려하지 않는다. 단지 "오랜 학대, 기만, 그리고 책략의 연속, 그리고 모든 것들이 그런 식으로" 명백하게 그들의 신뢰를 배신하려는 의도를 드러내는 경우에만, 사람들은 들고일어나 "하늘에 호소"하고 그들의 운명을 (아주 타당하게) 전쟁의 판결에 맡긴다.83) 『통치론』의 가장 두드러진 강점들 중 하나는 정부에 대한 피통치자의 신뢰도, 혁명의 가능성도 정치의 유일한 진리라고 표현하지 않는다는 것이다.

    미국의 논쟁으로 돌아가 보면, 비록 큰 선거구와 대표가 될 수 있는 법률적 자격 요건이 높은 사회 계급 출신의 후보들에게 유리하다 하더라도, 이 두 가지를 동등한 것으로 간주해서는 안 된다. 유권자의 확대로 인해 더욱 커져버린 유동성flexibility을 대수롭지 않은 것으로 치부할 수는 없기 때문이다. 바로 이점에서 선거구의 크기가 선거인을 제한하지 않는 헌법 조항의 효과를 무효로 만들지 않는 첫 번째 이유이다.

    두 번째로, 대표성의 문제에서 어떤 계급의 우위가 성문화되어 있다면, 그것을 폐기하기 위해서는(또는 다른 계급에 그 권리를 부여하기 위해서는) 법률을 개정해야 한다. 이것은 곧 과거의 규칙으로부터 이익을 얻고 있는 바로 그 사람들이 법의 교체를 승인해야 한다는 것을 의미한다. 왜냐하면 그들은 과거의 규칙을 통해 선출되었기 때문이다. 이러한 체제는 따라서 기존 엘리트의 소멸을 엘리트들의 승인과 동의에 맡기는 것과 마

83_ J. Locke, *Second Treatise of Government*, ch. XIX §§221, 223, 242, in J. Locke, *Two Treatises of Government*, P. Laslett (ed.)(Cambridge: Cambridge University Press, 1960), pp. 414, 415, 427.

찬가지이다. 반대로 (커다란 선거구로 인해 자연 귀족이 이익을 얻게 된 것과 마찬가지로) 만약 어떤 특정한 사회 계급의 이익이 단지 시민들의 선거 행태로 인해 나타난 것이라면, 선거인단의 단순한 변화만으로도 충분히 하나의 엘리트 집단을 몰아내거나 그들의 구성을 바꿀 수 있을 것이다. 이러한 경우, 권력을 쥐고 있는 엘리트의 소멸은 그들의 승인 없이도 이루어질 수 있다. 그러나 선거인들의 자유롭고 사려 깊은 선택이 이러한 결과를 얻는 데 충분한 것이라고 말할 수는 없다. 왜냐하면 큰 선거구에서 나타나는 상층 사회 계급들의 이익은, 비록 유권자 행동의 결과이지만, 실제로는 몇 가지의 요소에 달려 있다. 그리고 그 중 일부만이 투표자에 의해 의도적으로 조정될 수 있는 것이다. 예를 들면, 큰 선거구에서 재산 소유자들이 성공하는 것은 분명히 어느 정도는 선거 운동 비용의 제약 덕택이다. 하지만, 그 성공은 또한 사회적 규범들(예컨대, 경의)과도 관련이 있을 것이다. 이러한 요소들은 의식적이고 사려 깊은 투표자들의 결정 범위 내에 있는 것이 아니다. 다시 말해, 유권자의 의지만으로는 부의 이점을 충분히 제거할 수 없다. 사회경제적 상황과 정치 문화의 보다 깊은 변화 역시 필요하다. 힘들긴 하겠지만, 이러한 변화는 어떤 법률적 자격 요건의 개정에 필요한 권력자들의 승인을 필요로 하지 않는다. 그리고 엘리트에게 그들의 권력이 축소되는 것에 동의하라고 설득하는 것만큼 어려운 것은 없다. 전형적으로 여기에는 과도한 양의 외부적인, 사실상 폭력적인 압력이 필요하다.

법적 자격 요건을 가지고 있는 체계에서, 특권계급의 이익을 제거하기 위해 개정해야 하는 법은 대체로 통상적인 것이 아니라 오히려 헌법적이라는 반론이 제기될 수 있다. 미합중국이 바로 이런 경우다. 따라서 법적 자격 요건을 바꾸는 것은 단순히 기존의 법률을 통해 선출된 대표의 승인에만 달린 것이 아니었다. 그러나 이 글에서 제기하고 있는 주장은 여전히 타당성을 가지고 있다. 왜냐하면 입법부가 헌법 개정 과정에서 발언권을 가질 것이기 때문이다.

이 두 번째 논점에서도 마찬가지로, 대표의 법적 자격 요건과 큰 선거구는 완전히 똑같은 효과를 가지지 않는다. 차이는 광역 선거구에서는,

부유한 엘리트들의 동의가 없어도 부가 가져오는 이점이 변경되거나, 심지어 폐기될 수도 있다는 것이다. 광역 선거구는 그 자체만으로도, 동일한 목적을 위해 영국과 프랑스 대의 정부의 설립자들이 그들 나라에 세운 법적 조건들보다, 더 쉽게 정치적 변화를 가져올 수 있다.

따라서 대표의 재산 자격에 대해, 필라델피아의 대표들이 어떤 합의에 도달하는 것을 불가능하게 했던 원인인 미합중국의 지리적 다양성이, 대서양의 반대편 쪽보다 더 유연하고 융통성 있게 대표 엘리트의 차별성을 확보할 수 있는 체계를 발명할 수 있도록 한 것이다. 미국에서는 사회구조적 측면에서, 역사적 단계와 변화에 따라, 다른 엘리트 집단들이 큰 격변 없이 서로서로 권력을 계승하곤 했다. 그리고 간혹, 예외적인 경우에, 투표자들은 평범한 시민을 선출하기도 했다.

이제 왜 미국의 헌법 논쟁이 미국의 경우뿐만 아니라, 대의제도 전반에 대한 명확한 설명을 제시하는지에 대해 살펴보자. 우선, 이러한 폭넓은 중요성은 반연방주의자들이 옹호했던 입장에서 기인한다. 그들의 견해는 광범위하게 연구되지 않았으며, 일반적으로 사상사와 정치이론의 역사는 이러한 사상의 경향을 무시하는 잘못을 해 왔다. "유사성"과 "근접성"이 민중적 정부에서 대표와 대표되는 사람을 반드시 연결시킨다는 반연방주의자들의 지칠 줄 모르는 주장은 정치사상에 매우 중요한 기여를 했다. 반연방주의자들은 뛰어난 명석함으로 대표성에 대한 설득력 있고, 지속적이고, 그리고 강력한 개념을 만들었다. 그들은 주저 없이 통치자와 통치받는 사람 사이의 기능적 차이의 필요성을 받아들였다. 그러나 그들은 대의 정부가 진정으로 민중적이려면, 대표는 반드시 유권자와 가능한 한 가까워야 한다고 주장했다. 즉 그들과 함께 살고 그들의 처지를 공유해야 한다는 것이다. 그들은 만약 이러한 조건이 충족된다면, 대표는 자동적으로 그들이 대표하는 사람처럼 느끼고, 생각하고, 그리고 행동할 것이라고 주장했다. 대표성에 대한 이러한 견해는 1787년에 명백하게 패배했다. 따라서 미국에서의 논쟁은 대의 정부가 의도하지 **않았던** 바를 두드러지게 부각시켰다. 처음부터, 미국의 대의 정부는 대표와 대표되는 사람 사이의 유사성과 근접성에 기초하지 않았다. 이는 거꾸로, 1787년 논쟁에서 승리한 대표성 개념이 무엇인지를 조명해 준다. 대표는 그들이 대표하는 사람과 달라야 하며 재능, 덕, 그리고 부의 측면에서 그들보다 위에 있어야 한다. 그러나 정부는 공화주의적(또는 민중적)일 것이다. 왜냐하면 국민이 대표를 선택하기 때문이다. 그리고 무엇보다도 반복되는 선거를 통해 대표는 국민에게 책임을 지기 때문이다. 사회적 유사성 또는 근접성에 기초한 대표성을 유지하려는 주요 세력이 없었던 18세기 프랑스 또는 영국이 아니라, 바로 미국에서 탁월성의 원칙과 민중적 대의 정부의 연합이 전형적인 형태로 나타났던 것이다.

게다가 대표성의 헌법적 문제를 넘어서, 지도자와 국민 사이의 유사성이라는 이상은 강력한 동원력이 된다는 것이 다음 세기 동안에 증명되었다. 그러나 이것을 처음 만든 사람들은 반연방주의자들이었다. 어떤 각도에서 본다면, 서양의 역사는 노동 분업 원칙의 진보의 역사이다. 그러나 이 원칙이 정치에 연관된 조직들로 확대되는 매 순간(즉 대중정당, 노동조합, 시민 집단들), 유사성과 근접성이라는 이상은 그 매력적인 힘을 보여 주고 있다. 실질적 필요에 의해 다른 역할이 요구된다 하더라도, 정치적 차원을 겸비하고 있는 모든 조직에서는, 지도자들이 반드시 구성원을 닮아야 하고, 그들의 처지를 공유해야 하며, 그들과 가능한 한 친밀해야 한다는 선언을 통해서만 실질적인 에너지가 동원될 수 있을 것이다. 유사성이라는 이상이 가지고 있는 힘은 노동 분업과 평등이라는 민주적 원칙을 거의 완벽히 화해시킬 수 있는 능력으로부터 나온다.

미국 논쟁에는 보편적 중요성을 갖는 부차적인 요소가 포함되어 있다. 미국에서는, 일찍이 선거자들에 대한 피선거자들의 우월성은 통상적으로 성취될 수 있다는 것, 심지어 어떤 법적 필요조건 없이도, 단지 선거 방법의 조정만을 통해서 가능하다는 것을 깨달았다는 점이다. 유럽인들이 선거의 이러한 특성을 알기까지는, 또는 최소한 대표들의 우월성을 보장하는 데에는 수백 년이 더 걸렸다. 확실히 미국 논쟁의 지도자들은 선거구의 크기를 탁월한 후보의 선출을 위한 주된 요소로 간주했다. 그러나 반연방주의자들은, 더 작은 선거구에서도, 투표자들이 자동적으로 이런 저런 측면에서 그들보다 상위에 있다고 간주하는 사람을 선택한다는 것을 깨달았다. 예를 들면, 연방 농민이라는 필명의 저자가 더 많은 수의 대표를 요구했을 때, 그것은 "전문직업인, 상인, 무역상, 농부, 기계공 등이 **그들 가운데 최고로 박식한 사람**의 정당한 비율을 각각 입법부로 보낼 수 있도록 하기 위한" 것이었다.[84]

반연방주의자들의 생각 속에는, 유사성이라는 이상과 (연방주의자들이 이용한) 선거 원칙의 고수 사이의 풀리지 않는 긴장이 있었다. 그러나 비준논쟁에서 반연방주의자의 입장에 일관성이 없는 것은 아니었다. 왜냐하면 만약 반연방주의자들이 대표와 선거권자 사이의 어떤 차이를 받아들인다면, 그들은 커다란 선거구로 인해 그 차이가 매우 커질 수 있다는 점을 염려했던 것이다. 또 어떤 부문에서는 자신들이 속한 계층 출신의 대표를 모두 상실할 수 있다는 것, 그리고 결국 부가 탁월성의 지배적 범주가 될 것이라는 것을 두려워했던 것이다. 그들은 어떤 경우에서든 선거 원칙이 그들이 "귀족정"이라고 부르던 것을 선택하는 쪽으로 귀결될 것임을 알고 있었다. 연방주의자들도 의심할 바 없이 이런 신념을 공유했다. 의견의 차이는 정도의 문제였다. 즉, 양측은 대표와 대표되는 사람 간의 적절한 차이가 무엇인가에 대해 각기 다른 견해를 가지고 있었던 것이다. 게다가, 그들은 선택할 만한 "귀족"의 구체적 특성들에 대해 의견을 달리했다. 양 쪽 모두는, 고대 사상에 대한 참조도 없이, 선거는 그 자체만으로도 귀족적 효과를 가지고 올 것이라고 믿었다.

---

[84] The Federal Farmer, Letter II, *Storing*, II, 8, 15. 강조는 인용자.

4장

민주주의적 귀족정

4장_ 민주주의적 귀족정

19세기와 20세기 초에 걸쳐, 하나의 조류가 대의제도의 발전을 지배했다. 이 조류는 바로 선거권의 확대로, 보통 선거권에 이르러 마침내 그 절정에 달했다. 또 다른 변화 역시 발생했는데, 그것은 대표에게 요구되던 재산 자격 요건이 사라진 것이다. 이러한 두 가지의 변화는 대의제가 민중적 정부를 향해 진보하고 있다는 믿음을 불러일으켰다. 모든 성인 시민들이 자유로운 선거를 통해 대표를 뽑는 것은 사실상 민주주의와 전적으로 동일시되었다. 이러한 맥락에서, 선거가 불평등하고 귀족주의적인 차원을 포함할 수 있다는 가정은 이론적으로 탐구할 가치가 없는 것으로 보였다. 보다 폭넓게 말하자면, 후보자의 사회적 기반에 대한 법적 규제가 없는 보통 선거권을 향한 움직임은 정치적 평등을 향한 명백한 진전이었으며, 불평등한, 또는 귀족주의적인 효과들이 지속될 가능성은 없는 것으로 보였다. 19세기 초반 이후 선거의 귀족주의적 속성은 아무런 개념적 탐구나 정치적 논쟁도 일으키지 못했던 것 같다.[1]

따라서 1787년 미국에서의 논쟁은, 자유 선거에 기초한 체계 내에 귀족주의적 양상들이 존재할 가능성에 대해 검토했던 마지막 사례였다. 그 논쟁은 사실 정치 이론가들이 오랫동안 말해 왔던 것을 이해하는 데 있어 하나의 전환점이자, 어느 정도의 진전을 의미했다. 우선 아리스토텔레스에서 루소에 이르는 철학자들은 선거가 추첨에 비해 귀족주의적이라고

---

[1] 하나의 예외가 반드시 언급되어야 한다. 칼 슈미트는 아마도 선거의 귀족정적 본질에 대해 고려했던 유일한 현대의 저술가일 것이다. 그러나 앞으로 살펴보겠지만, 슈미트는 그러한 특성을 외부적 요소의 탓으로 보았다. 어떤 면에서는 중요하지만, 이러한 그의 공헌은 선거의 본질을 밝히지는 못했다.

주장했다. 이와는 달리, 반연방주의자와 연방주의자들은 모두 추첨을 염두에 두지 않았다. 양 진영 모두 선거가 선출하는 사람들보다 어떤 면에서든 뛰어난 사람을 선택한다고 믿었다. 바로 이러한 현상을 근거로, 그들은 선거 방식이 가진 귀족주의적 측면을 파악했던 것이다. 즉, 그들에게 선거는 추첨과 관련해서가 아니라 본질적으로, 그리고 그 자체로 귀족주의적인 것이었다.

게다가 이전의 이론가들은 선거는 모든 사람에게 관직을 가질 동등한 기회를 주지 않는다는 일반론만 제기했을 뿐, 선거를 통한 분배 방식이 누구에게 이익이 되는지를 구체화하지는 않았다. 이와는 달리, 미국의 논쟁에서는 선거 체제의 수혜자들이 규정되었다. 물론 선거라는 방식을 통해 이익을 얻는 우월성의 본질이 무엇인지 명확하게 규정된 것은 아니었다. 선거를 주장한 사람들은 선거가 가장 명망 있고 영향력 있는 직업을 가진 사람, 재능 있는 사람, 또는 가장 부유한 사람 등 유명하거나 눈에 띄는 시민들에게 유리할 것이라고 주장했다. 그러나 미국인들은 구체적으로 어떤 인구 집단이 공직을 둘러싼 선거 경쟁에서 유리한지를 정확히 파악하는, 또는 파악하려고 하는 철학적 전통에서 벗어나 있었다. 그들은 선거에서 주요한 역할을 하는 속성이 바로 사회적 지위와 부유함이라고 생각했다.

미국의 논쟁은 또한 구이치아르디니와 몽테스키외가 단지 암시하기만 했던 것을 명쾌하게 설명했다. 즉 소위 선거와 관련된 귀족정의 유형은 법적으로 규정된 귀족, 그리고 세습 귀족과는 전혀 상관이 없다는 것이다. 만약 선거가 탁월한 사람들에게 유리한 것이 사실이라면, 우월성이 어떻게 정의되던, 그것은 봉건 사회의 귀족이 아니라 사회에서 보다 우월한 지위를 향유하는 사람들이다.

마지막으로, 1787년 논쟁은 선거의 귀족주의적 효과에 대한 이론에 공헌했다. 유권자는 보다 뛰어나거나 탁월한 사람, 즉 다른 사람보다 더 두드러지고 활동이 눈에 띄며, 또한 우월한 경제적 자산을 향유하고 있는 사람을 선택할 것이라는 점을 반복해서 강조함으로써, 반연방주의자들은 선거 과정의 귀족주의적 효과를 설명하는 새로운 시각을 개척했다.

만약 선거의 귀족주의적 속성에 관한 고래의 학설과 미국에서의 논쟁을 통해 공식화된 직관이 사실이라면, 참정권의 확장과 의원 자격 요건의 폐지에도 불구하고 다음과 같은 두 현상은 지속될 것이다. 즉, 오직 선거에 기초한 정부에서는, 공직을 가질 동등한 기회를 모든 시민이 가질 수 없다. 그리고 대표의 지위는 보다 우월하다고 여겨지는 사람이나 보다 높은 사회 계급의 구성원으로 국한될 것이다. 대의 정부는 어떤 측면에서는 보다 대중적이고 민주적일 수 있다. 하지만, 비록 모든 시민이 투표권을 가졌다 할지라도, 선출된 사람이 그들을 선출한 사람과 유사하지 않다는 의미에서 귀족정적인 차원을 지닌다고 할 수 있다. 더 나아가 설령 공직에 입후보하는 데 아무런 법적 제약이 없다고 해도, 모든 사람에게 정치 권력을 행사할 공평한 기회가 있는 것은 아니다. 이제 우리는 선거가 실제로 불평등하고 귀족정적인 특성을 가지고 있는지에 대한 문제로 돌아가야만 할 것이다.

선거의 귀족주의적 특성: 순수 이론

이제 선거 방법 속에 유권자보다 뛰어난 사람을 선출하도록 만드는, 또한 불평등주의적인 함의를 갖는 **본질적인** 요소가 있는지 살펴보아야 한다. 이러한 질문 방식은 정치철학의 전통과 맥을 같이 한다. 아리스토텔레스, 몽테스키외, 루소 모두 선거는 본질적으로 귀족주의적이라고 말했다. 그들은 귀족주의적 결과가 선거가 사용되는 환경과 조건에서 파생된 것이 아니라, 선거 그 자체의 속성에 기인한 것이라고 믿었다.

그렇다면 선출 메커니즘에 대한 순수 이론적인 분석을 시작해 보자. 선거의 귀족주의적 속성에 대한 가설은 의심할 바 없이 경험적으로 검증될 수 있다. 예를 들면, 대표가 어떤 유형의 우월성을 가지고 있는지 판단하기 위해 선출된 집단과 유권자의 구성을 비교할 수 있다. 이러한 검증이 유의미하기 위해서는 엄청난 양의 자료가 필요한데, 이는 많은 기술적 문제를 야기한다. 그렇다고 그 결과가 반드시 설득력이 있는 것도 아니다.

비록 그 자료가 이 가설을 지지한다 해도, 그러한 불평등은 사실상 선거가 치러지는 환경 때문이라고 이의를 제기할 수 있다. 그리고 수세기 동안 대의 정부를 유지해 온 국가에는 수많은 사회적 불평등이 존재했기 때문에, 이러한 이의 제기는 상당한 영향력을 가질 것이다.

따라서 이 글에서는 이와 다른 방법을 택하기로 한다. 즉, 선거에 대한 추상적 분석으로부터 불평등주의적이고 귀족주의적 결과를 연역할 것이다. 물론, 이상적인 연역이 되기 위해서는 선거 행위가 논리적으로 수반하는 바를 밝히기 위해 순수하게 선험적 관점에서 진행되어야 한다. 그러나 선거의 특성들에 대한 이러한 선험적인 연역은 아마 불가능할 것이다. 경험에 근거해서 가정을 세우는 것을 피할 수는 없겠지만, 그러한 가정들은 가능한 한 최소한의 것들이어야 하고, 단순하며, 논쟁의 여지가 없어야 한다. 선거의 불평등적이고 귀족주의적 결과는 다음의 네 가지 요인들 때문인데, 각각 하나씩 검토할 것이다. 후보에 대한 투표자들의 불평등한 대우, 선택의 상황에서 요구되는 후보자들의 탁월함, 눈에 띄는 특성이 부여하는 인식상의 장점, 그리고 정보를 확산시키는 비용이 바로 그것이다.

후보에 대한 투표자들의 불평등한 대우

선거의 불평등주의적 특성을 이해하기 위해서는, 먼저 시각을 바꾸어야만 한다. 일반적으로 선거에 의한 정부는, 시민들이 자신이 원하는 지도자를 선택할 수 있는 정치 체제로 간주된다. 물론, 이 말이 사실이기는 하지만, 모든 측면을 포괄하는 것은 아니다. 보다 더 정확히 말하자면, 그것이 함축하고 있는 어떤 것들은 대개는 드러나지 않는다.

모든 시민들이 동시에 통치할 수는 없지만, 자신을 통치할 사람을 선출할 수 있는 자격이 모든 사람에게 평등하게 주어지고, 모두가 공직에 진출할 수 있는 체제를 상상해 보자. 이러한 체제에서, 시민들은 선택자로서 정치적으로 평등하다. 이것은 우리가 검토하고 있는 정체의 민주적 측면이다. 그러나 선택한다는 것은 단지 시민권의 한 측면일 뿐이다. 시민들은 또한 자신이 공적인 직무를 수행하기를 원할 수 있으며, 따라서 선택되기를 원할 수도 있다. (우리가 살펴본 것처럼) 전근대 공화주의자들이 무엇보다 가치를 두었던, 관직을 가질 가능성은 여전히 시민권의 구성 요소 가운데 하나다. 그리고 우리가 상상했던 상황에서, 모든 시민은 동시에 선택자이고 잠재적으로 선택된 사람이다. 따라서 가능한 선택의 대상, 즉 잠재적인 후보로서의 시민들에게 우리가 검토 중인 체제가 영향을 미치는 방식을 살펴볼 필요가 있다.

만약 이러한 측면에서 앞서 상정한 상황을 살펴보면, 그 체제의 또 다른 측면이 드러난다. 즉, 공직 입후보에는 아무런 제약이 없지만, 공직 분배 절차가 후보자에게 불평등할 수 있다는 사실이다. 공적 기능을 담당하고자 하는 후보자들 중에서 자신의 목적을 달성하는 사람은, 이름만 들어도 알 수 있는, 소위 나머지 사람들보다 선호되는 사람이다. 직위의 분배는 추상적으로 규정된 속성이나 행위에 의해서가 아니라, 모두가 평등하다는 관점에서, 그러나 어떤 특정인에 대해 주권 국민이 가지는 선호에 따라 이루어진다. 만약 어떤 자질이나 행위의 수행으로 인해 혜택(또는 처벌)을 받도록 되어 있고, 그 규칙이 추상적이고 익명적인 방식으로 정해진다면 사람들은 일반적으로 법 앞의 평등이 보장된다고 생각한다. 그러나 관직 분배의 한 가지 방식인 선거는 어떤 사람이, 남자이건 여자이건 간에, X라는 자질을 드러낸다거나 Y라는 행동을 한다고 해서 공적 기능을 할당하지는 않는다. 선거를 할 때, 투표자들은 공명정대한 기준을 사용하여 후보를 판단하지 않는다. 물론, 투표자가 일반적이고 추상적인 기준(예를 들면 정치적 정향, 능력, 정직)을 만족시키는 사람에게 투표하기로 결정할 수 있다. 그러나 그들은 한 사람을 다른 한 사람보다 더 좋아한다는 이유만으로도 누군가를 뽑으려고 **마음먹을 수도 있다**. 만약 선거가 자유롭다면, 투표자가 개인적 특성에 근거해서 후보를 평가하는 것을 막을 수 없다. 그렇다면 자유 선거에서는 편파적으로 후보자를 평가할 수 있는 가능성을 배제할 수 없다. 실제로, 시민들이 좋아하는 사람이라면 그 사람이 누구인지 상관없이 자신의 대표로 선택할 수 있는 권리의 이면에서는, 시민들이 편파적으로 후보를 평가할 수 있다는 사실이 존재한다. 바로 시민이 판단자이기 때문에, 누구도 공적 기능이 어떤 임의적이고, 비익명적인 방식에 따라, 불가피하게 편파적일 수밖에 없는 상태로 분배되고 있다는 사실을 알아차리지 못한다. 비밀 투표이기에 시민들은 자신의 선택에 대한 이유를 제시할 필요조차 없다. 이 경우 투표자는 오래되고 좁은 의미에서의 주권자이다. 그는 당연히 절대주의적 통치자들의 좌우명을 사용해서 이렇게 말할 수 있다. "따라서 나는 소망하고, 따라서 나는 명령한다, 나의 의지가 이성을 대신한다."*

선거는 후보들에게 조금 다른 또 하나의 뜻을 함축하고 있다. 흔히 선거와 스포츠 경쟁을 비교하면서 제시되는 것과는 달리, 선거 과정은 반드시 능력 위주가 아니며, 오늘날 기회의 평등이라고 개념화된 것을 보장해 주지도 않는다. 여기서 "능력 위주 사회"나 "기회의 평등"이라는 개념들이 지난 20년 동안 일으켜온 복잡한 철학적 논쟁을 검토할 수는 없다. 그러나 만약 사회적 재화의 분배에서 발생하는 불평등이, 적어도 부분적으로(어떤 사람은 '전적으로'라고 말할 것이다), 그 재화를 원하는 사람의 행위와 선택의 결과라면, 그 절차가 능력 위주이며, 기회의 평등이 보장된다고 하는 데에 동의할 수 있을 것이다.[2] 만약 분배의 불평등이 전적으로 선천적인 불평등에서 나온 것이라면, 그 절차가 능력 위주라고 말할 수 없다. 예를 들어, 미인 선발 대회는 결코 능력 위주라고 간주되지 않는다. 한편, 학문적 시험은 능력 위주이다. 비록 후보들의 불균등한 성적이 유전적 추첨에 따라 재능이 분배된 결과라 할지라도(사회적 배경의 불평등은 말할 것도 없고), 그 역시, 적어도 부분적으로는, 후보들의 노력과 선택 그리고 행위의 결과라는 점에서 능력 위주이다.

이러한 측면에서, 선거에 의한 통치자의 선출과 시험을 통한 채용(이는 오랫동안 중국에서 정치적 권위가 배분되던 방식이다)을 비교해 보는 것이 유용하다. 추첨, 선거, 세습 그리고 이미 권력을 지닌 사람들에 의한

2_ 근대적 정의론에서 기회의 평등 개념에 대한 종합적인 소개로는 W. Kymlicka, *Contemporary Political Philosophy, An Introduction*(Oxford: Oxford University Press, 1990), pp. 55 ff.를 볼 것.

* 1세기 로마 풍자시인 유베날리스Juvenal의 *Satires*, vi. 223에 나오는 구절. 그는 로마의 사회적 타락, 인류의 어리석음과 잔인함을 날카롭게 풍자했다.

선출과 마찬가지로, 시험은 통치자를 뽑는 또 하나의 가능한 방법이다. 운영과 관련하여 그것의 가치를 손상시키는 모든 외부적 영향을 배제하고, 시험의 순수한 형태만을 고찰해 보자. 만약 통치자들이 시험을 통해 충원된다면, 후보자들은 추상적이고 일반적인 방식에 의해서 공식화된 기준을 충족시켜야 한다. 게다가, 그러한 기준은 사전에 공개적으로 발표되며, 모든 후보자는 그 기준을 잘 알고 있다. 후보자는 자신의 에너지와 자질(물론, 자질 가운데 어떤 것은 자연적 재능들의 한 기능이다)을 그러한 기준들을 만족시키는 데 쏟아 부어야 하며, 그러한 목적에 도달할 수 있는 최상의 방법이 무엇인지 판단해야 한다. 따라서 시험에 뒤따르는 지위의 불평등한 분배는, 적어도 부분적으로는, 후보자의 노력과 행위, 그리고 판단의 차이 등을 반영한다.

반면, 선거에서는 반드시 그런 것이 아니다. 이 경우 기준이 추상적인 방식으로 정의되지 않으며, 사전에 발표되지도 않는다. 아마도 후보자는 투표자가 무엇을 요구할 것인지를 추측해 보려고 노력할 것이다. 그러나 투표수에 근거해서 후보에게 요구되었던 자질을 일반적이고 추상적으로 정의하는 것이 가능하다고 가정하더라도, 그것은 단지 사후적으로나 가능한 일이다. 게다가 유권자가 투표를 할 때 후보의 노력, 행위, 선택 등을 부분적이나마 고려할 것이라는 보장도 없다. 선거 방식 가운데 그 어느 것도 후보를 공정하게 판단하라고 투표자에게 요구하지 않는다. 유권자가 피부 색깔이나 잘생긴 외모 때문에 특정 후보를 선호한다 해도 이를 막을 수 있는 어떠한 방법도 없다. 하지만, 투표자가 이처럼 어리석은 기준을 이용하지는 않으리라는 것에 주목할 필요가 있다. 더욱이 그들은 아마도 이로 인한 손실, 즉 그러한 척도의 어리석음을 배우게 될 것이다. 나아가 선거는 반복되기 때문에, 투표자는 시간이 지날수록 자신의 이익이라는 관점에서 다소 덜 비이성적인 판단 기준을 채택할 수도 있다. 그러나 어느 순간에도, 투표자들이 후보자의 행위와 선택을 무시하고 순전히 선천적인 자질에 근거하여 결정하는 것을 막을 수는 없다. 되풀이하지만, 이것은 자유로운 선택의 필연적 결과이다.

후보는 최소한 그 스스로를 알려야 하고, 이러한 관점에서 볼 때 선거는 선거 운동 과정에서의 노력에 대한 보상이라는 반론을 제기할 수 있다. 그러나 반드시 그런 것은 아니다. 어떤 사람은 단지 자신의 이름이나 사회적 지위 덕분에 선거 운동 전에 이미 알려져 있을 수도 있고, 투표자들은 이것이 다른 사람들보다 그 사람을 선호할 충분한 이유가 된다고 결정할 수 있다.

몇 가지 측면에서, 선거가 공직을 희망하는 모든 사람에게 평등한 기회를 보장하지는 않는다는 점은 (비록 그 사실이 중요하지 않은 것은 아니지만) 자명하다. 이보다는 공적 기능을 열망하는 사람들에게 선거가 기회의 평등을 보장하지 못한다고 지적하는 것이 아마 다소 덜 진부한 일일 것이다.

앞에 서술한 논의는 선거가 내재적으로 공직 후보자들을 불평등한 방식으로 다룰 가능성을 가지고 있다는 것을 입증한다. 그러나 이 주장은 왜 선거가 투표자들보다 어떤 측면에서든 우월하다고 간주되는 대표를 선출하는 경향이 있는지를 보여 주지는 않는다.

선택의 상황에서 요구되는 후보의 탁월성

누구를 뽑는 것은 선택이다. 비록 선거가 언제나 선택으로 이루어지지는 않았지만(예를 들어, 앞서 살펴보았듯이, 내란 이전의 영국에서는 종종 단 한 명의 후보만 있었다), 그리고 사실상 많은 권위주의적 정권하에서 비경쟁적인 선거가 치러지고 있지만, 근대 대의제도의 선거라는 개념 속에는 선택의 요소가 내재되어 있다. 선택의 상황에서, 투표자들은 한 후보를 다른 후보보다 선호할 최소한 한 가지 이상의 동기가 필요하다. 만약 후보들을 구별할 수 없다면, 투표자는 무관심할 것이며, 따라서 다른 사람보다 누구를 더 선호한다는 의미에서 선택하는 것은 불가능하다. 그러므로 선택되기 위해서, 후보는 동료 시민들에게 긍정적으로 평가받을 수 있고, 다른 후보가 소유하지 않은, 아니면 다른 후보와는 그 정도가 틀린, 최소한 한 가지 이상의 특성을 보여 주어야 한다. 관직을 열망하는 시민들 중 그러한 요구 조건을 가장 잘 충족시킬 수 있는 사람은, 주민 내에서 긍정적으로 평가받으며, 드물거나 아니면 정말 독특한 자질을 소유한 사람이다. 여타의 잠재적 후보들이 입후보 여부를 망설일 때, 이러한 사람들은 자신과 동일하거나 더 우월한 선거 경력을 내세우는 경쟁자를 만나는 일이 별로 없을 것이다. 많은 사람들이 가지고 있는 자질, 또는 그러한 자질들의 조합을 가진 사람은 그와 유사한 경쟁자를 만나게 될 것이다. 그럴 경우 그는 다른 사람들과 구별되지 않을 것이다. 이런 사람은 또한 자신이 보여 주는 특성 외에도 긍정적으로 평가받는 다른 자질을 소유한 상대를 만나게 될 것이며, 이 경우 그는 패배할 것이다. 게다가 잠재적 후보나 후보를 선출하고 지지하는 조직은 이것을 잘 알고 있다. 왜냐하면, 출마하는 데에는 비용이 들고, 최소한 에너지를 수반하기 때문에, 잠재적 후보 혹은 후보를 선정하고 후원하는 정당은 그가 실질적인 상대들과 맞섰을 때 어떤 일이 일어날 것인지를 평가하고자 하는 동기를 가지고 있기 때문이다. 출마를 결정하기 전에, 관직을 희망하는 사람은 자신이 동료 시민들에게 긍정적으로 평가받고 있는 어떤 특성이 있는지, 그리고 이러한 특성이 그 집단에서 드문 것이거나 혹은 독특한 것인지를 자문해 보아야 한다.

그러나 주어진 문화 혹은 환경에서 우호적으로 평가받는 자질, 다른 사람이 소유하지 못한 어떤 자질은 하나의 우월성을 구성한다. 즉, 그러한 자질을 소유한 사람은 소유하지 못한 사람과 다르거나, 그들보다 우월하다. 그러므로 선거는 한 차원에서든 다른 차원에서든, 나머지 주민들, 즉 유권자보다 뛰어나다고 간주되는 후보들의 자기 선택과, 후보들에 대한 선택인 것이다. '선거'와 '엘리트'라는 말이 동일한 어원을 가지고 있으며, 몇몇 언어에서 똑같은 형용사가 탁월한 사람과 선택된 사람을 나타내는 것은 결코 우연이 아니다.

선거제도에 내재된 탁월함이라는 요구 조건이 전적으로 구조적이라는 점이 반드시 지적되어야 한다. 즉, 탁월함은 투표자들이 처해 있는 선택의 상황에서 도출된 것이지, 그들의 심리 상태와 태도에 기인한 것이 아니다. 물론, 투표자는 자신과 어떤 특성을 공유하는 누군가를 선출하려 할 수 있으며, 종종 그렇게 한다. 그렇다면 선출될 가능성이 가장 큰 후보는 대부분의 투표자들과 동일한 특성을 공유하고, 따라서 주어진 주민 내에서 가장 공통된 자질을 보여 주는 사람이라고 생각할 수 있다. 그러나 그렇지 않다. 왜냐하면 일반적인 자질을 소유한 많은 사람들 중에는 또한 상당한 수의 잠재적 후보가 있을 수 있기 때문이다. 물론, 주어진 자질을 공유하고 있는 사람 모두가 공직을 원하는 것은 아니다. 그러나 그들 중 오직 한 명만이 그것을 원할 것이라고 가정할 근거는 없다. 만약 투표자들이 후보와 자신 사이의 유사성을 판단의 기초로 삼는다면, 그들은 일반적인 자질을 공유하는 많은 사람들 중에서 선택을 내릴 수 없게 될 것이다. 이러한 선택의 상황은 투표자가 자신의 특정한 선호와는 관계없이, 평범하지 않은 (그리고 긍정적으로 평가되는) 특성을 가진 후보를 선출하도록 제약한다.

이에 대해서, 투표자들이 주어진 차원 또는 차원들의 조합에 기반해 그들 스스로와 가장 닮았다고 여겨지는 후보를 고를 수 있다고 반론을 제기할 수 있다. 닮았다는 것은 다른 것과 구별되는 특성이지만, 어떠한 우월성을 의미하는 것은 아니다. 그러나 만약 투표자들이 일정한 특질과 관련하여 자신과 가장 비슷한 후보를 선택한다면, 그들이 가치를 부여한 특성은 후보가 가지고 있는 특질이 아니라 어떤 특질과 자신들과의 근사성이다. 예를 들어, 만약 투표자가 자신과 능력이 가장 비슷한 후보를 선택한다면, 그들이 우호적으로 판단한 특성은 [후보자의-역자] 능력이 아니라, 투표자 자신의 (자기 존중 차원에서의) 능력과 후보의 능력 사이의 최소 거리다. 이러한 기준이 선택의 준거로 잘 작동하기 위해서는 전 주민들 사이에서 특성들의 통계적 분배가 특별한 양상을 나타내고 있어야 한다. 즉, 주어진 차원에서 자신의 위치가 다른 주민들의 위치에 가장 근접한 사람이 오직 소수, 가급적이면 딱 한 사람이 있어야만 한다. 만약 그러한 조건이 충족되지 않는다면, 아마도, 투표자의 관심을 끌지 못하는 다수의 후보들만 존재할 뿐이다. 심지어 이런 경우에도 투표자는 자신보다 우월한 한 명의 후보, 즉, 그들이 높게 평가하고 있지만 그들 중 대다수가 가지지 못한 특성 ― 주어진 차원에서의 다른 사람들과 유사한 ― 을 가진 후보를 선택하게 된다.

물론, 각 개인은 다른 사람과 구별되는 특성을 적어도 한 가지씩은 가지고 있다.3) 따라서 공직을 원하는 모든 사람은, 자신만이 가지고 있는 특성을 유권자가 우호적으로 판단하도록 만들 수 있다는 희망을 가지고 출마할 수 있다. 그러나 잠재적 후보들은 궁극적으로 선거를 통한 선택이 자유 재량이라는 것을 알고 있다. 따라서 잠재적 후보들은 투표자가 가지고 있는 가치를 기정 사실로 간주하고, 그것을 바꾸려고 하기보다는 이를 명확하게 파악하고, 이에 기초해 출마 결정을 내리는 것이 합리적이다.

또한 선거를 통한 선택의 임의적 속성 때문에, 잠재적 후보들로서는 유권자가 무엇을 긍정적으로 판단할 것인지를 예측할 수 없다고 주장할 수 있다. 이 경우, 공직을 열망하는 사람들은 누구나 자신만의 독특한 특성을 가지고 있다고 (매우 근거 있게) 확신하지만 유권자들이 그 특성을 어떻게 판단할지에 대해서는 전반적으로 불확실한 상황 속에서 스스로를 드러내게 된다. 그러나 실제로 투표자의 가치 기준은 사회와 문화 환경에 의해 강하게 결정된다. 그리고 이것은 잠재적 후보자들이 인식하고 있는 객관적인 현상이다. 예를 들어, 전쟁이 빈번한 사회에서는 육체적 힘, 전략적 재능, 그리고 군사적 기술 등을 선거인들이 우호적으로 판단할 가능성이 높다고 믿는 것은 타당하다. 그러므로 잠재적 후보들은 주어진 상황이나 문화 속에서 이러저러한 탁월한 속성이 좋은 평가를 받는다는 점을 알고 있다.

탁월함이라는 자격 요건은 후보가 제시하는 강령과 그들의 정책적 입장에 어떠한 한계도 설정하지 않는다는 점에 주목해야 한다. 이 자격 요건은 단지 사람들의 선택에 영향을 미칠 뿐이다. 후보는 자신이 원하는 강령을 제안할 수 있다. 하지만 그들은 자신이 가진 개성의 특징에 의해 제약을 받는다. 어떠한 정책적 입장은 대부분의 투표자들이 선호하는 것일 수 있으며, 따라서 선거에서 승리하고자 하는 후보가 이를 채택할 수 있다. 그러나 그러한 입장을 취한 모든 사람이 똑같이 당선되는 것은 아니다. 실제로 선거는 전적으로 (다시 한번 강조하자면) 사람들 사이에서의 선택이다. 비록 투표자 역시 후보가 내거는 것[예컨대, 강령과 공약-역자]

3_ 라이프니츠Leibniz에 의해 처음으로 공식화된 식별 불가능한 것들의 원칙the principle of indiscernibles — 두 개의 존재가 모든 측면에서 완전히 동일할 수 없다는 원칙 — 덕분이다.

들을 비교한다고 하더라도, 경쟁자들의 개인적 특성이 필연적으로 일정한 역할을 할 수밖에 없다. 게다가, 강령과 공약은 대의 정부에서 독특한 위상을 가지고 있다. 즉, 법적 구속력이 없다는 것이다.4) 반대로, 일단 사람들이 선출되면, 바로 이들이 공공 정책을 결정한다.

선거는 선택을 수반하는 것이므로, 그것은 또한 다른 사람들과 닮은 시민들이 선택되는 것을 방해하는 내적 메커니즘을 가지고 있다. 선거 절차의 핵심에는 통치자와 피통치자 사이의 유사성에 대한 갈망을 가로막는 힘이 존재한다.

주의를 끄는 데 있어서 두드러짐이 가져다주는 이점들

선거는 알려진 개인을 선택하는 것이다. 선출되기 위해, 후보는 유권자의 관심을 끌 필요가 있다. 그러나 인지심리학은 사람들의 관심이란 기본적으로 **두드러진**salient 항목 또는 개인에 맞추어진다는 것을 보여 준다. 게다가 두드러진 자극은 평가적 지각evaluative perceptions에 영향을 준다는 사실이 입증되었다. 즉, 두드러진 자극은 강한 평가적 판단을 유도한다는 것이다.5) 만약, 이러한 결과를 선거에 적용하면, 관심을 끌어내고 강한 긍정적 판단을 유도하기 위해 후보들은 긍정적으로 평가받는 어떤 특성으로 인해 눈에 띄어야 한다. 두드러지지 못한 후보는 주목받지 못할 것이며, 당선 가능성은 매우 낮다. 그리고 평범하지 않은 부정적 특성들로 인해 두드러지게 된 후보는 거부될 것이다. 인식적 제약은 선택 상황의 제약이 만들어 낸 것과 유사한 결과를 만들어 낸다. 선거는 그 자체로 사람들이 호의적으로 평가하는 — 다른 말로 하면, 다른 사람들보다 뛰어나다고

4_ 이 점에 대해서는 5장에서 다시 다룰 것이다.
5_ 두드러짐의 효과에 대한 초기 연구는 두드러짐이 원인이 가지고 있는 특성에 영향을 미친다는 것을 증명했다(만약 A가 어떤 이유에서든 B, C, 또는 D보다 탁월하면 — 더 주목받고, 더 알려지고, 등등 —, 사람들은 B, C, 또는 D보다 현상 A에 현상 X의 원인이 있다고 믿는 경향이 있다). 그러나 결과적으로 두드러짐의 효과는 원인이 가지고 있는 특성 이상으로 확대된다는 것을 보여 주고 있다. E. Taylor and S. T. Fiske, "Salience, attention, and attribution: top of the head phenomena," in L. Berkowitz (ed.), *Advances in Experimental Social Psychology*, Vol. II(New York: Academic Press, 1978); S. E. Taylor, J. Crocker, S. T. Fiske, M. Sprintzen, and J. D. Winkler, "The generalization of salience effects," in *Journal of Personality and Social Psychology*, Vol. 37, 1979, pp. 257-368도 볼 것.

여겨지는 개인 — 측면이 두드러진 (그러므로 독특하거나 다른) 개인을 선호한다.

물론, 두드러짐은 보편적으로 결정된 특성에서 도출되지 않는다. 두드러짐은 환경에 따라 좌우되는 특성이다. 보편적으로 생각해 보면, 어떠한 특성이든지 사람을 두드러지게 할 수 있다. 두드러짐은 어떤 사람이 살아가는, 그리고 자신의 이미지가 눈에 띄어야 하는 환경에 의해 좌우된다. 결과적으로 두드러짐은 개인들로 구성된 집단 내에서 특성을 배분하는 역할을 한다. 다시 말해, 개인은 그 집단 내에서 자신의 개별적 특성의 통계학적 희소성에 비례해서 두드러진다. 그러한 분배는 시공간에 따라 달라지기 때문에, 두드러짐을 부여하는 특성 또한 시공간에 따라 변화할 것이다. 그러나 이것이 주어진 환경 속에서 어느 누구나 두드러질 수 있다는 것을 의미하는 것은 아니다. 두드러짐은 하나의 상대적이고 가변적인 자산이지만, 어떤 특별한 상황에서는 투표자와 잠재적 후보 모두를 제약한다.

게다가, 특정한 상황에서 (그리고 만약 문제가 되는 집단 내에서 특성의 분배가 주어진 것으로 간주된다면) 투표자가 개인의 모든 특성을 다른 사람의 특성과 꼼꼼하게 비교할 수는 없다. 그러한 결과에 도달하기 위해 처리해야 하는 정보의 양은 어마어마하며, 수많은 시간과 에너지를 소비해야 한다. 투표자들은 이러한 비용을 기꺼이 감수하려 하지 않는다. 왜냐하면 그들은 종국에는 자신의 투표가 극히 미미한 비중밖에 지니지 못할 것임을 알고 있기 때문이다. 그래서 투표자는 자신의 모든 동료 시민을 하나씩 상세히 비교하지 않는다. 대신 그들은 전반적인 인식에 기초하여 행동하며, 여타의 사람들보다 두드러진 이미지를 가지고 있는 개인에게 관심을 갖게 된다.

의심할 바 없이 선거 운동은 그것이 아니었으면 주의를 끌지 못했을 후보의 구별되는 특색에 투표자들이 관심을 갖게 만드는 효과가 있다. 그리고 후보가 되기를 원하는 개인은 반드시 적어도 한 가지 이상의 강조할 만한 뛰어난 특성을 가져야 한다. 선거 운동은, 선거 과정 그 자체로 인해, (여러 가지 이유가 있겠지만 특히) 유명하다는 것으로 표현되는 특정 형태의 탁월성이 갖는 이익을 중화시키기 위해 제도화된 것이다. 그러나 선거 운동이 그러한 이점을 완전히 없애지는 못한다. 두드러진 개인은 일상적인 사회관계 속에서 일종의 항시적인 선거 운동을 하는 반면, 다른 후보의 뛰어난 특성은 실제 선거 운동이 시작되기 전에는 주목을 끌지 못한다.

정보 선전 비용

선거 운동에 대한 언급은, 선거 절차가 가진 마지막 불평등주의적 특성에 대한 논의와 연결된다. 후보자에 대한 정보를 의식적으로 퍼뜨리는 것은 이전의 명성, 특히 명사들이 누렸던 명성에 의한 제약을 어느 정도 완화시킨다. 그러나 이것은 비용이 많이 든다. 즉 보다 많은 자원을 동원할 수 있는 사람들에게 유리하다는 것이다. 후보들은 (또는 적어도 알려지지 않은 사람들은) 자신을 알릴 필요가 있다. 그리고 자신을 알리는 데 무시할 수 없는 비용이 들 것이라고 생각하는 것은 지극히 당연하다.

만약 후보들이 선거 운동 자금을 스스로 충당해야 한다면, 부유한 사회 계급의 이점이 가장 명백하고도 즉각적인 형태로 나타날 것이다. 이것은 선출된 의회의 사회적 구성에 직접적으로 반영된다. 비록 후보들이 그들의 선거 운동에 기부할 것을 호소한다고 하더라도, 이러한 이점이 사라지지는 않는다. 물론 구성원의 회비로 재정을 충당하는 조직들은 대표 선택에서 부의 효과를 경감시킬 수 있다. 실제로 이것이 19세기 후반 대중정당 탄생의 명시적인 목적 가운데 하나였다.

그러나 그러한 조직이 부의 이점을 완전히 없애지는 못한다. 부유한 시민이 아니라, 가난한 시민의 기부를 통해 일정한 금액을 모으기 위해서는 더 많은 노력과, 조직, 그리고 적극적 행동이 요구된다. 시민(또는 회사들)의 정치적 기부는 일정 정도 그들의 수입에 비례한다고 가정하는 것이 합당하다. 이러한 기부금을 모아 작은 액수를 보충할 수는 있겠지만, 큰 액수의 기부금을 몇 차례 모으는 것이 더 쉽다. 그러므로 후보들은 자신의 선거 비용을 충당하기 위해 가난한 사람보다는 부유한 사람에게 호소하려는 경향이 더 강하다. 그리고 일단 당선되면, 후보는 자신의 선거에 재정적으로 도움을 준 사람들의 이익에 특별한 관심을 기울일 것이라고 가정하는 것은 타당하다.

따라서, 본래부터 선거 절차는 전체 인구 중에서 부유한 계층에 유리하다고 할 수 있다. 그러나 지금까지 살펴본 선거의 세 가지 불평등주의적 특성들(후보에 대한 동등하지 않은 대우, 선택의 역학 관계들, 인식론적 제약 등)과는 달리, 이것은 공적으로 선거 운동 자금을 충당하게 하고, 선거 비용을 엄격하게 규제함으로써 완전히 제거할 수 있다. 지금까지의 경험은, 이러한 종류의 규제가 기술적 어려움에 직면해 있다는 것을 나타내는 듯하지만, 원칙적으로 불가능한 것은 아니다.

그럼에도 불구하고, 20세기의 마지막 몇 십 년에 이르러서야 대의 정부가 이러한 문제를 다루기 시작했다는 것은 뜻밖이다. 이것은 아마 (적어도 부분적으로는) 투표자들 스스로가 선거 운동 비용을 과소 평가했고, 상당한 양의 공공 자원을 이러한 목적에 할당하는 데 주저했기 때문일 것이다. 그러나 선거를 통해 정부를 구성하는 것은 비용이 상당히 많이 들어가는 작업이다. 비록 사람들이 고비용의 결과를 인정하기를 꺼릴지라도 말이다. 정치 이론이 선거 비용의 문제를 이렇게까지 간과해 왔다는 사실은 더욱 이상하다. 존 스튜어트 밀John Stuart Mill*은 몇몇 예외적인 사람들 가운데 한 사람이지만, 그의 저작도 이를 철저히 분석하지는 않았다.6) 선거권의 확대(또는 '부르주아 민주주의'의 '형식적' 성격에 대한 맑스주의자들의 비판)에 그렇게 많은 관심이 집중되었지만, 정치사상은

6_ 19세기 영국 정치의 독특한 특성으로 인해(후보들이 돈으로 표를 사고 투표자들에게 여행비를 대주는 등의 노골적인 뇌물 공여 ─ 이 책의 3장을 볼 것), 밀이 선거 비용이라는 현상에 주의를 기울였다는 점은 분명하다. 그러나 그의 생각은 부패와 영국 제도의 독특성을 넘어서고 있었다. 예를 들면, 그는 이렇게 썼다. "후보에게 그의 선거를 위해 제한된, 그리고 작은 비용 이외의 어떤 것을 요구해서도 안 되고, 쓰도록 허용해서도 안 된다." "Considerations on Representative Government"[1861], in H. B. Acton (ed.), *Utilitarianism, Liberty, Representative Government*(London: Dent & Sons, 1972), p. 308. 또한 밀은 선거 비용의 대중적인 충당을 지지했다.

* 밀(1806~1873): 민주주의 사상을 발전시킨 영국의 철학자, 정치사상가, 경제학자. 런던 출생. 공리주의 사상가 존 밀의 아들로서 아버지의 유별난 조기 교육으로 3세 때 그리스어를, 8세 때 라틴어를 배우고 이를 기초로 역사와 문학 서적을 널리 섭렵하였다. 한때 공리주의사상에 경도되었다가, 후에는 사회주의 경향을 띠었으며 모든 개인의 자유와 존엄을 옹호하는 철저한 민주주의 사상을 주장했다. 말년에는 영국 의회의 하원의원을 지냈으며 역사상 처음으로 여성 참정권을 주장했다.

선거의 복잡한 — 일관성 있는 제도로 보이지만 — 측면들을 고찰하는 데 에는 실패했다.

선거 귀족에 대한 정의

이제 우리는 어떻게 해서 투표자들보다 우월하다고 인식되는 사람들이 통상적으로 대표로 선출되는지, 그 선택의 역학 관계와 인식론적 제약들을 이해할 수 있을 것이다. 그러나 여기서 사용되고 있는 우월성이라는 개념은 독특한 것이며, 주의 깊게 정의할 필요가 있다. 첫째, 후보자가 당선되기 위해서는 우월한 사람으로 여겨져야 한다고 이야기할 때, 이것은 후보자의 인격 전반에 대한 판단이 아니다. 어떤 사람을 선출하기 위해서, 투표자가 그 사람을 모든 방면에서 뛰어난 사람이라고 믿어야 하는 것은 아니다. 그들은 그의 인격적 특성 가운데 한 가지 또는 심지어 대부분을 혐오할 수도 있다. 앞의 주장은 단지, 한 후보를 선출하려 할 때, 투표자는 정치적인 것이라고 생각하는 자질이나 자질들의 집합이라는 측면에서 그 후보가 우월하다고 여겨야 한다는 것을 보여 줄 뿐이다.

둘째, 인식상의 제약이나 선택의 제약은 (물론 부에 관해서는 상황이 다르지만) 오직 인식된 우월성에만 관련된다. 후보들은 눈에 띄어야 하지만, 그들이 합리적 혹은 보편적 기준에서 볼 때 탁월해야 한다는 것을 의미하지는 않는다. 그들은 반드시 그 문화의 지배적인 가치에 의해 우월한 사람으로 인식되어야 한다. 물론, 합리적 혹은 보편적 기준에 반해 측정된, (문화적으로 조건지어진) 최상의 것에 대한 인식은 오류일 수도 있고 부적절한 것일 수도 있다. 그러나 이것이 핵심은 아니다. 즉, 여기서 선거가 "진정한" 최고들aristoi을 선택하는 경향이 있다고 주장하는 것이 아니다. 선출된 대표들은 오직 우월한 자로 인식될 필요가 있을 뿐이다. 다시 말해, 그들은 한편으로 주어진 환경 속에서 긍정적으로 평가되며, 그리고 다른 한편으로는 나머지 시민들이 소유하지 못하거나, 같은 정도로 소유하지 않은 특성(또는 특성의 집합)을 과시하기만 하면 된다.

이로부터 두 가지의 결론이 도출된다. 첫째, 선거 원칙은 진정 정치적으로 탁월한 사람이 선출되는 것을 보장하지 않는다(다시 한번 말하지만,

만약 '진정함'이 합리적, 보편적인 기준에 합치하는 것을 의미한다면 말이다). 선거는 무엇이 좋은 통치자를 만들어 내는가에 대해 문화적으로 상대적인 인식에 기초하여 작동한다. 예를 들어, 만약 시민들이 웅변술을 정치적 탁월함의 척도라고 믿는다면, 그들은 이를 토대로 정치적 선택을 할 것이다. 물론, 대중 연설의 재능이 통치 능력을 잘 나타낸다는 보장은 없다. 선거의 반복적 속성은 분명 객관성의 척도를 창출한다. 즉 투표자는 자신이 이전의 선거에서 채택한 기준이 극도로 나쁘거나 무능력한 것으로 판명된 정부를 낳았다는 것을 경험을 통해 알 수 있고, 다음 선거에서 그러한 기준을 바꿀 수 있다. 반복은 선거를 하나의 학습 과정으로, 즉 투표자가 객관적인 선택의 기준이 되는 정치적 가치를 발견할 수 있는 과정으로 만든다. 그럼에도 불구하고, 선거 때마다 투표자들은 정치적 우월성을 가진 사람으로 적절하다고 파악한 사람을 선택한다는 것, 그리고 현재 그들이 가지고 있는 인식은 또한 이전의 경험에 기초한다는 사실에는 변함이 없다.

둘째, 선거 방법의 속성에서는 어느 것도, 파레토Vilfredo Pareto가 지칭했던 것과 같은 의미에서의(완전히 정치적인 것과는 반대되는 것으로서) 엘리트 선출을 보장해 주지 않는다. 불분명하긴 하지만, 파레토의 엘리트 개념은 보편적 범주를 의미하는 것처럼 보인다. 파레토는 그의 책 『일반 사회학』*Treatise of General Sociology*에서, 자신의 활동 영역에서 '능력'을 통해 최고의 지위에 도달한 사람을 지칭하기 위해 '엘리트'라는 용어를 사용하고 있다.

> 마치 학교에서 가르치는 다양한 과목의 시험에서 등급이 주어지는 것과 같이, 인간 행위의 모든 분야에서, 각 개인이 자신의 능력을 표시하는 점수를 부여받는다고 가정해 보자. 수백만 달러를 벌어들인 사람에게 ― 경우에 따라 정직하게 또는 부정직하게 벌 수 있겠지만 ― 우리는 10점을 줄 것이다. 수천을 벌어들인 사람에게 우리는 6점을 줄 것이다 …… 그렇다면 그들의 활동 영역에서 최고의 지표를 가진 사람들로 계급을 구성해 보고, 그 계급을 엘리트라고 부르기로 하자.[7]

---

[7] Vilfred Pareto, *Traité de Sociologie Générale*(1916), ch. XI, §§2027-31, in *Oeuvres Complètes*,

파레토는 그의 엘리트 개념에서 모든 도덕적 차원을 신중하게 제거한다. 예를 들어, 그는 시작한 일을 성공적으로 해 낸 영리한 도둑은 높은 점수를 받을 것이며, 반면에 경찰을 피하지 못한 좀도둑은 낮은 등급을 받을 것이라고 설명한다. 그러나 도덕적 고려를 논외로 한다면, 파레토의 엘리트들은 분명히 보편적 기준에 의해 규정된다. 위의 인용문에서, 누가 엘리트에 속하는가를 규정하는 서열이나 등급은, 의미상으로는 외부적 관찰자인 사회과학자들에 의해서 만들어진다("수백만 달러를 벌어들인 사람에게 …… **우리는** 10점을 줄 것이다. 수천을 벌어들인 사람에게 **우리는** 6점을 줄 것이다"). 그러므로 엘리트를 정의하는 것은 한 사회가 각 활동 분야에서의 성공이나 뛰어남의 구현이라고 인식한 것이 아니라, 사회과학자들이 그렇게 본 것이다.[8] 만약 파레토적 의미에서 '엘리트'란 용어를 채택한다면, 위에서 언급한 인식과 선택의 제약들은 선거 방법이 내재적으로 엘리트에게 유리하다는 것을 증명해 주지 못한다. 투표자들은 그들이 우월한 경우라고 인식하는 것을 선택하지만, 파레토가 적용한 형태의 범주와 비교한다면, 모든 영역에서 문화적으로 결정된 그 기준은 잘못된 것일 수 있다. 대중 연설의 예로 돌아가 보면, 투표자들은 그러한 특성이 정치적 재능을 가리킨다고 잘못 생각할 수 있을 뿐만 아니라, 사회과학자 혹은 수사학의 전문가들이 그렇게 평가하지 않을 사람을 훌륭한 대중 연설가로 생각할 수 있다. 여기에서 제시한 논쟁들의 주요한 차이는 도덕적 가치와 활동에서의 성공에 대한 차이가 아니다. 부도덕하다고 할지라도

G. Businо의 지도하에 출판 된 것(Genève: Droz, 1968, 16 vols), Vol. XII, pp. 1296-1297. 영문판 *Compendium of General Sociology*, ch. 8, E. Abbott (ed.)(Minneapolis: University of Minnesota Press, 1980), pp. 272-273, or *A Treatise on General Sociology*, trans. A. Bongiorno and A. Livingston, 4권이 2권으로 묶인 것(New York: Dover Publications, 1935), Vol. II, pp. 1422-1423.

8_ 파레토의 저술에서, 엘리트를 규정하는 객관적이고 보편적인 특성이 무엇인지는 불명확하다. 그것은 주로 『일반 사회학』에 있는 정의로부터 추론된 것으로 보인다. 그러나 초기의 저술에서 파레토는 엘리트를 다음과 같이 정의했다. "이러한 계급이 엘리트, 즉 귀족을 대표한다. 사회적 균형이 안정적인 한, 이러한 계급을 구성하는 대다수의 개인들은 권력을 보장하는 특성―긍정적인 것이건 부정적인 것이건 간에―을 가지고 있는 것으로 나타난다." V. Pareto, *Les Systèmes Socialistes* [1902-3], in *Oeuvres Complètes*, Vol.V, p. 8. 영문판 *Sociological Writings*, selected and introduced by S. E. Finer, trans. D. Mirfin(New York: Paeger, 1966), p. 131. 만약 엘리트를 어떤 특정 사회에서 "권력을 보장하는" 특성들로 정의한다면, 그것의 객관적 또는 보편적 특성은 사라질 것이다.

(사실 투표자들이 도덕적 기준을 지닌다고 믿을 충분한 이유가 있지만), 그 차이는 인지된 우월성과 보편적 기준으로 정의된 우월성 사이에 존재한다. 선거의 원칙은 자연히 후자가 아니라 전자를 선택하게 만든다.

마지막으로, 주어진 환경 속에서 우월성이라는 인식을 만들어 내는 어떤 속성들은 모두 객관적 실재여야 한다는 점이 반드시 지적되어야 한다. 투표자의 문제는 후보자를 구별해낼 수 있는 기준을 찾는 것이기 때문에, 그들은 선택을 내리기 위해 대부분 쉽게 **식별할 수 있는** 특성을 이용할 것이다. 만약 그러한 특성의 존재 여부가 불확실하다면, 그 특성은 선거 과정에서 쓸모 없는 것이 될 것이며, 처음부터 채택되지도 않았을 것이다. 바꾸어 말하면, 비록 연설에 대한 재능이 정치적 기술을 잘 대변한다는 잘못된 믿음을 가질 수 있고, 무엇이 훌륭한 연설인지를 잘못 인식할 수도 있지만, 대중 연설이라는 측면에서 후보 X가 다른 사람이 갖지 못한 어떤 특징을 소유한다는 인식에 있어서는 실수를 하지 않을 것이다. 이 마지막 요소는 매우 중요한데, 그 이유는 당선되기 위해서 후보들은 자신을 다른 동료 시민들과 구별시켜주는 몇 가지 특성을 **실제로** 소유하고 있어야만 한다는 것을 의미하기 때문이다. 후보의 우월성(그들의 탁월한 특성들에 대한 긍정적인 평가)은 인식되는 것이거나 주관적인 것이긴 하지만, 그들 간의 차이는 또한 객관적이어야 한다. 즉, 선거는 인식된 우월성과 실제 차이를 모두 가려낸다.

우월성에 대한 이러한 독특한 정의에도 불구하고, 선거의 '귀족주의적' 속성에 대해 이야기하는 것이 여전히 정당화될 수 있는지 의심할 수도 있다. 이 용어는 사실 관습적이다. 그리고 이 용어가 상징하는 정확한 현상, 즉 뽑는 사람들과 차이가 있고, 그들보다 우월하다고 인식되는 대표를 선택한다는 것을 염두에 두는 한, 다른 용어(예컨대, 엘리트주의)로도 대치될 수 있다. 여기에서 '귀족주의적'이라는 형용사는 역사적 이유들로 인해 폭넓게 사용된다.

위에서 제기된 주장은 부분적이긴 하지만 어떤 현상에 대한 하나의 설명을 제공한다. 즉 아테네 민주주의자들, 아리스토텔레스, 구이치아르디니, 해링턴, 몽테스키외, 그리고 루소가 선거가 본래부터 귀족주의적이라고 주장했을 때 염두에 두었던 바로 그 현상에 대한 하나의 설명이다. 미국의 반연방주의자들 역시 선거인과 피선거인 사이의 유사성 결여를 지칭할 때 '귀족주의적'이라는 용어를 사용했고, 이것이 '귀족주의적'이라는 용어를 계속 사용했던 또 다른 이유이기도 하다. 그러나 여기서 전개된 주장의 본질적인 핵심은, 발견될 수 있고 이해될 수 있는 많은 이유들 때문에, 선거를 통해서는 그 자체의 속성상 선거권자와 닮은 대표를 선택할 수 없다는 것이다.

선거의 두 가지 얼굴: 모호성의 이점

그러나 선거가 불평등주의적이고 귀족주의적 측면을 가지고 있는 것과 마찬가지로, 모든 시민이 선거권을 가지고 있고 모두가 합법적으로 공직에 진출할 자격이 있는 한, 선거가 평등주의적이고 민주주의적인 측면을 가지고 있다는 것 또한 부인할 수 없다. 보통 선거제에서, 선거는 대표를 선출하는 과정에서 개별 시민에게 동등한 발언권을 준다. 이런 측면에서, 가장 비천하고 가난한 사람도 가장 부유하고 탁월한 사람과 똑같은 비중을 갖는다. 보다 중요한 것은 그들 모두가 동일하게 임기 막바지에 통치자를 면직시킬 힘을 공유한다는 점이다. 누구도 이러한 선출과 거부라는 이중적 힘의 존재를 부인할 수 없다. 이것을 대수롭지 않은 것으로 치부해 버리는 것은 궤변일 따름이다. 선거에 대한 근본적인 사실은 선거가 **동시에** 그리고 확고하게 평등주의적이고 불평등주의적이며, 귀족주의적이고 민주주의적이라는 것이다. 오늘날에는 선거의 귀족주의적 측면에 특별한 주의를 기울여야 한다. 왜냐하면 이 측면은 잊혀지거나 아니면 잘못된 원인들 탓으로 간주되는 경향이 있기 때문이다. 바로 이점이 이전의 논의에서 선거의 귀족주의적인 측면을 강조했던 이유다. 그러나 이러한 점은 선거의 평등주의적이고 민주주의적인 측면이 불평등주의적이고 귀족주의적인 측면보다 덜 중요하다거나 실재적이지 못하다는 것을 의미하는 것은 결코 아니다. 우리는 무의식적으로 하나의 특색이나 특성에서 정치적인 현상의 궁극적인 진리를 찾으려는 경향이 있다. 그러나 어떤 제도가 오직 한 가지의 결정적인 특성만을 가진다고 가정할 이유는 없다. 역으로 대부분의 정치 제도들은 동시에 여러 결과를 산출하는데, 그 결과들은 서로 매우 다를 때가 많다. 선거의 경우도 마찬가지다. 야누스처럼 선거도 두 가지의 얼굴을 가지고 있다.

근대 정치 이론가들 중, 칼 슈미트만이 이러한 선거의 이중적 본질에 주목했던 유일한 저술가인 것으로 보인다. 슈미트는 이렇게 쓰고 있다.

> 추첨과 비교해 볼 때, 플라톤과 아리스토텔레스가 올바르게 지적한 것처럼, 선거에 의한 임명은 하나의 귀족주의적 방법이다. 그러나 더 높은 권위에 의한 임명 또는 사실상 세습적 승계에 의한 임명과 비교해 볼 때, 이 방법은 민주적으로 보일 수 있다. 선거는 두 가지 잠재성을 모두 가지고 있다. 즉, 우월한 사람 그리고 지도자를 등용하는 귀족주의적 측면을 가질 수 있거나, 대리기관, 대리인, 또는 하인을 임명한다는 민주주의적 측면도 가질 수 있다. 피선출자들과 비교해서, 유권자는 하급자로도 또는 상급자로도 보일 수 있다. 선거는 대표의 원칙뿐만 아니라 동일성의 원칙도 만족시킬 수 있다 …… 구체적인 상황에서 어떤 측면이 선거에 주어졌는지를 반드시 파악해야 한다. 만약 선거가 진정한 대표성의 토대를 형성하려고 한다면, 귀족주의적 원칙의 수단이 된다. 반면 만약 선거가 단순히 종속적인 대리인의 선출을 의미한다면, 선거는 엄밀하게 민주주의적 방법으로 간주될 수 있다.[9]

이 단락은 동일성과 대표성의 구분이라는 슈미트의 견지에서만 이해할 수 있다. 이 두 원칙은 헌법의 정치적 내용을 형성할 수 있다("선거는 대표성뿐만 아니라 동일성의 원칙을 만족시킬 수 있다"). 슈미트는 이 원칙들을 두 개의 대립적인 개념의 축으로 묘사하고 있는데, 그에 따르면 모든 실제 헌법은 이 두 개념 축 사이에 있다. 슈미트는 모든 헌법은 국민들의 통합이라는 어떤 특정 개념을 전제한다고 주장했다. 대리기관의 자격이 있다고 간주되려면, 한 부류의 사람들은 이러저러한 방식으로 통합된 것으로 비쳐져야 한다. 동일성과 대표성은 어떤 사람들을 통합된 대리기관으로 만드는 두 극단적인 개념이다.

---

[9] C. Schmitt, *Verfassungslehre*, §19(Munich: Dunker & Humblot, 1928), p. 257.

동일성의 원칙은 다음과 같은 관념에 기초를 둔다. 즉 사람들은 "단지 자신들의 즉각적인 현존immediate existence — 명백한 자연적 경계로 인해, 혹은 여타의 이유로 인한, 어떤 강력하고 의식적인 유사성Gleichartigkeit의 힘에 의해 — 에 의해, 정치적으로 행동할 능력이 있다. 따라서 사람들은 자신과의 직접적인 동일성에 의해 정치적으로 통합되어 있고, 실질적 권력을 가진다"10)는 것이다. 한 집단의 개인이 어떤 측면에서 서로 유사하다는 강한 인식을 갖게 될 때, 그 집단은 그로 인해 정치적 행동이 가능한 공동체가 된다. 그들의 통합성은 자발적이며, 외부로부터 주어지는 것이 아니다. 이러한 경우, 공동체의 구성원은 그들 스스로가 근본적으로 동일하다고 인식하기 때문에, 모든 구성원을 동일한 방식으로 다루는 제도를 수립한다. 결국 그들은 서로 본질적으로 동일한 본성을 공유하고 있다고 보기 때문에, 가능한 한 통치자와 피통치자 사이의 차이를 없애려 한다. 슈미트에 따르면, 이러한 관점에서, 동일성의 원칙은 민주주의의 기초를 형성하며, 그리고 루소에게서 이에 대한 가장 심오한 원칙의 표현을 발견할 수 있다는 것이다. 슈미트는 "민주정은 지배하는 사람과 지배받는 사람, 통치자와 피통치자, 명령하는 사람과 그들에게 복종하는 사람 간의 동일성이다"라고 쓰고 있다.11) 가장 순순한 형태에서, 민주주의는 대표성과 양립할 수 없다. 그러나 민주주의가 반드시 통치자와 피통치자 사이의 기능적 차이를 배제하는 것은 아니다. 민주주의가 배제하는 것은,

> 민주주의 국가 내에서 지배하는 것과 지배받는 것, 통치하는 것과 통치받는 것 사이의 구분이 질적인 차이에 기초하고 있거나, 질적인 차이를 만드는 것이다. 민주주의에서, 지배와 통치는 불평등에 기초할 수 없고, 따라서 지배하거나 통치하는 사람들의 우월성이나, 또는 통치자들이 어떤 점에서 피통치자들보다 질적으로 낫다는 사실에 기초할 수 없다.12)

통치자는 피통치자와는 다른 어떤 특별한 역할이나, 지위를 가질 수

10_ Schmitt, *Verfassungslehre*, §16, p. 205.
11_ 같은 책, §17, p. 235.
12_ 같은 책.

있다. 그러나 그러한 지위가 그들의 본성이 우월하다는 것을 반영하는 것은 아니다. 만약 그들이 통치할 수 있는 권한을 부여받았다면, 그것은 단지 그들이 사람들의 의지를 표현하고, 그들로부터 통치 권한을 위임받았기 때문이다.

"그와 반대되는 원칙[대표성의 원칙]은 사람들의 정치적 통합성 자체가 그것의 실질적인 동일성 속에서 나타날 수 없으며, 따라서 항상 특정 인물에 의해 대표되어야 한다는 생각에서 비롯된다."[13] 대표하는 사람은, (이 경우, 사람들의 정치적 통합성이) 실제로 존재하지 않는다는 특정한 의미에서 나타난다. 사람들의 집단은 그 외부에 존재하는 개인 또는 제도를 매개로 해서만 통합될 수 있다. 여기서, 처음에는 뿔뿔이 흩어진 군중에 불과했던 것에 (위로부터) 정치적 통합과 대리권을 부여하는 홉스의 리바이어던을 떠올릴 수도 있을 것이다. 이러한 방식으로 이해한다면, 대표성의 원리는, 슈미트에 따르면, 다양한 의미를 가지게 된다. 여기서 우리는, 사람들의 외부에 존재하는 대표는 정의상, 사람들로부터 독립적이며, 그들의 의지에 구속되지 않는다는 것에만 주목하면 된다.[14]

슈미트는 선거의 이중적인 속성을 감지했다. 그러나 이상하게도, 그는 민주주의에 대한 자신의 정의 — 통치자와 피통치자 사이의 동일성에 기초한 정치 체제 — 와 관련하여, 선거가 통치자와 피통치자 사이의 유사성 또는 동일성을 만들어 내지 못한다는 점에서 본질적으로 비민주적 요소를 수반하게 될 수밖에 없다는 것을 깨닫지 못했다. 오히려 그의 해석은 선거의 이중적인 속성을 선거권자와 당선자 관계의 법률적·헌법적 형태와 관련시키고 있다. 그는 만약 당선자가 "중개인, 대리 기관 또는 하수인들"로 간주되면, 즉 그들이 "종속적 대리인들"로 간주된다면, 선거가 민주주의적 방법일 수 있다고 주장한다. 그러나 이것은 만약 대표가 헌법 이론이 그 용어 자체에 부여한 관점에 종속되지 않는다면 — 다시 말해, 만약 그들이 지시나 위임 명령에 구속되지 않는다면 — 선거는 귀족주의적이라는 것을 의미한다. 이 단락에서 사용되고 있는 용어("종속적 대리인")는 헌

13_ Schumitt, *Verfassungslehre*, §16, p. 205.
14_ 같은 책, p. 212.

법 이론의 표준 용어다. 슈미트에게 선거는 잠정적으로 민주주의적이기도 하고 귀족주의적이기도 하다("선거에는 두 가지 가능성이 모두 있다"). 개개의 구체적 경우에 따라 선거인과 대표자 사이의 관계를 규제하는 헌법 조항에 의해 민주주의적 또는 귀족주의적 성격이 실체화된다. 요컨대, 슈미트는 피선거자와 선거인 사이 헌법적 관계와 상관없이, 선거는 사실상 귀족주의적이고 민주주의적인 구성 요소 모두를 가지고 있다는 것을 알지 못했다. 비록 대표가 위임에 구속되지 않는다고 하더라도, 선거는 대표를 선출하고 면직시키는 과정에서 개별 시민에게 동등한 발언권을 준다는 점에서 민주주의적이라 할 수 있다. 반대로 비록 대표가 위임 명령이나 지시에 의해 구속된다고 하더라도, 선거는 대표가 그들을 뽑는 사람들과 비슷할 수 없다는 점에서 귀족주의적 특성을 가진다. 그들은 자연히 일반 국민과 같이 생각하고, 느끼고, 행동하는 이른바 축소판이 될 수 없다. 그리고 아마도 이것이 대의 정부의 지지자 가운데서 가장 민주주의적인 생각을 가진 사람들이 위임 명령과 지시의 관행을 지지하는 이유일 것이다. 그들은 불가피한 차이를 상쇄할 수 있는 법적 조항을 통해 대표를 제약하려고 했다.

그럼에도 불구하고, 슈미트의 이론은 민주주의의 근본적인 원칙을 통치자와 피통치자 사이의 유사성 또는 동일성이라고 특징지었다는 점에서 선거를 이해하는 데 매우 중요하다. 슈미트는 뛰어난 통찰력을 통해 민주주의의 가장 강력한 매력 가운데 하나가 통치자와 피통치자 사이의 유사성이라는 점을 간파했다. 비록 선거 자체가 가지는 속성이 그러한 유사성을 방해한다는 것을 깨닫지는 못했지만 말이다.

통치자를 선출하는 데 있어서 선거가 거둔 수많은 예외적인 성공은 이러한 방법이 가지고 있는 귀족주의적 요소의 독특한 형태에 기인한 것이다. 공직 분배에서, 선거는 긍정적으로 평가된 독특한 특성을 부여받은 개인이나 집단을 선호한다. 그러나 선거는 부의 영향을 제외한다면, 공직을 놓고 벌이는 경쟁에서 **어떤** 특성이 이점을 가질지 미리 결정하지 않는 방법이라는 특징을 가진다. 심지어 사람들이 선거의 귀족주의적인 효과를 알고 있다고 가정하더라도, 집단 내에서 특성들이 분포되어 있는 상태의 변화 또는 문화와 가치 판단의 변화, 혹은 두 가지 모두의 변화로 인해 언젠가는 선거로부터 자신이 혜택을 받을 것이라고 기대할 수 있다.

게다가 특별한 상황(예를 들어, 주민들 사이에서의 특성의 분포와 그것의 가치를 고정적인 것으로 간주하는)에서, 엘리트주의적 요소와 평등주의적 요소의 공존은 선거에 대한 광범위하고 안정된 지지를 확보하는 데 도움이 된다. 어느 사회나 문화에서든지 부, 혹은 다른 집단이 가지지 못한 호감으로 인해 구별되는 집단은 항상 존재하기 마련이다. 일반적으로 이러한 엘리트들은 그 숫자에 비례하지 않는 영향력을 행사한다. 그러므로 그들의 지지는 제도의 설립과 안정에 특히 중요하다. 선거는 **사실상 대표 기능을 그러한 엘리트에게 국한하려는 경향이 있기 때문에, 엘리트들이 선거 절차의 귀족주의적 속성을 파악한 후에는, 그들의 지지와 승인을 얻는 것은 매우 쉬울 것이다. 앞서 살펴본 것처럼, 부의 이점은 감소되거나 아니면 폐기될 수도 있다. 그러나 설령 부의 효과가 완전히 말소된다고 해도, 선거 절차는 여전히 호감이 가는 특성을 소유한 집단을 선호한다. 하나의 탁월한 특성 또는 여타의 특성들은 불가피하게 정치적 선택에 이용된다. 왜냐하면 인식적 제약과 선택의 제약은 제거될 수 없기 때문이다.

더 나아가 탁월성이라는 피할 수 없는 제약은, 주어진 문화의 한계 내에서조차 어떤 유연성을 허용하고 불확실성을 남겨 둔다. 구체적인 문화적 환경에서, 누구나 자신의 독특한 자질이 호의적으로 평가되리라고 기대할 수는 없다. 그러나 문화가 사람들이 긍정적으로 보는 어떤 단일한 특성을 명료하게 결정하는 것도 아니다. 그러므로 다양한 엘리트들은 자신이 가진 독특한 특성을 사람들이 호의적으로 판단하기를 기대하거나, 아니면 적어도 그러한 결과를 획득하려고 노력할 수 있다. 선거라는 방법은 따라서 다른 여러 명의 엘리트로부터 동시에 지지를 얻을 수 있다.

마지막으로 이런 맥락에서, 비록 호의적으로 판단될 수 있는 독특한 특성을 가지고 있지 않다고 스스로 생각하는 사람도, 그들이 통치자를 선출하고 면직하는 데 있어 다른 사람과 동등한 목소리를 가지고 있다는 점을 깨달을 수 있다(또는 적어도 깨닫게 된다). 그들은 자신이 공직을

4장 민주주의적 귀족정 193

둘러싼 엘리트간의 경쟁을 중재하는 힘을 가지고 있다고 깨닫게 될 것이다. 따라서 이런 이중적 속성 때문에, 보통의 시민들도 선거를 지지할 만한 강력한 동기를 가지게 된다.

선거와 보통 선거권의 결합은 심지어 논쟁의 균형점이라고 불릴 수 있는 것을 구성한다. 다음과 같은 상황을 상상해 보자. 선거가 자신보다 우월한 사람에게 정치적 직분을 국한한다고 깨달은 시민이 있다. 이러한 보통 시민들(위에서 정의된 바와 같은)이 관직 할당에 있어 훨씬 더 큰 평등 또는 통치자와 피통치자 사이의 보다 큰 유사성을 보장하는 새로운 선출 방법을 요구한다고 하자. 현존하는 선거제도의 지지자들은 이렇게 주장할 수 있다. 즉, 만약 보통 선거권이라는 조건에서, 그리고 법률적인 자격 요건이 없는 가운데, 투표자가 주로 엘리트들만 뽑기로 결정했다면, 책임은 일반 시민을 포함한 투표자에게 있다. 평범한 시민들은 통치자를 뽑는 권력이 국민이 아닌 어떤 다른 권위에 있다고 주장하지는 않을 것이다. 마찬가지로, 만약 특정 엘리트가 어떤 선거제도에서 얻을 수 있는 것보다 더 많은 관직을 주는 배분 절차를 요구한다고 해도, 이에 대한 반론이 얼마든지 가능하다. 즉, 외부 권위로 하여금 다양한 엘리트 사이의 관직 경쟁을 중재하도록 하는 것이 가장 신중한 장치라고 반박할 수 있다. 그 근거는 엘리트들 가운데 누구도 다른 사람의 반대를 불러일으킬 위험 없이, 스스로에게 더 큰 몫의 관직을 부여할 수 없기(또는 그러한 결과가 나오는 절차를 강제할 수 없기) 때문이다. 구이치아르디니가 처음으로 지적했듯이, 관직에 진출할 수 없는 사람에게 엘리트들간의 경쟁을 중재하도록 하는 것은 그러한 엘리트들 자신의 견해에서는 납득할 만한 해결책일 것이다. 왜냐하면 이러한 방법을 통해 그들 사이의 공개적인 갈등을 피할 수 있기 때문이다. 따라서 선거에 반대하는 두 가지 모두에 대해, 최초의 상황을 유지할 만한 강력한 논거를 제시할 수 있다.

이것은 혼합 정체에 대해 다시 한번 생각하도록 만든다. 혼합 정체는 군주정, 귀족정(또는 과두정) 그리고 민주정적 요소들의 혼합으로 정의될 수 있는데, 이 혼합이 놀랄 만한 안정성의 원인으로 간주되었다.[15] 군주정적 차원을 논외로 한다면, 선거는, 유비적으로, 하나의 혼합 제도라고 부를 수 있다.

선거의 두 가지 측면(귀족주의적인 측면과 민주주의적인 측면) 모두 객관적 진실이고, 둘 다 유의미한 결과를 가져온다는 점을 강조해야 한다. 선의이기는 하지만 순진한 민주주의자들은, 귀족주의적 측면을 알고 있음에도, 언제나 오직 평등주의적인 차원만이 중요하다는 것을 증명하는 새로운 주장을 찾으려 한다. 그러나 대표가 주로 뛰어난 인구 집단에 속하고, 이러한 사실이 그들의 판단에 영향을 줄 것이며, 따라서 독실한 민주주의자들이 그 어떤 새로운 주장을 하든 그것이 거짓이라고 몰아붙일 수 있는 경험적 연구가 언제나 있을 수 있다. 반대로, 현실주의와 탈신비주의의 지지자들은, 그 사실을 환영하든 아니면 탄식하든 간에, 평등주의적인 측면은 순전히 망상에 불과하다는 사실을 설득력 있게 밝혀 내지 못할 것이다. 논쟁이 계속 되리라는 데에는 의심의 여지가 없다.

이 두 가지 측면은 똑같이 사실일 뿐만 아니라, 따로 떼어놓을 수 없다. 여러 요소들로 구성된 복잡한 구조물인 혼합 정체와는 달리, 인민에 의한 선거는 그 구성 부문들로 분리될 수 없는 **단일한** 과정이다.16) 그 두 가지 속성은 너무나 단단하게 짜여져 있어서 서로 분리될 수 없다. 엘리트들이나 평범한 시민들 모두 다른 한 쪽을 제거하고, 각자가 선호하는 특성만을 보유할 수 없다. 왜냐하면 두 가지 차원 중 그 어느 것도 하나의 구별되는 제도로 만들어진 것이 아니기 때문이다. 게다가 평등주의적이면서 동시에 불평등주의적인 요소는, 분리될 수 없는, 단일한 하나의 두 측면으로, 검토하는 시각에 따라 선거 절차는 완전히 민주주의적인 것으로도, 또는 완전히 귀족주의적인 것으로도 인식될 수 있다.

여러 가지로 해석이 가능한 『정치학』의 한 단락에서, 아리스토텔레스는 다음과 같이 언급했다.

15_ 2장을 볼 것.
16_ 혼합 정체 모델에서는 세 가지 차원 각각이 하나의 특정한 기관으로 구체화된다는 것을 기억하기 바란다. 즉, 집정관(또는 영국 제도의 왕으로, 혼합 정체의 하나의 모델로 간주되었다)은 군주정적 요소, 원로원(또는 상원)은 귀족정적 요소, 그리고 민회(또는 하원)는 민주주의적 요소로 구체화되었다.

잘 혼합되어 있는 정체에서, 두 가지 요소[민주정적 요소와 과두정적 요소]는 모두 존재하는 것 같으면서도, 어느 쪽도 존재하는 것처럼 보여서는 안 된다. [혼합 정체는] 스스로의 수단에 의해 보존되어야지, 외부의 원조에 의해서 보존되어서는 안 된다. 그리고 스스로의 힘에 의해서 보존되어야 하는 이유는 다수가 보존을 원하기 때문만이 아니라 (왜냐하면 나쁜 정체에서도 그럴 수 있기 때문에), 그 도시의 어떤 한 부문도 다른 헌법을 갖고자 원하지 않기 때문이다.[17]

이 복잡한 단락은, 혼합 정체가 민주정적인 동시에 과두정적인 것으로 여겨진다면, 또는 둘 중의 어느 하나로도 여겨지지 않는다면, "잘 혼합된" 것이다라고 해석할 수 있다. 왜냐하면 민주주의자들과 과두제의 옹호자들 모두가 혼합 정체 안에서 그들이 찾는 것을 발견할 수 있고, 따라서 그들 모두 헌법을 지지할 것이기 때문이다.

아마도 선거는 너무나 완벽한 혼합이기 때문에, 엘리트들과 평범한 시민들이 똑같이 그들이 원하는 바를 찾을 수 있는 제도 가운데 하나일 것이다. 선거의 모호성은 혼합 정체의 예외적인 안정을 설명하는 하나의 열쇠가 될 것이다.

선거와 근대 자연권의 원칙들

앞서 살펴본 것처럼, 통치자를 선출하는 방식으로서 선거의 승리는 역사적으로 그로티우스, 홉스, 푸펜도르프, 로크, 그리고 루소와 같은 저자들로부터 발전된 근대적 자연권 개념에 많은 부분을 빚지고 있다. 그러나 근대 자연권의 원칙과 비교해 보면, 여기에서 정의되고 설명되었던 선거의 귀족주의적 속성은 두 가지 문제를 제기하는 것으로 보인다.

근대적 자연권 개념은, 자유 의지, 이성 또는 의식 등 그것이 어떻게 불리든 상관없이, 모든 인간은 본질적으로 평등의 요소를 공유하고 있다고 생각한다. 근대 자연권 이론은 힘, 능력, 덕성, 혹은 부의 불평등이 인간을 분할하고 있음을 인정한다. 그러나 이 이론의 주창자들은 이러한 불평

17_ Aristotle, *Politics*, IV, 9, 1294b 35-40(역자의 부분 수정).

등 가운데 그 어떤 것도 그 자체로 어떤 측면에서 우월한 사람이 다른 사람 위에 군림할 권리를 주는 것은 아니라고 확신했다.[18] 모든 인간이 근본적으로 평등하다는 사실 때문에, 통치할 수 있는 권리는 권력 행사의 대상이 될 사람의 **자유로운 동의**로부터만 나올 수 있다. 그러나 만약, 선거의 내재적 속성상 피통치자가 특정 범주에 속한 통치자만을 뽑게 된다면, 이러한 상황에서도 여전히 사람들이 자유롭게 동의한다고 말할 수 있을까? 게다가 만약 선거가 필연적으로 우월한 개인만을 선출한다면, 선거를 통해 다른 사람에게 행사할 수 있는 권력을 부여받는 것은 그들의 우월한 자질 때문이라고 말할 수 있지 않을까?

첫 번째 문제와 관련하여, 탁월함과 두드러짐이 초래하는 제약이 투표자의 자유를 박탈하는 것은 아니다. 그러한 제약은 단지 투표자가 (1) 뛰어난 특성을 가지고 있고, (2) 이것이 호의적으로 평가 받으며, (3) 정치적인 선택의 기준을 제공하는 개인을 선택할 수 있다는 것을 의미할 뿐이다. 그러나 앞서 지적했던 것처럼, 오직 첫 번째 요소(뛰어난 특성의 존재)만이 주어진 집단 안에서 특성들의 통계적 배분에 의해 결정되는 객관적 사실이다. 다른 두 가지 요소(문제의 특성이 긍정적인 평가를 받는 것과 선택의 기준으로 사용되는 것)는 유권자가 결정한다. 이런 식으로 투표자들은 눈에 띄기에 충분할 정도의 드문 특성을 드러내는 사람들 가운데서 자유롭게 선택할 수 있다. 그들의 자유는 제한되어 있지만 파기되는 것은 아니다. 특정한 환경에서 (추첨과는 달리) 누구나 선택될 수 있는 것은 아니지만, 객관적 환경에 따라 정해진 한계 내에서 어떤 개인은 하나 혹은 또 다른 측면에서 다른 사람보다 우월하게 보일 수 있다는 것이다. 그리

---

[18] 바로 이 지점에 고대의 정의 개념(예를 들면, 아리스토텔레스에게서 발견되는 것과 같은 개념)과 근대적 자연권 개념 사이의 핵심적인 차이가 존재한다. 아리스토텔레스의 경우, 어떤 특성은 그 자체로 또는 자연적으로 그러한 특성을 소유하고 있는 사람에게 통치권과 타인에게 자신의 의지를 부과할 자격을 준다. 비록 도시 국가 내에서 그러한 특성을 소유한 사람들에게만 권력의 자리를 배타적으로 지정하는 것이 신중한 것도 완전히 정당한 것도 아니라 해도 말이다. 아리스토텔레스는 다음과 같이 말한다. 어떤 사람은 다른 사람을 다스릴 수 있는 특별한 자격을 가지고 있다. 왜냐하면 그들은 인간 본성의 탁월함과 번성함에 대해 깨닫고 있거나 다른 사람들에 비해 그것에 좀 더 근접해 있었기 때문이다. 아리스토텔레스를 그로티우스, 홉스, 푸펜도르프, 또는 로크와 구분 짓는 근본적인 분기점은 다른 사람을 다스리고, 그들에게 자신의 의지를 강요할 수 있는 이러한 자격을 부여하는 것이 무엇인가에 대한 질문과 관련이 있다.

고, 다른 사람들이 그 사람의 독특한 특징을 긍정적으로 판단하고, 그것을 선택의 기준으로 채택한다면, 그는 선거를 통해 선택될 수 있다. 선거는 무엇이 우호적으로 평가받고, 그리고 그러한 기준의 역할을 하는지에 대한 객관적인 기준을 설정하지 않기 때문에, 투표자는 넓은 범위의 자유를 가지고 있다.

두 번째 문제에 대한 응답은 또 다른 고려 사항과 관련이 있다. 선거제도에서 객관적으로 다르고, 우월하다고 인지된 사람만이 권력의 자리에 도달할 수 있다고 말하는 것과, **객관적으로 뛰어난** 개인만이 권력에 도달할 수 있다고 말하는 것은 똑같은 것이 아니다. 후자의 경우, 개인이 권력을 차지한 것은 그들의 우월성 덕분일 것이다. 반면 전자의 경우에 그들이 권좌에 앉은 것은 그들의 우월성에 대한 **인식**, 달리 표현하자면, 다른 사람들이 그들의 뛰어난 특성에 대해 내리는 **판단**을 통해서다. 선거제도에서는, 한 개인이 객관적으로 모든 측면에서 탁월하다고 하더라도, 그 자질이 동료 시민들에 의해 우월한 것으로 인지되지 않는다면, 당선될 수 없다. 따라서 권력은 뛰어난 자질 자체에 의해서 부여되는 것이 아니라, 어떠한 자질이 우월한지에 대한 다른 사람들의 동의에 의해서 부여되는 것이다.

따라서 선거의 귀족주의적인 속성은 근대 정치적 권리의 근본적인 원칙들과 양립할 수 있다. 그러나 이러한 양립가능성은 한 가지 매우 핵심적 조건이 충족될 때만 달성될 수 있다. 곧, 투표자는 어떤 특성이 긍정적인지를 자유롭게 판단할 수 있으며, 그러한 특성 가운데 어떤 것을 적절한 정치적 선택의 기준으로 삼을 것인지 자유롭게 선택할 수 있어야만 한다. 한편으로는 객관적인 차이와 인식된 우월성이라는 순전히 형식적인 제약과, 다른 한편으로는 뛰어난 특성과 판단의 기준이라는 구체적 내용을 구분할 필요가 있다. 형식적인 제약은 우월성의 특정 내용이 자유로운 선택의 문제라는 조건 위에서 근대적인 권리의 원칙들과 양립할 수 있다. 대표자들이 주로 어떤 특정 집단에 속해 있다고 해도, 이러한 범주가 객관적으로 미리 정해지는 것이 아니라 투표자에 의해 자유롭게 선택되는 한 (그리고 이것이 본질적인 조건이다) 그것은 근대 자연권의 원칙들과 상반되지 않는다.

물론, 우월성의 내용에 대한 이러한 선택의 자유는 현재의 대의 정부 하에서 불충분하게 실현되고 있다. 과거에도 이러한 자유가 실제로 실현된 적은 없었다. 그렇다고, 여기서 변호하고 있는 입장을 통해 현상 유지를 정당화하려는 것은 아니다. 오히려 선거를 대의 정부 확립을 주관했던 기준 원칙들과 동일 선상으로 끌어들이기 위해, 대의 정부에 요구되는 변화의 방향을 지적하려는 것이다.

그러한 변화들 중 우선적이고 가장 중요한 것은 선거에서 경제적인 자원이 차지하는 역할에 관한 것이다. 탁월함과 두드러짐의 제약이 근대 정치적 권리의 규범에 저촉되지 않는 것과는 달리, 부의 제약이 저촉된다는 점에는 의심의 여지가 없다. 그러나 그 이유가 부가 통치자를 선택하는 범주로서 기능하기에 특별히 적합하지 않기 때문은 아니다. 즉, 부유한 후보(혹은 자금을 모금하는 과정에서 후보들이 주로 접근하고자 하는 부유한 계급들)는 정보를 유포시키는 비용에 있어 유리하고, 이로 인해 부의 우월성은 그 자체로 권력을 부여하기 때문이지, 투표자들이 부를 선택의 적절한 기준으로 선택하기 때문은 아니다. 유권자가 부에 가치를 두고 부를 선택 기준으로 받아들이기로 자유롭게 결정하는 상황을 상상해 볼 수 있다. 그들은 부자가 가난한 사람보다 훌륭한 통치자가 되리라고 믿을 수 있다. 예컨대, 부와 교육 사이에는 종종 상관관계가 존재하기 때문이다. 그러한 경우에, 부는 적절한 탁월성으로 자유롭게 선택되었기 때문에, 근대적 권리의 원칙에 저촉되는 것은 아니다. 따라서 첫 번째 요구되는 변화는 선거에 있어 부의 효과를 제거하는 것이다. 선거 비용의 상한선과 이 상한선의 엄격한 집행, 그리고 선거 운동 자금의 공적 충당은 이러한 목적을 향해 나아가는 가장 확실한 수단이다. 그러나 최근의 경험은 그러한 조치들이 충분치 않음을 보여 주고 있다. 그것은 상당한 기술적 어려움을 드러내고 있고, 심지어 오늘날에도 이 문제를 만족스럽게 해결한 대의 정부는 없는 것으로 보인다. 그러나 비록 부의 부적절한 효과를 완전히 제거하기는 힘들다 하더라도, 변화의 일반적인 방향은 상당히 분명하다.

두 번째의 변화도 요구되지만, 그것의 실제적인 관련은 훨씬 덜 분명하다. 앞서 살펴보았듯이, 선택 기준으로 기능할 수 있는 구별된 특성들 안에서 선거는 그 자체로 변화에 개방되어 있다. 실제로 지난 두 세기에 걸쳐 그러한 변화가 일어났음을 역사는 보여 준다. 상이한 형태의 엘리트들이 권력을 서로서로 계승해 왔다.[19] 자연권의 요구라는 측면에서, 변화에 대한 이러한 개방성은 선거가 가진 장점 가운데 하나이다. 이러한 개방성은 시민들이 우월성의 종류를 자유롭게 선택할 수 있기 위한 필요조건이다. 그러나 이 경우, 변화에 대한 개방성은 선택의 자유를 보장해 주기에 충분하지는 않다. 지난 200년 동안 선출된 엘리트의 형태에서 볼 수 있듯, 그러한 변화는 주로 사회적, 경제적, 그리고 기술적인 발전에 따른 것으로 보인다. 그러나 만약 우월성의 구체적인 내용이 오직 외적인 요소와 환경에 의해서만 결정된다면, 선택의 자유가 보장된 것이 아니다. 선출된 사람들의 탁월한 특성들은 가능한 한 반드시 의식적이고 사려 깊은 투표자가 선택한 결과여야 한다.

그러나 이러한 변화가 달성되었다고 할지라도, 이른바 대표가 유권자와 유사해야 한다는 것 한 가지는 여전히 선거 절차에 의해 배제될 것이다. 선출된 대표는 반드시 그들을 선출한 사람과 구별되는, 그리고 그들을 우월하게 만드는 긍정적으로 평가받는 자질을 가지고 있어야만 한다. 18세기 말 이래, 통치자와 피통치자 사이의 유사성이라는 민주주의적 이상이 얼마나 강력한 호소인지 증명해 왔고, 그 결과 다소 수정된다고 하더라도 이러한 이상은 선거 절차와 원칙적으로 양립할 수 없다는 것을 보여주는 것이 중요할 것이다.

선거 체제하에서 유일하게 가능한 질문은 통치하는 사람의 우월성의 형태에 관한 것이다. 그러나 "누가 통치를 해야만 하는 최고들인가?"라고 물었을 때, 민주주의자는 인민이 결정을 내리게 한다.

19_ 6장에서 이 주제에 대해 다룰 것이다.

5장

인민의 평결

5장_ 인민의 평결

20세기의 몇몇 학자들은 (주로 그 비판자들이) 엘리트주의로 분류했던 민주주의 이론을 주장해 왔다.1) 최초이자 가장 영향력 있는 이론은 죠셉 슘페터Joseph Schumpeter에 의해 발전되었다. 이러한 이론들은 영국, 미합중국, 프랑스 지역의 정치 체제 ― 즉, 우리가 여기에서 대의제라고 부르는 정부 형태들 ― 를 지칭하기 위해 민주주의라는 용어를 사용하고 있다.

이러한 이론들은 엘리트주의로 불렸는데, 그 이유는 이 이론들이 (앞 장에서 정의했던 것처럼) 대표되는 사람에 비해 대표가 질적으로 우수하다는 것을 강조했기 때문이 아니라, 대의 정부와 인민에 의한 정부 사이의 또 다른 본질적인 차이를 강조하기 때문이다. 한편, "엘리트주의"라는 별칭은 이러한 이론에 적합하지 않다고 주장하는 사람들도 있다. 즉, 이는 모스카Gaetano Mosca나 파레토 등의 엘리트 개념을 그 이론에 잘못 적용한 것으로, 궁극적으로 이러한 용어는 학문적 분석보다는 정치적 논쟁과 관련이 있다는 것이다. 물론, 이러한 지적이 근거 없는 것은 아니다.2) (이러한 이론의 선구자만 살펴본다면) 슘페터가 엘리트라는 개념을 사용하지 않았던 것은 사실이다. 그는 대표의 특성에는 관심이 없었으며, 모스카나 파레토에 대해 언급하지도 않았다. 그럼에도 불구하고 왜 많은 저자들이

1_ 예를 들어 P. Bachrach, *The Theory of Democratic Elitism: A Critique*(Boston: Little Brown, 1967)를 볼 것. 바크라크는 "민주적 엘리트주의"라는 제목하에 죠셉 슘페터, 로버트 달, 지오반니 사르토리 등이 *Capitalism, Socialism, and Democracy*(1942), 3판(New York: Harper & Row, 1957), *A Preface to Democratic Theory*(Chicago: University of Chicago Press, 1956), *Democratic Theory*(Detroit, MI: Wayne State University Press, 1962)에서 제시한 민주주의론을 한 부류로 분류하고 있다.

2_ 이러한 관점은 특히 사르토리의 최근 저작 *The Theory of Democracy Revisited*, 2 vols. (Chatham: Chatham House Publishers, 1987), Vol. I, 157에 잘 정리되어 있다.

슘페터의 민주주의에 대한 정의를 엘리트주의로 보았는지 이해할 수 있다.

슘페터는 "고전적" 민주주의 개념은 선거민이 공공 업무를 결정한다고 가정하지만, 대의 민주주의의 경험적 실상은 이와 다르다고 강조했다. 선거는 정책과 관련된 대중의 의지를 표현하지 않는다고 슘페터는 주장했다. 그는 대의 민주주의에서 인민은 "자신의 의지를 행동으로 옮기기 위해 모이는 개인을 선택함으로써" 간접적으로 통치하는 것이 아니라고 주장한다.3) 인민은 수많은 경쟁자들 중에서 정치적 결정을 내릴 사람을 선택할 뿐이다. 따라서 종종 인용되는 구절에서, 슘페터는 민주주의(혹은 대의 정부)를 "정치적 결정에 도달하기 위한 제도적 장치로, 그 안에서 개인들이 인민의 표를 얻기 위해 경쟁적으로 투쟁함으로써, 결정을 내릴 수 있는 권력을 획득하는" 체제로 정의했다.4) 이러한 개념에서 보자면, 대표는 선거에서 표현되는 민중의 의지를 이행할 책임이 있는 대리인이 아니다. 슘페터는 대의 민주주의를 인민에 의한 간접 통치와는 다른 어떤 것으로 정의한다. 그러한 이유에서 그의 이론은 엘리트주의로 불려왔고, 여기서 엘리트주의는 민주주의적인 것과 대립된다. 인민에 의한 정부를 지지하는 사람들은 대의 민주주의를 표를 얻기 위한 경쟁으로 축소시키려는 생각을 비민주주의적인 것으로 이해한다.

용어상의 문제를 접어둔다면, 슘페터와 비판자들 사이의 논쟁은 한 가지 실질적인 문제에 주목하고 있다. 즉, 대의제도는 통치자의 결정과 유권자의 정책 선호 사이에 어떤 종류의 연계성을 만들어 내는가 하는 문제다. 우리는 대의 정부의 설립자들이 민중의 의지가 통치하는 체제를 만들고자 하지 않았으며, 그렇다고 대표의 결정이 유권자의 뜻과 아무 상관이 없는 체제를 원하지도 않았음을 살펴보았다. 앞서 살펴보았던 것처럼, 매디슨은 공화주의 정부 또는 대의 정부를 "선택된 시민 집단이라는 매개를 거치면서 대중의 견해가 정제되고 확대"되는 하나의 제도로 묘사했다(Federalist 10). 따라서 인민의 선호와 대표의 결정 사이에 어떤 종류의 연계가 있다고 가정하거나 전제했던 것이다. 그러나 매디슨이 채

3_ Schumpeter, *Capitalism, Socialism, and Democracy*, p. 250.
4_ 같은 책, p. 269.

택한 용어들은 단지 은유일 뿐이다. 이러한 이미지들은 암시적이긴 하지만, 그것의 정확한 의미는 여전히 불분명하다.

따라서 우리는 대의 정부에서 공적 결정이 이루어지는 제도적 장치와, 공적 결정이 유권자의 선호와 어떻게 관련되는지 검토해야 한다.

대표의 부분적 독립성

대의 정부의 제도적 메커니즘은 대표에게 유권자의 선호로부터의 독립성을 어느 정도 허용한다. 대의제도는 대표의 독립성을 훼손할 수 있는 두 가지의 일, 즉 구속적 위임imperative mandate과 대표의 임의적 해임discretionary revocability 혹은 소환recall을 인정하지 않는다(사실상 명시적으로 금지한다). 18세기 말 이래 설립된 어떤 대의 정부도 구속적 위임을 인정하거나, 유권자가 내린 명령에 법적 구속력을 부여하지 않았다. 구속적 위임과 임의적 해임은 대표를 항시적으로 해임하는 데 사용되지 않았다.

18세기 영국에서 하원의원은 특정 선거구가 아니라 국가를 대표한다고 널리 인식되었다. 따라서 각 선거구의 유권자는 대표에게 "지시"를 내릴 수 없었다.5) 19세기 초 급진주의자들은 후보에게 "공약"을 요구함으로써 지시와 유사한 관행을 재도입하려 했다. 실제로, 제1차 선거법 개정(1832) 직후 급진주의자들은 대표들이 법적으로 이러한 공약을 존중할 필요가 있다고 요구했다. 그러나 급진주의자들의 일차적 목적은 하원의 임기를 줄이려는 것이었다(1716년의 7년 법은 임기를 7년으로 정했다*). 그들이 볼 때, 공약은 하원의 임기를 단축하는 데 실패한 결과 단지 편의적으로 행해졌던 "미봉책"에 불과했다.6) 게다가 벤담J. Bentham**도 지

5_ J. R. Pole, *The Gift of Government. Political Responsibility from the English Restoration to the American Independence*(Athens: University of Georgia Press, 1983), p. 103을 볼 것.

6_ "보다 짧은 하원의 임기가 보장되지 않는 한, 공약은 미봉책에 불과하다"라고 급진주의적 팜플릿의 저자 웨이크필드D. Wakefield는 쓰고 있다("Pledges defended: a letter to the Lambeth electors"[1832]), N. Gash, *Politics in the Age of Peel*[1953](New York: Norton Library, 1971), p. 300에서 인용.

시의 관례를 거부했다는 점을 주목해야 한다. 즉 유권자는 대표를 다시 선택하지 않을 수 있는 권리를 통해서만 그들의 대표에게 영향을 주어야 한다는 것이다.7) 이처럼 어떤 경우에도, 선거 공약은 영국에서 법적 구속력을 갖지 못했다.

미국에서 지시의 관례는 식민지 시기와 독립 후의 처음 10년 동안에는 광범위하게 행해졌다.8) 특히 뉴잉글랜드와 같은 몇몇 주에서는, 주 헌법에 명령권을 명시하기도 했다. 제1차 연방회의(1787년 헌법하에서 선출)에서 후에 권리장전이 되는 수정 조항을 논의할 때, 몇몇 의원들이 대표자에 대한 명령권을 (종교와 표현의 자유를 보장한) 제1차 수정 조항에 포함시킬 것을 제안했다. 이 제안은 장기간 논의되었으나 결국 부결되었다.9) 미국 유권자들은 여전히 지시를 내릴 수 있는 자유가 있었지만, 이 지시는 법적인 구속력을 갖지는 못했다.

1789년에 소집되었던 대표들을 포함해서, 프랑스에서 삼부회 대표는 지시(불만 사항 목록cahiers de doléances으로 불렸던)의 전달자였다. 프랑스 혁명가들의 첫 번째 결정(1789년 7월) 가운데 하나는 구속적 위임을 금지하는 것이었으며, 이 결정에 대해서는 혁명 기간이나 그 이후에 한번도 이의가 제기된 적이 없다. 1793~94년에 "쌍 뀔로뜨" 운동의 한 분파는

7_ J. Bentham, *Constitutional Code*[1822-34], F. Rosen and J. H. Burns (ed.)(Oxford: Clarendon Press, 1983), Vol. I , p. 26.

8_ J. P. Reid, *The Concept of Representation in the Age of the American Revolution*(Chicago: University of Chicago Press, 1989), pp. 100-102를 볼 것.

9_ 하원에서의 심의(1789년 8월 15일)를 볼 것(Annals of Congress. *The Debates and Proceedings in the Congress of the United States*, Vol. I), P. B. Kurland and R. Lerner (eds.), *The Founders' Constitution*, 5 vols.(Chicago: University of Chicago Press, 1987), Vol. I , pp. 413-4180에서 재인용.

* 이 법은 조지 1세 때 의원의 임기를 7년으로 제한한 법이다. 이 법은 22년 전 휘그파에 의해 주도된 3년마다 선거를 하도록 명한 1694년 법을 변경한 것이다. 이 법이 통과된 배경에는 자코뱅적 공화주의에 대한 전반적인 반감, 그리고 계속해서 정권을 잡으려던 휘그파의 정치적 계산이 있었다. 선거를 자주해서 정부의 권력을 축소시키려던 휘그파가 임기를 연장하는 역설적인 결과를 가져왔다.

** 제레미 벤담(1748~1832): 영국의 철학자·경제학자·법이론가. 한때 토리당을 지지한 적이 있었으나 계몽주의 정치 이론의 영향을 받아 민주주의자가 되었다. 1809년에 『의회 개혁론』*A Catechism of Parliamentary Reform*을 써서 선거의 연례화, 선거구의 균등화, 참정권의 확대, 비밀 투표 등을 주창했다.

임기 중 어느 때라도 지방 의회가 선출된 공직자를 해임할 수 있도록 압력을 가했다. 1793년 국민의회에서 통과된 헌법은 이러한 조항을 가지고 있었으나, 이 헌법은 한 번도 효력을 발휘하지 못했다.

약 1세기 후, 파리꼬뮨(1871)은 평의회the Council 위원들에 대한 항시적 해임 제도를 도입했다. 사실상 맑스K. Marx*는 이 조치를 꼬뮨의 가장 중요하고 신뢰할 만한 정치적 고안물 가운데 하나로 보았다. 맑스는 보통 선거권에 의해 선출된 꼬뮨 위원회 구성원들은 "[시민에게-역자] 책임을 지며, 언제라도 해임될 수 있다"고 지적한 후,[10] 대표에 대한 루소의 유명한 장(章)을 연상시키는 구절에서 이러한 제도를 격찬했다. "보통 선거는, 의회에서 인민을 '대표하고' 유린할 수 있는ver-und zertreten soll 지배계급의 구성원을 3년 또는 6년마다 결정하기보다는, 모든 고용주가 각자의 사업을 위해 노동자, 검사관, 회계사를 찾듯이, 꼬뮨으로 구성된 인민에게 봉사해야 한다. 그리고 주지하듯이 실제 사업에서, 개인과 마찬가지로 기업은 각각의 사람을 어디에 배치해야 하는지를 언제나 잘 알고 있으며, 만약 그들이 실수를 하게 된다면 즉각적으로 바로잡을 수 있다."[11] 그러나 맑스가 과시한 이러한 조치는 꼬뮨만큼이나 단명하고 말았다.

결국 선거의 귀족주의적 효과와 더불어, 대의 정부와 인민에 의한 인민

10_ Marx, *Der Bürgerkrieg in Frankreich*[1871], in Karl Marx and Friedrich Engels, *Werke*, 36 vols.(Berlin: Dietz Verlag, 1957-67), Vol. XVII, p. 339. English trans. *The Civil War in France*, in K. Marx and F. Engels, *Collected Works*(New York: International Publishers, 1986), Vol. X XII, p. 331. 영어 번역이 정확하지 않다는 점을 반드시 지적해야 겠다. 영어 번역은 다음과 같이 읽힌다. 즉, 위원회 위원들은 "책임이 있고, 한시적으로만 해임될 수 있다." 독일어 "jederzeit"는 "한시적으로"at short time가 아니라 "언제든지"at any time를 의미한다. 이 차이는 미미한 것이 아니다.

11_ Marx, *Der Bürgerkrieg in Frankreich*, p. 340. English trans. *The Civil War in France*, p. 333. 이 곳의 영어 번역 역시 정확하지 않다. 여기서 인용한 구절의 첫 번째 문장은 다음과 같이 해석되어 있다. "3년 혹은 6년마다 어떤 지배계급의 구성원들이 의회에서 인민을 잘못 대표했나를 결정하는 대신에." 동일한 구절에서 하나의 동사 misrepresent만으로 맑스가 결합한 두 개의 독일어 동사 vertreten(대표하다), zertreten(유린하다)를 표현하는 것은 부정확할 뿐 아니라, 맑스의 정식이 내포하고 있는 대표성에 대한 급진적 비판을 전달하는 데 완전히 실패했다. *The Civil War in France*, in Marx-Engels Reader, R. Tucker (ed.)(New York: W. W. Norton, 1972), p. 633[루소의 유명한 구절은 바로 『사회계약론』 3권 15장을 말한다-역자].

* 맑스(1818~1883): 과학적 사회주의의 창시자로서 프리드리히 엥겔스와 함께 『공산당 선언』 *Manifest der Kommunistischen Partei*(1848) · 『자본론』*Das Kapital*(1867, 1885, 1894) 등을 집필했다.

의 정부로 이해되는 민주주의 사이에 또 다른 차이가 나타난다. 18세기 말엽 루소와 같이 대의제를 거부했던 사람들은 이 차이 역시 명확히 알고 있었다. 근대 국가의 크기로 인해 필요하게 된 정부 기능의 위임은, 인민에 의한 정부의 원리와 양립할 수 있는 것으로 이해되었다. 이것은 대표가 유권자의 지시를 수행하도록 법적 의무를 확립함으로써 이루어질 수 있었다. 루소는 『폴란드 정부에 대한 고찰』Consideration on the Government of Poland에서 현실적인 이유로 대의제의 한 형태를 받아들였다. 여기에서 루소는 자신의 원칙으로부터 논리적 결과를 이끌어 내고는, 구속적 위임의 실행을 추천했다.12) 결국 인민에 의한 정부와 대의제를 구분하는 것은 제한된 수의 시민에게 통치를 위임한다는 것만을 의미하지 않는다. 나아가 대표가 그들이 대표하는 사람보다 질적 우월성을 갖는 것만도 아니다. 두 체제의 차이는 대표의 부분적 독립성에서도 기인한다.

이에 따라 인민에게 대표에 대한 완전한 통제권을 주는 제도나 관례들이 제안되어 왔고, 때로는 제정되기도 했다. 추첨과 마찬가지로, 이런 제도들이 전적으로 실행 불가능한 것은 아니었다.13) 물론 다음과 같이 주장할 수도 있다. 즉 집단적 삶에 필수적인 행위 영역이 일반적이며 비교적 안정적인 방식을 넘어선, 그리고 공적 권위가 엄청난 수의 구체적 결정을 내리고 변화하는 환경에 적응해야 할 필요가 있는 정부에서 구속적 위임은 실행될 수 없다는 것이다. 지시는 정부가 직면하게 될 주제들을 유권자가 미리 알고 있다는 것을 전제로 한다.14) 그러나 이러한 주장은 대표에 대한 항시적 해임권에는 해당되지 않는다. 소환에 응해야 한다는 것은 대표자들에게 예측할 수 없는 상황에 대응할 행동의 자유를 남겨 두는

12_ J. J. Rousseau, *Considérations sur le Gouvernement de Pologne*[1772], in J. J. Rousseau, *Oeuvres Complètes*, Vol.Ⅲ(Paris: Gallimard, 1964), p. 980. English trans. *Considerations on the Government of Poland*, in J. J. Rousseau, *Political Writings*, trans. F. Watkins(Madison: University of Wisconsin Press, 1986), pp. 193-194.

13_ 베버M. Weber가 다음의 관례와 제도를 직접 민주주의의 특징으로 생각한 것은 주목할 만하다. 즉, 공적 권위에 대한 항시적 해임, 공직의 교체, 추첨에 의한 공직자의 선발, 그리고 구속적 위임. Max Weber, *Economy and Society*[1921], G. Roso and C. Wittich, (ed.) 2 vols.(Berkeley: University of California Press, 1978), Vol. I, part 1, ch. 3, § 19, p. 289.

14_ 이러한 논의는 특히 막스 베버에 의해 주창되었다. *Economy and Society*, Vol.Ⅱ. ch. 14, sec. 2, §5, p. 1128을 볼 것.

것이다. 그러나 동시에 항시적 해임권은 유권자의 선호와 권력을 휘두르는 사람의 결정 사이의 합일을 보장한다. 왜냐하면 투표자는 자신이 동의하지 않는 결정을 내린 대표를 즉각 처벌하고 해임할 수 있기 때문이다. 실행 가능한 제도임에도 불구하고, 해임은 아마도 순전히 실천적 이유보다는 원칙이라는 구실로 인해 제대로 확립되지 못했다. 게다가 구속적 위임과 항시적 소환권이 거부된 이유가 무엇이었던 간에, 이후 한번도 도전받지 않았던 그와 같은 최초의 결정은 피통치자의 선호와 선출된 사람들의 결정 사이의 완전한 합일을 보장하는 제도와 대의 정부 간의 근본적인 차이를 보여 준다.

　강령이나 공약을 내세울 수는 있다. 그러나 대표는 언제나 강령이나 공약의 이행 여부를 결정할 자유를 갖는다. 물론 대표에게는 공약을 지키려는 동기가 있다. 약속을 지키는 것은 뿌리깊은 사회적 규범이며, 공약을 어기면 재선이 어려울 수 있다. 그러나 대표는 예외적인 상황에서 만일 다른 사항들이 자신의 경력보다 더 중요하다면, 재선의 전망을 희생시킬 자유를 여전히 갖고 있다. 나아가, 재선에 도전할 때 대표들은, 비록 공약을 배신하는 행위였다고 하더라도, 그럴 만한 충분한 이유가 있었다고 투표자들을 설득할 수 있으리라 기대할 수도 있다. 유권자의 의지와 선출된 대표의 행위 사이의 연계가 엄격하게 보장되지 않기 때문에, 대표는 항상 어느 정도의 자유 재량을 갖는다. 대의 민주주의에서는 인민이 그들의 대표를 통해서 통치한다고 주장하는 사람들은, 적어도 이것이 대표가 유권자의 소망을 실행해야 한다는 것을 의미하는 것은 아니라는 사실을 인정해야 한다.

여론의 자유

　18세기 말 이후 대의제도는 정부의 통제 밖에서 언제든지 정치적 의견을 형성하고 표현할 수 있는 피통치자의 자유를 수반했다. 대의 정부와 정견(政見)의 자유 사이의 연계는 미국에서는 즉각적으로, 영국에서는 점진적으로, 그리고 프랑스에서는 복잡한 과정을 통해서 이루어졌다.

정견의 자유는 두 가지 요소를 필요로 한다. 피통치자가 정치적 문제에 대해 자신의 의견을 갖기 위해서는, 반드시 정치적 정보를 접할 수 있어야 하며, 이를 위해서는 정부의 결정이 공개적으로 이루어져야 한다. 만약 정부에 있는 사람들이 비밀리에 결정을 내린다면, 피통치자는 정치적 문제에 대한 의견을 형성하는 데 있어 불충분한 정보만을 갖게 된다. 의회 논쟁을 대중적인 지식으로 만드는 것은 18세기 말 영국에서 받아들여졌다(그 이전에는 논쟁을 비밀로 하는 것이 국왕의 개입에 대한 핵심적인 방어책으로서, 의회의 특권으로 여겨졌다).15) 미국에서는, 대륙의회와 필라델피아 제헌의회의 심의가 비밀에 부쳐졌다. 미국 헌법하에서 선출된 최초의 상원은 처음에는 의사 진행을 공개하지 않기로 결정했지만, 4년 후에 이러한 관례는 폐지되었다.16) 프랑스에서는, 1789년에 열린 삼부회에서 처음부터 공개 원칙을 채택했으며, 그 이후 혁명의회의 모든 토론은 대중이 함께 한 자리에서 이루어졌다. 관람석으로부터의 압력(위협은 말할 것도 없고)은 연이은 혁명의회의 토론에 악영향을 미쳤다. 프랑스와 미국의 사례는, 시민들에게 지속적으로 정보를 제공하기 위해 정치 행위를 어느 정도 공개하는 것이 필수적이라 하더라도, 이런 공개가 정책 결정의 모든 단계마다 필요한 것은 아니라는 사실을 시사한다. 프랑스의 대중이 다양한 혁명적 헌법들과 관련해서 가졌던 것보다, 대체적으로 미국의 대중이 (필라델피아 제헌의회에서 비준논쟁까지) 헌법에 대해 의견을 형성할 기회가 더 많았다고 생각하는 것이 합당하다.

여론의 자유를 위한 두 번째 필요조건은 투표할 때만이 아니라, 언제든지 정치적 의견을 표현할 수 있는 자유다. 그러나 여론의 자유와 정부의 대의제적 특성 간의 관계는 명확하지 않다. 개인의 삶의 어떤 부분은 반드시 집단적으로 만들어진 결정으로부터, 심지어 선출된 대표들이 만든 결정으로부터 자유로워야 한다는 자유주의적 원칙을 대의 정부의 설립자들이 고수했기 때문에 대의 정부가 여론의 자유를 확립했다고 보일지도 모

15_ Pole, *The Gift of Government*, pp. 87-116을 볼 것.

16_ Pole, *The Gift of Government*, pp. 117-40을 볼 것.

른다. 실제로 이사야 벌린Isaiah Berlin에 의해 널리 알려진 구분을 따라, 여론의 자유는 정부의 침해로부터 개인을 보호한다는 "소극적 자유"의 범주에 속한다고 주장할 수도 있다. 이렇게 이해한다면, 여론의 자유는 대의 정부의 특징과 내재적 연관을 갖지 않는다. 왜냐하면 대의제는 시민들이 정부를 통제하도록 하는, 따라서 "적극적 자유"를 보장하는 것과 관련되기 때문이다. 이러한 해석에 따르면, 대의 정부는 단지 대의제의 지지자들이 동시에 우연히도 양심의 자유에 대한 지지자들이었기 때문에 여론의 자유와 연관된다.

물론, 여론의 자유가 국가의 개입으로부터 내적 믿음의 영역을 보호하려는, 종교적 자유에 대한 자각의 결과로 확립되었다는 것은 명백하다. 그러나 여론의 자유와 대의 정부에서의 시민의 정치적 역할 사이에는 중요한 본질적 연관성 또한 존재한다.

이것은 미국 헌법의 수정헌법 제1조와 이것의 채택을 둘러싼 논쟁에서 특히 뚜렷이 나타난다. 수정헌법 제1조는 다음과 같이 명시하고 있다. "연방의회는 국교를 정하거나, 또는 자유로운 종교 활동을 금지하는 법을 제정할 수 없다. 또한 언론, 출판의 자유나 국민이 평화롭게 집회에 참여할 수 있는 권리, 그리고 불만 사항을 시정하기 위해 정부에 청원할 수 있는 권리를 제한하는 법을 제정할 수 없다." 따라서 종교의 자유와 정치적 표현의 자유는 밀접하게 연결된다. 또한 이 서술은 의견의 개인적 표현과 집단적 표현을 연결시키고 있다는 점에도 주목해야 한다. 즉 개인들에게 적용되는 종교의 자유가 집단적 표현인 집회 및 청원의 권리와 결합된다. 어떤 표현의 집단적 특징은 그것의 정치적 비중에 영향을 미친다. 다시 말해, 당국자들은 분산된 개인적 의견의 표출은 별다른 위험 없이 무시할 수 있지만, 평화롭다 하더라도 거리에 모인 군중들이나 수천 명이 서명한 청원은 쉽게 무시할 수는 없다. 결국 동일한 조항에서 집회의 자유와 "불만 사항들을 시정하기 위한 정부 청원"의 자유를 결합함으로써, 수정헌법 제1조는 그것의 정치적 차원을 분명하게 드러낸다. 즉, 그것은 일반적인 의견의 집단적 표현뿐만 아니라, 정부 당국으로부터 무언가를 획득하려는 의지를 갖고 특별히 정부에 항의하는 사람들을 보호하는 것과 연관된다. 첫 번째 수정 조항이 종교적 자유를 보장하는 동시에 정부에 청원할 수 있는 자유를 보장하기 때문에, 단지 개인의 "소극적 자유"뿐만 아니라, 시민들이 정부에 적극적으로 영향을 미칠 수 있는 경로 또한 제공해 준다.

게다가 첫 번째 수정 조항을 채택하기 위한 토론은 헌법 기초자들이 명백하게 이 조항의 정치적 함의를 염두에 두었다는 것을 보여 준다. 지시와 구속적 위임의 문제가 이때 논의되었다는 사실만으로도 토론 참여자들이 표현의 자유와 대의제 간의 연계를 인지하고 있었다는 것을 보여 준다. 그러나 여러 연설, 특히 매디슨의 연설은 첫 번째 수정조항의 정치적 중요성을 보다 분명히 드러내고 있다.

"지시의 권리"라는 부가 조항을 제안하고 지지했던 사람들은, 공화주의 정부에서 인민은 반드시 자신의 의지를 관철시킬 수 있는 권리를 가져야 한다고 주장했다. 매디슨은 이러한 원칙은 "어떤 측면에서는" 진실이지만, "다른 측면에서는 그렇지 않다"고 답하면서, 수정 조항에 지시의 권리를 포함하는 것을 반대했다.

> 이것이 진실이라는 견해에서, 우리는 우리가 해 왔던 바 [즉, 제안되었던 그리고 결국 채택된 것 그대로 수정 조항을 공식화한 것] 안에서 그 권리를 충분히 옹호해 왔습니다. 만약 단지 국민이 그들의 감정과 소망을 표현하고 소통할 권리가 있다는 뜻에서라면, 우리는 이미 그러한 권리를 규정했습니다. 표현의 자유라는 권리는 확보되었고, 출판의 자유는 이미 이 정부의 권한 밖에 있도록 선언되었습니다. 따라서 국민은 공개적으로 대표에게 의견을 제출할 수 있고, 개인적으로 충고할 수 있으며, 청원으로 그들의 감정을 공표할 수 있습니다. 이러한 모든 방법을 통해 그들은 자신의 의지를 전달할 수 있습니다.[17]

정치적 차원에서 이해한다면, 의견의 자유는 곧 지시의 부재에 대한 대응인 듯 하다. 여론의 자유란 대의제의 민주적 특징으로, 이것은 통치자에게 인민의 목소리가 전해지도록 하는 어떤 수단을 제공한다. 반면 대표

---

[17]_ Madison, "Address to the Chamber of Representatives," August 15, 1789(*Annals of Congress, The Debates and Proceedings in the Congress of the United States*, Vol. Ⅰ, Kurland and Lerner (eds.), *The Founders' Constitution*, p. 415.

의 독립은 명백히 대의제의 비민주적 특징이다. 대표는 인민이 원하는 대로 행동할 필요도 없지만, 그들을 무시할 수도 없다. 즉 여론의 자유는 인민의 요구가 표현될 수 있고, 통치하는 사람들의 관심을 끌 수 있도록 보장한다. 최종 결정을 내리는 것은 바로 대표이지만, 대표의 결정 과정에서 인민의 의지가 하나의 고려 사항이 되도록 하는 틀이 만들어지는 것이다.

여기에서 핵심 요소는 의견의 공개적 표현이다. 이것은 통치하는 사람들이 대중적 의견에 관심을 갖도록 할 뿐만 아니라, 피통치자들 스스로를 연결시키는 효과를 가진다. 사실상 의사소통의 이러한 수평적 차원은 피통치자들과 정부 사이의 수직적 관계에도 영향을 미친다. 즉 인민들이 서로의 의견을 알고 있으면 있을수록, 통치자들은 그들의 의견을 받아들이려는 동기가 더 강해진다는 것이다. 자신들이 서로 비슷한 시각을 표명하고 있다는 점을 발견할 때, 각각의 개인들은 자기만이 어떤 특별한 의견을 가진 것이 아니라는 것을 깨닫게 된다. 동일한 의견을 표현하는 사람들은 견해의 유사성을 깨닫게 되고, 이러한 깨달음은 그러한 의견을 자신들 내에서만 가지고 있었다면 가능하지 않았을 행동을 취할 역량을 그들에게 제공한다. 사람들이 고립되지 않았다고 느낄수록, 그들은 자신의 잠재적 힘을 더욱 깨닫게 되고, 스스로를 조직할 능력을 더 많이 갖게 되며, 정부에 압력을 행사할 수 있게 된다. 관점의 유사성에 대한 인식이 항상 조직과 행동으로 나타나는 것은 아니지만, 일반적으로 그러한 인식은 조직과 행동을 위한 필요조건이라고 할 수 있다. 게다가 어떤 의견의 공개적 표현은 추진력을 만들어 낸다. 다른 사람들이 큰 소리로 주장하는 어떤 의견을 조용히 간직하고 있던 사람은, 자기 혼자만 그렇게 생각하고 있는 것이 아니라는 사실을 발견할 때 더욱 확신에 차게 되고, 그럼으로써 그들은 더욱 그 의견을 표현하려는 경향을 가지게 된다.

사실상, 독재의 가장 오랜 격언 가운데 하나는 신민들subjects 사이의 의사소통을 막으라는 것이다. 독재자들은 종종 모든 신민들의 정치적 견해를 개별적으로 알고자 노력하며 하나의 집합적인 그림을 만들려고 노력하지만, 그들은 이러한 정보를 독점하려고 한다.[18] 반면 대의 정부의 두드러진 특징 가운데 하나는 정부 당국과는 독립적으로, 피통치자들이 서로의 견해를 알 수 있는 가능성이다.

공유되는 어떤 정치적 견해의 표출이 모든 피통치자들 혹은 그들 중 다수를 결집시키는 경우는 거의 없다. 비록 그것이 가능하다고 하더라도, 대체적으로 유권자들이 선거 때 외에 그들 스스로를 표현하는 경우는 드물다. 대부분의 경우, 여론의 표현은 비록 큰 집단이라 하더라도 특정 집단의 견해일 뿐이라는 점에서 여전히 부분적인 것이다. 최근, 새로운 여론 표출의 형태로 추가된 여론 조사도 예외는 아니다. 여론 조사 역시 대중적 의지의 부분적인 표현이다. 이는 적은 수의 시민이 설문 조사에 참여했기 때문이 아니라(적절하게 사용된 표본 추출은 표본 집단과 전체 인구의 여론 분포가 거의 동일하다는 것을 보증한다), 질문이 특정인, 즉 조사 기관과 그들의 의뢰인에 의해서 만들어지기 때문이다. 전체 인구가 의견을 표출한다 하더라도, 그것은 특정 사회 집단에 의해 선택된 주제에 대한 의사표시에 불과하다. 게다가 응답자는 자신이 원하는 모든 의견을 표현할 수 있는 것이 아니라, 미리 결정된 선택 항목들 가운데서 선택해야만 한다. 이는 선거에도 해당되는데, 시민들은 그들 스스로가 결정한 것이 아닌 대안들의 집합(즉 후보자들) 중에서만 선택할 수 있다. 그러나 선거에서 투표자에게 궁극적으로 제공되는 선택의 항목은 모두에게(혹은 후보가 되려는 사람 모두에게) 열려진 과정의 결과물인 반면, 여론 조사에서 응답자들이 선택해야만 하는 대안은 여론 조사 기관과 의뢰인들의 독점적 통제하에 놓여 있다.

마찬가지로, (이러한 경우가 있을 수도 있지만) 공유된 정치적 의견의 표현이 그것을 표출하는 모든 사람들의 자발적인 주도에서 나오는 경우는 매우 드물다. 통상적으로, 주도권은 대규모 집단에 동일한 의견의 표출을 요구하는 훨씬 작은 규모의 집단에서 비롯된다. 예를 들어, 적은 수의 투사들이 시위를 조직한 뒤, 다른 사람들에게 참여를 권유하거나, 몇몇 잘 알려진 명사들이 청원을 시작하고 이에 대한 서명을 요청한다. 그럼에도 불구하고 여전히 자발성의 기준은 문제가 되는 의견에 목소리를 내기로

18_ 예를 들면, 과거 공산주의 국가의 정부에서는 수시로 여론을 조사했으며, 심지어 해당 분야의 서구 전문가들로부터 조언을 듣기도 했다. 물론 그러한 여론 조사 결과는 한번도 공개되지 않았다.

동의한 사람들의 표현에 있다. 그들은 시위에서 떨어져 있었을 수도 있고, 아니면 청원서에 서명하기를 거부했을 수도 있다. 왜냐하면 이렇게 거부를 하는 것에는 아무런 불이익도 따르지 않기 때문이다. 더욱 중요한 것은, 의사 표현을 정부가 강제하지도 요청하지도 않았다는 사실이다. 이러한 점에 있어, 여론 조사 역시 예외는 아니다. 비록 여론 조사 기관과 그들의 의뢰자가, 제시된 관점 가운데 어떤 한 관점만을 표현하도록 면접자를 유도하지는 않지만, 그들은 어떤 질문을 던질 것인가에 있어서, 그리고 그들이 가장 적절한 방법이라고 간주하는 방식으로 그러한 질문을 조직하는 데에 있어 주도권을 가진다. 그러므로 여론 조사란 시위나 청원 이상의 전적으로 자발적인 의견들을 제공하지는 못한다.

직접 민주주의라는 이상(혹은 이데올로기)의 부활은 여론 조사의 등장과 발전을 수반했다. 여론 조사를 통해, 마침내 사람들이 실제로 그리고 자발적으로 믿거나 원하는 것을 아무런 불순한 매개 없이 찾아낼 수 있다고 이야기하곤 한다.[19] 여론 조사를 비판하는 사람들은 여론 조사는 사람들의 관심사와 매우 동떨어져 있을 만한 질문만을 던지며, 응답자는 조사자를 만족시키거나 무지를 드러내지 않기 위해 이 질문에 응답하기 때문에 여론 조사는 여론을 조작하는 하나의 방식일 뿐이라고 주장한다.[20] 여론 조사는 그렇게 신뢰할 만하지도 않지만, 또한 크게 비난받아야 할 것도 아니라고 말하고 싶을 수도 있다. 시위나 청원과 마찬가지로, 여론 조사는 순수하고 왜곡되지 않은 대중의 의사를 전달하는 것이 아니다. 비록 표현의 수단뿐만 아니라 중개자들의 사회적 정체성, 그리고 의견을 표현하는 사람들의 정체성이 여론 조사, 시위, 그리고 청원에 따라 다를 수 있지만, 이 모든 경우에 있어 의견은 자발적으로 나온 것이라기보다 요청된 것이다. 역으로 여론 조사가, 사람들이 자발적으로 생각하거나 관심을 가지고 있는 것을 표출한다는 환상을 없애버리면, 시위를 하라거나

19_ 이러한 기본적인 입장에 대한 주목할 만한 예는 George Gallup and Saul F. Rae, *The Pulse of Democracy*(New York: Simon & Schuster, 1940)에 나타나 있다.

20_ 예를 들어, Pierre Bourdieu, "L'opinion publique n'existe pas"[1972], in his *Questions de Sociologie*(Paris: Editions de Minuit, 1980), pp. 222-34; Pierre Bourdieu, "Questions de politique," in *Actes de la Recherche en Sciences Sociales*, Sept. 17, 1977을 볼 것.

청원에 서명을 하라고 요청하는 것보다 여론 조사가 더 조작적인 것이라고 생각할 아무런 이유도 없다.

따라서 여론 표출이 시위, 청원, 여론 조사 등 그 어떤 형식을 취하건 간에, 그것은 통상적으로 부분적이고 작은 집단에서 시작된다. 그러나 권좌에 있는 사람의 관점에서는, 이렇게 제한된 표현조차도 정책 결정의 과정에서 고려할 만한 가치가 있다. 다시 말해, 어떤 특정 집단에 의해, 특정 시기에 발표된 견해가 널리 확산될 수 있으며, 그 집단이 매우 조직적이고, 영향력이 있어서 그 의견을 무시하기 힘든 경우도 있고, 일련의 여론 조사가 앞으로 있을 선거 결과를 예측하는 어떤 추세를 보여 주기도 하기 때문이다. 정부에 있는 사람들은 이러한 다양한 가능성을 측정해서, 결과적으로 그들이 이러저러한 의견 가운데 어디에 중점을 둘지 결정해야 한다.

인민이 공공 질서를 심각하게 위협하고, **적나라한 힘의 경쟁을 통해** 정부에 있는 사람들을 제약하는 상황을 논외로 한다면, 시민들의 결속된 의지의 유일한 표현은 투표일 것이다. 그러나 선거와는 독립적으로, 피통치자는 항상 대표의 의견과는 다른 집단적 의견을 표명할 가능성이 있다. 구속력은 없지만, 정부에 있는 사람들의 통제를 넘어 스스로를 표현할 수 있는 사람들의 집단적인 목소리를 우리는 여론이라고 부른다.21)

여론의 자유는 대의 정부를 "절대적 대표성"이라고 불러온 것과 구별되게 한다. 가장 주목할 만한 절대적 대표성의 정식은 홉스에게서 발견할 수 있다. 홉스에 따르면, 개인들로 구성된 한 집단은 한 사람의 대표 또는 집단에게 그들을 대신해서 행동할 수 있는 권위를 부여하고 집단 스스로

21_ 이 용어는 관습의 문제라 할 수 있다. 최근 여론이라는 개념으로 유발된 많은 논쟁은 용어상의 문제였다는 점이 드러났다. 비록 각 주장의 세부 내용들이 때로는 실질적 이해의 문제라고 할지라도 말이다. 이 용어가 18세기에 만들어진 이래(루소, 중농주의자, 그리고 네커Necker, 벤덤을 거쳐, 토크빌, 밀 그리고 타르드Tarde에서 슈미트, 하버마스, 그리고 노엘 뉴먼Noëlle-Neumann에 이르기까지), 이 용어에 부여되어 온 다양한 의미를 역사적으로 연구하는 것은 의미 있는 일이다. 그러나 한 가지 의미에 대한 연구만으로도 책 한 권의 분량은 족히 될 것이다. 이 주제에 관해 일정 정도 연구를 하면서, 나는 내가 채택한 정의가 바로 "여론"이라는 용어에 (동시적으로 또는 연속적으로) 덧붙여진 다양한 의미들이 공유하고 있는 요소를 계속 유지하고 있다는 것을 느꼈다. 그러나 여기에서 전개된 주장의 맥락에서, 이 정의는 많은 사람들이 합의한 것으로 간주될 수 있다. 이 주장은 대의 정부에서 피통치자들이 정부의 통제를 벗어나서 표현할 수 있는 의견의 존재와 그것의 영향을 고려하고 있다. 엄밀히 말해, 이러한 의견들로 구성되는 현상을 지칭하기 위해 사용된 용어가 중요한 것은 아니다.

가 복종할 때 하나의 정치적 실체가 된다. 각자의 인격과는 독립된 대표를 지정하기 이전에는, 사람들의 통합성이란 존재하지 않는다. 그들은 이른바 **흩어진 대중**multitudo dissoluta이다. 사람들은 대표하는 사람을 통해서만 정치적인 힘과 자기 표현의 능력을 가진다. 그러나 일단 권위가 부여되면, 대표는 전적으로 대표되는 사람들을 대신한다. 사람들은 그의 목소리 외에 어떤 목소리도 가지지 않는다.[22] 여론의 자유는 바로 이러한 완전한 대체가 일어나지 못하도록 한다. 대중은 언제나 대표자로부터 독립된 (통상적으로 불완전한) 통합성을 소유한 하나의 정치적 실체로 스스로를 표명할 수 있다. 하나의 집단으로서 개인들이 그들의 대표에게 지시를 내릴 때, 거리에 군중이 운집할 때, 청원이 회부되었을 때, 또는 여론 조사가 어떤 분명한 추세를 보일 때, 사람들은 다스리는 사람들과는 별개로 말할 수 있는 정치적 실체로 그들 스스로를 드러낸다. 여론의 자유는 대표되는 사람들이 언제나 그들의 목소리를 낼 수 있는 가능성을 항상 열어놓는다. 따라서 대의 정부는 대표들이 전적인 확신과 분명함을 가지고 "우리 인민"We the people이라고 말할 수 없는 체제이다.

대중적 자치와 절대적 대표성 모두는 통치자와 피통치자 사이의 간극을 없애는 결과를 가져왔다. 전자는 피통치자를 통치자로 만든다는 이유에서, 그리고 후자는 대표가 대표되는 사람을 대신한다는 이유에서 그러하다. 다른 한편 대의 정부는 이 간극을 유지한다.

선거의 반복적 성격

대의제에서 유권자가 대표의 결정에 영향을 미칠 수 있도록 하는 가장 중요한 특징은 선거가 반복된다는 것이다. 실제로, 반복되는 선거는 정부에 있는 사람들에게 여론을 참작하고자 하는 핵심적 동기를 제공한다.

---

[22] Hobbes, *Leviathan*[1651], C. B. Macpherson (ed.)(Harmondsworth, UK: Penguin, 1968), p. 220(ch. 16), and ch. 18을 볼 것. 홉스가 주장하는 대의제의 절대적 본질은 H. Pitkin, *The Concept of Representation*(Berkeley: University of California Press, 1967), pp. 25-27에서 통찰력 있게 분석되고 있다.

물론 대표는 이렇게 할 여타의 많은 이유를 가지고 있다. 그러나 가장 강력한 동기는 여론의 변화를 통해 향후의 선거 결과를 예측할 수 있다는 것이다.

대의 정부는 선거를 통해 통치자를 뽑는 것뿐만 아니라, 주기적으로 그들을 뽑는 것에 기초한다. 사람들은 이러한 두 번째 특성을 간과하거나 당연한 것으로 생각하는 경향이 있다. 슘페터가 그의 민주주의 이론에서 선거의 주기적 특성을 거의 언급하지 않은 것은 참으로 놀라운 일이다. 앞서 살펴보았듯이, 슘페터가 민주주의를 "고전적 개념"이 아니라 보다 관찰 가능한 실체로 정의했음에도 불구하고, 그의 정의에는 선거 경쟁이 반복된다는 경험적 사실이 포함되어 있지 않다. 슘페터는 자신의 정의를 공식화하면서, 통치자를 면직시킬 수 있는 인민의 권력이 "암묵적으로" 인정되고 있는 것이 사실이라고 덧붙였다.[23] 그러나 유권자가 경쟁적 선거라는 과정을 통해 그들의 정부를 선택할 수 있다는 원칙이 논리적으로 유권자가 또한 정부를 정기적으로 교체할 수도 있다는 것을 의미하는 것은 결코 아니다. 일반적으로 인정하듯이, 18세기 말 이래로 이러한 두 원칙은 실제에서는 항상 연관되어 왔다. 그러나 두 번째 원칙이 어떤 형태로든 첫 번째에 포함되어 있다는 주장을 정당화하지는 않는다.

실제로 통치자의 지위가 경쟁적 과정을 통해 피통치자들의 의지에 의해 주어질 수 있지만, 어떤 결정적인 형태 — 예를 들면, 종신직 선거 — 로 주어지는 상황을 상상해 볼 수 있다. 이러한 제도는 논리적으로만 가능한 것이 아니라 실제로도 제안되어 왔다. 필라델피아 제헌의회에서, 해밀턴은 종신 대통령제를 제안했다.[24] 이로부터 다음과 같은 결론을 내릴 수 있다. 즉 종신직 선거의 원칙은 사려 깊은 그리고 구체적인 이유 때문에 대의 정부의 설립자들에 의해 거부되었다는 것이다. 게다가 종신직 선거라는 제도가 하나의 중요한 특성을 가진다는 것도 명백하다. 즉 이러한 선거를 통해 통치자가 당선되면, 투표자는 통치자의 행동에 아무런 영향

23_ Schumpeter, *Capitalism, Socialism, and Democracy*, p. 269.
24_ Hamilton, speech of June 18, 1787, in M. Farrand (ed.), *The Records of the Federal Convention of 1787*, 4, vols.(New Haven, CT: Yale University Press, 1996), Vol. I, pp. 289-292.

도 줄 수 없다는 것이다. 추기경들이 교황을 뽑는다. 그러나 이것이 교황이 행위하는 데 있어서 추기경들로부터 덜 독립적으로 만들지는 않는다. 대조적으로, 만약 정부가 정기적으로 선거를 치러야 한다면, 그리고 만약 그들의 업적이 투표자를 만족시키지 못했다면, 그들은 교체될 수도 있다. 그리고 통치자의 지위에 부여된 명성과 혜택은 일반적으로 그들로 하여금 재선되기를 원하게 만든다고 가정하는 것이 타당하기 때문에, 통치자는 정책 결정에 있어 유권자가 바라는 바를 고려하게 된다.

대중적 동의가 정기적으로 갱신된다는 이 원칙을 통해, 그로티우스, 홉스, 또는 푸펜도르프 등이 정당한 것으로 간주한 정부의 형태와 대의 정부가 구별된다. 그들은 대중의 동의를 통해, 일단 권리가 주어지면, 합법적인 정부가 수립된다고 생각했다. 계승자를 임명할 권리를 주권자가 가지고 있는 경우나 왕정의 경우에 그러하다. 이 저자들에 따르면, 사람들은 한 번만 어떤 실체에게 자신을 통치할 권리를 양도할 수 있으며, 이것이 자유로운 동의인 한 그 양도는 유효한 것이고, 정당성의 충분한 원천이 된다.25) 근대 자연권 이론가들 중에서 오직 로크만이 의회의 정기적 선거를 통해 대중적 동의를 되풀이할 필요가 있다고 언급했다. 대의 정부는 시간의 역할에 대한 언급 없이는 이해될 수 없다.

미래의 정책에 대한 유권자의 선호는 공적인 결정에서 제한된 영향만을 미칠 수 있다. 왜냐하면 앞서 지적했듯이, 유권자들이 후보가 내건 공약의 실현을 위해 그 후보를 선택한다 해도, 그들은 그 후보가 선거 공약을 이행할 것이라는 아무런 보증도 가지고 있지 않기 때문이다. 이에 반해, 당선자가 정기적으로 유권자에게 책임을 지도록 요구함으로써, 대의 체제는 당선자의 정책이 유권자의 승인을 충족시키지 못한 경우 유권자에게 그들을 면직시킬 효과적인 능력을 부여한다. 물론, 시민들이 반드시 그들의 표를 공공 정책에 대한 선호를 표현하는 데 사용하는 것은 아니다.

25_ 그로티우스, 홉스, 푸펜도르프 모두는 정부를 세우기로 동의함으로써, 인민은 그 스스로를 통치할 자신의 권리를 영원히 양도했다고 강조했다. 따라서 정부의 설립은 소유의 양도와 유사하다. 즉, 어떤 사람이 물건을 팔았다면, 소유물은 양도되었다고 말해지고, 그는 소유물에 대한 모든 권리를 상실한다. 대조적으로 정기적 선거제도에서, 사람들은 통치할 권리를 일시적으로만 양도한다. 이러한 의미에서 주기적 선거는 인민 주권의 양도 불가능성을 표시하는 것이라고 할 수 있다.

왜냐하면 그들은 후보가 가진 특성에 근거해 그를 뽑을 수도 (혹은 뽑지 않을 수도) 있기 때문이다.26) 그러나 그들은 적어도 희망한다면 자신들의 표를 이미 실행되거나 제안된 정책에 대한 선호를 표현하는 데 사용할 수 있다.

    대표가 재선의 대상이 되는 상황에서, 새로운 선거는 공공 정책과 관련하여 유권자에게 두 가지 형태의 선호를 표현하도록 허용한다. 우선 사람들은 표를 통해 거부를 표현하고, 현직 의원들이 현재의 정책을 추진하지 못하도록 만들 수 있다. 또한 그들은 제안되었던 정책이 실현되도록 하는 데 그 표를 사용할 수 있다. 물론, 이런 두 가지 형태의 선호가 다양한 비율로 배합될 수 있다. 그러나 위임의 강제성이 없기 때문에, 선호의 두 가지 형태가 동일하게 효과적인 것은 아니다. 현직에 있는 사람을 다시 뽑지 않음으로써, 유권자는 사실상 자신의 거부한 정책이 지속되는 것을 막을 수는 있다. 그러나 특정 정책을 제안했다는 이유로 유권자가 어떤 후보를 선출한다고 해서 그 정책이 반드시 채택되는 것은 아니다. 대의 정부에서 부정은 긍정보다 더 강력하다. 전자는 권좌에 있는 사람을 제약하는 반면, 후자는 염원으로 남아 있다.

    그러나 통치자를 면직시킬 수 있는 능력을 통해서 유권자가 어느 정도의 통제를 실제로 행사할 수 있는지에 대해 의문을 가질 수 있다. 시민들이 일정 영역에서 그들이 거부하는 정책을 갖고 있는 후보자를 낙선시킬 수 있다고 해도, 새로운 대표의 행동이 전임자들과 어떻게든 다를 것이라는 점을 보장할 수는 없다. 왜냐하면 그들이 뽑은 사람들로 하여금 어떤 특정한 정책을 추진하도록 강제할 수는 없기 때문이다. 어떤 정부(또는 행정부)가 임기 동안의 실업 증가 때문에 물러나게 되고, 도전자들이 완전 고용을 회복시키겠다는 공약을 통해 선거에서 승리한 상황을 상상해 보자. 그러나 일단 권력을 잡으면, 도전자들은 다음과 같은 이유로 그 공약을 지키지 않기로 결정할 수 있다. 이 공약이 단순히 처음부터 선거에서의 수사에 불과한 것이었을 수도 있고, 아니면 관직을 맡으면서 완전 고용이

26_ 이 점에 대해서는 4장의 논의를 참조.

라는 정책은 달성될 수 없다는 확신을 주는 새로운 정보를 발견했기 때문일 수도 있다. 새로운 정부의 구성원들은 실업으로 인해 전임자가 물러났다는 사실을 알기 때문에, 이러한 결정이 다음 선거에서 자신의 패배를 가져올 수도 있다고 생각할 수도 있다. 그러나 그러한 파국을 피하기 위해, 그들은 다른 분야에서 유권자를 만족시키기로 결정할 수 있다. 예를 들어서, 이전보다 더욱 강력하게 범죄와 싸운다든지 해서 말이다. 따라서 다음과 같은 결론을 내릴 수 있다. 즉, 자신이 원하지 않는 정책을 가진 통치자를 면직시킬 수 있다는 것이, 곧 유권자가 공공 정책의 향방을 조정할 수 있음을 의미하지는 않는다.

반복되는 선거가 피통치자들에게 공공 업무 수행에 대한 통제권을 준다고 직관적으로 느낄 수 있다. 그러나 구속적 위임과 선거 공약에 대한 구속력이 없는 상황에서 왜 그렇게 되는지는 불분명하다. 로버트 달Robert Dahl의 이론과 같은 민주주의 이론은 반복되는 선거의 중요성을 강조하고, 이런 반복적 특성이 정부가 유권자에게 "민감하게 반응하도록" 하거나 "책임이 있도록" 만든다고 주장했다. 그러나 이러한 이론들은 유권자의 반복되는 표현이 공적인 결정에 영향을 미치는 구체적인 메커니즘을 보여 주는 데 성공하지는 못했다.

유권자가 정부의 결정에 영향을 줄 수 있는 중심 메커니즘은 대의 체제가 공직에 있는 사람들에게 창출하는 동기로부터 만들어진다. 즉, 재선에 매달릴 수밖에 없는 대표들은 그들이 추구하는 정책에 대한 유권자의 판단을 **예측해 보려는** 동기를 가지고 있다. 면직될 가망성이 있다는 사실은 매 순간 정부의 행동에 영향을 미친다. 재선을 노리는 대표는 현재의 결정이 미래에 유권자의 거부를 불러일으키지 않도록 하려는 동기를 가지고 있다. 그러므로 그들은 반드시 그들의 결정이 초래할 반응을 예측하고, 그들의 고려 사항 속에 그러한 예측을 포함시키려고 노력해야만 한다. 달리 표현하면, **현재** 내리는 결정 속에서 그러한 결정에 대한 유권자의 판단을 고려하는 것이 매 순간마다 정부의 관심사가 된다. 이것이 피통치자의 의지가 권력자의 계산에 들어가는 경로다. 위에서 언급한 예, 즉 공약대로 실업을 줄이려고 노력하기보다 범죄와 싸우기로 한 새로운 정부에서, 대중적 의지의 고려는 그러한 계산에서 일정한 역할을 담당할 것이다. 실제로 권좌에 앉아 있는 사람들은 다음과 같은 가정, 즉 다음 선거에서 유권자는 이전에 가지고 있던 선호를 바꿀 것이고, 그들이 이전에 그러했던 것보다 법과 질서를 더욱 비중 있게 고려할 것이라는 가정에 의거해서 행동한다. 권력의 자리에 오르게 되는 사람은 재선 가능성이 그러한 가정의 정확성에 달려 있다는 것을 알기 때문에, 그러한 가정을 소홀히 구상하지 않을 강한 동기를 가지고 있다.

슘페터는 정책 결정 과정에서 예측의 중요성을 주목하지 못했다. 바로 이러한 이유로, 그는 대의 민주주의가 정책 결정자를 경쟁적으로 선택하는 것으로 환원될 수 있다고 잘못 믿었으며, 유권자들이 공공 결정의 내용에 영향을 미친다는 생각은 신화일 뿐이라고 무시해 버릴 수 있었다.

그러나 만약 공공 정책에 유권자가 영향을 미칠 수 있는 중심 메커니즘이 정부에 있는 사람들의 예측이라면, 다음과 같은 하나의 핵심적인 함의가 추론된다. 즉, 면직을 피하기 위해 정부에 있는 사람이 반드시 예상해야 하는 것은 정책에 대한 판단인데, 이러한 판단이 표현되는 순간, 그것은 과거와 연관된다. 따라서 유권자들은 대표가 유권자들이 그러할 것이라고 예측하는 **회고적** 판단을 통해 공공 결정에 영향을 미친다. 그러나, 비록 몇몇 경험적 연구들이 실제 선거에서 회고적 차원이 중요하다고 지적하고 있긴 하지만, 이 말이 유권자가 일반적으로 회고적 고려에 근거해 투표한다는 것을 의미하지는 않는다.[27] 이 주장은 오히려 제도적 틀과 이러한 제도가 대표에게 창출하는 동기라는 측면에서, 회고적 방법으로 투표를 함으로써 투표자는 통치자의 결정에 가장 쉽게 영향을 미친다는 것을 의미한다. 물론 투표자는 이런 방식으로 행동하지 않을 수도 있다. 그러나 그 경우에 유권자는 대표에게 더 큰 행동의 자유를 줄 것이다. 다시 말해, 대의 체제에서, 만약 시민들이 공공 결정의 방향에 영향을 미치기를 원한다면, 그들은 **반드시** 회고적 의견을 바탕으로 투표해야만 한다.[28]

---

[27] 회고적 투표에 대한 고전적인 경험적 연구로는 M. Fiorina, *Retrospective Voting in American National Elections*(New Haven, CT: Yale University Press, 1981)이 있다.
[28] 회고적 투표 행위를 통해 사실상 시민이 대표를 통제할 수 있다는 것이 수학적 모델을 통해 증명되었다. J. Ferejohn, "Incumbent performance and electoral control," in *Public Choice*,

정의상, 대표의 선출이 미래와 결부된 행위라면, 회고적 고려에 근거해서 투표한다는 것이 과연 설득력이 있느냐 하는 질문이 생길 수 있다. 왜 유권자들이, 보상과 처벌을 하는 신처럼 행동해야만 하는가? 투표 시, 시민들은 불가피하게 미래에 주목하게 된다. 그러나 그들은 후보의 경력을 앞으로의 행동에 대한 판단의 준거로 사용할 만한 타당한 근거를 가지고 있다. 유권자는 선거 공약에 대한 구속력이 없다는 것과 당선자들이 종종 그러한 약속을 지키지 못한다는 것을 알고 있다(적어도 그들이 아는 것이 합당할 것이다). 그들의 입장에서는, 후보의 경력이 말보다 미래의 행동을 예측하는 데 더 좋은 방법을 제공할 것이라는 믿음에서, 공약에 관심을 기울이지 않을 수도 있다. 게다가 후보자의 공약에 어느 정도의 관심을 가진다 해도, 유권자는 그러한 공약의 신뢰성은 확신할 수 없다는 점을 알고 있거나 알아야만 한다. 유권자의 입장에서 후보가 반드시 약속을 지키리라고 가정하는 것은 타당하지 않다. 그러나 후보의 약속을 어느 만큼 신뢰할 수 있는지를 측정할 유일한 수단 가운데 하나는 그 후보가 과거에 행동한 방식이다. 그러므로 두 가지 모두의 경우에서, 투표자들이 미래에 영향을 미칠 결정을 내리는 데 있어 후보들의 과거 행적을 판단 기준으로 사용하는 것이 타당할 것이다.

물론, 회고적 판단을 내리는 투표자의 능력과 그 판단의 효과는 제도적 조건을 전제로 하는데, 이 제도적 조건은 현존하는 대의 정부 안에서 전혀 획득되지 않거나, 어느 정도의 수준으로만 충족된다. 여기에는 세 가지 조건이 특히 중요하다. 첫째, 투표자가 명확하게 책임을 물을 수 있어야 한다. 이러한 점에 있어서, 연립정부, 또는 연립정부에 유리한 제도적 장치들(예를 들면, 비례대표제)은 회고적 판단을 손상시킨다. 연립정부

Vol. 50, 1986, pp. 5-25를 볼 것. 페레존의 모델에서, 회고적 투표를 통한 유권자의 통제는 두 가지 조건을 전제로 한다. (1) 유권자는 전적으로 회고적 고려에 기반하여 투표해야만 한다. (2) 회고적으로 수행 능력을 평가하는 데 있어, 유권자는 반드시 그들 각자의 상황(예를 들면 그 기간 동안 그들이 실직했다는 사실)보다 총체적인 사회적 또는 경제적 자료(예를 들면 대표의 임기 동안의 실업의 총 증가분)를 고려해야 한다. 페레존은 두 번째 전제 조건을 이렇게 요약했다. 대표를 효과적으로 통제하기 위해서, 투표자는 반드시 순전히 개인주의적이기보다 "사회 지향적"이어야 한다. 이러한 모델에서는 유권자들이 재선출하거나 혹은 재선출하지 않아야 할 후보는 오직 한 명의 대표(또는 정당)밖에는 없다는 점에 유의해야 한다. 현직에 있는 후보가 다른 후보와 벌이는 경쟁 상황을 수학적으로 다루는 것에는 분명 큰 어려움이 뒤따른다.

에서는 유권자가 어떤 특정 정책에 찬성하지 않을 때, 연립 구성원들은 평판이 좋지 않은 결정의 책임을 서로에게 떠넘길 수 있다. 만약 어떤 정책이 몇몇 협력자들 사이의 복잡한 협상의 결과라면, 그 정책이 유권자의 반대를 초래하더라도, 그 책임을 묻기가 매우 힘들 것이다. 둘째, 유권자는 자신들이 거부한 정책에 책임이 있다고 생각되는 사람을 권좌에서 몰아낼 수 있어야만 한다. 여기서 다시 한번, 비례대표제는 이러한 회고적 제재들을 방해할 것이다.29) 마지막으로, 만약 현직 의원이 경쟁자가 사용할 수 없는 수단을 이용한다면(예를 들어, 선거 선전물 배포에 공무원들을 이용하는 것), 회고적 제재라는 메커니즘은 훼손될 것이다. 왜냐하면 이 경우 투표자로서는 그들을 다시 뽑는 것보다 다시 뽑지 않는 것이 구조적으로 더 어렵게 될 것이기 때문이다.

그러나 다음과 같은 사실은 여전히 유효하다. 즉 대의 정부의 제도적 구조와 현직에 있는 사람들의 권력을 유지하려는 열망이 주어진 상태에서, 정책 결정자들이 고려하는 것은 바로 유권자가 내리는 회고적 판단이다. 만약 유권자가 다음 선거에서 그 당시 제시한 공약들에 근거해서만 결단을 내린다고 가정한다면, 대표는 완전한 행동의 자유를 가진다. 그들은 재집권을 위해 유권자에게 매력적인 공약을 제시해야 하는 선거 운동 기간까지는 충분한 시간이 남아 있다고 생각하며, 현재 원하는 정책을 무엇이든 추진할 수 있다.

회고적 제재의 메커니즘이 가진 또 다른 핵심적 속성에도 주목해야 한다. 이러한 제도에서는 정부에 있는 사람이 대부분의 **주도권**을 가진다. 물론, 대표가 그들이 원하는 모든 결정을 내릴 만큼 완전히 자유로운 것은 아니다. 왜냐하면 대표는 임기 말에 유권자의 거부를 불러일으키지 않는 방식으로 행동해야 하기 때문이다. 그럼에도 불구하고, 유권자들이 전망적 prospective 선택을 할 때 가지는 자유보다 대표는 더 광범위한 자유를

29_ 이러한 관점에 대해서는 G. Bingham Powell, "Constitutional design and citizen electoral control," in *Journal of Theoretical Politics*, Vol.1, 1989, pp. 107-130을 볼 것. G. Bingham Powell, "Holding governments accountable: how constitutional arrangements and party systems affect clarity of responsibility for policy in contemporary democracies," paper delivered at the 1990 meeting of the American Political Science Association(manuscript).

가진다. 예를 들어, 만약 어떤 정책이 일단 이행된 후에는, 유권자들이 그 정책에 반대하지 않을 것이라고 예상한다면, 그들은 전적으로 그들 자신의 권위를 기반으로, 국민의 소망에 반대되는 정책까지도 추진할 수 있다. 따라서 대표는 유권자가 생각하지 않았던 정책, 또는 채택되었을 당시 유권자가 원하지 않았던 정책이 사실상 만족할 만한 것이라고 보여 줄 수 있다.

높은 실업률과 많은 공공 적자로 특징지어진 경제 위기를 상상해 보자. 만약 집권자가 이 위기가 본질적으로 기업의 낮은 투자 때문이라고 판단한다면, 재정 적자와 자본 시장을 통한 정부 차입을 줄이기 위해 세금(아마도 유권자들이 선호하지 않을 어떤 것)을 올리기로 결정할 수 있다. 만약 그 진단이 정확하다면, 이자율은 떨어지고, 기업은 훨씬 쉽게 투자 자금을 조달할 수 있을 것이며, 다시 사람들을 고용하기 시작할 것이다. 정부에 있는 사람은 다음 선거에서 유권자가 실업을 감소시킨 것을 참작할 것이라고 생각할 수 있다.

많은 정책들은 그것이 고려하는 것이 단기적인 효과인지 또는 장기적인 것인지에 따라, 심지어는 그 정책이 적용되기 이전인지 이후인지에 따라 상이하게 보일 수 있다.[30] 회고적 정책 평가는 오직 선거에서만 나타날 뿐, 각 정책이 수행된 다음에 즉각적으로 나타나지 않기 때문에, 대체로 유권자는 정책 제안 자체뿐만 아니라 실제 결정과 이러한 결정이 시간을 두고 산출할 결과에 대해서도 의사를 표명해야 한다. 따라서 선거 전날 만들어진 결정을 제외한다면, 유권자는 공공 결정을 그 결과에 비추어서 평가하게 된다. 만약 사람들이 스스로를 통치한다면, 합리적 결정을 내리기 위해 인민은 그 결과를 예측할 필요가 있다. 반면 대의 정부에서는, 선거를 통해 유권자들의 선택이 드러나는 그 순간에 공공 결정의 결과

---

[30] 여기서 언급된 두 번째 범주의 정책에 대한 중요한 예가 Fernandez and D. Rodrik in "Resistance to reform: Status quo bias in the presence of individual specific uncertainty," in *American Economic Review*, Vol. 81, No. 5, 1991(December), pp. 1146-1155에 분석되어 있다. 이 논문은 소수의 사람들에게 높은 비용을 부과하는 반면, 일단 이행되면 많은 수의 개인들에게 혜택을 주는 정책을 연구한다. 그러나 사람들은 자신이 수혜자가 될지, 아니면 손해를 보게 될지를 미리 알지 못한다. 이러한 조건에서, 문제의 정책에 대한 기대 효용은 많은 사람들에게 부정적이다. 따라서 다수의 사람들이 이러한 정책의 채택에 찬성하지는 않을 것이다. 그러나 일단 그 정책이 이행되고, 승자와 패자에 대한 불확실성이 감소되면, 이익을 얻게 될 절대 다수의 찬성을 획득할 것이다. 따라서 그 정책을 지지하는 사후의 다수파가 존재하게 될 것이다.

역시 어느 정도까지는 윤곽이 드러나게 되므로, 인민들이 예측을 위해 들여야 하는 노력은 비교적 적어지게 된다.

따라서 대의 정부의 제도적 구조는 당선자와 유권자 사이의 관계에 매우 특별한 양상을 부여하는데, 그것은 일반적인 통념과 민주주의적 이데올로기 모두가 상상하는 바와 다르다. 대의 정부는 시민들이 공공 정책의 결정 과정에 영향력을 행사할 수 있도록 한다. 이 영향력은 대표의 행동과 그 행동의 결과에 대한 회고적 판단을 통해 나오는 것이지, 시민들이 앞으로 행하게 될 행동에 대해 그들의 소망을 사전에 표시함으로써 나타나는 것이 아니다. 대의 정부에서, 유권자는 권력의 자리에 있는 사람들이, 비교적 자율적인 방법으로, 발의된 안건들을 사후에 평가한다. 회고적 판단을 통해 인민은 진정한 주권을 향유한다. 선거 때가 되면, 현직자들의 정책에 대한 찬반이 논의되고, 인민은 판결을 내린다. 그것이 맞았든 틀렸든 간에, 이러한 판결에 반대해서 항소할 수는 없다. 이것이 선거의 민주주의적 측면이다. 그러나 모든 선거는 또한 — 그리고 불가분하게 — 미래에 관한 선택이다. 왜냐하면 선거는 내일 통치할 사람을 임명하는 것이기 때문이다. 바로 이러한 선거의 전망적 측면에서, 선거는 민주주의적이지 않다. 왜냐하면 피통치자는 그들이 선출한 이유였던 정책을 수행하도록 통치자를 강제할 수 없기 때문이다.

그러므로 개인을 선택하는 하나의 절차로 선거를 간주할 때 발견했던 것과 마찬가지로, 이번에는 다른 형태 그리고 공공 정책의 수행에서, 다시 한번 하나의 행위 속에서 민주적 그리고 비민주적 차원의 결합을 발견한다. 그러나 여기에는 과거를 고려함으로써 유권자가 미래에 영향을 가장 잘 미칠 수 있다는 역설이 덧붙여진다.

토론에 의한 심판

오늘날에는 일반적으로 대의 정부를 "토론에 의한 정부"로 간주하고, 또 정당화한다. 칼 슈미트의 분석은 이러한 해석이 확산되는 데 결정적인 역할을 했던 것으로 보인다.31) 그러나 자신의 견해를 옹호하기 위해 슈미트가 인용한 글이 주로 대의 정부가 더 이상 새로운 제도가 아니었던 19세기부터 시작된다는 점을 주목할 필요가 있다. 슈미트는 17세기와 18세기, 즉 대의 정부의 원칙들이 처음으로 공식화되고 실행되었던 시기의 저술이나 연설에 대해서는 그리 많이 인용하지 않는다.32) 몽테스키외, 매디슨, 시에예스 또는 버크 등이 토론의 장점을 찬미했던 것은 분명하다. 하지만 이는 기조Guizot*, 벤덤, 그리고 이후에 존 스튜어트 밀이 논의했던 것에 비하면 매우 미미하다. 로크의 『통치론』에서는 토론이 언급조차 되지 않았다. 그리고 미국 헌법 제정자들이나 1789~91년 프랑스 헌법 제정자들 가운데 그 누구도 대의 정부를 "토론에 의한 정부"로 규정하지 않았다. 게다가 "토론에 의한 정부"라는 문구는 매우 혼란스럽다. 이 정식은 정부에서 토론이 차지해야 할 위치가 무엇인지를 정확하게 지적하지 않는다. 정책 결정의 모든 단계를 가리키는가, 아니면 단지 특정 단계를 가리키는 것인가? 혹은, 이 구절의 의미가 독일 낭만주의자들이 소중하게 생각했던 "끝없는 대화"처럼, 대의 정부에서는 모든 것이 끝없는 토론의 주제라는 것을 의미하는가?

비록 대의 정부의 창시자들의 서술에서는 토론이 19세기 사상들에서처럼 두드러지게 나타나지 않는다고 해도, 대의 정부의 기원에서부터 대의제에 대한 생각은 토론과 연관되어 있었다는 것은 의심할 바 없다. 이것은

31_ 특히 C. Schmitt, *Die Geistesgeschichtliche Lage des heutigen Parlamentarismus*[1923], [1926]을 볼 것. 영어판으로는, *The Crisis of Parliamentary Democracy*, trans. E. Kennedy(Cambridge, MA: MIT Press, 1988), pp. 3-8(Preface to the 2nd edn), pp. 33-7, 48-50; 또는 C. Schmitt, *Verfassungslehre*(Munich: Duncker & Humblot, 1928), §24, pp. 315-316.

32_ 슈미트는 주로 *Histoire des origines du gouvernement représentatif*(Brussels, 1851)에 있는 기조가 수집한 출전들에 의존했다. Schmitt, *The Crisis of Parliamentary Democracy*, pp. 34-35를 참조. 기조가 말하고 있는 토론의 역할과 "주권 이성"sovereignty of reason에 관해서는 Pierre Rosanvallon, *Le Moment Guizot*(Paris: Gallimard, 1985), pp. 55-63, 87-94를 참조. 슈미트는 버크Burke, 벤덤, 제임스 브라이스James Bryce도 인용한다[the Sovereignty of Reason은 이성이 결국 진리의 최고 기준이 된다는 주장이다-역자].

* 기조(1787~1874): 프랑스의 정치가·역사가. 7월 왕정(1830~48) 당시 보수주의자들의 지도자로서 동료 역사가이며 경쟁자인 자유주의자 아돌프 티에르와 함께 프랑스 정치를 좌우했다. 1832~37년 교육부 장관을 지내면서 모든 시민에게 초등교육을 실시해야 한다는 원칙을 세운 이른바 '기조 법'을 제정했다.

영국, 미국, 프랑스에서 채택된 제도에서 표현되었고, 이러한 제도를 통해 대표는 의회 내에서 완전한 표현의 자유를 향유했다. 대의제와 토론 사이의 연계는 오직 의회라는 매개 개념을 채택할 때에만 이해될 수 있다. 대의 정부는 항상 의회가 결정적인 역할을 하는 정치 제도라고 이해되었고 정당화되었다. 슈미트가 적절하게 지적하듯, 대표성이란 인민이 임명하고 권한을 부여한 한 명의 개인이 누리는 특권이라고 상상할 수 있다.[33] 그럼에도 불구하고 대의 정부는 권력이 인민이 선택한 어떤 한 명의 개인에게 위임되는 제도로 제안되지도, 설립되지도 않았다는 것, 그 대신 어떤 집합적 권위가 핵심적 위치를 차지하는 것이었음은 부인할 수 없는 진실이다. 그러나 슈미트와 이후의 많은 저자들은 대의제적 이상과 의회의 역할 사이의 연계를 지적하는 수준을 넘어서고 있다. 그들은 의회에 주어진 우월적인 위치를 우선적이고 보다 근본적인 믿음의 결과로 해석하는데, 이 믿음은 집단적 권위에 의한 토론의 장점과 진리에 의한 통치의 원칙에 대한 것이었다(권위가 아니라 진리가 법을 만든다veritas non auctoritas facit legem).[34] 이 해석에 따르면, 의회에 의한 통치로 정의되는 대의 정부를 정당화하는 신념의 구조는 다음과 같았을 것이다. 즉, 반드시 진리가 "법을 제정"해야 하며, 토론은 진리를 결정하는 가장 적절한 수단이다. 그러므로 정치의 중심적 권위는 반드시 토론의 장, 즉 의회여야 한다.

하지만 현실에서 대의 정부의 주창자들과 초기 지지자들의 주장은 이러한 형식을 따르지 않았다. 로크, 몽테스키외(영국 제도에 대한 그의 분

33_ "만약 현실적이거나 기술적인 이유로, 인민의 대표가 인민을 대신해 결정할 수 있다면, 분명 한 명의 위탁받은 대표 역시 인민의 이름으로 결정할 수 있다. 민주주의적이기를 그만두지 않고서도, 이 주장은 반의회주의적 케사리즘Caesarism을 정당화할 수 있다." Schmitt, *The Crisis of Parliamentary Democracy*, p. 34.

34_ Schmitt, *The Crisis of Parliamentary Democracy*, pp. 35, 43. 하버마스는 *The Structural Transformation of the Public Sphere*[1962](Cambridge, MA: MIT Press, 1989)에서 이러한 견해에 대해 상세히 논의하고 있다. 슈미트는 의회주의 옹호자들이 토론에 부여한 가치와 자유주의자들이 격찬한 시장의 장점 간의 유사성을 도출해 냈다. 즉, "틀림없이 똑같다. 진리는 억제되지 않은 의견 충돌을 통해 발견될 수 있다는 것과 경쟁은 조화를 만들어 낸다는 것은 동일하다"(*The Crisis of Parliamentary*, p. 35). 토론으로부터 진리가 나온다는 생각은 사실상 매우 일반적이다. 플라톤과 아리스토텔레스로부터 시작된 서양의 철학적 전통은 이러한 견해를 매우 정교하게 설명해 왔다. 이것을 가장 협소한 의미에서 특별히 자유주의 사상에 속하는 신념이라고 바라보는 것은 정당하지 않다.

석에서), 버크, 매디슨, 그리고 시에예스에게서, 대표가 갖는 권위의 집단적 속성은 결코 토론의 이점과 관련된 앞서의 주장으로부터 추론되지 않는다. 이 모든 저자들에게, 대의제가 의회를 필요로 한다는 사실은 자명한 것으로 제시된다. 실제로 대의제와 의회 사이의 관계는 근대 정치사상이 무에서 창조한 것이 아니라 역사의 산물이었다. 근대적 의회는 봉건사회에서 시작된 대표 체제들, 즉 "신분 의회"assemblies of estates의 변형 과정(영국은 점진적으로, 프랑스는 더 갑작스럽게), 또는 모방 과정(영국의 미국 식민지의 경우)을 통해서 모양을 갖추어 갔다. 근대 대표 의회의 최초의 옹호자들은, 이 의회가 이전의 제도와는 다르다고 주장했다. 그러나 바로 그러한 주장이 과거의 제도와 새로운 제도 사이의 연관에 대한 자각을 보여 주었다. 대표가 갖는 권위의 집단적 속성이 바로 그러한 연속성의 한 요소였다. 근대 대의제의 창시자들이 행한 저술과 연설에서 토론은, 불가피하고 어떤 의미에서는 자연적인 의회의 한 특징으로 나타난다.

게다가 대의 정부라는 생각은 처음부터 사회적 다양성에 대한 수용과 연관되어 왔다. 대의제는 처음에는 거대하고 다양한 민족들로 이루어진 정부의 수립을 가능하게 하는 기술로서 제안되었다. 매디슨과 시에예스는 직접 민주주의가 동질적이고 작은 규모였던 고대 공화국에서나 가능하다고 거듭 주장했다. 이들은 이러한 조건이 노동의 분업, 상업의 발달, 그리고 이익의 다양화로 특징 지워지는 근대 세계에서 더 이상 달성될 수 없다고 강조했다(반대로, 가장 유명했던 대의제의 반대론자였던 루소는 "상업 사회", 즉 기술과 과학의 진보를 비난했으며, 작고 완전한 단일성을 향유하는 동질적인 공동체를 찬양했다). 18세기에, 대표 의회는 일반적으로 이러한 다양성을 적절하게 반영해야 하는 것으로 생각되었다. 시에예스나 버크와 같이 통합성을 만들어 내는 것이 의회의 역할이라고 집요하게 주장했던 저자들조차, 다양한 지역과 사람들에 의해 선출된 대표들이 의회에 어떤 이질성을 첨가한다고 생각했다.[35] 따라서 대표 기관은 항상 집단

35_ 이와 관련하여, 버크의 저작 가운데 가장 중요한 것은 그의 유명한 "Speech to the Electors of Bistol"이다. 여기서 그는 이렇게 선언했다. "만약 정치가 어느 편의 의지에 관한 문제라면, 당신들 편이 우월함에 틀림없습니다. 그러나 행정과 입법은 이성과 판단의 문제이지 기호의 문제가 아닙니다. 만약 토론도 하기 전에 결정이 내려지고, 심의하는 사람과 결정하는 사람이 따로 있으며,

적이면서 동시에 다양한 특징을 갖는 것으로 여겨졌다.

토론에 부여된 역할은 대의기관의 집합적이고 다양한 특성에 따른 것이지, 그 이전의 혹은 독립적으로 확립된 토론의 장점에 대한 신념에 근거한 것이 아니었다. 그 구성원들이 다양한 인구 집단에 의해 선출된, 서로 상이한 의견을 가지기 쉬운 집합체에서 우선적으로 나타나는 문제는 합의, 즉 의지의 수렴을 만들어 내는 것이다. 그러나 앞서 살펴본 것처럼, 대의 정부의 창시자들은 의지의 평등the equality of wills을 그들의 정치적 개념의 근본에 두었다. 즉 어떤 내재적 우월성을 통해 특정 개인의 의지를 다른 사람에게 강요할 권리는 존재하지 않는다. 따라서 의지의 수렴이 반드시 성취되어야 하는 어떤 의회에서, 만약 가장 힘있고, 능력있으며, 부유한 사람들이 그들의 의지를 강요할 권위를 가지고 있지 않다면, 모든 참여자들은 반드시 토론과 설득을 통해 다른 사람의 동의를 획득하려고 할 것이다. 의지의 평등이라는 원칙이 주어진 상태에서 이러한 분명한 해결책의 존재는, 왜 창시자들 사이에서 이것이 좀처럼 논의의 주제가 되지 않았는지, 그리고 왜 토론이 대표 의회 운영의 자연스러운 방법으로 나타났는지를 설명해 준다. 이처럼 통치자를 임명하기 위한 선출 방법의 기초인 의지의 평등은 토론을 그들 사이에서 정당한 상호작용의 형태가 되게 했다.

대의제의 초기 주창자들 사이에서 지배적이었던, 토론과 그것의 기능에 대한 생각은 근대 대의 정부의 기초 자료 가운데 하나인 시에예스의 『1789년에 설계할 수 있는 프랑스 대표의 실행 수단에 대한 견해』*Vues sur les moyens d'exécution dont les représentants de la France pourront disposer en 1789*에 특히 명료하게 표현되어 있다. 시에예스가 토론에 대해 언급한 대목은 몇 가지 핵심적인 쟁점들을 명확하게 설명하고 있다는 점에서 길게 인용

결론을 내리는 사람과 그것을 듣는 사람이 서로 300마일이나 떨어져 있다면, 그것은 도대체 어떤 종류의 이성이란 말입니까?…… 의회는 서로 다른, 그리고 적대적인 이해관계를 갖는 민족 대표들의 **모임**이 아닙니다. 의회는 상대 측에 자신들의 이익을 주장하기 위한 대표자 또는 대변인들의 회합이 아니라, 지역적인 목적이나 편견이 아닌, 전체의 일반 이성에서 기인하는 공공선에 의해 이끌어지는, 전체를 위해 같은 목적을 갖는 **동일한** 민족 국가의 **심의** 단체입니다." E. Burke, "Speech to the Electors of Bristol"[1774], in R. J. S. Hoffmann and P. Levack (eds.), *Burke's Politics, Selected Writings and Speeches*(New York: A. A. Knopf, 1949), p. 115(강조는 원저자).

할 필요가 있다. 우선, 시예예스가 대의 정부의 필요성을 증명한 **이후에** 토론에 대한 생각을 소개했다는 점, 그리고 "거대한 의회와 표현의 자유에 대해" 반대하는 의견에 대응하기 위해 그렇게 했다는 사실이 지적되어야 한다. 따라서 그는 그것의 정당성에 대한 더 이상의 설명 없이, 대표성은 의회를 필요로 하고, 의회의 역할은 토론하는 것이라고 보았다.

> 첫째로, 어떤 사람은 거대한 심의 의회에서 처리되는 업무에서 나타나는 복잡성과 지체에 불만을 토로한다. 이것은 프랑스 사람들이 정부의 사무실 깊숙한 곳에서 은밀하게 만들어진 독단적 결정에 익숙해져 있기 때문이다. 한 문제가 개별적 의견을 가진 수많은 사람들에 의해 공개적으로 처리되고, 모든 사람이 다소 장황하게 토론의 권리를 행사하고, 사회적 풍조와는 생소한 자신의 생각을 따뜻함과 재치를 가지고 발산할 수 있다는 것은 분명 우리의 선량한 시민들을 깜짝 놀라게 할 것이다. 이것은 시끄러운 악기의 연주회가 분명히 환자의 연약한 귀를 지치게 하는 것과 같다. 어떤 타당한 의견이 이렇게 자유롭고 선동적인 토론으로부터 나올 수 있다는 것을 상상하기란 어렵다. 누군가 다른 사람들보다 월등하게 우월한 사람을 불러서, 그렇지 않았으면 말다툼으로 모든 시간을 허비해버렸을 사람들이 모두 동의하도록 만들기를 원하게끔 마음이 끌리기 쉽다.[36]

시에예스에게, 토론은 상호 관련된 두 가지의 문제점에 대한 해결책을 제공한다. 처음에는 불가피하게 의회에서 의견 불일치가 성행하게 될 것이다. 반면에, 대의 정부는 비판자들이 주창하는 단순하고 구미에 당기는 해결책, 즉, 다른 사람들보다 우월한 단일 의지의 개입을 통해 이러한 불일치를 종결시켜야 한다는 것은 거부할 것이다. 이후 이 책에서, 시에예스는 다음과 같이 쓰고 있다.

> 모든 심의에서, 해결되어야 할 어떤 문제가 있다. 이 문제는 주어진 사례에 있어서 일반 이익이 지시하는 바를 아는 것이다. 토의를 시작할 때, 누구도 이러한 일반 이익을 발견할 수 있는 확실한 방향을 판단할 수 없다. 의심할 바 없이, 일반 이익은 만약 이것이 누군가의 이익이 아니면 아무 것도 아니다. 즉 이것은 가장 많은 수의 유권자에게 공통되는 개별 이익이다. 이로부터 의견들간의 경쟁이 필요하

---

[36] E. Siéyès, *Vues sur les moyens d'exécution dont les représentants de la France pourront disposer en 1789*(Paris: unnamed publisher, 1789), p. 92.

게 된다.37) 하나의 혼합물처럼 보이는, 모든 것을 어둡게 만들 수 있는 혼돈은 빛을 향한 필수 불가결한 예비 단계이다. 우리는 이러한 모든 개별적 이익들이 서로를 압박하고, 경쟁하도록 논점을 부각시키려고 다투고, 각각 제 힘에 따라 제안한 목적을 향해 밀어붙이도록 내버려두어야 한다. 이러한 시험을 통해, 유용한 의견과 해로운 의견이 구별된다. 후자는 탈락되고, 전자는 계속 진행되고, 그러한 의견 사이의 상호간의 효과로 수정되고 정제되어 마침내 하나의 단일한 의견으로 융합될 때까지 그들 스스로 균형을 이루게 된다.38)

따라서 대의 정부의 창시자들에게 토론은 합의와 동의를 만들어 내는 구체적인 과제를 수행하는 것이었다. 토론이 그 자체로 정책 결정의 원칙인 것은 아니다. 어떤 제안을 공공 결정으로 바꾸는 것은 토론이 아니라 동의다. 게다가 이러한 동의는 다수의 동의이지 보편적 동의가 아니며, 더더군다나 어떤 진리의 표현이 아니다.39) 로크가 이미 포착한 대로, 다수결 원칙의 본질적 기능은 결정이 가능하도록 만드는 데 있다. 로크는 이렇게 썼다.

어떤 공동체를 움직이는 것은 오직 그것을 구성하는 개인들의 동의뿐이며, 하나가 되어 한 방향으로 나가는 것이 필수적이다. 그 단체는 반드시 보다 더 큰 힘이 이끄는 방향대로 따라가야 한다. 이것이 바로 **다수의 동의**라는 것이다. 그렇게 하지 않으면, 그 공동체는 계속 역할을 하거나, 한 몸, 하나의 **공동체**로서 존속할 수 없다······.40)

37_ 이 문장(인용자의 강조)은 매우 중요하다. 이 문장은 다음과 같은 사실을 보여 준다. 시에예스에게 (1) 의회에서의 토의는 오직 진리만을 추구하는, 이해관계가 없는 행동이 아니라, 최대 다수에게 공통된 이해를 밝히기 위한 과정이며, (2) 일반 이익은, 루소의 "일반 의지"와 달리, 개별 이익들을 초월하지도 않고, 개별 이익들과 다른 속성을 가지지도 않는다.

38_ Siéyès, *Vues sur les moyens*······, pp. 93-94

39_ 토론 끝에 다양한 의견이 "마침내 단일한 하나의 의견으로 융합"된다는 (방금 인용한 원문의) 진술은 시에예스가 만장일치를 의사결정의 원칙으로 삼았다는 점을 암시하는 것일 수 있다. 이것은 동일한 팜플릿에서 발췌한 이전의 구절과는 다르다. 즉, "그러나 미래를 위해, 공통 의지가 항상 모든 의지의 정확한 총합이기를 요구하는 것은 어떤 공통의 의지를 형성할 가능성을 포기하는 것이나 다름없으며, 이는 사회적 통일을 해체할 것이다. 따라서 다양성을 인정한 바탕에서, 공통 의지의 모든 특성을 인식하려고 결심하는 게 반드시 필수적이다"(Siéyès, *Vues sur les moyens* ······, p. 18). 하지만, 토론에 대해 말하는 맥락이 상이했기 때문에, 그에게 이는 별로 문제가 되지 않았다.

40_ J. Locke, *Second Treatise of Government*, ch. 7, § 96, in J. Locke, *Two Treatises of Government*, P. Laslett (ed.)(Cambridge: Cambridge University Press, 1988), pp. 331-332(원저자의 강조). 이 문제에 대한 로크와 시에예스의 논의는 매우 비슷하다. 로크의 주장이 아마도 약간 더 명쾌하기 때문에 여기에서 인용되었다.

로크의 이 핵심 저작에서 다수결의 원칙은 다수의 특성이나 장점(예를 들어, 무엇이 진실되고 정당한가를 표현하려는 성향)이 아니라, 결정이 만들어져야 하고 행동이 취해져야 한다는 순수한 사실에 근거하고 있다. 반면, 토론은 그러한 필요를 충족시킬 수 없다. 왜냐하면 토론은 정책 결정의 원칙을 제공하지 않기 때문이다. 주어진 주제에 대해, 모든 참석자들이 합의에 이르고, 누구도 더 이상 반대하지 않을 때, 토론은 종결된다. 그러나 토론 그 자체는 제한 규정을 가지고 있지 않다. 반대로 다수의 동의는 정책 결정의 원칙을 제공한다. 왜냐하면 이것은 모든 행위, 특히 정치적 행위가 가지고 있는 시간적 제약과 양립할 수 있기 때문이다. 인원수를 셈으로써, 어떤 제안이 가장 광범위한 동의를 확보했는지 결정할 수 있다. 학문적 토의라면 전적으로 토론의 원칙에 입각해서 진행될 수 있다. 왜냐하면 정치적 토론과는 달리 어떠한 시간 제약에도 얽매이지 않기 때문이다. 대의 정부의 창시자들은 의회를 지식 사회와 혼동하지 않았다.

그러므로 대의 정부의 원칙은 다음과 같이 세워져야 한다. 즉, 토론을 통한 심판을 거친 뒤에 다수의 동의를 확보하지 않는 한, 어떠한 제안도 공공 결정의 힘을 획득할 수 없다. 법을 만드는 것은 토의가 아니라 다수의 동의이다. 이 원칙은 주목할 만한 특징을 가지고 있다. 즉 제안이나 토론될 주제의 출처에 대한 어떠한 규제도 없다는 점이다. 이 원칙은 토의 기관의 구성원이 의회 밖에서 그리고 토론을 거치지 않은 채 법안을 구상하고 제출하는 것을 막지 않는다. 오직 의회 구성원들만 안건을 제출할 수 있다는 것을 의미하는 그 무엇도 이 원칙에는 없다. 따라서 대의 정부의 원칙은 의회에서 토론될 제안의 출처를 규정하지 않는다. 제안은 어디에서든 나올 수 있다. 어떤 법안이, 의회에서 고안되었는지, 어떤 개인이 독립적으로 수행한 연구에서 구상된 건지, 아니면 의회 밖에서 사람들에 의해 준비된 것인지는 중요하지 않다. 단지 이렇게 말할 수 있다. 즉, 그러한 법안의 발의자가 자신의 제안이 토론될 것이라는 것을 사전에 아는 한, 자신의 법안이 이끌어낼 수 있는 다양한 주장을 예측하려 할 것이다. 나아가 제안을 구상하고 구성할 때 예상되는 주장들을 고려하게 될 것이다. 의회의 몇몇 구성원들은 토의 과정 속에서 제안을 만들어 낼 수도 있다. 왜냐하면 다양한 주장이 그들에게 새로운 착상을 제공하기 때문이다. 그러나 이것이 이 원칙의 필연적 의미는 아니다. 어떤 제안은 토론 과정 중에 수정될 수도 있다. 이 경우 최종 결정은 토론에서 비롯된 요소들을 포함한다. 그러나 이것 역시 토론의 원칙이 필연적으로 함축하는 바는 아니다. 즉 어떤 법안은 다수의 동의를 획득하고, 결국 최초에 의회에 제출된 것과 동일한 형태로 결정될 수 있다.

토론을 거친 후 집합적 기관에 의해 결정이 내려진다는 것은 단지 한 가지만을 보장할 뿐이다. 즉 모든 법안은 토론의 **심판**을 통과해야만 한다. 법안의 출처가 무엇이든 간에, 토의는 망이나 여과기의 역할을 한다. 그러나 이것은 의사결정 과정에 핵심적 영향을 주기에 충분하다. 즉 논쟁적인 심사를 거친 뒤, 다수가 **정당하다고** 받아들이지 않는 한 어떠한 조치도 채택될 수 없다. 대의 정부는 모든 것이 토의에서 비롯되어야 하는 체제는 아니지만, 모든 것이 토의 속에서만 정당화되는 체제다.

존 스튜어트 밀 같은 토론의 열렬한 옹호자는 (행정은 말할 것도 없고) 법률 제정에 있어서, 의회는 법안의 구상과 구성을 위해 적당한 장소가 아니라고 보았다. 법률안은 국왕이 임명한 전문가 위원회에 의해 기초되고, 의회는 단지 그 초안에 대한 토론과 승인만을 해야 한다고 제안했다. 그는 토론 과정에서 위원회의 안을 수정할 수 있는 의회의 권리를 부정하는 데까지 나갔다. 밀은 이렇게 말한다. "그러나 [법안이] 일단 틀을 갖추면, 의회는 그 내용을 바꿀 힘을 가져서는 안 되며, 단지 승인하거나 거부할 수만 있어야 한다. 또는 부분적으로 승인하지 않는다면, 해당 법안을 위원회로 회부하여 재고하도록 할 수 있다."41) 밀에 따르면, 토론 기관의 주요한 기능은 공공의 논의가 이루어진 후에 "국민적 합의의 최종 인가"를 내리거나 보류하는 것이지, 법률안을 구상하고 제출하는 것은 아니었다.42) 밀이 강조하듯이 법안이, 토론 과정을 거쳐 준비된 것이 아니라 해도, 의회 밖의 사람들에 의해 혹은 의회가 선출하지 않은 사람에 의해서

41_ J. S. Mill, *Considerations on Representative Government*[1861], ch. V, in J. S. Mill, *Utilitarianism, On Liberty, and Considerations on Representative Government*, H. B. Acton (ed.)(London: Dent & Sons, 1972), p. 237.

42_ Mill, *Considerations on Representative Government*, p. 240.

준비되었다 해도, 그것 자체가 대의 정부의 원칙을 위반하는 것은 아니다. 이것은 대의 정부가 관료제의 발전 및 역할 증대와 양립 가능한 이유를 설명한다. 즉, 선출된 집합적 권위에 의한 토론을 통해서만 법률이 제정된다면, 그것이 주로 관료들에 의해 기초되는지 혹은 비선출직 전문가에 의해 기초되는지는 그다지 중요하지 않다.

따라서 대의 정부를 단순히 토론에 의한 정부라고 정의하는 것은 불충분하다. 이런 정의는 다음과 같은 사실을 모호하게 만든다. 즉, 설득적인 토론의 기능은 결정을 내리거나, 결정을 위한 제안을 제시하는 것이 아니라, 어떤 개인적 의사를 다른 사람에게 강요할 수 있는 권리가 없는 상태에서 동의를 만들어 내는 것이다. 여기서 다시 한번, 판결의 중요한 역할을 보게 된다. 즉, 법안이 반드시 토론 기구에 의해서 발의될 필요는 없다. 그러나 심사에 회부되지 않는 한, 어떠한 법안도 통과될 수 없다.

따라서 의사결정 체제에 대한 분석은, 일반적인 통념이나 민주주의 이데올로기에 의해 확인되는 바와는 대조적으로, 대의 민주주의는 인민에 의한 간접 통치가 아니라는 것을 보여 준다. 그러나 이러한 분석은 공동체의 판결에 핵심적 역할을 부여하는, 대의 민주주의의 긍정적 특성을 명확하게 보여 준다. 전체로서의 유권자는 그들의 대표가 이행한 정책의 심사원이 된다. 즉, 상대적으로 독립적인 권한을 가진 정부에 있는 사람들에 대한 유권자의 회고적 평가는 공공 업무 수행에 영향을 미치게 된다. 토의 기관의 역할은 또한 무엇보다 판관의 역할이다. 모든 제안은 반드시 토의 기관의 승인을 거쳐야 한다. 비록 그러한 제안이 모두 토의기관 내에서 나온 것이 아니라 할지라도 그러하다. 각각의 경우 다른 이유에서, 판정이라는 개념은 그것이 인민 자신에 대한 것이건, 그들의 대표자에 대한 것이건 간에 공동체에 할당된 역할을 가장 잘 보여 준다. 대의 민주주의는 공동체가 그 스스로를 통치하는 체제가 아니라, 공공 정책과 결정이 인민의 평결에 의거해서 만들어지는 체제다.

6장

대의 정부의 변형들

6장_ 대의 정부의 변형들

정치적 대표성이 위기에 처해 있다는 주장이 서구에서 제기되곤 한다. 오랫동안 대의제는, 특정 정당과 자신을 동일시하고 변함 없이 충성하는 대다수의 유권자와 정당 사이의 강력하고 안정적인 신뢰관계에 기초하고 있는 것처럼 보였다. 그러나 오늘날 점점 더 많은 사람들이 선거 때마다 다르게 투표하고 있으며, 여론 조사는 기존 정당과 자신을 동일시하지 않으려는 사람의 수가 증가하고 있다는 것을 보여 주고 있다. 정당간의 차이는 사회적 균열을 반영하는 것으로 보이기도 했다. 하지만, 오늘날에는 정당이 사회적 균열을 만들고, 관찰자들은 이러한 균열을 "인위적"이라고 비난한다. 한때 각 정당은 집권 시에 이행할 상세한 공약을 제시하곤 했다. 하지만 오늘날 후보와 정당의 선거 전략은 주로 지도자의 개성을 부각시킨 모호한 이미지를 만드는 데 기반을 두고 있다. 마지막으로, 정계에서 활동하는 사람들은 오늘날 그들의 직업, 문화, 그리고 생활 방식에서 다른 사람들과 구별되고 있다. 언론 전문가, 여론 전문가, 그리고 기자들이 공적인 장을 지배하고 있으며, 여기에서 사회의 전형적인 반영을 발견하기는 쉽지 않다. 일반적으로, 정치인들은 사회적으로 유권자들과 유사하다거나, 그들과 가깝기 때문이 아니라, 언론 수완으로 집권한다. 정부와 사회, 대표와 대표되는 사람 사이의 격차는 넓어지고 있다.

지난 2세기 동안, 특히 19세기 후반에, 대의 정부는 중요한 변화를 겪었다. 이러한 변화 가운데 가장 현저한 것은 대의 정부 대부분의 역사에서 핵심적 사안이었던 투표권의 변화다. 즉 재산과 문화는 더 이상 대표되지 않았고, 선거권은 확대되었다. 이러한 변화는 다른 변화, 즉 대중정당의 발생과 함께 진행되었다. 근대 대의 정부는 조직된 정당이 없는 상태에서 확립되었다. 대부분의 대의 정부 설립자들은 정당이나 "파당"으로 분할되는 것을 장차 건설하려는 정치 체제에 대한 위협으로 간주했다.1) 그러나 19세기 후반 이후부터는 유권자들의 의견 표출을 조직화하는 정당이 대의 정부의 구성 요소로 간주되었다. 게다가 우리가 보았던 것처럼, 미국의 헌법 제정자들은 구속적 위임과 대표에 대한 "지시"를 금지했다. 그리고 그들은, 구속력조차 없는, 선거 공약에 대해서도 깊이 불신하고 있었다. 이와는 달리, 대중정당들은 정강을 선거 경쟁의 주요한 도구 가운데 하나로 만들었다.

대중정당과 정강의 등장은 두 용어간의 연계 — 즉, 대표와 대표되는 사람 간의 질적 관계(4장에서 규정했던 의미의), 그리고 피통치자의 바람과 통치자의 결정 사이의 관계 — 로 이해되는 **대의제** 그 자체를 변형시켰다. 우선, 대표는, 미국의 헌법 제정자들이 원했던 재능과 부를 가진 엘리트가 아니라, 전투적 행동과 어떤 주장 또는 운동에 대한 헌신으로 정당의 최고 지위에 도달한 보통 시민들로 주로 구성된다. 더욱이, 정당의 내부 규율로 인해 선출된 대표는 정당 운영자와 운동가의 통제를 받게 되기 때문에, 이전에 대표가 임기 동안에 누렸던 자율성은 침해된다.

이것이 19세기 말 다수의 논평자들이 정당과 정강의 새로운 역할을 대의제의 위기에 대한 증거라고 해석했던 이유다.2) 그 이후 대의 정부 모델은 "의회 정치" 또는 "자유주의적 의회 정치"와 동일시되었다. 1870년 이전에 기능했던 영국 체제는 대의 정부의 가장 완전한 형태로 간주되었다.3) 그러나 20세기 초 "의회 정치의 위기"에 대한 고민이 증폭되었

1_ 영국인과 미국인들은 항상 정당에 대해 우호적인 반면, 18세기 말 프랑스의 정치 문화에서는 "파당"에 대한 적개감이 더 지배적이라고 이해되곤 한다. 이 주장은 정확하지 않다. 실제로는 당시 모든 영미의 정치 사상가들은 정당 제도를 반대했다(Richard Hofstadter, *The idea of a Party System. The Rise of Legitimate Opposition in the United States 1780-1840*(Berkeley: University of California Press, 1969 참조, 특히 1장). 정당에 대한 버크의 찬양은 하나의 예외다. 하지만, 버크가 19세기 후반부터 정치적 주도권을 가졌던 정당을 염두에 둔 것은 아니었다.

2_ Moisey Ostrogorsky, *La Démocratie et l'organisation des paris politiques*, 2 vols.(Paris: Calmann-Lévy, 1903)을 참조. 특히 Vol. I, p. 568.

3_ 일반적으로 대중에 기반을 둔 첫 번째 정치 조직으로 간주되는 버밍햄 지방 간부회의Birmingham Caucus와 국가자유연합the National Liberal Federation 모두 1870년경에 설립되었다.

다.4) 하지만 대중정당이 "의회 정치"의 붕괴를 초래했다고 하더라도, 대의 정부는 그 과정에서 파괴되지 않았다는 사실이 점차 분명해졌다. 대표의 부분적 자율성을 포함하여, 대의 정부를 구성하는 원칙들은 여전히 유효했던 것이다.

이후에 평자들은 새롭고 실행 가능한 대의제의 형태가 등장했다는 것을 깨닫기 시작했다. 이것은 이전의 의회 정치만큼 명백하게 개념화되지는 않았다. 그러나 이처럼 내적으로 일관적이고 상대적으로 안정된 현상에 대해, 영미 이론가들은 "정당 정부"party government로, 독일 저자들은 "정당 민주주의"Parteiendemokratie로 각각 새롭게 정의했다. 이러한 용어는 의회 정치와 구별되는 새로운 형태의 대의 정부의 특징들을 하나의 제목 안에 담으려는 것이었다.

처음에는 일부 저술가들이 의회 정치의 붕괴를 비판했지만, 새로운 형태의 대의제는 마침내 진일보한 것으로 환영을 받았다. 그것은 유권자의 확대뿐만 아니라, 대표가 유권자와 연계되는 새로운 방식으로 인해서 민주주의를 향한 진전으로 받아들여졌다. 일반인과 사회적 지위, 생활 방식, 그리고 관심 등이 비슷한 후보자를 지명하는 것이 가능해지면서, 정당은 대표를 서민과 더 유사하게 만들었다. 이러한 변화는 통치자와 피통치자 사이의 보다 많은 민주적 동일성과 유사성을 향한 진보로 해석되었다.5) 선거 정강은 투표자가 정부의 진로를 선택할 수 있도록 하고, 게다가 정당 조직이 의회 구성원을 지속적으로 통제할 수 있기 때문에, "정당 민주주의"는 공적 업무의 수행에서 대중 의지의 역할을 강화하는 것으로 인식되었다.6) 대중정당이 대의제도를 손상시키지 않았다는 사실이 분명해지자, 처음에는 대의제를 위협하는 것으로 간주되었던 변화는 대의제를 더욱 민주적으로 만드는 것으로 재해석되었다. 대의 정부는 대표와 대표

4_ 가장 의미 있고 영향력 있는 사례로는, Carl Schmitt, *Die geistesgeschichtliche Lage des heutigen Parlamentarismus*[1923] 영역판 *The Crisis of Parliamentary Democracy*(Cambridge, MA : MIT Press, 1988)과 Gerhard Leibholz, *Das Wesen der Repräsentation*[1929](Berlin : Walter de Gruyter, 1966)을 참조.
5_ 민주적 동일성과 유사성 개념의 중요성에 대해서는 3장과 4장을 볼 것.
6_ "정당 민주주의"는 내마넹-역재가 만들어낸 용어이다. 이 용어는 영국의 "정당 정부"와 독일의 "정당 민주주의" 개념을 조합해서 만든 것이다.

되는 사람들의 동일성, 그리고 민중 통치를 향해 나아가는 것으로 보였다. 체제가 얼마나 많이 변화했는지에 대해 더 이상 천착하지 않게 되면서, 논평자들은 오히려 미래를 바라보았다. 대의 정부가 처음부터 민주주의적인 것이 아니었을지 모르지만, 이제는 점차 더 민주주의적인 것이 될 것처럼 보였다. 민주주의는 보다 확실해지고 있었다. 민주주의를 향한 이러한 진보는 휘그 역사의 확대, 또는 토크빌주의자의 형식을 따르면, 자유주의적 의회 정치에서는 불완전하게 수행되었던 평등과 민중 정부로의 불가항력적인 진보를 향해 내딛는 한 걸음으로 해석되었다.

현재의 상황과 19세기 말, 20세기 초의 상황 사이에 하나의 묘한 대칭이 있음이 드러난다. 그때와 마찬가지로 지금도 대의제가 위기에 처해 있다는 생각이 통용되기 시작한 것이다. 이러한 유사성으로 인해, 대중정당 출현의 여파로 대의제의 한 특수한 형태(의회 정치)가 겪었던 위기보다는 덜하지만, 오늘날 우리는 정치적 대의성의 위기를 목도하고 있다고 생각한다. 대표성에 영향을 미치는 다양한 발전이 의회 정치와 정당 민주주의와 같은 정도의 내적 응집력을 가진 세 번째 형태의 대의 정부가 출현했다는 것을 의미할 수 있는가?

더욱 흥미로운 것은 오늘날 제기된 대의제의 위기가 주로 의회 정치로부터 정당 민주주의를 구별하는 바로 그 특성이 퇴색한 탓으로 돌려지고 있다는 것이다. 그 특성이란 대의 정부를 민중 통치에 더욱 근접하게 하는 것, 이른바 유권자와 특정 정당 및 의회 대표 사이의 동일시, 아울러 정강에 기초한 대표의 선택을 말한다. 처음에 대의 정부를 구성했던 대표성의 유형이 이러한 것들로 영원히 대체되었다고 믿어졌다. 또 대중정당과 정강의 역할은 보통 선거권이 확대된 결과인 듯 했다. 보통 선거권은 앞으로 더 이상 도전 받지 않을 것처럼 보였기 때문에, 대표성의 본질이 되돌릴 수 없을 정도로 변경되었다고 느끼게 되었다. 그러나 현재 진전된 사태들은 이러한 진단이 틀렸을 수도 있다는 것을 시사한다. 아마도 정당 민주주의가 가져온 변화는 생각했던 것보다 덜 근본적인 것이었다. 따라서 우리는 정당 민주주의와 관련된 변화를 더욱 심도 있게 살펴보아야 하고, 이 변화를 오늘날 일어나고 있는 변화와 비교해 보아야 한다. 대의 정부의 역사는 아마도 두 번의 단절에 의해 구분된 세 가지 형태의 연속을 나타낸다.

이 장에서는 앞장에서 확인된 네 가지 원칙을 중심으로 대의 정부의 변화를 검토할 것이다. 네 가지 원칙이란 정기적인 대표 선출, 대표의 부분적 독립, 여론의 자유, 토론에 의한 판결 이후의 정책 결정이다. 이러한 원칙이 적용되지 않았던 적은 없었다. 따라서 이러한 원칙이 이행되었던 일련의 방법을 비교·분석해 보자.

그러나 네 번째 원칙(토론에 의한 판결)과 관련해 한 가지 분명히 해 두어야 할 것이 있다. 대의 정부 역사의 초기부터 현재까지, 일련의 공적 토론 형태를 연구하는 것은 첫 세 가지 원칙의 경우에서는 부딪히지 않는 문제를 제기한다. 정기적인 대표의 선거, 대표가 향유하는 행동의 상대적 자유, 또는 정치적 견해의 자유로운 표현은 쉽게 특징지어지고 정의된다. 그러나 토론이라는 개념은 정의하기가 보다 어려우며, 이것이 의미하는 현상을 명쾌히 설명하는 것 역시 힘들다. 비록 초기 대의 정부의 주창자들이 그 용어를 사용하기는 했지만, 그 개념을 거의 발전시키지 않았다는 사실 때문에 문제는 더 복잡해진다. 의회에서의 논쟁과 관련하여, 그들이 모든 유형의 언어적 교환에 관하여 이야기했던 것으로는 보이지 않는다. 예를 들면, 시에예스와 버크는 토론이 합의를 촉진하고, "주장"과 "논거"의 교환을 통해 "통찰력"을 만들어 낼 것이라 기대했다. 그러나 이것은 문제를 그저 통찰력, 주장, 추론이라는 관념들로 옮긴 것에 불과하다. 왜냐하면 이러한 관념들은 해석의 다양성이라는 문제로 귀착되기 쉽기 때문이다. 따라서 공적 토론이 경험해 온 변화를 연구하기 위해서는, 공적 토론에 대한 정의부터 내려야 한다.

앞으로 "토론"은 일정한 형태의 의사소통을 의미할 것이다. 이러한 형태의 의사소통에 참여한 사람들 중 적어도 일방은 (a) 다른 일방의 입장에 어떤 변화를 일으키려 하고, (b) 이러한 변화를 추구함에 있어, 비개인적이거나 장기적 미래에 관련된 제안을 사용한다.

첫 번째 특성은 설득이라는 요소다. 정치적 토론이 만약 동의, 특히 다수의 동의를 얻는다는 토론의 본질적인 기능을 수행하려면, 설득이라는 요소는 반드시 포함되어야 한다. 사실상 오직 다른 사람의 의견을 바꾸려고 하는 설득만이, 수많은 이견이 있던 곳에서 다수의 동의를 이끌어낼 수 있다. 이 첫 번째 특성은 대화자들이 서로를 설득하려고 노력하지 않는 언어적 교환과 토론을 구별한다. 예를 들어, 설득하지 않는 언어적 교환이란 개인들이 정보를 나누거나, 또는 법정에서의 변호사처럼 사실상 제3자를 설득하려고 시도하면서 서로에 대해 답변할 때 나타난다.

두 번째 특성(비개인적 또는 장기적 제안의 사용)은 토론의 합리적·논쟁적 차원에 해당한다. 이것은 토론을 흥정haggling이라고 부를 수 있는 형태와 구별한다. 입씨름 속에서 참여자들은 각자의 즉각적인 그리고 개인적 이익에 영향을 미치는 보상 또는 위협을 통해 상대의 입장을 바꾸려고 한다.7) 예를 들어 일방이 돈, 상품 등을 제공하거나 서비스의 교환을 통해 상대의 마음을 바꾸려고 할 때, 우리는 이것을 토론이 아니라, 흥정이라고 부른다.

흥정과 토론의 구분은 "이해관계 없는 토론"이라는 엄격한 구분에 의지하지 않고도 토론의 합리적 속성을 명확하게 할 수 있도록 해 준다.8) 대의 정부에 없어서는 안 되는 것으로 간주되는 토론의 논쟁적 차원을 파악하기 위해서, "토론"이라는 용어를 전적으로 이해관계가 없는 대화, 즉, 대화에 참여하고 있는 사람이 진실 혹은 도덕적 규범에 근거하여 서로에게 어떤 입장을 받아들이도록 설득하는 언어적 교환으로 국한시키고자 하는 유혹을 받을 수 있다. "이해관계가 없는 토론"은 일반적인 철학적 관점에서는 분명 적절하고 유의미한 개념이다. 그러나 정치학에서는 단지 하나의 극단적인 상황일 뿐이다. 대의 정부의 분석에서 이것을 중심적인

7_ "흥정"이란 용어의 단점에도 불구하고, 나는 이 용어를 "협상이론"bargaining theory에서 정교하게 설명하고 있는 "협상"이라는 개념이 의미하는 것과 구분하기 위해서 사용한다. 협상에 관한 표준 개념은 협박과 보상을 포함한다. 그러나 협상은 협박과 보상 각각의 특성이나 직접성에 대해서는 언급하지 않는다. 토론과 협상 사이의 차이에 관해서는 예를 들어 J. Elster, "Argumenter et négocier dans deux assemblées constituantes," in *Revue Française de Science Politique*, Vol. 44, No. 2, April 1994, pp. 187-256을 참조.

8_ 어떤 의미에서는, 사리에 맞고, 이해 가능한 모든 의사소통은 필연적으로 추론을 수반한다. 그러나 대의 정부의 창시자들은 대의제도에서 중요한 역할을 담당할 의사교환의 형태에 대해 고민할 때, 분명히 현저한 방식으로 추론에 호소하는 어떤 종류의 의사소통을 염두에 두었다. 대의 정부에서 일련의 토론 형태를 연구하기 위해서는, 이러한 추론의 속성이 정의되어야 하고, 실제로 적용될 수 있어야 한다.

범주로 삼으려는 것은 비현실적인 일이 될 것이다.

정치 분석을 위해서는 흥정이라는 개념을 사용하는 것이 보다 유용한데, 이는 이 개념을 통해 정치의 주요한 테마를 제공하는 이해관계가 연루된 의사소통의 형태들을 구별할 수 있기 때문이다. 일방이 상대방에게 어떤 특정한 입장을 취하면 보상 또는 처벌이 있을 것이라고 약속하는 흥정과, 상대가 어떤 입장을 취하면, 그가 속한 집단에게 또는 오랜 시간 뒤에는 그 개인에게도, 어떤 이익 또는 해가 있을 것을 보여줌으로써 일방이 상대방의 이해(利害)에 호소하는 토론 간에는 차이가 있다.

흥정은 한 개인으로서의 — 그것도 제안을 받는 바로 그 순간의 구체적인 — 상대방에게 제시되는 제안을 사용한다. 반면에 토론은 개인들로 구성된 계급에 관한 것이나 장기적인 전망과 관계된, 비개인적이고 보편적인 제안을 사용한다.9) 이러한 제안을 만들기 위해서, 화자(話者)는 반드시 분류classification와 추상abstraction이라는 작업을 하게 된다. 그는 사람들을 구체적인 개인으로 바라보기보다는, 그가 적절하다고 간주하는 특성과 관련시켜 생각해야만 한다. 또는 직접적이고 순간적 특성들을 넘어서, 그들의 지속적인 정체성을 구상해야 한다. 같은 척도에서, 연설을 듣는 사람은 자신이 무엇을 얻을 것인지를 이해하기 위해서 정신적인 우회를 해야 한다. 즉, 그는 자신을 하나의 구체적인, 어떠한 이름을 갖는 개인이 아니라(스스로에 대한 즉각적인 인식이 아니라), 한 계급의 일원으로 바라보아야 하기 때문이다. 또는 그는 미래의 정체성에 대한 견해를 형성하기 위해 현재 자신의 정체성으로부터 스스로를 분리시켜야만 한다. 이러한 형태의 의사소통은 양방 모두에게, 일반적이고 영속적인 것을 얻

9_ 물론 일반성과 장기적 관련성이라는 특성은 결합될 수 있다. 정치 행위자들은 종종 계급이나 집단들이 장기적으로 누리게 될 혜택을 강조함으로써 상대방을 설득하려고 한다. 여기에 묘사된 토론에 대한 설명(비개인적 제안 또는 장기적인 제안을 사용하는 것)에서 "또는"이라는 용어는 배타적이지 않다. 이것은 단순히 계급과 관련되지만, 장기적이지 않은 제안을 사용할 가능성이 있다는 사실을 반영할 뿐이다. 예를 들어, 만약 어떤 결정이 내려진다면, 어떤 계급이 즉각적인 혜택을 볼 것이라고 주장 할 수 있을 것이다. 반면, 흥정에서는 개인성과 즉각성이라는 특성은 좀처럼 분리되지 않는다. 만약 누군가가 어떤 정치적 결정을 내리는 것에 대한 보상을 제안 받았을 때, 이 제안은 대부분 현재나 가까운 미래와 관련이 있다. 이것이 바로 장기적 보상들이 엄격한 의미에서 흥정에서 제공되는 제안의 대상이 되기 어려운 이유이다(이하를 참조). 이것이 (개인적인 그리고 단기적인 제안을 사용하는) 흥정에 대한 정의와 (일반적 또는 장기적 제안을 사용하는) 토론에 대한 정의 사이의 유사성이 결여된 이유이다.

기 위해 개별적이고 즉각적인 것으로부터 스스로를 분리시킬 것을 요구한다. 이것은 추론을 요구한다.

게다가, 흥정에서 상대방이 얻게 될 혜택을 보여 주는 조건 제시는, 제안 또는 위협이라는 구체적인 언어적 위상을 가진다. 그 내용(혜택 또는 손해)의 실현은, 제안이 언명되자마자 확실시된다. 또는 적어도 그 실현은 그 제안을 만든 사람의 의지에 전적으로 달려 있다. 상대에게 이익이나 손해를 나타내는 제안들이 일반적이고 비개인적일 때, 또는 장기적일 때에는, (예외적 상황들을 제외한다면) 동일한 결과가 실현될 수 없다. 보통 한 개인이 계급 전체에 대한 보상을 제안할 수는 (또는 위협을 가할 수는) 없다. 왜냐하면 그렇게 하기 위해서 그는 임의로 사용할 수 있는 엄청난 양의 자원들을 가지고 있어야 하기 때문이다 — 실제로, 그 자원이 더 많으면 많을수록, 그는 보다 많은 계급에게 제안을 하거나 위협을 가할 수 있다. 이런 경우, 이익과 손해를 공표하는 제안은 적어도 부분적으로는 예측이라는 요소를 상정한다. 즉 제안의 실현은, 그 제안을 내놓은 사람의 의지뿐만 아니라, 다른 많은 사람들의 협력 또는 일반적으로 사회적·경제적 세력들의 연합과 같은 외부적 요소에도 달려 있다. 장기적 혜택을 제안하는 것에도 동일한 추론이 적용된다. 즉, 이러한 제안이 언급하는 시점이 멀면 멀수록, 제안은 더 많은 예측을 수반한다. 왜냐하면 시간의 흐름은 우연한 사건이 개입할 가능성을 증가시키기 때문이다. 그리고 이러한 예측의 특성은 그 제안이 계급과 관련되고 나아가 보다 장기적인 경우 더 강해진다.

따라서 정확한 예측을 위해, 사람들은 세상을 분석하고, 또한 세상이 움직이는 방식을 이해하려는 강한 동기를 가진다. 이것은 의지만으로 되는 것이 아니므로, 상황을 알아야만 한다. 이러한 의미에서도, 일반적 또는 장기적 제안을 사용하는 의사소통에는 추론이 필요하다. 이때 추론은 즉각적인 인식과 구분되기보다는 의지와 구분된다. 일반적 또는 장기적 혜택을 나타내는 의사소통에 내재된 예측이라는 차원이 이러한 지속적인 특성을 초래한다. 단순히 혜택만을 **제안**할 수는 없기 때문에 화자는 그것이 실현된다는 것을 보여 주기 위해 다양한 주장을 내놓는다. 한 사람이 무엇에 대한 교환의 대가로 어떤 이익을 제안 받는 경우, 그 사람이 그 제안을 받아들인다면, 의사소통은 끝나게 된다. 하지만, 그 사람이 그것을 거절할 경우, 또 다른 제안이 만들어져야 한다. 상대방의 동의를 얻기 위한 주장을 계속 쌓아둘 수만은 없다. 양방은 어떤 대가에 동의할 때까지 흥정하는 것이지, 논쟁하는 것은 아니다.

부패와 후원이라는 친숙한 현상들이 보여 주듯이, 정치적 행위의 대가로 개인이 돈, 재화, 서비스를 제공하는 일이 만연되어 있다. 따라서 여기에서 소개된 흥정이라는 개념은 토론이라는 개념과 대조하기 위해 고안된 단순한 지적 구조물이 아니다. 비개인적 혹은 장기적 제안을 통해 [상대방의-역자] 생각을 변화시키는 것을 목표로 하는 의사소통을 토론으로 정의하는 것은 이상적일 뿐이다. 가끔씩은 한 상황이 어느 쪽에 해당하는지를 결정하는 것이 어려울 수도 있다. 예를 들면, 정보는 종종 상대방의 의견을 바꾸려는 의도에서 제공된다. 그러면 그 상황이 설득적 의사소통인지 아닌지를 구별하는 것이 쉽지 않다. 마찬가지로, 어떤 제안이 비개인적인지 아닌지 결정하는 것이 어려운 경우도 있다. 어떤 사람이 상대방의 친척 또는 친구들에게 보상을 제시함으로써 다른 사람을 설득하려하는 상황을 흥정과 토론 가운데 어떤 것으로 보아야 하는가. 때때로 단기간과 장기간의 구분을 적용하는 것도 유사한 문제를 야기할 수 있다. 그럼에도 불구하고, 토론이라는 개념은 어떤 효용성을 가지고 있는데, 이는 구체적인 상황들이 그것[토론 개념-역자]에 가까이 근접해 있는가에 따라 이러한 상황들을 분류할 수 있기 때문이다.

여기에서 내려진 정의는 토론의 영속적이고 보편적 핵심을 파악하려는 취지에서다. 그렇다고, 여기에서 정의된 "토론"이란 말을 사용하는 것이 항상 적절하다고 주장하는 것은 아니다. 지금까지 제안된 정의는 대체로 합의에 의한 것이다(특히, 그 범주를 다르게 설정하는 것이 가능할 것이다). 그러나 우리가 내린 정의가 포괄하는 현상의 변형을 연구하는 것이 이 글의 목적이므로, 이 점이 장애가 되지는 않는다.

이하의 글에서는, 대의 정부의 세 가지 전형ideal-type을 구성하고 비교할 것이다. 세 가지 유형은 의회 정치, 정당 민주주의, 그리고 분석의 필요성 때문에 내가 "청중" 민주주의라고 부를 세 번째 유형이다.[10] 이러한 전형들은 의도적으로 도식화되었는데, 이들은 대의 정부의 각 형태를 속속들이 묘사하기 위한 것이 아니라 대의제의 네 가지 핵심 원칙들을 가지고, 상정된 각각의 형태들을 비교하기 위해서다. 이 세 가지 유형이 정치적 대표성의 모든 가능한 형태 혹은 실제로 채택된 모든 형태를 포괄하는 것은 아니다. 이것들은 소위 **대표성**이라는 관점에서만 검토될 것인데, 여기서 대표성이란 대표와 대표되는 사람 사이의 관계를 말한다. 선거권의 범위와 대표되는 인구의 크기는 의도적으로 제외될 것이다. 주어진 시점과 국가에 따라, 여기서 분석되는 정치적 대표성의 다양한 형태들이 공존할 수도 있고, 서로서로 융합될 수도 있다. 그러나 시간과 장소에 따라, 어떤 한 유형이 주가 될 것이다.

의회 정치

대표 선출

선거는 동료 시민들의 신뢰를 받는 사람을 정부에 배속하는 수단으로 고안되었다. 대의 정부 초기에, 이러한 신뢰는 특정한 상황에서 비롯되었다. 즉, 성공적인 후보는 지역적 연고, 사회적 유명세, 또는 그것이 가져다주는 존경을 통해 유권자의 신뢰를 고취시킨 개인들이었다.

의회 정치에서, 신뢰 관계는 본질적으로 개인적인 특성을 갖는다. 후보가 신임을 받는 것은, 다른 대표들과의 관계나 정치 조직과의 관계를 통해서가 아니라 개인적 특성을 통해서다. 대표는 유권자와 직접적 관계를 가진다. 왜냐하면 대표는 그가 빈번하게 접촉하는 사람들에 의해 선출되기 때문이다. 게다가 선거는 비정치적 상호작용의 반영이자 표출인 것으로 보인다. 이러한 신뢰는 대표가 유권자와 동일한 사회적 공동체에 속한다는 사실에서 비롯된다. 이때 그 공동체가 지리적으로(선거구, 마을 또는 도시, 군) 규정되건, 또는 더 일반적인 "이익집단"(버크가 "왕국의 거대한 이익

10_ 이 장 마지막에 있는 표를 참조할 것.

집단들"이라고 불렀던 것, 즉 지주, 상인, 제조업자 등)이라는 관점에서 정의되건 상관없다. 지역적으로 근접한 관계나 이러한 이익집단들 가운데 하나에 소속되는 것은 사회적 연대와 상호작용의 자동적인 결과다. 이것들은 정치적 경쟁에 의해 생기는 것이 아니다. 오히려 정치인들이 정치 권력을 위한 투쟁에서 동원하는 기존의 자원인 것이다. 동시에 대표들은 그들의 성격, 부, 또는 직업 덕분에 공동체에서 유명해졌다. 따라서 선거는 어떤 특정 유형의 엘리트, 이른바 명사들the notables을 선출한다. 대의 정부는 명사들의 통치로 시작되었다.

대표의 부분적 자율성

선출된 각 대표는 자신의 양심과 개인적인 판단에 따라 투표할 자유가 있다. 의회 밖에 형성되어 있는 정치적 의지를 전달하는 것이 대표의 역할은 아니다. 그는 자신을 뽑아 준 유권자의 대변인이 아니라 그들의 "수탁자"이다. 이것이 버크의 유명한 연설, "브리스톨 선거인단에게 드리는 말씀"Speech to the Electors of Bristol에서 공식화된 대표의 개념이다. 이 점에서 그의 연설은 그 당시 가장 폭넓게 받아들여지던 관점을 반영하고 있다.[11] 그리고 이러한 생각은 19세기 전반에 걸쳐 계속 지배적이었다. 1차 개혁법안(1832)에서 2차 개혁법안(1867)에 이르는 기간은 "일반 하원의원the private MP의 전성시대"로 일컬어졌다. 다시 말하자면, 대표의 투표가 의회 밖에서 만들어진 어떤 공약이 아니라 개인적인 확신에 따라 이루어졌던 것이다.[12] 나폴레옹 전쟁이 종식된 이후부터 2차 개혁법안까지의 영국 하원을 의회 정치의 원형으로 볼 수 있다. 개별 대표의 정치적

---

[11] Edmund Burke, "Speech to the Electors of Bristol"[1774] in R. J. S. Hoffmann and P. Lavack (eds.), *Burke's Politics, Selected Writings and Speeches*(New York: A. A. Knopf, 1949), pp. 114-116을 볼 것. 버크의 서술이 대표의 역할에 대한 일반적인 관점을 반영하고 있다는 사실에 관해서는 J. R. Pole, *Political Representation in England and the Origins of the American Republic*(Berkeley: University of California Press, 1966), p.441과 p.412, 419, 432를 참조. 블랙스톤 Blackstone도 *Commentaries on the Laws of England*[1765-9] Bk. I, ch.2, (facsimile of the 1st edn, 4 vols., Chicago: University of Chicago Press, 1979), Vol. I, p. 155에서 유사한 입장을 지지하고 있다.

[12] S. Beer, *British Modern Politics and Pressure Groups in the Collective Age*[1965](London: Faber & Faber, 1982), pp. 37-40을 참조.

독립성은 부분적으로는 지역에서 자신이 차지하고 있는 위치와 같은 비정치적 요인으로 인해 의석을 차지했기 때문이다.

여론의 자유

19세기 전반기에는 초의회적 운동의 확산이 있었다(예를 들면, 차티스트 운동, 가톨릭 권리 운동, 곡물법 폐지 운동, 선거법 개정 운동*). 이러한 초의회적 운동은 시위, 탄원, 언론 운동 등을 조직했다.13) 그러나 이러한 운동들이 반영한 균열은 정당 구분을 초월하는 것이었다. 여론의 표현은 대표 선출과 달랐다. 이 둘은 헌법적 지위에서도 달랐고 — 오직 후자만이 법적 구속력을 갖는다 — 각각의 목적에서도 달랐다. 종교의 자유, 선거법 개정, 자유 무역과 같은 몇몇 주제들은 선거 운동 기간 동안 제기되지도 않았고, 선거 결과에 따라 결정되지도 않았다. 오히려 이러한 주제들은 임시변통으로 만들어진 조직들에 의해서 전면으로 대두되었고, 의회에 대한 외부 압력을 통해 해결되었다. 대표와 대표되는 사람들의 차이가 있을 수도 있다. 그러나 의회를 분열시킨 균열은 그 주제에 있어 국가를 분열시킨 균열과 일치하지 않았다.

목적에서의 차이는 제한된 선거권뿐만 아니라 의회주의의 특성에서도 기인했다. 왜냐하면 선거가 개인적 신뢰에 근거해서 개인을 선출하는

13_ Beer, *British Modern Politics*, pp. 43-48을 볼 것.

* 차티스트 운동: 영국 노동자 계급의 선거법 개정 운동. 이 운동의 이름은 1838년 5월 런던의 급진주의자 윌리엄 러벳이 기초한 법안인 인민헌장People's Charter의 이름을 딴 것이다. 인민헌장은 6개의 요구 조항을 담고 있는데 남성의 보통선거권, 균등한 선거구 설정, 비밀 투표, 매년 선거, 의원의 보수 지급, 의원 출마자의 재산 자격 제한 폐지 등이다. 차티스트 운동은 그 성격과 규모 면에서, 영국의 새로운 산업 질서의 산물인 사회적 불의에 대항해 일어난 최초의 전국적인 노동계급 운동이었다.

가톨릭 권리 운동: 19세기 영국은 점진적인 개혁을 통한 자유주의적 발전의 길을 걷게 되었다. 먼저 영국은 1828년 심사율Test Act을 폐지하여 비국교도인 개신교도들에게 공직에 취임할 수 있는 길을 열어주었고, 1892년 카톨릭교도 해방령을 제정하여 가톨릭교도에게 시민적 자유와 권리를 부여했다.

곡물법 폐지 운동: 1839년에 코브던, 브라이트를 지도자로 하여 맨체스터에서 결성된 반(反)곡물법 동맹이 등장했다. 1846년 필 내각 때 이 곡물법은 폐지되었다.

선거법 개정 운동: 영국 의회의 선거제도 개혁. 일반적으로 19세기에 실시된 3차례의 개혁을 가리킨다. 중세의 하원 선거제도는 산업혁명 이후의 근대 사회에 들어와서도 거의 변경이 되지 않았기 때문에 여러 가지 불합리한 점이 생겼다. 그 시정을 추구하는 의회 개혁 운동이 18세기 후반부터 일어났다.

것이라면, 정치적 주제와 정책에 대한 시민들의 의견은 반드시 또 다른 분출구를 찾아야 하기 때문이다. 그렇지만 유권자가 항상 그러한 의견을 갖는 것은 아니다. 이러한 현상은 단지 위기 상황에서만 나타날 수 있기 때문이다. 그럼에도 불구하고 여론의 자유라는 원칙은 이러한 가능성을 암시하고 있다. 그리고 의회 정치의 구조는 사람들이 이러한 의견들을 갖게 될 때, 선거 이외의 방법으로 그것이 표출될 수 있다는 사실을 필연적으로 수반한다.

따라서 이러한 형태의 대의 정부에서, 여론의 자유는 여론과 의회 사이에 격차가 생길 수 있도록 한다. 공간적 비유를 빌어 말하자면, 상위의 의지(전체로서 의회의 의지)와 하위의 의지(거리에서, 탄원을 통해, 신문 칼럼에서 표현되는 의지) 사이의 수평적 분열의 가능성이 존재한다고 말할 수도 있다. 이러한 배치의 근간이 되는 구조는 의회 밖에 있는 군중의 목소리가, 의회 내의 그 누구에 의해서도 공유되지 않는 관심을 표현할 때 가장 극적으로 드러난다. 통찰력이 있는 평자들은 비록 공공 질서에 위협적이라 하더라도, 의회와 대중의 목소리 사이의 이러한 대립 가능성이 의회 정치에 본질적이라고 지적해 왔다. 대중정당이 형성되기 이전 영국의 의회 정치를 분석하면서, 오스트로고스키Ostrogorsky는 다음과 같이 썼다.

> 선거 밖, 즉 형식상 재판을 여는 곳에서, 여론은 의원들과 그들의 지도자들에게 어떤 지속적인 영감을 제공하고, 동시에 그들에게 계속 통제권을 행사하도록 되어 있다. 여론은 어떤 헌법적 수단과도 별개로 스스로를 표명함으로써, 이러한 이중적 권력을 스스로에게 부여하고 승리를 거둔다……그러나 이러한 (극히 알기 어렵고, 변동이 심한 특성을 가진) 여론 권력이 스스로를 표출하기 위해서는, 반드시 **여러 가지의 불규칙한 형태를 가지고 완전히 자유롭게 등장해야 하며, 의회의 문을 향해 곧바로 갈 수 있어야 한다**.[14]

그러나 군중이 실제로 거리에서 의회와 대치하고 있을 때, 무질서와 폭력의 위험은 증가한다. 이러한 대의 정부의 형태는 여론의 자유가 공공

---

[14] Ostrogorsky, *La Démocratie*, Vol. I, p. 573(강조는 인용자).

질서에 대한 어떤 위험과 분리될 수 없는 것으로 나타난다는 특징을 가지고 있다.

토론에 의한 판결

대표가 자신을 선출한 사람들의 소망에 구속되지 않기 때문에, 의회는 완전한 의미의 심의기관일 수 있다. 다시 말하자면 의회는 개인들이 토론을 통해 그들의 의지를 형성하고, 주장을 서로 교환함으로써 다수의 동의가 달성되는 장소인 것이다. 만약 참여자들이 대화 과정에서 그들의 생각을 바꿀 수 있는 처지에 있다면, 토론은 처음에는 다양한 의견을 가졌던 참여자들 사이에서 합의를 도출해 낼 수 있다. 그러한 변화가 불가능한 환경에서, 토론은 다수의 동의를 만들어 낼 수 없다. 그리고 이러한 상황에서는 참여자들이 언어로 의견들을 표현하든지 않든지 간에 차이가 없다. 왜냐하면 진정한 토론이 일어나지 않기 때문이다. 참여자가 그들의 생각을 바꿀 수 있는 가능성은 (비록 충분치는 않더라도) 설득적 토론의 필수 조건이다. 특히, 의회 내에서 의미 있는 심의가 가능하도록 하기 위해, 의회 정치에서 대표들은 그들의 선거구민에게 구속되지 않는다. 19세기 전반 영국에서 하원의원들은 의회 밖에서 만들어진 결정이 아니라, 의회에서의 토론을 통해 도달한 결론에 따라 투표해야 한다고 생각했다. 비록 현실이 이 모델과 항상 부합하는 것은 아니었다고 하더라도, 그러한 신념은 적어도 대부분의 후보들과 의회의 구성원들이 따르던 원칙이었다. 어쨌든, 선출된 대표의 자유는 대표들 사이에서의 지속적인 분열과 집단화에서 발견된다.15)

15_ 의회 정치의 이러한 특징은 오늘날의 미국 국회에서도 지속되고 있다.

정당 민주주의

대표 선출

선거권 확장에서 비롯된 선거민의 확대는 유권자와 대표 사이의 개인적 관계를 불가능하게 했다. 시민들은 더 이상 개인적으로 알고 있는 누군가에게 투표하는 것이 아니라, 어떤 정당의 색깔을 갖는 사람에게 투표한다. 그리고 확대된 유권자를 동원하기 위해 관료와 조직을 가진 정당이 설립되었다.

대중정당이 형성되었을 때 사람들은 "평범한 사람"을 관직에 진출시킬 수 있다고 믿었다. 그러한 [대중-역재정당의 등장은 "명사들의 몰락" 뿐만 아니라, 의회 정치를 특징지었던 엘리트주의의 종식을 의미하는 것처럼 보였다. 대중정당이 계급 균열을 반영하는 국가에서는, 사회주의 혹은 사민주의 정당을 통해서 노동계급이 그들의 일원, 즉 평범한 노동자들에 의해 의회에서 대표될 것이라고 기대되었다. 그러나 로버트 미헬스 Robert Michels의 독일 사민주의 정당 분석은 이러한 기대가 그릇된 것임을 보여 주었다.[16]

미헬스는 전형적인 대중적, 계급적 정당에서 지도자와 평당원 사이의 차이를 보여 주었다(그리고 신랄하게 비난했다). 그는 정당의 지도자와 대의원들이 노동계급이라는 배경을 가질 수는 있지만, 실제에 있어서 그들은 노동자라기 보다는 쁘띠 부르주아와 같은 생활을 한다고 지적했다. 미헬스는 노동계급 정당의 지도자들과 대의원들이 일단 그러한 권력의 자리에 도달하기만 하면 **달라질** 뿐만 아니라, 그들이 애초부터 **달랐다**고 주장했다. 미헬스에 따르면, 정당은 "[노동계급 중에서] 가장 똑똑한 사람들에게 그 사회계급 내에서 상승할 수 있는" 기회를 제공하며, "가장 유능하고 가장 박식한" 노동자를 등용한다.[17] 자본주의 초기에는 이러한 "더 똑똑하고, 더 야망에 찬" 노동자들이 소기업가가 되었던 반면 지금은 정

---

[16] Robert Michels, *Political Parties : A Sociological Study of the Oligarchical Tendencies of Modern Democracy*[1911], trans. E. & C. Paul(New York: Free Press, 1962); 특히 part IV "Social analysis of leadership"을 볼 것.

[17] Robert Michels, *Political Parties*, pp. 263-264.

당의 관료가 된다.18) 따라서 노동계급 정당은 노동계급으로부터 뚜렷이 구별되는 "탈-노동자화"된 엘리트들이 지배했다. 이러한 엘리트들은 특별한 자질과 재능, 이른바 행동주의와 조직 기술에 근거해서 권력의 자리에 올랐다.

미헬스의 분석은 두 가지 측면에서 특별한 관심을 받을 가치가 있다. 첫째, 정당의 평당원과 지도자 간의 지위와 삶의 조건의 차이를 비민주적, "귀족적" 또는 "과두적"이라고 비난할 때 보여 준 그의 열정은 통치자와 피통치자 사이의 유사성과 근접성이라는 이상의 지속적인 매력을 입증해 준다. 미국의 연방주의자들과 반연방주의자들 사이의 논쟁이 있은 지 무려 100년 이후에 말이다. 집합 행동은 기능적 차별을 요구한다는 사실에도 불구하고, 20세기 초에 민주주의는 지도자들이 그 처지와 특성에 있어 그들이 지도하는 사람들과 유사해야 하는 권력의 형태와 동일시되었다. 더구나 유사성이라는 이상에 대한 미헬스의 애착은 다른 사람들의 주장과 동떨어진 경우도 아니었다. 그러한 이상의 매력은 반세기 앞서 프랑스 정치에 결정적 역할을 했던 한 문서에서도 발견된다. 1864년 파리의 한 노동자 그룹이 출판한 『60인 선언』*Manifeste des Soixante*은 공화주의자들 사이에서 유행하던 대의제에 대한 견해를 비판했다. "60인"은 후보 중에 노동계급이 없다는 것을 불평했다. 공화주의자들이 노동자들과 공감하고 있으며, 그들의 이익을 옹호할 것을 약속했지만, 60인은 의회에서 "그들과 똑같은 노동자들에 의해" 의회에서 대표되기를 원한다고 답했다.19)

(미헬스로 돌아가서) 둘째, 그의 연구는 대중정당이 대의 정부를 지배

18_ 같은 책, pp. 258-259.
19_ P. Rosanvallon, *La question syndicale*(Paris: Calmann-Lévy, 1988), p. 204. 프루동Proudhon*은 *De la capacité politique des classes ouvriéres*[1873](Paris: Marcel Rivière, 1942)이라는 제목의 저작에서 이 선언에 대한 긴 논평을 달았다. 이 선언은 부록으로 딸려 있다. 로잔발론에 따르면, 이 선언은 "프랑스 정치사회적 문화의 전환기를 선언했으며, 19세기 프랑스에 대한 가장 중요한 정치적 자료 가운데 하나로 간주되어야만 한다"(*La question syndicale*, p. 204).

* 프루동(1809~1865): 프랑스의 사회주의자, 저널리스트. 그의 사상은 후에 급진적·무정부주의적 이론의 기초가 되었다. 프루동의 마지막 저서 『노동계급의 정치적 역량』*De la capacité politique des classes ouvriéres*(1865)은 그의 임종 직전에 완성되었는데, 이 책에서 그는 노동계급의 해방은 경제적 투쟁을 통한 노동계급 스스로의 과업임을 주장했다.

하게 되었음에도 불구하고, 대의 정부의 엘리트주의적 성격은 사라지지 않으며, 오히려 새로운 유형의 엘리트가 등장했다는 것을 보여 주었다. 대표의 두드러진 특성은 더 이상 지역적 지위와 사회적 유명세가 아니라 행동주의와 조직 기술이었다. 사실 투표자는 이를 근거로 대표를 선출하지 않는다. 이러한 특성들은 정당 기구에 의해 선택된다. 그럼에도 정당이 내세운 후보에게 투표함으로써, 유권자는 이러한 범주가 사용되는 것에 동의하고 인준하는 것이다. 정당 민주주의는 **활동가**와 **정당 관료**의 통치인 것이다.

정당 민주주의에서, 사람들은 개인이 아니라 정당에 투표한다. 이것은 선거 결과의 안정성이라는 두드러진 현상에 의해 증명된다. 정당 후보들의 오랜 연임 때문에 투표자들은 동일한 정당의 같은 후보를 계속해서 선택한다. 개인들이 계속적으로 한 정당에 투표하는 경향을 보일 뿐 아니라, 정당에 대한 선호는 한 세대에서 다음 세대로 이어진다. 자녀들은 부모와 마찬가지로 투표하고, 어떤 지역의 거주자들은 수십 년 동안 동일한 정당에 투표한다. 선거 결과의 안정성을 처음으로 증명한 사람들 가운데 한 사람인 안드레 지그프리드André Siegfried는 특정 장소에 독특하게 나타나는 "여론 분위기"에 대해서 말했다. 20세기 초, 정치학의 주요한 발견 가운데 하나인 선거 결과의 안정성은 1970년대까지 수많은 연구를 통해 확인되었다.[20] 그러나 선거 결과의 안정성은 의회 정치의 기반 가운데 하나를 제거해 버린다. 즉, 선거는 더 이상 투표자들이 개인적으로 알고 신뢰하는 사람을 선택하는 것이 아니라는 것이다. 어떤 부분에서는 이러한 사적 연계의 붕괴가 정치적 대표성의 위기에 대한 징후로 해석되었다.

선거 결과의 안정성은 대개 사회경제적 요인들에 의한 정치적 선호의 결과로 나타난다. 정당 민주주의에서, 선거에서의 균열cleavage은 **계급 분할**division을 반영한다. 20세기 전반에 모든 민주주의 국가에서 사회경

---

[20] 이 분야에서 두드러진 몇 개의 저작만 언급하자면, Siegfried, *Tableau politique de la France de l'Ouest sous la III République*(Paris : Armand Colin, 1913); B. Berelson, P. Lazarsfeld, and W. McPhee, *Voting*(Chicago: University of Chicago Press, 1954); A. Campbell, P. E. Converse, W. E. Miller, and D. E. Stokes, *The American Voter*(New York: Wiley, 1964)를 볼 것.

제적 요소들의 영향은 발견되었지만, 그 영향은 주요 정당들 가운데 하나가 노동계급의 정치적 표현으로 형성되었거나 간주되는 국가에서 더욱 두드러진다. 일반적으로 사회주의 또는 사회민주주의 정당들은, 19세기 후반 이래, 대의 민주주의에 요긴한 것이 된 대중에 기반을 둔 정당의 전형으로 간주된다.[21] 따라서 사회민주주의 정당이 강한 국가에서는, 정당에 대한 부동의 충성심이 만들어 낸 가장 순수한 유형의 대의제를 발견할 수 있는데, 이러한 충성심은 계급의 분할을 반영한다.[22]

수십 년 동안, 독일, 영국, 오스트리아, 스웨덴에서, 투표는 계급의 정체성을 표현하는 수단이었다. 대부분의 사회주의적 또는 사회민주주의적 유권자들에게 그들이 던지는 투표는 선택의 문제가 아니라 사회적 정체성과 운명의 문제였다.[23] 유권자가 "정당"이 제시한 후보를 신뢰하는 이유는, 후보를 자신이 속해 있다고 느끼는 공동체의 일원으로 생각하기 때문이다. 사회는 근본적인 문화적·경제적 차이들로 인해 몇 개의 진영으로, 보통은 두 개의 진영으로 나뉜다. 즉 일반적으로 종교와 전통적 가치를 통해 연합한 보수주의 진영과, 구성원들의 사회적·경제적 지위에 의해 규정된 사회주의 진영이다.[24] 유권자는 자신의 모든 이익과 모든 신념에 의해 스스로를 같은 집단에 결속시킨다. 각 진영은 위로부터 아래에까지 일체감이라는 강력한 연계로 뭉친 하나의 공동체다.

그러한 상황에서, 대표성은 주로 사회구조의 반영이 된다. 원래, 사회적 다양성의 반영은 대표성의 구성 요소 가운데 하나에 불과했지만, 이러한 형태의 대의 정부에서는 주가 된다. 게다가, 선거를 통해 스스로를 표현하는 사회 세력은 서로 **갈등** 관계에 놓이게 된다. 의회 정치에서와 마찬

21_ 이러한 경향은 독일 사민당에 대한 미헬스의 연구 이후에 특히 그렇다.
22_ 특정 민주주의 국가에서 공산당(예를 들면 프랑스와 이탈리아)은 어떠한 의미에서 동일한 모델에 속한다. 그러나 대의 민주주의가 움직이는 데 있어서, 그들의 위치는 더 복잡하고 문제적이기 때문에, 그들의 경우 대의제의 형태는 덜 분명하게 나타난다.
23_ 투표를 정체성을 표현하는 하나의 방식으로 본 알렉산드로 피쯔르노Alessandro Pizzorno의 분석은 특히 정당 민주주의와 관련되어 있다. A. Pizzorno, "On the rationality of democratic choice," *Telos*, Vol. 63, Spring 1985, pp. 41-60을 볼 것.
24_ 오스트리아에서 "진영 의식"Lagermentalität은 양차대전 사이 오스트리아의 정치 문화를 특징짓는 용어이다.

가지로, 선거는 정치에 우선하는 사회적 실체를 반영한다. 그러나 의회 정치에서 스스로를 표현하는 지역 공동체 또는 "거대한 이익집단들"이 반드시 갈등 상태에 놓이는 것은 아니다. 반면, 정당 민주주의에서는 사회 갈등이 매우 중요하다. 대의제의 창시자들은 대의 기관의 다원적 성격을 하나의 장점으로 간주했지만, 이러한 다원주의가 근본적이고 지속적인 사회 갈등의 반영이 될 수 있다는 것을 상상조차 하지 않았다. 대표성의 이러한 변형은 산업화와 그것이 야기한 갈등의 결과였다.

 이러한 대표성의 형태에서, 선거 태도를 결정하는 것은 정강에 대한 지지보다는 소속감과 사회적 정체성이다. 19세기 말에 형성된 대중정당들은 분명 상세한 정강을 제시했으며, 이것에 기초해 선거 운동을 했다. 이러한 측면에서, 대중정당은 이전에 존재했던 정당들과 확연히 달랐다. 그러나 다수의 유권자는 제안된 조치들에 대해 자세히 알지 못했다. 심지어 그러한 정강이 존재한다는 것을 알았을 때조차, 그들이 기억했던 것은 주로 선거 운동에서 강조된 모호하고, 관심을 끄는 슬로건들이었다. 비록 아주 다른 이유에서지만, 대중정당의 지지자들은 그들이 신뢰하는 사람을 선택할 때, 자신들이 투표하는 사람이 제시한 구체적 정책에 대해 의회 정치의 유권자들이 알았던 것보다 더 많이 알지 못했다. 추진될 정책들에 대해서는, 강령이 존재하기 때문에, 의회 정치에서보다 더 잘 알고 있었음이 확실하다. 그럼에도 불구하고, 정당 민주주의에서 유권자의 신뢰는 제안된 조치들 때문이 아니라, 유권자의 소속감과 정체성으로부터 나온다. 정강은 다른 효과를 가지고 있으며 다른 목적에 기여한다. 즉, 정강은 운동가와 정강을 알고 있는 당 관료의 열정과 에너지를 동원하는 것을 돕는다. 의회 정치에서와 마찬가지로, 정당 민주주의에서도 선거는 여전히 구체적인 정치적 법안의 선택이라기보다는 신뢰의 표현이다. 신뢰의 대상만이 달라진다. 그것은 더 이상 한 개인이 아니라 어떤 조직, 즉 정당이 되는 것이다.

대표의 부분적 자율성

대표, 대의원 또는 하원의원은 더 이상 자신의 양심과 판단에 따라 자유롭게 투표할 수 없다. 즉, 그는 선거에서 도움을 받았던 정당에 구속된다. 예를 들어, 독일 사민당의 가장 이름난 지도자 가운데 한 사람인 카우츠키Karl Kautsky*는 이렇게 썼다. "심하게 들릴지 모르지만, 사민주의의 대의원은 자유인이 아니라 단지 정당의 대표Beauftragte일 뿐이다."25) 의회 내에 있는 노동계급의 일원은 자신이 속한 정당의 단순한 대변인이다. 이러한 견해는 사민주의가 강한 모든 국가에서 채택되어 효과적인 관행으로 변환되었다. 즉 의회 내에서의 엄격한 투표 기강, 그리고 대표에 대한 정당 기구의 통제가 그것이다. 한스 켈젠Hans Kelsen은, 정당 민주주의의 원칙을 모범적인 방식으로 표현한 그의 정치 저술에서, 정당이 선출된 대표를 효과적으로 통제할 수 있는 다양한 조치를 제안했다. 즉, 정당을 떠난 대표는 사임해야 하고, 정당은 대표를 해임시킬 수 있다는 것이다.26)

이후 의회는 충돌하는 사회적 이익들의 상대적 힘을 측정하고 기재하는 수단이 되었다. 더욱이 영국을 제외하고는, 사민주의가 강한 국가(독일, 오스트리아, 스웨덴)에서는 통상적으로 비례대표제를 실행하고 있다는 사실을 주목할 필요가 있다. 비례대표제는 유권자들 내의 세력 균형의 구체적 상황을 반영하는 효과를 갖는다. 켈젠은 의회 구성에 있어서 "이해관계의 실제적인 상황이 반영되기 위해서" 비례대표제가 필수적이라는

25_ Karl Kaustky, *Der Parlamentarismus, die Volksgesetzgebung und die Sozialdemokratie*(Stuttgart: Dietz Verlag, 1893), p. 111. 대의제에 대한 맑스주의적 비판과 사회민주주의 정당의 지도자들이 재조명된 형태로 이것을 받아들인 데 대해서는 A. Bergounioux and B. Manin, *La social-démocratie ou le compromise*(Paris: Presses Universitaires de France, 1979), chs. I and III을 볼 것.

26_ H. Kelsen, *Vom Wesen und Wert der Demokratie*[1929](Aalen: Scientia Verlag, 1981), pp. 42-43. 켈젠에 따르면 "민주주의가 정당 없이 가능하다는 주장은 환상이거나 위선이다." 그리고 "민주주의는 필연적으로 그리고 불가피하게 정당 정부Parteienstaat다"(같은 책, p.20). 켈젠은 오스트리아 사회주의 정당과 가까웠던 것으로 간주된다. 그는 제1공화국 헌법 초안을 만드는 데, 특히 헌법재판소를 신설하는 데 중요한 역할을 했다. 그는 헌법재판소 종신 회원으로 지명되었지만, 반유대인 운동 이후 오스트리아를 떠나야 했다. 그의 정치학적·법학적 사상은 오스트리아와 독일의 사민주의 지도자들에게 광범위한 영향을 미쳤다. 카우츠키는 켈젠을 수시로 언급하고 있다.

* 칼 카우츠키(1854~1938): 마르크스주의 이론가, 독일 사회민주당 지도자. 1891년에는 독일 사회민주당이 채택한 에르푸르트 강령을 입안했다.

입장이다.27) 그러나 약간의 왜곡은 있겠지만, 중앙 권위체가 각각 견고하게 통합된 대립하는 이익들 사이의 세력 균형을 반영하는 사회에서는 폭력적 대립의 위험이 있다.28) 개별 유권자들은 그들의 이익과 신념에 따라 특정 진영에 집착하기 때문에, 한 진영이 득세하면, 그 반대 진영은 그들 존재의 모든 영역에 이르기까지 완전히 패배하게 된다. 그러므로 그들은 무력에 호소하기를 원할 수도 있다. 심지어 선거 결과의 고정성은 이러한 위험을 증가시키기도 한다. 소수파는 가까운 미래에 상황이 역전되는 것을 거의 기대할 수 없다. 따라서 어떤 의미에서는, 정당 민주주의가 공개적인 대립의 위험을 극대화시킨다. 그러나 위험이 커진다는 사실 자체가 정당들로 하여금 그러한 결과를 피하게 만든다. 더 나아가, 사회 세력의 균형이 선거 결과에 직접적으로 반영되기 때문에, 양쪽 지도자들 모두 적의 힘에 관해 아무런 환상을 갖지 않는다. 일반적으로, 정치 행위자들은 그들이 직면할 저항(그들은 통상적으로 이것을 과소 평가하는 경향이 있다)을 알지 못하면 못할수록, 더 위험한 행동을 저지르는 경향이 있다. 정당 민주주의는 정치 세력들로 하여금 서로서로를 대면하게 하며, 내란의 가능성에 직면하게 한다.

폭력적 대립의 위험을 피하기 위해, 다수파 진영에게는 오직 하나의 해결책이 있다. 그 해결책은 소수파와 타협하는 것, 즉 무조건적으로 자신들의 의지를 따르도록 강요하지 않는 것이다. 정당 민주주의는 상충하는 이익들이 정치적 타협의 원칙을 수용할 때만 실행 가능한 정부 형태다. 왜냐하면 사회 영역에서는 그들의 반대를 완화시킬 아무 것도 없기 때문이다. 비록 켈젠은 행위자들이 무엇 때문에 협상하게 되는지를 설명하지는 못했지만, 타협의 원칙을 민주주의 이론의 근본 원리로 삼았다.29) 역사적으로, 사민주의 정당들은 협상의 원칙을 수용한 이후에야 집권했고, 또

27_ Kelsen, *Vom Wesen und Wert*, p. 61.
28_ 켈젠에게 있어 두 "진영"으로의 양극화는 민주주의가 가능하기 위한 필수적인 조건이라는 것을 기억해야 한다. 중앙의 대립은 각 진영 내 대립들을 해소하고, 통합하는 요소다(*Vom Wesen und Wert*, p. 56). 켈젠은 양극화를 정치의 특성으로 본다. 그에게 있어서 양극화는, 다수의 지배라는 원칙에서 기인하는 것이기 때문이다.
29_ Kelsen, *Vom Wesen und Wert*, pp. 53-68 참조. 이 주제에 대한 켈젠의 저술들은, 타협은 지도자들의 선의에 의한 것이라는 인상을 주기도 한다.

한 정권을 유지할 수 있었다. 사민주의 정당이 처음으로 집권하게 되었을 때, 사민주의 정당은 연립 전략을 채택하는 방식으로 그러한 원칙의 수용을 상징적으로 알렸다. 연립을 형성함으로써, 정당은 의도적으로 스스로를 모든 계획을 이행할 수 없게 만든다. 처음부터 자신의 의지 이외의 것을 위해 여지를 남겨주기로 선택하는 것이다.30) 게다가 비례대표제는 의회에 총체적인 다수를 창출하지 못하게 함으로써 연립 전략을 촉진시킨다.

그러나 정당 민주주의가 협상에 기반하고 있다면, 정당들은 일단 집권하면 그들의 모든 계획을 이행하지 않아도 되는 자유를 가져야 한다. 협상에 도달하거나 연립을 형성하기 위해서, 정당은 선거 이후에 전략적으로 행동할 여지를 가져야 한다. 그러한 행동의 자유는 투표 때 사람들이 어떤 정당에 대한 자신의 신뢰를 표현하고, 모든 것을 그 정당에 일임한다는 사실에 의해 조장된다. 물론 정당은 어느 정도는 정강에 구속된다. 왜냐하면 정당이 공공연히 어떤 정책을 수행하기로 약속했기 때문이다. 게다가 정당의 활동가들은 그 정강을 중심으로 결집되었다. 따라서 정당 지도부는 정강의 대체적인 방향과 일치하는 행동하고자 하는 동기를 갖는다. 그럼에도 불구하고, 만약 정당이 반대 세력 또는 동맹 세력들과 타협하고자 한다면(공개적으로 정강을 지키기 위해 헌신하는 것과 마찬가지로), 정당 지도부는 공약을 어느 **정도**까지 이행할 것인지를 독자적으로 판단해야 한다. 약속했던 **모든** 조치를 이행하지 않아도 되는 자유를 반드시 보유해야 하는 것이다.

이 점은, 공약이 가지는 중요성에도 불구하고, 왜 정당 민주주의는 **사실상**(법률상은 말할 것도 없고) 유권자들의 소망으로부터, 권력에 있는 사람들이 갖고 있는 부분적 독립성을 폐기하지 않는지를 설명한다.31) 이

30_ 사민주의와 관련하여, 신중한 협상의 원칙과 연립 전략에 대해서는 B. Manin, "Démocratie, pluralisme, libéralisme," in A. Bergounioux and B. Manin, *Le régime social-démocrate*(Paris : Presses Universitaires de France, 1989), pp. 23-55을 참조.

31_ 협상의 원칙에 대한 강조에도 불구하고, 켈젠은 다수파와 반대파 또는 어떤 연립 구성원 사이에서 협상이 이루어지기 위해서는, 반드시 일정 정도의 재량권을, 서로 다른 정강을 선전하던, 정당들이 가져야 한다고 말하지는 않았다. 이것은 협상에 대한 그의 개념이 정확하지 않기 때문이다. 켈젠은 타협이 본래 공식화된 의도와 궁극적으로 취해진 행동 사이의 간극을 의미하는 것으로

러한 의미에서, 정당 민주주의는 민중 정부의 간접적 형태가 아니다. 의회 정치의 원형에서, 판단과 정책 결정의 자유를 누리는 사람은 바로 개별 대표다. 물론, 대중정당에서, 개별 대표는 더 이상 이러한 자유를 누리지 못한다고 말할 수도 있다. 하지만 통치하는 사람들의 부분적 독립성은 대의 정부의 제도적 구조 내에서 다른 곳으로 이동했다. 즉, 대표들로 구성된 집단(예를 들면 의회 정당)과 정당 지도부의 특권이 된 것이다. 게다가 부분적 독립성의 형태 또한 변했다. 다시 말해, 부분적 독립성은 대표 스스로가 적절하다고 판단하여 행동할 수 있는 순수하고 단순한 형태의 자유를 의미하지 않는다. 대신 그것은 이미 예정된 계획을 어느 정도까지 수행할지를 결정할 자유, 그리고 그 계획의 한계 내에서 무엇을 할 수 있고 무엇을 성취해야만 하는지를 선택할 자유를 뜻한다.

정해진 한계 내에서 전략을 수정할 수 있는 이러한 여지는 정당 그 자체와 의회 내에서 그것의 표현 사이의 관계에서도 나타난다. 예를 들어 연례 전당대회와 원내 정당 사이의 관계를 규제하기 위해, 1907년 영국 노동당이 다음의 발의를 채택했다는 것을 언급할 필요가 있다. "하원 내에서 원내 정당이 취해야 할 행동을 지시하는 결의는 전당대회의 의견으로 간주되어야 한다. 이러한 지시가 효과를 발휘할 시기와 방법은 행정부와 원내 정당이 선택한다." 정당 지도부의 한 사람인 하디Keir Hardie에 의하면, 결의는 원내 정당과 정당 지도부에게 "어떤 문제가 **우선권**을 가지는지"를 결정하는 권한을 주는 것이다.32) 한 정당이 영원히 집권할 수는 없다는 점을 감안한다면, 사전에 결정된 틀 안에서 우선 순위를 정하는 권한은 정당 지도부에 무시할 수 없는 자율성을 부여하는 것이다.

여론의 자유

정당 민주주의에서, 정당은 선거를 통한 경쟁과 여론의 표현(시위, 탄원, 언론 운동) 모두를 조직화한다. 모든 여론 표현은 정당의 균열을 따라

보지 못했다.
32_ 두 인용문은 Beer, *British Modern Politics*, p.1118에서 재인용했다(강조는 인용자).

조직화된다. 다양한 결사체들과 언론은 정당 중의 하나와 연관되어 있다. 당파적 언론의 존재는 특히 중요하다. 정보에 밝은 시민들, 즉 정치와 여론 주도자들에게 관심이 많은 사람들은 정치적 성향을 가지는 언론을 통해서 정보를 얻는다. 그들은 반대 의견을 접하는 일이 거의 없는데, 이는 정치적 의견의 안정성을 강화한다. 정당은 선거의 장과 투표 이외의 정치적 여론의 표현 모두를 지배하기 때문에, 여론의 균열은 선거의 균열과 일치한다. 의회 정치에서는 차이가 있었지만, (정당 민주주의에서) 대표의 선출과 여론의 표출은 그 목적에 있어 더 이상 다르지 않다. 단지 헌법적 지위만 다를 뿐이다. 오스트로고스키는 대중정당을 "완전한 결사체"로 규정했다. 즉 어떤 정당을 지지하는 사람은 "자기 스스로를 완전히 정당에 위탁한다." 다시 말해, 무엇에 관한 것이든 상관없이 정당의 모든 입장을 채택한다는 것이다.33) 바이마르 공화국에 대한 분석에서, 슈미트는 이러한 완전성을 향한 경향의 결과들을 묘사했다. 그는 다음과 같이 지적했다.

> 인간의 모든 영역으로 [정치가] 확대되는 것, 종교, 경제, 그리고 문화와 같은 개별 영역의 구별과 중립의 제거, 요컨대 ······ "전체주의화"를 향한 경향은 대체로 사회 조직망을 통해 각각의 시민들 속에서 광범위하게 실현된다. 그 결과는 다음과 같다. 즉, 우리는 분명 전체 국가 total state를 가지지는 않은 반면, 아주 어릴 때부터 ······ "완전한 문화적 프로그램"을 제공함으로써 지지자를 조직하는, 전체주의화의 경향이 있는 파당적 사회제도를 가진다.34)

각 진영 내에서, 모든 표현 수단들은 직접적으로 또는 간접적으로 정당 지도부에 의해 통제되기 때문에, 보통 시민들은 스스로를 대변할 수 없다. 보통 시민들은 정당, 그리고 의회에서 의사를 표현할 수 있는 정당과 연계된 조직의 목소리 외에는 자신의 목소리를 가질 수 없다. 이러한 상황은 통치자의 통제를 받지 않는 상태에서 여론이 표현될 수 있어야 한다는 대의 정부의 원칙을 어기는 것으로 보일 것이다.

33_ Ostrogorsky, *La Démocratie*, Vol. II, p.621를 볼 것.
34_ Carl Schmitt, *Der Hüter der Verfassung*(Tübingen: K. C. B. Mohr, 1931), pp. 83-84.

그러나 슈미트의 주장은 실상은 왜 그렇지 않은지를 설명하는 데 도움이 된다. 각 진영은 분명히 하나의 목소리로 말하며, 그들의 의회 내의 그리고 의회 밖의 목소리는 정확하게 일치한다. 그러나 (한 국가에는) 하나 이상의 진영이 있고, 모두가 정부에 참여하는 것은 아니다. 통치 기관은 더 이상 의회 정치에서와 같이 전체 의회가 아니다. 그것은 다수당이거나 연립내각이다. 정당 민주주의는 **정당** 정부의 시대다. 그러나 이것은 집권당이 통제할 수 없는 무엇, 이른바 야당과 야당의 목소리가 있다는 것을 의미한다. 따라서, 야당과 다수파 모두에서, 보통 시민들이 지도자들의 통제권 밖에서 의견을 내놓을 수 없다고 하더라도, 통치자들의 의견과 다른 의견이 자유롭게 표출될 수 있다. 정당 민주주의에서, 여론의 자유는 반대의 자유라는 형태를 가진다. 따라서 의회 정치와는 대조적으로, 여론의 자유가 대신 들어선 것이다. 즉, 앞서 제시되었던 공간의 비유로 돌아가서, 다수와 반대파 사이의 수직적 격차가 의회와 의회 밖의 여론 사이의 수평적 격차의 자리를 대신하고 있다고 말할 수 있다.

물론 바이마르 공화국이 실행 가능한 정부의 모델이 아니라고 볼 수도 있다. 그러나 이 정체는 헌법을 지지하는 정당들이 타협에 실패했기 때문에 붕괴했던 것이다. 만약 타협에 성공했다면, 견고하게 통합된 진영들에 기초한 정치 질서가 실행 가능했을 수도 있다. 2차대전 이후의 오스트리아는 이러한 대의 정부의 순수한 예를 제공한다.

토론에 의한 판결

의회의 본회의는 더 이상 심의적 토론의 광장이 아니다. 엄격한 투표 규율이 각 진영 내에 군림한다. 게다가 일단 정당의 입장이 결정되면, 대표는 의회 논쟁의 결과에 따라 그들의 견해를 바꿀 수 없다. 결국, 의회 내의 투표 방향은 사실상 모든 안건에 있어서 동일하다. 이는 의회에서 교환되는 주장에 의거해 대표가 투표하는 것이 아니라, 다른 곳에서 형성된 결정에 따라 투표한다는 것을 시사한다. 대개 의회 내의 각 집단은 정부에 대한 그들의 태도에 따라 투표하는데, 다수 진영은 조직적으로 정부의 발의를 지지하고, 소수파는 반대한다.

의회 정치로부터의 이러한 단절은 20세기 초에 수많은 연구의 주제였다. 일반적으로 이 단절은 토론에 의한 정부의 종식을 의미하는 것으로 해석되어 왔다. 실제로, 토론은 다른 장소로 옮겨갔다. 일단 정당의 입장이 결정되면, 대표는 더 이상 그들의 생각을 바꿀 수 없다는 것이 사실이다. 정당의 결정이 의회 내의 토론 이전에 이루어진다는 것 또한 사실이다. 그러나 의회 내의 토론에 선행하는 정당 내부 토론에서, 참여자들은 진지하게 심의한다. 정당 지도부와 하원의원은 어떤 집단적 입장을 채택할 것인가를 토론한다. 그리고 이 논쟁에서, 참여자들은 토론의 결과에 따라 생각을 바꿀 수 있다. 따라서 진정한 심의 토론은 각 진영 안에서 발생할 수 있다. 실제로, 사민주의 정당의 역사는 정당 지도부와 의원 사이에서의 강도 높은 토론이 의회 내의 토론에 선행한다는 것과, 그러한 토론 과정 동안 입장이 변한다는 것을 보여 준다. 분명 이런 종류의 토론에는 다른 정당의 견해가 포함되지는 않는다. 그러나 정당 민주주의는 다양한 정당의 지도자들 사이의 토론 또한 고무한다. 앞서 지적했듯이, 정당 민주주의는 다수파와 소수파 사이의, 그리고 연립구성원 사이의 타협의 원칙에 기반하고 있다. 선거는 어떤 정책이 추구되어야 하는지를 결정하는 것이 아니라, 자신들만의 고유한 정강을 가진 다양한 정당의 상대적 힘을 결정할 뿐이다. 정당간의 세력 관계는 절충이 이루어질 수 있는 특정 문제들을 지적하지도 않으며, 그 차이가 어떻게 극복될 수 있는지를 정확하게 드러내지도 않는다. 그러므로 타협의 구체적 내용은 정당과 그 지도자 사이의 협상의 문제다. 이러한 협상 이전에는, 그들의 입장은 확정적이지 않으며, 참여자들은 토론의 결과에 따라 생각을 바꿀 수도 있다. 결국 사회민주주의 정당들은 노동조합과 경영자 조직과 같이 조직된 이익집단 사이의 협의와 협상의 과정을 종종 제도화했다. "신조합주의"neo-corporatism로 불리는 이러한 현상은 최근 정치학에서 많은 관심을 받아왔다.35) 대립하는 이익집단 사이의 타협을 촉진하는 것을 목적으

35_ "신조합주의"가 조직화된 이익집단 사이의 근본적 갈등에 대한 인식에 기반을 둔 반면, 전통적 조합주의는 사회 세력간의 기능적 보완 — 즉 조화를 상정하고 있다. 만약 이 사실을 인식하지

로 하는 신조합주의적 제도들 역시 토론의 광장을 제공한다. 타협의 항목들은 대립에 앞서 결정되지 않는다. 그 항목들은 대립의 결과로 나타난다.

정당 민주주의에서 토론의 중요성은 종종 과소 평가 되어 왔다. 그 이유는 이러한 형태의 정부에서 협상의 핵심적 위치가 충분하게 인지되지 않았기 때문이다. 개별 진영의 대표들은 상세한 기존 강령에 의해 엄격하게 구속된다고 믿었다. 이 경우 사실상 입장의 변화는 없고, 그러므로 심의적 토론이 발생할 수 없었을 것이다. 그러나 실제로는, 정당 민주주의가 안정된 형태의 정부일 때, 그것은 정강의 엄격한 이행을 통해 움직이는 것이 아니다.

"청중" 민주주의

대표의 선출

최근, 선거 결과의 분석에 주목할 만한 변화가 있었다. 1970년대 이전, 선거에 대한 대부분의 연구는 정치적 선호가 유권자의 사회・경제・문화적 특성들로 설명될 수 있다는 결론에 도달했다. 이 주제에 대한 최근의 수많은 저술들은 이것이 더 이상 적절하지 않다는 것을 보여 준다. 심지어 유권자의 사회・경제・문화적 배경이 변하지 않았음에도, 투표 결과는 선거 때마다 상당히 달랐다.36)

못한다면, 이 용어는 잘못 이해될 수 있다. 이 차이는 단순히 추상적이거나 이데올로기적인 것이 아니다. 사회 갈등을 표출하는 주요 수단인 파업권은 신조합주의적 제도에서 그대로 유지되는 반면, 전통적 조합주의에서는 파업을 금지한다. Manin, "Démocratie, pluralisme, libéralisme," pp. 51-55를 볼 것.

36_ 정치적 선호가 대체로 선거인의 사회・경제・문화적 특성과 매우 독립적인, 선거 때 투표자에게 제시된 선택에 대한 반응이었다고 주장한 초기 저술가 중 하나는 키V. O. Key이다. Key, *Public Opinion and American Democracy*(New York: Knopf, 1963)과 *The Responsible Electorate*(Cambridge, MA : Belknap Press of Harvard University Press, 1966)를 볼 것. 1970년대에 이러한 생각은 많은 연구에서 채택되었고 발전되었다. 예를 들어(영향력이 있는 저술 두 개만 더 언급하자면) G. Pomper, *Voter's Choice*(New York L Dodd, Mead, 1975), 또는 N. H. Nie, S. Verba and J. R. Petrocik, *The Changing American Voter*(Cambridge, MA : Harvard University Press, 1976)를 볼 것. 최근 프랑스의 연구도 역시 유권자들에게 제공되는 선택 항목들의 결정적인 역할을 강조한다. 특히, A. Lancelot, "L'orientation du comportement politique," in J. Leca and M. Grawitz (eds.), *Traité de science politique*, Vol. III(Paris: Presses

선거에서 선택의 개인화

후보가 가진 개성은 이러한 변화를 가져오는 본질적 요소 가운데 하나다. 즉 사람들은 선거에서 표를 얻기 위해 경쟁하는 특정 개인이 누구냐에 따라, 매 선거마다 다르게 투표한다. 유권자들은 더 이상 정당이나 정강을 보고 투표하는 것이 아니라 점점 더 사람에게 투표한다. 이러한 현상은 대의제의 위기라는 인상을 주며, 기존의 대의 민주주의에서 정상적인 투표 행태로 간주되었던 것으로부터의 이탈을 의미한다. 그러나 지금까지 살펴본 바와 같이, 선거에서 정당의 이름이 지배적인 역할을 하는 것은 단지 대의제의 특별한 유형, 즉 정당 민주주의의 특징일 뿐이다. 지금의 변화를 의회 정치의 특성, 즉 대표 관계의 개인적 속성으로의 회귀로 간주하는 것 역시 가능하다.

비록 개인적 요소의 중요성이 각 대표와 선거구민 간의 관계에서 증가하고 있다고 하더라도, 그것은 국가적 수준, 즉 행정부와 유권자 간의 관계에서 가장 쉽게 파악될 수 있다.[37] 분석가들은 민주주의 국가에서 권력의 개인화 경향을 오랫동안 연구해 왔다. 직접 선거를 통해 행정수반을 뽑는 국가에서, 대통령 선거가 정치적 삶 전체를 결정하는 주요 선거가 되는 경향이 있다. 의회 내 다수파의 지도자가 행정수반인 국가에서는, 지도자 개인이 입법 운동과 선거의 중심을 이루고 있다. 물론, 정당은 여전히 중심적 역할을 한다. 정당은 중계 역할을 할 수 있는 사람과 영향력 있는 사람의 연결망, 자금 조달 능력, 그리고 활동가들의 자발적 봉사와 같은 결정적 자원을 제공한다. 그러나 그들은 지도자를 위해서 봉사하는 도구가 되는 경향이 있다. 의회 정치와는 반대로, 하원보다 정부의 수반이 전형적인 대표로 이해된다. 그러나 의회 정치에서와 마찬가지로, 이와 같이 규정된 대표자와 그를 선출한 사람 간의 연계는 본질적으로 사적인 성격을 띤다.

Universitaires de France, 1985); D. Gaxie (ed.), *Explication du vote*(Paris: presses de la Fondation Nationale des Sciences Politique, 1985)를 참조.

37_ 의회 선거에서 개성personality의 역할에 대해서는 B. Cain, J. Ferejohn, and M. Fiorina, *The Personal Vote, Constituency Service and Electoral Independence*(Cambridge, MA: Harvard University Press, 1987)를 볼 것.

이러한 현재의 상황은 두 가지 원인 때문이다. 첫째, 정치적 의사소통의 경로들이 대표 관계의 속성에 영향을 미친다는 것이다. 즉, 라디오와 텔레비전을 통해서 후보는 정당 조직의 중재 없이도 유권자와 직접적으로 의사소통할 수 있게 되었다. 정치적 활동가와 정당 당원의 시대는 끝났다. 게다가 텔레비전은 후보들의 개성에 개별적인 특징과 생생함을 부여한다. 어떤 의미에서, 텔레비전은 대표와의 직접적 대면이라는 대의 정부의 첫 번째 특성을 부활시킨다. 그러나 대중매체는 특정한 개인적 특성에 유리하다. 즉 성공적인 후보들은 지역 명사가 아니라, 대중매체를 통한 의사소통 기술을 더 많이 가지고 있는 "미디어적 인물media figure"이라고 불리는 사람들이다. 오늘날 우리가 목도하는 것은 대의 정부의 원칙으로부터의 이탈이 아니라, 선택된 엘리트 유형의 변화이다. 선거는 계속해서 두드러진 특징을 가지는 개인을 공직에 올라가게 한다. 이 사람들은 그들이 늘 가져 왔었던 엘리트적 특징을 가지고 있다. 그러나 의사소통에 능숙한 새로운 엘리트들이 정치 활동가와 정당 관료를 대체했다. 청중 민주주의 audience democracy는 이른바 **미디어 전문가**의 통치인 것이다.

둘째, 정강을 대신해서 개성의 역할이 증가한 것은 권력을 행사하는 공직자를 선출하는 새로운 조건에 대한 하나의 반응이다. 지난 100년 동안 정부 행위의 반경은 상당히 확대되었다. 정부는 더 이상 단순히 사회적 실체의 일반적 틀만을 규제하지는 않는다. 오늘날 정부는 전 영역(특히, 경제적 영역)에 개입하고 있으며, 구체적인 결정을 내리고 있다. 이에 따라 후보가 상세한 공약을 제시하는 것이 더욱 어렵게 되었다. 즉 그러한 정강들은 비실제적이며, 읽을 가치가 없는 것이 되었다. 게다가 보다 중요하게는, 2차 세계대전 이후 정부가 활동하는 환경이 더욱 복잡해졌다는 것이다. 증가하는 경제적 상호 의존의 결과, 개별 정부가 직면하고 있는 환경은 지속적으로 증가하고 있는 수많은 행위자들이 내린 결정의 결과다. 나아가, 이것은 정치인이 집권했을 때 직면해야 하는 문제가 더욱 더 예측하기 어려워졌다는 것을 의미한다. 출마할 때, 정치인들은 그들이 예측할 수 없는 일들에 직면해야 한다는 것을 알고 있다. 그래서 그들은 구체적인 정강에 자신을 내던짐으로써 꼼짝할 수 없는 상황에 빠지는 것을 피하려는 경향을 갖는다.

근대 정부 활동의 본질과 환경은 점차적으로 자유 재량권을 필요로 한다. 자유 재량권의 형식적 구조는 "대권"prerogative power이라는 오래된 개념과 견줄 만하다. 로크는 대권을 기존 법률이 없는 상황에서, 결정을 내릴 수 있는 권력이라고 정의했다. 이러한 권력의 필요성은 『통치론』에서 정부는 예측하지 못한 일에 직면할 수밖에 없는 반면, 법은 이전에 공표된 고정된 규칙이라는 사실로 정당화되고 있다.38) 유추하자면, 현재의 정부는 정강과 관련하여 자유 재량권이 필요하다고 말할 수도 있다. 왜냐하면 정부가 대응해야 하는 모든 사태를 예측하기가 점점 더 어려워지고 있기 때문이다. 만약 어떠한 형태의 자유 재량권이 현 상황에서 필요하다면, 후보들은 구체적인 공약에 자신을 구속시키기보다는, 훌륭한 결정을 내리기 위해서 그들의 개인적 특성과 적성을 전면에 내세우는 것이 합리적일 것이다. 유권자들 역시 정부가 예측할 수 없는 사건들을 다뤄야 한다는 것을 알고 있다. 그들의 관점에서 볼 때, 앞으로의 행동 계획에 대한 평가보다는 후보가 불러일으키는 개인적 **신뢰**가 더욱 적절한 선택의 근거가 되는 것이다. 대의 정부의 기원에서 매우 중요했던 신뢰가 다시 핵심적인 역할을 담당하게 되는 것이다.39)

따라서 현대의 유권자들은 대표에게 정강과 관련하여 일정한 자유 재량을 부여해야 한다. 사실 이것은 위임의 강제성을 금지하는 결정이 내려진 이후에는 줄곧 그랬다. 현재의 상황은 정치적 대표성의 영속적 특성을 더욱 가시적인 것으로 만들었을 뿐이다. 그러나 자유 재량권이 무책임한 권력을 의미하는 것은 아니다. 현대의 유권자들은 그들이 대의 정부에서 항상 가졌던 최종 권력을 계속 가지고 있다. 이는 만족스럽지 않은 이력을 가진 대표를 면직시킬 수 있는 권력이다. 후보의 정강을 보고 투표

38_ "법이 결코 제공할 수 없는 많은 것들이 있다. 그리고 그러한 것들은 반드시 행정 권력을 갖는 사람의 사리 판단에 남겨 두어, 그가 공공선과 이익에 부합하게 처리하도록 해야 한다"(Locke, *Second Treatise of Government*, ch. XIV, § 159, 특히 XIV 전체를 볼 것).
39_ 신뢰의 개념과 이 개념이 로크에서부터 오늘날에 이르기까지 계속 적실성을 가지는 데 대해서는 John Dunn, *Interesting Political Responsibility*(Oxford: Polity Press, 1991), 특히 "Trust and political agency"를 볼 것.

하는 시대는 끝나고, 현직 의원의 기록에 투표하는 시대가 시작되고 있는 것 같다.

선거의 일반적 역할

선거에 대한 오늘날의 연구는 후보자의 개성 이외에도, 선거에서의 선택 항목에 따라 투표 행태가 다양하게 나타난다는 점을 강조한다. 예를 들어, 시민들은 대통령, 의회, 지방 선거에서 각기 다른 정당에 투표한다. 이와 같은 사실은 투표가 유권자의 사회·경제·문화적 특성의 결과라기보다는, 특정 선거에서 당면한 문제가 무엇인지에 대한 그들의 인식을 바탕으로 하여 이루어지고 있음을 시사하고 있다. 이와 유사하게, 유권자의 결정은 선거 운동에서 제기되는 쟁점에 민감한 것으로 보인다. 선거 결과는, 비록 짧은 기간 동안일지라도, 선거 운동에서 어떤 쟁점이 가장 중요하게 고려되느냐에 따라 상당히 다양한 양태로 나타난다.[40] 유권자들은 단순히 (자신의 사회적 혹은 문화적 정체성을) '**표현하기**'보다는 (매 선거에서 제시되는 특정한 조항에) '**응답하는**' 것처럼 보인다. 이러한 측면에서 볼 때, 현재의 상황은 정당 민주주의에서 정치적 선호의 형성이 붕괴되었음을 뜻한다. 오늘날에는 투표의 반응적 차원reactive dimension이 지배하고 있다.

선거는 언제나 유권자들 사이의 분할과 변별differentiation이라는 요소를 포함하고 있다. 한편, 선거의 목적은 한 후보를 지지하는 사람들과 지지하지 않는 사람들을 반드시 분리하는 것이다. 게다가, 개인들은 적수가 있고, 또 자신과 다른 사람들의 차이를 인식할 때, 보다 효과적으로 결집하고 화합하게 된다. 따라서 후보는 자신뿐 아니라 자신의 적을 정의해야 한다. 그는 스스로를 드러낼 뿐만 아니라, 차별성도 제시해야 한다. 모든 형태의 대의 정부에서, 정치인은 지지자를 동원하기 위해 이용할

---

[40] 예를 들어, Nie, Verba, and Petrocik, *The Changing American Voter*, pp. 319, 349를 참조하기 바람. "단순하지만 중요한 주제, 즉 대중은 **자신들에게 제공되는 정치적 자극에 반응한다**는 주제가 이 책의 상당 부분에 걸쳐 흐르고 있다. 유권자들의 정치적 행태는 심리적·사회적 힘뿐만 아니라 그날그날의 쟁점과 후보자들이 그 쟁점을 제기하는 방식에 의해서도 결정된다"(p. 319, 강조는 인용자).

수 있는 차별성을 필요로 한다. 선거의 테두리를 넘어서서 시민 대중을 분할하는 사회적 균열은 그 핵심적 원천이다.

하나의 균열이 지속적인 동시에 특별히 두드러진 사회에서, 정치인들은 선거 이전에 자신이 이용할 수 있는 균열이 무엇인지를 인식하고 있다. 그리고 그들은 이러한 지식에 기초해서 차별적인 원칙들을 구성할 수 있다. 따라서 이와 같은 상황에서, 정치인이 제시하는 선택의 항목은 이미 존재하는 균열을 대체하는 것으로 나타나게 된다. 이것이 정당 민주주의의 핵심적 역학이다. 그러나 오늘날 서구 사회의 상황은 다르다. 어떤 특정한 사회·경제적 또는 문화적 균열이 여타의 다른 균열보다 명백하게 더 중요하거나 지속적이지 않다. 게다가, 지금은 시민들은 제시되는 선택 사항에 따라 분할될 수 있는 동질적인 집단이 아니다. 사회적·문화적 분열의 선들은 수없이 많고, 상호 교차하며, 빠르게 변화하고 있다. 이러한 선거인 집단은 수많은 분열을 일으킬 수 있다. 정치인들은 이러한 잠재적 분열들 가운데 어떤 것이 자신에게 보다 효과적이며 이로운지를 판단해야만 한다. 그들은 이 가운데 어떤 하나의 분열을 실행시킬 수도 있다. 따라서 선택의 항목을 만들어 내는 사람은 자신이 활용하기를 원하는 균열을 선택함에 있어 일정한 자율성을 가진다.

이와 같은 상황에서, 선거에서 선택의 항목을 정하는 **주도권**은 유권자가 아닌 정치인에게 속하며, 오늘날 이것은 어째서 투표에서의 결정이 주로 반응적으로 나타나는지를 설명해 준다. 사실상, 모든 형태의 대의 정부에서, 투표는 부분적으로는 제시된 항목들에 대한 유권자의 반응이다. 그러나 이러한 항목 자체가 정치인의 행동과는 독립적인 사회적 실체의 반영일 때, 유권자는 선거에서 자신이 반응하는 항목들의 원천으로 보인다. 이 경우, 투표의 반응적 성격은 그것의 자기 표출적 특징에 의해 가려진다. 반대로, 대체로 선택의 항목이 상대적으로 독립적인 정치인의 행위의 결과일 때, 투표는 여전히 유권자들의 표현이긴 하지만, 그것의 반응적 특징은 더욱 중요하며 보다 뚜렷해진다. 따라서 유권자들은 무엇보다도 정치 무대에서 제시되는 항목들에 반응하는 일종의 **청중**으로 나타난다. 여기에서 이런 형태의 대의 정부를 '청중 민주주의'라고 부른다.

그러나 정치인은 편을 가르는 쟁점을 선택함에 있어 단지 일정 정도의 자율성만을 가진다. 즉 그들은 완전히 자유롭게 균열선을 만들어낼 수는 없다. 모든 분할이 가능한 것은 아니다. 왜냐하면 유권자 내부의 사회·경제·문화적 차이가 후보들의 결정 이전에 존재하기 때문이다. 게다가, 정치가들은 이미 존재하는 균열 가운데에서 자신들이 원하는 바를 모두 선택할 수 있는 것도 아니다. 그들은 가능한 잠재적 균열이 모두 똑같이 유용하지는 않다는 점을 알고 있다. 이를테면, 만약 어떤 후보가 유권자를 효과적으로 동원할 수 없거나, 결국 자신에게 해로운 균열선을 제시한다면, 그는 선거에서 패배하고 말 것이다. 정치가는 여러 가지 균열의 원칙 가운데 하나를 제시함에 있어 주도권을 행사할 수는 있지만, 선거는 그들의 자율적 주도권에 나름의 구속력을 행사한다. 후보들은 균열의 원칙 중 어떤 것이 가장 효과적인지 미리 알 수는 없지만, 그러한 균열을 찾는 것이 그들의 이익이다. 정당 민주주의와 비교할 때, 정치인의 자율성은 증가한다. 그러나 동시에 그들은 이용할 수 있는 적절한 분열을 끊임없이 확인해야만 한다. 정치적으로 가장 효과적인 균열은 유권자의 중요한 관심사와 일치하기 때문에, 그 과정은 선거 선택의 항목들과 대중의 분열들 사이에 수렴을 가져오는 경향이 있다. 반대로, 정당 민주주의에서는 정치가와 유권자 사이의 즉각적인 일치가 가능하다. 왜냐하면 정치가들은 논리적으로 합당한 확실성을 가지고 무엇이 유권자들의 근본적 균열인지를 미리 알기 때문이다. 청중 민주주의에서는, 수렴이 일정 시간을 거쳐 이루어지는 시행착오의 과정을 통해 확립된다. 즉 후보는 선거 운동 기간 동안에, 또는 — 보다 덜 위험하게 — 여론 조사에 근거해서 분할선을 제시할 주도권을 갖는다. 그러면 청중은 제시된 분할선에 반응하고, 결국 정치가는 대중의 반응에 따라 초기의 제안을 수정하거나 유지한다.

또한, 유권자들에게 제시되는 최종 선택은 의식적 혹은 의도적 계획의 결과가 아니라는 것이 드러난다. 각각의 후보는 자신이 생각하기에 가장 효과적이며 이로운 방식으로 유권자를 분할할 쟁점이나 항목을 제시한다. 그러나 최종적으로 제시되는 선택과 이 선택이 촉진시킬 균열은 각 후보가 제시하는 항목들의 조합의 결과이다. 선택의 최종 윤곽은 조율되지 않은 다원적 행위의 산물인 것이다.

현재 보편적으로 사용되고 있는 '선거 시장'이라는 표현이 보여 주듯, 시장이라는 경제적 비유가 선거 연구를 지배하게 되었다. 모든 비유는 비유라는 단어의 정의가 말해 주듯 그것이 적용되는 대상에 부분적으로는 부합되지 않는 측면을 가지고 있다. 하지만, 시장이라는 비유는 어려움을 초래할, 혹은 상당히 중요한 오해를 낳을 소지를 가지고 있다. 물론, 유권자의 표를 얻고, 자신의 이익(권력의 물질적, 상징적 대가)을 극대화하기 위해 서로 경쟁하는 정치인을 기업가로 서술하는 것은 정당화될 수 있다. 그러나 유권자를 소비자로 특징짓는 것은 적절하지 않다. 경제적 (개념의) 시장에 들어선 소비자는 자신이 무엇을 원하는지를 알고 있다. 그의 선호는 제공되는 생산물과는 독립적인 것이다. 경제학 이론은 소비자의 선호가 외생적이라고 가정한다. 그러나 정치에서는 그와 같은 가정은 비현실적이며 경험에 배치되는 것이다. 한 시민이 이른바 정치 시장이라는 곳에 진입할 때, 대개 그의 선호는 이미 형성되어 있지 않다. 그것은 공개적인 논쟁을 청취함으로써 발전되는 것이기 때문이다. 또한 정치에서 수요는 외생적이지 않다. 왜냐하면 일반적으로 선호는 정치가들의 행위 이전에 존재하는 것이 아니기 때문이다.[41]

일반적으로 민주주의에 대한 경제학적 이론의 창시자로 알려진 조셉 슘페터 스스로도 공급과는 독립적인 수요가 정치에는 존재하지 않는다는 점을 인정했다는 사실은 지금까지 충분히 검토되지 않았다. 슘페터는 '국내적, 국제적 업무'의 영역에서 개인이 정치가들의 제안과는 독립된 명확한 자기 의지를 가지고 있다고 가정하는 것은 부당하다고 주장했다. 그와 같은 자기 의지는 개인에게 직접적으로 중요하고, 개인이 직접적인 지식을 가지고 있는 주제에 대해서만 존재한다. 즉 "자신과 자신의 가족, 자신의 마을 또는 선거구, 교회, 혹은 자신이 적극적인 구성원으로 가입해 있는 노동조합 등 자신과 직접적으로 관련된 것들"에서만 존재한다.[42] 이와

---

[41] 이 점에 관련된 보다 상세한 논의는 B. Manin, "On legitimacy and political deliberation," *Political Theory*, Vol. 15, No. 3,(August 1987), pp. 338-368을 볼 것.

[42] Joseph Schumpeter, *Capitalism, Socialism and Democracy*[1942], 3rd edn(New York: Harper & Row, 1975), p. 258.

같은 "협소한 영역" 내에서, 현실의 직접적 경험은 한정되고 독립적인 선호의 형성을 가능케 한다. 그러나 "우리가 가족이나 직장과 같은 개인적 관심사로부터 훨씬 더 멀리 떨어진, 직접이며 뚜렷한 연결 고리를 가지지 않는 국내적, 국제적 사안의 영역으로 나아갈 경우," 현실에 대한 분별력은 약화된다.43) 슘페터는 다음과 같이 쓰고 있다.

> 이렇듯 현실에 대한 분별력이 감소한 것은 책임감의 축소뿐만 아니라 효과적인 자기 의사의 부재를 설명해 준다. 물론, 사람들은 누구나 자기 나름의 어투, 소망, 공상, 불평을 가지고 있다. 특히, 사람들은 자신만이 좋아하는 것과 싫어하는 것을 가지고 있다. 그러나 일상적으로 이러한 것들은 우리가 의지라고 부르는 것에 이르지 못한다. 즉 의식적이고 책임 있는 행동의 심리적 대응물이 되지는 못한다.44)

이 단락에서 슘페터가 사적 관심의 협소한 범위를 넘어서는 개인 의지의 신뢰할 만한 혹은 합리적 특성뿐만 아니라, 자기 의사의 존재 그 자체를 부정하고 있다는 것은 주목할 만하다. 이후 슘페터는 유권자들이 정치가들의 영향력으로부터 독립된 정치적 의지를 가지고 있지 않다는 것을 발견한다. "정치 과정에 대한 분석에서 우리가 맞닥뜨리는 것은 대개 진정한 의지가 아니라 가공된 의지manufactured will다."45)

만약 정치에서 외생적 선호가 실제로 존재하지 않는 것이라면, 선거에서의 선택과 시장 간의 유사성은 정치 영역의 기본적인 특성 가운데 하나를 모호하게 만들게 되어 문제가 된다. 만약 선택 항목을 정하는 사람들이 직면하게 되는 것이 경제학 이론에서 사용하는 의미의 수요가 아니라면, 선택 항목을 정하는 사람들의 행위를 공급으로 개념화할 수 없다. 시장이라는 비유에서 유일하게 타당한 요소는, 최종적으로 선택을 하는 사람들과 구분되는, 그리고 이들로부터 상대적으로 독립된 사람들에게 선택 항목을 발의할 권리가 있다는 관점이다. 따라서 비록 완벽하지는 않을지라

43_ Schumpeter, *Capitalism, Socialism and Democracy*, p. 261.
44_ 같은 책. 강조는 인용자.
45_ Schumpeter, *Capitalism, Socialism and Democracy*, p. 263.

도, 무대와 청중이라는 비유가 이러한 현실을 표현하는 데 보다 적합하다. 이 비유는 단지 선택 항목을 제시하는 사람들과 선택하는 사람들 간의 차이와 독립성이라는 의미를 표현할 뿐이다. 적어도, 그것이 여기에서 담고 있는 의미는 이와 같은 것이다.

오늘날 우리는 새로운 대표 형태의 대두를 목도하고 있다. 대표들은 분할선을 제안함에 있어 주도권을 가진 사람들이다. 그들은 유권자들 내에 존재하는 균열들을 확인하고자 하고, 이들 가운데 몇몇을 대중의 무대에 올리고자 노력한다. 그들은 과거에는 뚜렷하지 않았던 사회 내의 분열에 관심을 유도하면서, 대중의 의식 속에 이러저러한 사회 분열에 대한 자각을 가져온다. 따라서 대표는 더 이상 대변인이 아니며, 선거에서의 선택의 개인화는 일정 정도 그들을 수탁자로 만든다. 그러나 그들은 또한 균열을 찾아내고, 노출시키는 **행위자**이기도 하다.

대표의 부분적 자율성

오늘날의 대표들은 일반적으로 이미지, 즉 후보의 개인적 이미지와 그들이 속한 조직이나 당의 이미지를 바탕으로 선출된다. 그러나 "이미지"라는 용어는 혼란을 야기할 수 있다. 흔히 이 용어는 "실제"와는 반대되는 의미로, 정치적 내용을 결여한 모호하고 피상적인 인식을 나타내기 위해 사용된다. 이미지에 기초한 투표는 구체적인 정치적 제안에 기초한 투표와 대조되며, 통상적으로 전자가 후자보다 우위를 점하는 현실을 개탄할 때 서두 격으로 쓰인다. 이러한 정치적 이미지에 대한 개념은 대의제에 대한 위기 의식을 조장하고 있다. 실제로, 여론 조사는 유권자에 의해 형성된 이미지들이 정치적 내용과 동떨어지지 않은 것이라는 사실을 보여주고 있다. 한 사례만을 들더라도, 사회당이 승리한 1981년의 프랑스 선거에서, 유권자들은 사회당이 제시한 경제 정책(국유화, 국내 수요의 진작)에 대해 분명한 인식과 선호를 가지고 있지 않았다. 프랑스 유권자들은 특정한 경제 정책 정강에 근거해서 사회당을 권좌에 올려놓은 것이 아니었다. 그럼에도 불구하고, 사회당의 승리는 비록 모호할지라도, 대체로 일정한 내용을 포함하는 인식의 결과물이라는 점이 증명되었다. 즉 그 내용은 경제적 위기가 현직자들이 추진했던 정책의 결과라는 것, 그리고 경제 성장과 완전 고용의 재건이 가능하다는 생각에 기초한 것이었다.46)

주목해야 할 것은, 선거 운동은 하나의 '적대적' 과정, 즉 서로의 이미지에 흠집을 내는 과정이라는 것이다. 따로 떼어놓고 보면, 각각의 이미지들은 사실상 거의 모든 의미를 담아낼 수 있다. 그러나 각각의 이미지를 따로 떼어놓고 고려하는 것이 바로 오류다. 유권자들은 여러 종류의 경쟁하는 이미지들을 접한다. 비록 이들 각각은 상당히 모호하지만, 전적으로 불확실하다거나 경계가 없다고 말할 수는 없다. 왜냐하면 선거 운동이 **차별성의 체계**를 창출하기 때문이다. 즉, 한 명의 후보가 가진 이미지에서는 나타날 수 없는 어떤 것이 존재하는데, 이것이 바로 경쟁자라는 이미지이다. 선거 운동은 언어학의 창시자인 소쉬르Ferdinand de Saussure*가 보았던 언어의 특징과 비교될 수 있다. 즉 각각의 용어가 갖는 의미는 상호 구분되는 여러 용어들의 공존의 결과물이라는 것이다.

사실상, 이러한 이미지들은 고도로 단순화되고 도식적인 정신의 표현이다. 물론, 이와 같은 도식적 표현들이 중요한 것은, 다수의 유권자가 제안된 정책의 기술적인 세부 사항이나, 이것을 정당화할 수 있는 근거를 충분히 이해할 수 있는 능력을 갖추지 못한 데 그 원인이 있다. 그러나 단순화된 표현을 사용하는 것은 또한 정보 비용의 문제를 해결하는 한 방편이기도 하다. 대규모 민주주의 국가의 시민이 직면하는 주요한 문제 가운데 하나로 다음과 같은 점이 오래 전부터 지적되고 있다. 즉, 정치적 정보의 비용과 시민이 선거의 결과에 대해 행사하고자 하는 영향력 사이의 불균형이다. 정당 민주주의에서는, 유권자가 계급적 정체성에 따라 결정을 내리기 때문에 그러한 문제가 실제로 나타나지는 않았다. 정당 민주

46_ Elie Cohen, "Les Socialistes et l'économie: de l'âge des mythes au déminage," in Gérard Grunberg and Elisabeth Dupoirier (eds.), *La drôle de défaite de la Gauche*(Paris: Presses Universitaires de France, 1986), pp. 78-80 볼 것.

* 소쉬르(1857~1913): 스위스의 언어학자. 현대 언어학의 창시자. 제네바에서 태어나 독일에서 인도유럽어학을 배우고 파리와 제네바에서 비교언어학을 강의하였다. 그가 죽은 뒤 기술언어학의 출발점이 된 『일반언어학 강의』가 제자들에 의해 출판되어 언어이론에 큰 영향을 주었다

주의에서는 정당에 대한 소속감이 정보 비용 문제에 대한 해결책이라고 주장할 수도 있다. 그러나, 투표 결정 요인으로서 사회적 정체성이나 정당에 대한 소속감이 그 중요성을 상실할 때, 정치적 정보를 얻는 데 필요한 비용 지출 문제를 해결할 수 있는 대안적인 방편이 필요하다.

대표가 이러한 도식적인 이미지에 근거해서 선출되기 때문에, 일단 선출되고 나면 그들은 일정한 행동의 자유를 갖게 된다. 그들이 당선될 수 있었던 것은 상대적으로 애매모호한 약속들 때문이었으며, 이러한 약속은 필연적으로 몇 가지 해석을 가능하게 한다. 우리가 "청중 민주주의"라고 불렀던 체제에서, 대의제의 특징이었던 대표들의 부분적 독립성은 선거 공약들이 상대적으로 모호한 이미지의 형태를 띤다는 사실 때문에 더욱 강화된다.

여론의 자유

청중 민주주의에서, 핵심적인 사실은 대중적인 의사소통의 통로들(신문, 텔레비전 등)이 대개 정치적으로 중립적, 즉 비당파적이라는 점이다. 물론, 이러한 정보소통의 통로가 현실을 왜곡하지 않고 반영한다는 뜻은 아니다. 이들은 자기 나름의 왜곡과 편견을 제시하기도 하며, 심지어 정치적 선호를 가지고 있을 수도 있다. 그러나 이들이 유권자의 표를 얻기 위해 경쟁하는 정당과 **구조적으로** 연계되어 있지는 않다. 기술적, 경제적 이유로 인해 당파적 언론은 쇠퇴했다. 오늘날 정당은 일반적으로 폭넓게 배부되는 신문을 소유하지 않는다. 게다가, 라디오와 텔레비전은 비당파적인 기반 위에서 설립된 것이다. 대중적이며, 비당파적인 언론매체의 부상은 중요한 결과를 가져왔다. 즉, 그들이 어떤 당을 선호하든, 각 개인은 주어진 주제에 대해 다른 사람들과 똑같은 정보를 얻게 되는 것이다. 물론, 여전히 개인은 정치적 주제에 대해 다양한 의견을 형성하지만, 주제 그 자체에 대한 인식은 개인의 당파적인 기호와는 별도로 존재하는 경향이 있다. 이것은 주제들 또는 사실들 — 판단과 구별되는 것으로서 — 이 대중매체에 의해 왜곡되지 않고 객관적으로 인식된다는 것을 의미하는 것이 아니라, 정치 선호의 스펙트럼상에서 상대적으로 통일된 방식으로 인식된다는 것을 의미한다. 반대로, (정당 민주주의에서처럼) 언론이 대체로 정당의 통제하에 있다면, 사람들의 정보의 원천은 그들의 당파적 성향에 따라 선택된다. 이 때 사실이나 주제 자체도 그 사람이 지지하는 정당이 제시하는 바대로 인식될 것이다.

여론이 결정적인 역할을 했던 워터게이트 사건*과 드레퓌스 사건**의 비교는 이 점을 설명하는 데 도움이 될 것이다. 워터게이트 사건 동안, 미국인들은 전반적으로 그들의 당파적 선호나 가치 판단에 관계없이 사실에 대해 동일한 견해를 가졌던 것으로 나타난다. 반대로, 드레퓌스 사건에서는 사실에 대한 인식조차도 여론에 따라 다르게 나타났다. 프랑스 대중의 각 분파들은 자신들의 당파적 성향을 반영하고 있는 언론 조직을 통해 사실을 받아들였기 때문이었다.47) 유사하게, 최근 프랑스 선거의 두드러진 특징 가운데 하나는 유권자 사이에서 나타나는 정당 이미지의 동질화이다. 예를 들어, 1986년의 의회 선거에서 유권자들은 각 정당의 강령에 대해 거의 동일한 견해를 가지고 있는 것으로 나타났다. 물론, 그들은 정당에 대해 다양한 판단을 내렸으며 그에 따라 투표했다. 그러나 어느 정당에 투표했든 간에, 유권자들이 판단했던 문제는 거의 동일했던 것으로 파악되었다.48)

오늘날 대중적 쟁점과 주제(반복해서 말하자면, 이는 가치 판단과는 구분된다)에 대한 인식은, 과거 정당 민주주의에서보다 더 동질적이며, 당파적 선호에 덜 의존하는 것처럼 보인다. 그러나 개인들은 주어진 쟁점

47_ G. E. Lang and K. Lang, *The Battle for Public Opinion: The President, the Press and the Polls during Watergate*(New York: Columbia University Press, 1983), pp. 289-291 참조.
48_ G. Grunberg, F. Haegel, and B. Roy, "La bataille pour la crédibilité: partis et opinion," in Grunberg and Dupoirier (eds.), *La drôle de défaite de la Gauche*, pp. 125-127 참조.

* 워터게이트 사건Watergate Scandal: 워터게이트사건은 1972년 6월 대통령 닉슨의 재선을 획책하는 비밀공작반이 워싱턴의 워터게이트 빌딩에 있는 민주당 전국위원회 본부에 침입하여 도청 장치를 설치하려다 발각·체포된 미국의 정치적 사건. 이 사건으로 인하여 닉슨정권의 선거방해, 정치헌금의 부정·수뢰·탈세 등이 드러났으며 1974년 닉슨은 대통령직을 사임하게 되었다
** 드레퓌스 사건: 프랑스의 왕정복고주의자와 군국주의자가 유대인 육군 대위 드레퓌스에게 간첩 혐의를 씌워 정치적 야욕을 실현하려 하자 에밀 졸라 등 민주주의파와 국민이 이를 무산시킨 사건

에 대해 다양한 입장을 가질 수 있다. 이에 따라, 당면한 문제와 관련된 여론 분열이 나타날 수 있다. 그러나 그 결과로 나타나는 여론 분열이 반드시 선거에서의 균열을 재생산하거나 그와 일치하는 것은 아니다. 즉 대중은 선거에서는 어떤 노선을 따라, 특정한 쟁점에 있어서는 또 다른 노선을 따라 나뉠 수 있다. 따라서 정당 민주주의에서는 사라졌던 하나의 가능성이 다시 나타났다. 즉 당면한 쟁점에 대한 인민의 선거에서 표현과 비선거에서의 표현이 일치하지 않을 수 있다.

이러한 불일치 가능성은 대개 여론이 형성되는 의사소통의 통로가 중립화됨으로써 발생하지만, 또 한편으로는 여론의 표현에 있어 핵심적인 역할을 수행하는 새로운 기구, 이른바 여론 조사 기관들의 비당파적 특성에 따른 결과이기도 하다.

주목해야 할 점은, 여론 조사는 대의 정부의 새로운 양식을 특징짓는 형식적 구조, 즉 무대와 청중, 발의와 반응에 따라 행해진다는 사실이다. 인터뷰 설문지를 작성하는 사람은 조사 이전에는 어떤 질문이 가장 의미 있는 반응을 끌어내며, 대중의 중요한 균열을 보여 줄지 알지 못한다. 따라서 그들은 다소 자율적인 방식으로 주도권을 행사하게 된다. 앞서 살펴보았듯이, 여론 조사의 결과는 분명 자발적인 의사 표현이 아니다. 오히려 하나의 구성물이라고 할 수 있다. 그러나 고객에게 몇 가지 예언적인 가치를 지니며, 중요한 균열을 보여 줄 수 있는 결과를 제공하는 것이 여론 조사 기관의 관심사이다. 정치인과 마찬가지로, 이들도 시행착오를 거치면서 작업을 진행하는 것이다.

그러나 가장 중요한 요소는, 대부분의 여론 조사 기관이 언론과 마찬가지로 정당으로부터 독립적이라는 것이다. 이 말은 여론 조사 기관이 사태를 왜곡하지 않는다거나, 나아가 정치적 선호를 가지고 있지 않다는 뜻이 아니다. 단지, 이들이 득표를 위해 경쟁하는 조직과 구조적으로 연계되어 있지 않다는 것을 의미한다. 그리고 이 기관들은 정치적 원칙이 아닌 상업적 원칙에 따라 운영된다. 정당의 이해관계는 자신이 구현하고 있는 분열이 모든 영역의 주요한 분열선이 되도록 하는 데 있는 반면, 여론 조사 기관은 후보자가 이용하는 것 이외의 분열선을 거리낌 없이 조명할 수 있다. 따라서 여론 조사는 인민 의지의 선거에서의 표현과 비선거에서의 표현을 분리하는 데 기여하게 된다. 또 한 가지 주목할 점은, 정당 민주주의와는 반대로, 여론의 표현이 다른 무리의 사람들에 의해 요청된다는 것이다. 과거에 시민들에게 시위에 참여하는 것이나 청원에 서명할 것을 요구했던 사람들은 활동가나 정당 조직원이었다. 오늘날 여론의 표출을 유도하는 사람들은 사회과학 분야에서 교육을 받고, 영리를 목적으로 기업에 고용된 사람들이다.

여론 조사가 인민 의사의 비선거적 표현에 매우 특별한 성격을 부여한다는 점을 제외하면, 어떤 의미에서, 우리는 청중 민주주의에서 의회 정치와 유사한 양상을 발견하게 된다. 첫째, 여론 조사는 개인의 정치적 표현의 비용을 낮춘다. 시위에 참여하는 일은 많은 시간과 에너지 비용을 감수해야 하는 것이며, 청원서에 서명하는 일은 때때로 위험을 수반하기도 한다. 반대로, 설문지에 익명으로 답하는 것은 최소한의 비용만을 요구한다. 의회 정치에서는 시위나 청원의 높은 비용 때문에 선거와 관련되지 않은 정치적 표현은 상당히 열성적인 사람들에게만 국한되는 경향이 있다. 이와는 반대로, 여론 조사는 "냉담하고" 무관심한 시민들에게 자기의 의견을 표명할 기회를 제공한다. 둘째, 여론 조사는 평온한 과정에서 진행되기 때문에 정치적 의견의 표출을 용이하게 해 주는 반면, 시위는 대개, 특히 의견이 뚜렷하게 양극화되어 있을 경우, 폭력의 위험을 수반하게 된다. 결과적으로, "의사당 앞에서" 이뤄지는 인민 의사의 표출은 의회 정치보다 더 일상적으로 나타난다. 즉, 사람들이 예외적인 경우에서만 자신들의 존재를 드러내는 것이 아니다. 이제 의회 밖의 인민의 소리는 보다 평화로운 동시에 일상적인 것이 된다.

토론을 통한 판결

미국 연방의회라는 뚜렷한 예외를 제외하면, 의회는 공적 토론의 장이 아니다. 각 정당은 지도자를 중심으로 뭉쳐있으며,[49] 각각의 원내 정당은

49_ 위에서 '선거 선택의 개인화'로 명명된 부분을 볼 것.

지도자를 지지하면서 규율된 방식에 따라 투표한다. 그러나 대표들은 개별적으로는 이익집단이나 시민 결사체를 만나 의견을 나눈다. 이와 같은 모임에서는 입장이 완전히 고정되어 있지 않다. 따라서 일정 정도의 심의적 토론deliberative discussion이 이루어지게 된다.

그러나 세 번째 종류의 대의제에 있어 새로운 사항은 다른 영역에 있다. 지난 몇 십 년에 걸쳐, 선거 연구는 투표의 불안정성이 갖는 중요성을 강조해 왔다. 안정적인 정당에 대한 소속감에 근거해서 투표하지 않는 부동층 유권자의 수가 증가하고 있다. 점점 더 많은 수의 유권자들이 매 선거의 이해관계나 쟁점에 따라 투표하는 경향을 보이고 있다. 사실상, 불안정한 유권자는 언제나 존재했다. 그러나 과거에 이들은 대체로 정보에 어둡고, 정치에 관심이 없으며, 학력 수준이 낮은 사람들로 구성되어 있었다. 오늘날 부동층 유권자의 새로운 점은 이들이 충분한 정보를 갖고 있을 뿐만 아니라, 정치에 관심이 많고, 교육 수준이 상당히 높다는 것이다. 이러한 새로운 현상은 상당 부분 뉴스와 여론매체의 중립화에서 그 원인을 찾을 수 있다. 즉, 정당 민주주의에서 가장 활동적이고 정치에 관심이 있는 유권자는 그들의 정보 원천에 의해 의견이 지속적으로 강화되었던 반면, [청중 민주주의에서-역자] 정치에 관심이 있고 정보를 구하는 유권자는 상호 대립하는 의견들에 노출되어 있다. 정보와 관심을 가지고 있으며, 이쪽 또는 저쪽으로 흔들릴 수 있는 유권자의 존재는, 정치인들로 하여금 대중에게 직접적으로 정책을 제안하고자 하는 동기를 부여한다. 정책에 대한 다수의 동의는 유권자 내부에서도 형성될 수 있다. 특정한 쟁점에 대한 토론은 더 이상 (의회 정치에서처럼) 의회에서만 이루어지거나, (정당 민주주의에서처럼) 정당간의 협상위원회에서 이루어지는 것이 아니다. 토론은 대중 내에서 이루어진다. 따라서 오늘날 부상하고 있는 대의 정부의 형식은 공공 토론의 새로운 주역, 부동층 유권자, 그리고 새로운 의사소통의 장인 의사소통 매체에 의해 특징 지워진다.

만약 대의 정부가 명시적으로 인민에 의한 통치와는 정반대되는 것으로 생겨났다는 점, 그리고 그 중심 제도가 변하지 않았다는 점을 기억한다면, 오늘날 정치적 대표성의 위기로 언급되고 있는 것들을 다른 각도에서 이해할 수 있다. 사실상, 오늘날 정치라는 무대를 지배하고 있는 (혹은 점점 그렇게 할) 사람들은 그 사회의 진정한 반영이 아니다. 정치가와 언론 종사자들은 다른 사람과 구분되는, 긍정적으로 평가되는 특성을 가진 하나의 엘리트 집단을 구성하고 있다. 이러한 긍정적 평가는 유권자의 사려 깊은 판단에 따른 것만은 아니다. 그러나 의회 정치나 정당 민주주의를 지배했던 명사들이나 관료들도 각기 자신들의 탁월함을 전적으로 동료 시민들의 사려 깊은 선택에 맡겼던 것은 아니었다. 적어도 부분적으로는, 전자에서는 사회적 지위가, 후자에서는 조직의 제약이 그들의 우위를 가져왔다. 대의 정부는 지금도 여전히 그것이 처음 설립되었을 때의 방식, 즉, 사회적 신분이나 생활 방식, 그리고 교육에 따라 시민들과는 구분되는 소위 엘리트의 통치로 남아 있다. 오늘날 우리가 목격하고 있는 현실은 단지 '새로운 엘리트의 부상과 다른 엘리트의 퇴조'일 뿐이다.

그러나 대의제에서 느끼는 무기력한 인상은, 이러한 새로운 엘리트의 부상과 함께, 역사가 예견치 않은 전환을 맞고 있다는 인식에 따른 것이다. 활동가와 관료가 귀족을 대신했을 때, 역사는 지배 엘리트와 평범한 시민 간의 간극을 줄여 주는 것처럼 보였다. 물론, 미헬스의 분석은 대중 정당이 평당원과 구별되는 엘리트에 의해 지배된다는 점을 보여 주었다. 그러나 당 관료와 일반 시민 간의 거리는 귀족과 나머지 모든 인구를 구별하는 거리보다 훨씬 적다고 생각하는 것이 타당할 것이다. 게다가, 지도자와 일반 유권자 간의 생활 방식의 실질적인 차이와 상관없이, 대중정당은 전자와 후자의 일체감을 창출하는 데 성공했다. 사실상, 노동자들은 사회 민주주의 정당의 지도부에서 자신의 모습을 확인할 수 있었으며, 그들을 '자신과 똑같다고' 인식하게 되었다. 실제로 귀족이 당 관료로 대체된 것은 분명 지배 엘리트와 피통치자 간의 (실질적이든, 허구적이든) 일체감을 향한 하나의 진전이었다. 그러나 오늘날 이와 같은 인상을 받는다는 것은 불가능한 일이다. 엘리트와 인민 대중 간의 사회적, 문화적 간극을 측정하기는 어렵지만, 지금의 정치, 언론 엘리트가 과거 정당 관료보다 유권자들에게 보다 가까이 다가섰다고 생각할 만한 근거는 어디에도 없다. 또한 이 새로운 엘리트가 유권자에게 일체감을 불러일으킬 수 있는 지위에 있다는 아무런 표지도 없다. 한 엘리트가 다른 엘리트로 대체되는 것 이상으로 위기 의식을 불러일으키고 있는 것은, 통치를 받는 사람과 통치하는 사람 사이의 간극의 지속, 혹은 그것의 심화이다. 현재 진행되고 있는 사태는 대의제가 통치자와 피통치자 간의 동일성을 더욱 진작시킬 것이라는 생각이 그릇된 것임을 보여 준다.

유사하게, 어떤 강령을 가진 정당에 투표할 때, 사람들은 과거에 개인적으로 신임했던 귀족을 선출할 때보다는 미래의 정책에 대해 보다 많은 발언권을 누리게 되었다. 정당 민주주의의 도래는 인민으로 하여금 미래의 전망에 기초하여 투표하는 것을 가능하게 했다. 여기서 다시 한 번, 우리 시대에 나타나고 있는 변화는 미래 지향적인 투표의 기회가 계속해서 증가할 것이라는 기대를 혼란스럽게 만든다. 오늘날 한 후보가 자신의 이미지를 근거로 선출되고, 유권자에게 자신이 미래의 사태에 직면했을 때 다른 후보들보다 낫다고 설득코자 할 때, 유권자는 과거에 정당이 이행할 정책 목록을 제시했던 경우에 비해, 그 후보가 무엇을 할 것인지에 대해 보다 적은 발언권을 갖는다. 이러한 의미에서 역시, 대의 정부는 민중의 자기통치를 향한 발전을 중단한 것으로 보인다.

현재 만연해 있는 위기감은 역사 발전의 방향에 대해 예전에 가졌던 기대에 대한 실망을 반영하고 있다. 그 기반이 대폭 확장되었다는 점에서, 의심할 여지없이 대의 정부는, 그것이 확립된 이래로 보다 민주적인 성격을 띠게 되었다. 이러한 흐름은 역전되지 않았으며, 역사는 우리의 믿음을 확인시켜 주고 있다. 그러나 대의제의 민주화, 대표와 대표되는 사람 간의 간극의 축소, 그리고 정부에서 활동하는 사람들의 결정에 대해 피통치자의 소망이 갖는 영향력의 확대는 기대했던 것만큼 강하지 않은 것으로 드러났다. 누구나 민주주의가 확장되었다고 단언할 수는 있지만, 누구도 그만큼의 확신을 가지고 민주주의가 심화되었다고 말할 수는 없을 것이다.

그러나 초기의 제도에서도, 피통치자와 통치자 사이의 관계의 민주적 요소는 둘 간의 유사성 혹은 후자는 반드시 전자의 지시를 이행해야 한다는 원칙이 아니었음을 기억해야 할 필요가 있다. 대의제도는 통치자를 피통치자의 판결에 종속시키는 것을 목적으로 한다. 마지막에 그간의 업무를 보고하는 것은 초창기부터 대의제의 민주적 요소를 구성하는 것이었다. 그리고 대의제는 오늘날에도 여전히 유권자가 정부에 있는 사람들의 과거 행동에 대해 평가를 내리는 바로 그 최후의 순간을 필연적으로 수반한다.

그러나 이러한 주장은 대의제 정부가 그 역사 전반에 걸쳐 동일한 양식으로 존재해 왔다거나, 변화들이 단지 피상적이었을 뿐이라고 말하는 것은 아니다. 정당 민주주의는 사실상 의회 정치와는 크게 다른 것이었다. 영국의 귀족들, 미국의 지주들, 프랑스의 법률가들에 의해 고안된 대의제는 백년 후에 노동계급을 통합함으로써 산업 갈등을 완화할 수 있는 장치로 탈바꿈했다. 대의제의 창시자들이 이러한 결과를 예견했던 것은 분명 아니었다. 18세기 말에 고안된 이와 같은 장치는 놀랍게도 유연한 것으로 판명되었다. 처음부터 의심의 여지가 거의 없었던 바와 같이, 이 장치는 다른 상황들에 부합되는 여러 다른 형태들을 취할 수 있다는 것을 보여주었다. 형식상의 차이나 구조의 지속성은 대의제의 바로 그 진실을 포착하지 못한다. 대의 정부가 민주적 측면과 함께 비민주적 측면을 담고 있으며, 후자가 전자보다 더욱 본질적인 것도 아니고, 또는 중요한 것도 아닌 것처럼, 비민주적 요소는 동일하게 남아 있으면서도 여러 차례에 걸쳐 다른 모습을 가질 수 있다.

〈표〉 대의제 정부의 원칙과 다양성

	의회 정치	정당 민주주의	청중 민주주의
대표 선출	· 신뢰받는 개인을 선택 · 지역적 연고의 표현 · 명사	· 하나의 정당에 대한 충성 · 한 계급의 구성원의 표현 · 활동가, 정당 관료	· 신뢰받는 개인을 선택 · 제시된 선거 항목에 대한 반응 · 미디어 전문가
대표의 부분적 자율성	· 선출된 의원은 양심에 따라 투표	· 정강 내에서 정당 지도자가 자유롭게 우선 순위를 결정	· 이미지에 기반한 선거
여론의 자유	· 여론과 선거 표현의 불일치 · "의사당 문 앞에서" 사람들의 목소리	· 여론과 선거 표현 일치 · 반대	· 여론과 선거 표현의 불일치 · 여론 조사
토론을 통한 판결	· 의회	· 당내 논쟁 · 정당간 협상 · 신조합주의	· 정부와 이익집단 사이의 타협 · 미디어 논쟁/유동층 투표자

결론

결론

　이 책을 시작할 때 언급했듯이, 대의 정부는 복잡한 현상이다. 비록 일상 생활에서 항상 접하고 있기 때문에 우리가 대의 정부에 대해 잘 알고 있다고 생각하지만 말이다. 민주정과는 정반대인 것으로 이해되었던 대의 정부는 오늘날 민주정의 한 가지 형태로 나타난다. 보통 선거권이 시민 집단으로 실질적으로 확장된 18세기에 비해 오늘날의 "인민"the people 은 분명히 훨씬 더 큰 실체이다. 반면, 대표의 선출과, 선출된 대표의 결정에 대한 대중적 의지의 영향을 조절하는 제도에는 아무런 변화도 일어나지 않았다. 그리고 지배 엘리트와 평범한 시민 사이의 간극이 좁혀졌는지, 아니면 유권자가 그들의 대표에 대해 갖는 통제권이 증대되었는지조차 불확실하다. 그럼에도 불구하고, 우리는 거리낌 없이 오늘날의 대의 체제를 민주주의 정체로 분류한다. 이와는 달리, 미국 헌법의 제정자들은 대의 정부와 인민에 의한 통치 사이에는 "엄청난 차이"가 있다고 강조했다. 따라서 하나의 역설이 남게 된다. 즉 어떠한 현격한 변화가 없었음에도 불구하고, 원래는 비민주적이라고 이해되었던 대표와 그들이 대표하는 사람 간의 관계가, 오늘날에는 민주적인 것으로 인식된다는 점이다.

　이 책의 막바지에 이른 지금, 대의제도 원래의 개념과 근대적 개념 사이의 차이는 적어도 부분적으로는 대의제도 그 자체의 속성에 기인한 것으로 보인다. 대의 정부는 민주적 그리고 비민주적 특성 모두를 가지고 있다. 이러한 이중성은 대의 정부 그 자체의 속성 때문이지, 관찰자의 눈에 달려 있는 것은 아니다. 맑스부터 슘페터까지 "민주주의"를 탈신비화 하려 했던 사람들의 주장과는 달리, 대의제가 인민에 의한 통치라는 생각이 단지 신화인 것만은 아니다. 대의 정부는 분명 민주주의적 차원을 가지고 있다. 그러나 과두정적 차원이 있다는 것 역시 부인할 수 없다. 이러한 대의 정부의 수수께끼에 대한 해답은 바로 대의 정부가 하나의 균형 체제라는 사실에서 찾을 수 있다. 대의 정부의 원칙들은 민주적 그리고 비민주적 부분을 혼합한 하나의 복잡한 절차를 구성한다.

첫째, 공약을 법적으로 속박하는 구속적 위임, 그리고 임의적 해임의 부재는 대표에게 어느 정도의 독립성을 부여한다. 그러한 독립성은, 설령 간접 지배라고 하더라도, 대의제를 인민의 지배로부터 구분한다. 역으로 정치적 의견을 표현할 수 있는 자유는 선출된 대표가 그들이 대표하는 사람을 완전히 대체하지 못하도록 하며, 대표가 정치적 영역에서의 유일한 행위자가 되지 않도록 한다. 인민은 언제든지 자신의 존재를 대표에게 일깨워 줄 수 있다. 왜냐하면 정부의 집무실이 인민들의 외침으로부터 격리된 것은 아니기 때문이다. 따라서 여론의 자유는 대표의 비민주적 독립성에 민주적 평형추를 제공한다.

둘째, 선출된 대표는 유권자에게 한 약속에 구속되지 않는다. 비록 사람들이 후보가 제시한 정책을 선호했기 때문에 그 후보에게 투표했다 하더라도, 그들의 의지는 단지 희망 사항일 뿐이다. 이러한 측면에서, 근대 대표의 선출은 앙시앵 레짐Ancine Régime하에서 소집된 삼부회에서의 대표 선출과 큰 차이가 없다. 한편, 대표들은 재선의 대상이기 때문에 평가를 받게 될 것이고, 그때에는 말만으로는 충분하지 않다는 것을 알고 있다. 대표들은 선거 날, 유권자가 자신의 과거 행적을 평결한다는 것을 알고 있다. 따라서, 신중한 사람이라면 바로 지금 인민 재판의 날을 준비해야 한다는 것을 알 것이다. 유권자가 미래에 대해 갖는 의지는 소망에 불과하지만, 현직자의 업무 수행에 만족하지 못했을 때, 유권자의 평결은 최종 명령이다. 매 선거마다 유권자는 다음 두 가지, 즉 미래에 원하는 것과, 과거에 대한 평가에 근거해서 마음을 정한다. 따라서 여기에 민주적 그리고 비민주적 요소들이 하나의 단일한 행동으로 혼합된다.

선거에 의한 대표의 임명은, 보통 선거권과 대표 자격 조건의 부재와 더불어, 민주적 요소와 비민주적 요소를 더욱 밀접하게 결합시킨다. 만약 시민들이 잠재적인 공직 후보로 간주된다면, 선거는 불평등한 방법이다. 왜냐하면 추첨과는 달리 선거는 공직을 희망하는 모든 사람에게 동등한 기회를 제공하지 않기 때문이다. 동료 시민이 다른 사람보다 우월하다고 여기는, 뛰어난 사람에게만 공직을 제한한다는 점에서, 선거는 심지어 귀족주의적이거나 과두제적인 절차이기도 하다. 게다가 선거 절차는 정부에 있는 사람들이 반드시 평범한 사람이어야 하며, 특성과 삶의 방식, 그리고 관심에 있어 그들이 대표하는 사람들과 거의 같아야 한다는 민주주의적 열망을 방해한다. 그러나 만약 시민들이 더 이상 선거를 통한 선택의 잠재적 대상이 아니라 선택하는 사람들로 간주될 때, 선거의 다른 측면이 나타난다. 여기에서 선거는 민주주의적인 모습을 띠게 된다. 즉 모든 시민들이 통치자를 임명하고 해임할 동등한 권리를 가진다는 것이다. 선거는 불가피하게 엘리트들을 뽑는다. 그러나 무엇이 엘리트를 구성하며, 누가 엘리트에 속하는지를 규정하는 것은 평범한 시민이다. 따라서 통치자를 선거로 임명함에 있어, 민주적 차원과 비민주적 차원은 분석적으로 구별되는 요소, 예를 들어 투표의 전망적 그리고 회고적 동기와 연관되지 않는다(실제로는 항상 혼합되어 있지만). 선거는 관찰자의 견해에 따라 두 가지 다른 얼굴을 나타내 보일 뿐이다.

위대한 철학자는 이렇게 썼다. 우리는 혼합이 완벽한 어떤 혼합 정체에서 민주정과 과두정 모두를 볼 수 있어야 하고, 또 모두 볼 수 없어야 한다. 계보학적 탐구를 통해 우리는 대의 정부에서 근대 혼합 정부를 발견한다[이 철학자는 아리스토텔레스다. 『정치학』 4편 9장-역자].

역자 후기

1.

　좋은 책은 읽을 때마다 새롭다. 이전엔 없던 무엇인가가 새로 첨가된 것이 아닌데도, 좋은 책은 항상 새로운 느낌으로 다가온다. 우리는 시대와 공간을 넘어 이런 종류의 새로움을 가져다주는 책을 고전이라고 부른다.
　고전을 통해 우리가 경험할 수 있는 새로움은 삶의 세계로부터 한 발짝 물러서서 전체를 조망할 수 있는 진리나 이론에 대한 놀라움thaumadzein만이 가져다줄 수 있는 성질의 것은 아니다. 플라톤의 『국가』가 새로운 축제를 보기 위해 피레우스로 내려온 소크라테스의 호기심으로부터 시작하는 것처럼(327a), 새로움은 삶의 세계로부터의 이탈뿐만 아니라 삶의 세계로의 여행에서 우리가 체험하는 지적 환희로부터 비롯되기도 한다. 고전이 우리에게 가져다주는 새로움은 한편으로는 충족감으로 다가오기도 하고, 또 한편으로는 안티고네의 외로움과 오이디푸스의 좌절감까지도 맛보게 한다.
　따라서 좋은 책은 새로움이 가져올 감정들을 절제된 언어를 통해 순화시킴으로써 독자들로 하여금 자신의 삶을 고민하게 하는 책이라 할 수 있다. 마찬가지로, 고전에 대한 좋은 해설서는 저자들이 제시하는 이론theoria이나 전형eidos뿐만 아니라, 저자들이 알게eidenai되는 과정까지를 모두 담아낼 수 있어야 한다. 이러한 저술 태도는 특정 정치제도의 역사와 원칙에 대한 정치철학적 연구에서 더욱 절실하게 요구된다. 왜냐하면 특정 정치제도는 삶의 세계와 이러한 삶의 세계가 구성되는 사회의 질서를 바꾸거나 유지하려는 이론과 실천의 총체이기 때문이다.

2.

　이런 맥락에서 볼 때, 마넹의 책은 대의 민주주의의 성립과 변천, 그리고 대의 민주주의가 기초하고 있는 원칙들을 잘 정리한 좋은 해설서이다. 무엇보다 마넹이 일반적인 정치사상 교과 과정에서 배제된 고전들을 통해 발견할 수 있는 새로움을 절제된 언어를 통해 간략하고 명쾌하게 전달하고 있다는 점을 지적하지 않을 수 없다. 학자에 따라서는 이 책을 아테네 민주정의 구성과 실질적인 운영에 대한 한센Mogens Herman Hansen의 연구, 니꼴레Claude Nicolet의 로마 공화정에 대한 연구, 그리고 13세기부터 15세기까지 이탈리아 도시국가의 정치제도의 변천과 이 당시에 벌어진 제도 논쟁에 대한 루빈스타인Nicolai Rubinstein의 연구를 요령껏 정리한 것에 불과하다고 평가할 수도 있을 것이다. 그러나 이들의 방대한 연구를 진지하게 검토해 본 학자라면, 또 틈틈이 언급되거나 인용되는 다른 연구들이 제도사에서 갖는 비중을 알고 있는 학자라면, 핵심을 놓치지 않으면서도 개별 연구를 종합해 내는 마넹의 기술에 감탄하지 않을 수 없다. 아테네 민주주의로부터 르네상스 시기 피렌체와 베네치아의 정치체제에 이르기까지 선거가 추첨을 대체해서 대표 선발의 유일한 대안으로 인식되고 선택되기까지의 과정에 대한 마넹의 서술은 직접 민주주의에 대한 편견을 깨고 정치적 상상력의 지평을 넓히기에 충분하다. 이런 점에서 서양 정치제도의 변천사를 정치사상사와 연관시켜 전달할 수 있는 교재를 찾는 학자나, 정치제도사의 전체적인 밑그림을 그려보려는 학자에게 이 책은 더없이 좋은 해설서라고 할 수 있다.

　마넹이 정치사상의 필수적인 고전들을 잘 알고 있을 뿐만 아니라 자기 나름의 독특한 해석을 가지고 있는 중견 학자라는 점도 이 책이 좋은 해설서인 또 다른 이유이다. 본문을 읽은 독자라면 알 수 있듯이, 마넹은 이미 학계에서 검증받은 학자들의 해석을 자신의 주제에 맞게 선택적으로 조합하는 데 만족하지 않는다. 6개 국어에 능통한 탁월한 언어 능력을 바탕으로, 마넹은 소크라테스 이전의 정치철학으로부터 미국 연방주의 교서에 이르기까지 다른 제도사 연구자들에게서는 볼 수 없는 풍부한 인문학적 지식과 독특한 해석을 선보이고 있다. 사실 마넹은 몽테스키외, 루소, 그리고 시에예스에 관한 한 프랑스 학계뿐만 아니라 영미 학계가 인정하는 전문가이다. 퓨레François Furet와 오조프Mona Ozouf가 편집한 프랑스 혁명 사전(1988)에 몽테스키외와 루소 부분을 맡아 쓴 것만 보더라도, 전문가로서의 마넹의 위치는 의심할 바가 없다.[1] 특히 마넹이 몽테스키외의 합리성을 전제의 방지라는 보편적 이상과 제도를 통한 변화의 모색이라는 신중함이 결합된 것으로 정의하고, 이러한 사상이 프랑스 혁명가들에게는 어떻게 이해되고 선택되었는지를 보여 준 연구들은 루소에 초점을 맞추고 있던 학계에 신선함을 던져 주었다. 이런 점에서, 이 책은 훈련받은 학자가 삶의 세계에 대한 자신의 고민을 통해 독자의 고민을 유도하는 교육paideia적 측면까지 고려된 좋은 해설서라고 할 수 있다.

이 책이 갖는 또 하나의 장점은 자유민주주의의 실현 가능한 대안과 이러한 대안 모델이 기초해야 할 정치적 원칙을 찾으려는 노력이 지속적으로 전개되고 있다는 것이다. 마넹은 개인의 자율성과 시민적 참여를 통한 공익의 실현이라는 정치적 이상을 위해 심의와 민주주의의 관계를 아주 일찌감치 주목한 학자 중 한 사람이다. 자유주의와 공동체주의의 진부한 논쟁으로 지쳐버린 1980년대 중반에 발표된 마넹의 논문(1985)은 명칭도 정리되지 않았던 심의 민주주의에 대한 폭발적인 관심을 이끌어 내었다. 다원성에 기초한 상호 견제를 일체성에 기초한 사회통합과 대립시키고, 자유와 평등이 민주주의의 틀 안에서 조화될 수 있는 조건으로 심의를 제시한 그의 논문은 1986년 영문으로 번역되어 미국 학계에 큰 반향을 일으켰다.[2] 이를 계기로 셰보르스키Adam Przeworski와 하딩

[1] 이 사전은 *Dictionnaire critique de la révolution française*라는 제목으로 1988년 프랑스에서 출판되었다. 영문판은 하버드 대학 출판부에서 *A Critical Dictionary of the French Revolution*이라는 제목으로 1989년 출판되었다. Bernard Manin, "Montesquieu" & "Rousseau," in *A Critical Dictionary of the French Revolution*, edited by François Furet & Mona Ozouf(Cambridge: Harvard University Press, 1989), pp. 728-741, 829-843을 참조.

[2] 마넹의 논문은 "Volonté Générale ou Délibération? Esquisse d'une Theorie de la Délibération Politique"라는 제목으로 *Le Débat*에 1985년 발표되었다. 이 논문은 1987년 스타인과 맨스브릿지Elly Stein & Jane Mansbridge의 번역으로 *Political Theory*에 "On Legitimacy and Political Deliberation"이라는 제목으로 출판되었다. 이 논문에서 마넹은 우선 루소가 일반의지volonté générale의 성립에 관한 설명에서 (1) 다양성보다 일체성을 전제로 제시하고 있고, (2) 심의가 결정에 선재하는 과정이라기보다 결정 그 자체를 의미하며, (3) 개인이 심의를 통해 자신의 의지를

Russell Hardin, 엘스터Jon Elster와 선스타인Cass Sunstein, 그리고 홈즈 Stephen Holms와 피어른James Fearon과 같은 시카고 대학의 정치학과 교수들이 중심이 된 민주주의 연구 프로그램에 참여하게 되었고, 시카고 대학에서 자연법과 헌정주의를 강의하면서 미국식 대의 민주주의의 형성과 변천에 대한 풍부한 지식을 습득하고 또한 인정받게 되었다. 책 서두에 자신이 밝히고 있듯이, 마넹의 책은 각 분야의 전문가들과의 토론을 통해서 끊임없이 수정되고 보완된 결과물이라는 점에서 좋은 해설서라고 할 수 있다.

3.

제도와 정치사상을 접합하려는 마넹의 시도는 몽테스키외가 아리스토텔레스의 신중함phronesis을, 자유로운 개인들이 창출하는 삶의 불확정성 속에서 어떤 보편성을 추구하려고 했던 노력으로 이해한 것과 매우 닮았다. 마넹이 고전을 읽으면서 시간과 공간을 초월한 어떤 진리를 찾고자 하기보다 어떤 제도와 그 제도가 기반하고 있는 원칙을 발견하고자 노력한 것도 몽테스키외와 매우 닮았다. 『연방주의 교서』를 읽을 때, 폴리비우스의 『역사』를 읽을 때, 그리고 몽테스키외의 『법의 정신』을 읽을 때, 마넹은 개인의 자유를 보장하고 절대 권력의 출현을 방지하기 위한 제도의 모색이라는 공통된 목적을 가지고 있다. 마찬가지로 혼합 정체, 권력 분립, 견제와 균형, 자기 검열, 그리고 심의를 설명할 때, 마넹의 글은 늘 몽테스키외의 절제를 염두에 두고 있다.[3]

동시에 제도와 정치사상을 접합하려는 마넹의 시도는 본질적으로 르네상스 공화주의자 마키아벨리의 열정이 스며든 신중함prudenzia을 담고

바꿀 수 있다고 생각하지 못했기에 일반적인 이해와는 달리 정치적 심의와는 매우 동떨어진 개념이라는 점을 부각시킨다. 그리고 개인의 권리에 기초한 자유주의 정치이론이나 개인의 자율성과 자유주의적 절차를 강조하는 입장에 이르기까지 선호-집합적 합의모델에 기초한 이론들도 심의에 관한 한 루소와 유사한 오류를 범하고 있다는 점을 강조한다. Bernard Manin, "On Legitimacy and Political Deliberation," *Political Theory*, Vol. 15, No. 3, August 1987, pp. 338-368을 참조.

[3] Bernard Manin, "Checks, balances, and boundaries: the separation of powers in the constitutional debate of 1787," in *The invention of the modern republic*, edited by Biancamaria Fontana(New York: Cambridge University Press, 1994), pp. 27-62 참조.

있다. 그의 연구는 실현 가능한 최상의 정체는 무엇이며, 이를 실현하기 위한 방법은 또한 무엇인가에 대한 고민에서 그치지 않는다. 아테네 민주주의에 대한 그의 글을 읽을 때면, 누구든지 한번은 흥분하게 된다. 특히 프랑스 혁명 이후 가두어진 우리의 상상력이 편견의 장벽을 넘을 때면 열정에 사로잡히게 된다. 그러나 이러한 열정은 곧 차가우리만큼 냉정한 신중함을 통해 삶의 세계로 다시 돌아온다. 책의 초반에서는 선거란 민주적인 제도인가 하는 문제가 핵심인 것 같지만, 후반은 어떻게 하면 선거가 민주적이 될 것인가가 핵심적인 주제로 등장하듯 우리도 차분해진다. 국가의 형태와는 가장 무관할 것처럼 보였던 중세의 지배구조와 상호 관계로부터 근대적 의미의 국가가 발전했듯이, 단일한 정치적 원칙과 사상이 지배하기보다 다양한 경험과 내용들이 복잡하게 얽히고설킨 결과로서 대의제가 창출되었고, 또 이러한 대의제가 지금까지 근본적인 도전 없이 존속되고 발전되었다는 설명은 우리에게 열정보다 차분한 성찰을 요구한다. 이러한 서술은 열정적 운동에 선재하는 마키아벨리적 신중함에 기초하고 있다.

그러나 마넹의 제도와 정치사상의 접합은 전체적으로 볼 때 미완성이다. 무엇보다도 고전의 문구 하나하나를 꼼꼼하게 읽는 고전 연구자들과 정치철학자들이 그에게 보내는 곱지 않은 시선에 주목할 필요가 있다. 마넹은 주제 중심으로 고전을 인용한다. 예를 들면, 투키디데스의 『펠로폰네소스 전쟁사』에서는 페리클레스의 "장례식 연설"만 인용된다. 페리클레스의 마지막 연설이나 이후에 등장하는 선동가들에 대한 투키디데스의 서술은 독자의 몫이다. 만약 독자가 게으르면, 투키디데스는 영락없이 아테네 민주주의를 옹호하는 사람으로 이해될 수 있다. 부분적 인용이 가지는 위험성은 여러 군데에서 발견된다. 마키아벨리의 『로마사 논고』를 인용한 부분도 마찬가지다. 마넹은 마키아벨리가 폴리비우스의 정체순환론anakyklosis을 글자 하나 빠뜨리지 않고 모방하고 있다고 단정했지만, 폴리비우스의 "자연에 따라"kata physis라는 서술이 마키아벨리에 의해 인간의 의지를 통한 초자연적 동인에 대한 거부를 뜻했던 "우연"accidente으로 바뀜으로써 근대가 시작된 것으로 해석하는 연구자들에게는 불충분한 언급이 아닐 수 없다. 이렇듯 개별 정치철학자들이 마넹에게 느끼는 불편함은 어쩌면 주제를 중심으로 정치사상의 역사를 서술하는 책에서는 불가피한 문제일지도 모른다. 그러나 마넹에게 어떤 정치철학자 한 사람 또는 그 사람의 저작 한 권이 갖는 전체적인 의미를 좀더 신중하게 고려해서 인용하고 분석하려는 노력이 필요했다는 지적은 꼭 필요하다.

제도와 관련된 부분에서도 유사한 비판이 제기될 수 있다. 마넹의 제도와 관련된 서술은 대부분 실증주의 역사학자들의 연구에 의존하고 있다. 특히 아테네 민주주의에 대한 설명에서 마넹은 한센의 연구에 전적으로 의존하고 있다. 따라서 마넹의 연구는 한센의 연구가 학계에서 받고 있는 비판으로부터 자유로울 수 없다. 예를 들면, 한센의 아테네 민주주의 분석은 매우 객관적으로 보이지만, (1) 그가 사용하고 있는 자료는 유인물이나 연설이 대부분이고, 핵심적인 고전은 거의 다루어지지 않는다는 점, (2) 유인물이나 연설은 사회적 맥락에서 이해되어야 함에도 불구하고, 거의 대부분의 자료를 아테네 민주정의 제도적 측면을 부각시키는 방향에서만 이해하고 있다는 점, (3) 이러한 제도 중심의 해석에서 한센은 자신이 상정한 민주주의의 이상을 아테네 민주주의의 본질인 것처럼 무의식중에 해석하고 있다는 점 때문에 비판을 받고 있다.[4] 물론 마넹이 일반적으로 받아들여지는 부분만을 인용하고, 잘 알려진 고전의 해석을 통해 아테네 민주주의가 기초하고 있던 원칙을 설명하려고 했다는 점은 부인할 수 없다. 그러나 고전이 가지고 있는 수사적 측면이 권력분립, 대표성, 정치적 평등과 자유, 그리고 자기 검열 과정과 같은 제도적 원칙에 함몰될 수 있다는 점에서 마넹의 제도사는 한센과 유사한 문제점을 가지고 있다.

---

[4] Josiah Ober, *The Athenian Revolution, Essays on Ancient Greek Democracy and Political Theory*(Princeton: Princeton University Press, 1996), pp. 107-122.

4.

　민주주의의 생명력은 변화를 제도화하는 힘에 달려있다. 여기서 변화의 제도화란 주어진 정치제도의 틀 안에서 변화를 수용할 수 있다는 소극적 의미가 아니라, 지속적으로 나타나는 변화의 요구들이 합의된 제도화의 방법까지도 바꾸어버릴 수 있다는 적극적인 의미를 가지고 있다. 그러나 변화의 제도화라는 말 자체가 두 가지 상반된 단어가 합쳐진 모순어법 oxymoron이듯, 어떤 종류의 민주주의에서 변화의 제도화가 완성될 수 있을지는 대의 민주주의의 미래만큼이나 불확실하다.

　아테네 민주주의는 벌써 2500년 동안이나 우리의 상상력을 자극해 왔다. 아테네 민주주의를 어떻게 규정하고 이해하느냐의 문제가 민주주의의 본질을 어떻게 정의하고 해석하느냐의 문제로 인식되는 것은 어쩌면 매우 자연스러운 일이다. 현대 민주주의가 안고 있는 문제를 참여의 부재로 이해하는 학자들이 아테네 민주주의를 집중적으로 연구하는 것도 이와 같은 경향을 단적으로 보여 주는 한 예라고 할 수 있다. 그러나 우리의 관심사를 가지고 이전의 제도를 분석하기 전에 선행되어야 할 것은 그 제도를 가능하게 만든 정치적 원칙들에 대한 연구이다. 왜냐하면 이러한 정치적 원칙이 곧 아테네 민주정의 변화의 제도화를 규정짓는 중요한 토대가 되기 때문이다.

　예를 하나 들어보자. 고전 연구가들이 지적하듯, 참여는 아테네 민주주의가 지탱하고 있던 정치적 원칙이 아니다. 다시 말하면, 참여는 아테네 민주주의에서 변화를 제도화하는 원칙이 아니었다는 것이다. 오히려 참여는 아테네 민주주의가 기초하고 있던 정치적 평등이라는 변화의 제도화의 원칙이 가져온 결과물일 뿐이다. 누구나 법 앞에서 평등하며, 누구든지 의회나 공공장소에서 말하고 싶을 때 말할 수 있는 권리가 있으며, 출신 배경과 관계없이 시민이면 누구든지 참정권을 가지며, 오늘 다스리는 사람이 내일 다스림을 받을 수 있도록 해야 한다는 변화의 제도화의 원칙이 관철됨으로써 얻어진 부산물일 뿐이라는 것이다. 기원전 5세기 30만 명 정도의 도시 거주자 중 2만 명 정도의 사람들이 시민권을 가지고 있었고,

이들 가운데 7분의 1정도가 민중의회가 열리던 프닉스 언덕으로 가서 도시의 중대사를 결정했다는 사실 그 자체는 변화를 만들어내지 못한다. 그러나 평등이라는 원칙은 대표와 대표 선출의 과정을 바꾸어버릴 수 있었던 것이다.

    대의 민주주의도 변화를 제도화하는 하나의 형식이다. 5년마다 또는 4년마다 선거를 통해 대표를 바꾸는 것은 변화를 제도화한 결과이다. 그러나 현대 대의 민주주의의 가장 큰 문제 가운데 하나는 모두가 민주주의의 이상이 실현될 수 있는 제도는 고민하면서, 변화의 제도화에 대해서는 심각하게 고민하지 않는다는 점이다. 어떤 형태의 민주주의 체제가 좋은지는 여러 가지 각도에서 논의가 활발하게 진행되지만, 어떻게 변화를 제도화해야 하는지에 대해서는 선거 이외에 어떤 대안도 없는 듯 논의가 진행되지 않고 있다. 아무리 이상적인 정치제도라 해도 일단 완성되고 난 다음에는 변화의 요구에 직면하게 마련이다. 이런 점에서 선거와 추첨, 다양한 대의제의 모습들과 이러한 다양성 속에서 발견되는 보편성에 주목한 이 책이 제공할 새로운 상상력의 지평에 역자는 큰 기대를 해 본다.

찾아보기

ㄱ

가톨릭 권리 운동 250
간접 통치 17, 18, 204, 235
게리E. Gerry 140
결과의 평등 53, 54, 60
결산 보고서 28, 39, 51
고르햄Gorham 138
곡물법 폐지 운동 250
공공 자금 30
공화정 13, 14, 66, 67, 69, 70, 79, 80, 83, 84, 86, 150
과두정 32, 57, 60, 148, 194, 196, 288, 289
구속적 위임 205, 206, 208, 209, 212, 221, 240, 288
구에니페이P. Gueniffey 108, 109, 132
구이차아르디니F. Guicciardini 78, 79, 85 ~87, 96, 120, 151, 170, 187, 194
귀족정 57, 60, 68, 90, 96~98, 100, 103, 104, 145, 146, 152, 153, 166, 169, 170, 171, 194
그라치안Gratian 115
그로티우스Grotius 112, 196, 219
글로츠G. Glotz 42~44
금권정치 69
기조F. Guizot 227
기하학적 평등 55~57, 60

기회의 평등 53, 54, 60, 174, 176
길버트F. Gilbert 88

ㄴ

나제미J. M. Najemy 81
넓은 정부 85
노모테타이 35, 39~41
노미나토리 80, 81, 83, 88
노엘 뉴만Noëlle-Neumann 216
능동적 시민 130, 132
니꼴레C. Nicolet 71, 73

ㄷ

다수결의 원칙 233
달R. Dahl 203, 221
대륙의회 210
대의 민주주의 7, 13, 16~18, 23, 41, 204, 209, 222, 235, 256, 266
대의정 13, 15, 23

298 선거는 민주적인가

대의 정부 7, 14~19, 23, 26, 61, 65~67, 106, 108, 110, 113, 114, 119~121, 125, 126, 131, 134, 136, 164, 165, 171, 172, 180, 183, 192, 199, 203~205, 207, 209, 210, 211, 213, 216~220, 223~225
대의 정부의 원칙 16, 17, 19, 227, 233, 235, 262, 267, 288
대중정당 165, 182, 239~242, 251, 253, 254, 257, 262, 281
대평의회 78, 83~85, 88~91, 93
대표성 14, 18, 19, 23, 134, 141, 142, 144~146, 149~151, 156, 162, 164, 165, 189~191, 216, 217, 228, 231, 239, 242, 248, 255~257, 268, 280, 295
대표성의 원칙 191
데모스테네스Demosthenes 51, 54
독립선언문 111
동일성의 원칙 189, 190
뚜레Thouret 112

ㅁ

마키아벨리N. Machiavelli 66, 69, 94, 96, 99
맑스K. Marx 183, 207, 258, 287
매디슨J. Madison 13~15, 135, 149, 151, 155, 157~159, 204, 212, 227, 229
메디치 79, 80, 83~85
메이슨G. Mason 136, 137, 140
메이어C. Meier 72
모리스G. Morris 135~137
모스카G. Mosca 203
몽길베르Montgilbert 107
몽테스키외Montesquieu 66, 67, 96~100, 104, 105, 107, 118, 120, 170, 171, 187, 227, 228
물랭L. Moulin 117
민회 14, 17, 23, 24, 26, 28~42, 49, 51, 52, 58, 59, 61, 141, 195
밀J. S. Mill 183, 227, 234, 235

ㄹ

라이프니츠Leibniz 179
랑테나스Lanthenas 107
랜돌프Randolph 138, 140
러틀리지Rutledge 138, 139
레인스보로우Rainsborough 111
로크J. Locke 112, 162, 196, 197, 219, 227, 228, 232, 233, 268
루빈스타인N. Rubinstein 84, 85
루소 J. J. Rousseau 13, 48, 66, 67, 90, 91, 100~105, 107, 112, 118, 119, 169, 187, 190, 196, 207, 208, 229

ㅂ

바크라크P. Bachrach 203
반연방주의자 141~149, 151~156, 160, 164~166, 170, 188, 254
발의권 32, 71
배심원 선서 35
배젓W. Bagehot 128
벌린I. Berlin 211
베버M. Weber 208
벤담J. Bentham 205
보댕J. Bodin 69
보통 선거권 169, 194, 207, 242,

287, 288
보통 선거제 188
볼T. Ball 142
부올레 33
부의 효과 182, 193, 199
브루니L. Bruni 77, 78, 82, 86
브루투스Brutus 145, 146, 160
비례대표 223, 224, 258, 260
비준논쟁 135, 141, 142, 146, 152, 166, 210
비합법성 기소 36, 37

192, 216, 226~228, 262, 263
슘페터J. Schumpeter 203, 204, 218, 222, 272, 273, 287
스미스M. Smith 143, 146, 154
시민 법정 28, 35, 36, 39, 41
시민적 인문주의 65, 93
시에예스E. Siéyès 13~15, 24, 107, 132, 227, 229~232, 243, 292
신분 의회 229
신조합주의 264, 265

ㅅ

사르토리G. Sartori 203
사무엘 체이스S. Chase 144
사보나롤라Savonarola 79, 84
산술적 평등 55~ 58
삼부회 114, 115, 206, 210, 288
상원의원 134, 137
샤프츠베리Shaftesbury 129, 130
선거 운동 89, 128, 163, 176, 181~183, 199, 224, 250, 257, 269, 271, 275
선거 귀족 184
선거법 개정 운동 250
선착자 31, 60
세습 귀족 146, 170
세이스의 반란 156
소극적 자유 211, 212
소쉬르F. de Saussure 275
소크라테스Socrates 25, 32, 52
소환권 209
솔론Solon 47, 97
수동적 시민 131
슈미트C. Schmit 108, 161, 169, 189~

ㅇ

아르기누사이 해전 39
아리스토텔레스Aristotle 33, 34, 41, 45~47, 53, 56~61, 88, 169, 171, 187, 189, 195, 289
아리스티데스Aristides 30, 99
아이스키네스Aeschines 32
아이어튼Ireton 111
아테네 민주주의 17, 23, 25, 26, 31, 32, 35, 36, 49, 51, 53, 58, 61, 87, 187
아티미아 27
아티카 33, 109
아퀴나스 T. Aquinas 117, 118
애덤스J. Adams 108, 144
에드워드Edward 1세 115
에우리피데스Euripides 46
에피알테스Ephialtes 26
엘리트주의 187, 193, 203, 204, 253, 255
엘스워드O. Ellsworth 136, 138
엘스터J. Elster 24, 94, 106, 244
여론 조사 214~217, 239, 271, 274, 278, 279

여론의 표현 214, 250, 261, 262, 278, 279
연방 농민 143, 146~148, 166
연방주의 교서 148~150, 154, 157, 159
연방주의자 142, 147, 150, 151, 153~156, 159, 160, 166, 170, 254
예비 선정 위원회 80
500인회 107
오세아나 88, 92~96
오스트로고스키M. Ostrogorsky 251, 262
오타네스Otanes 44, 54
웨이크필드D. Wakefield 205
윌슨J. Wilson 106, 135, 138, 139, 152, 153, 156, 157, 159, 160
유력 시민Ottimati 81, 83, 84, 85
의회 정치 240~242, 247~249, 251~253, 255~257, 261~264, 266, 279~281, 283
이노첸트Innocent 115
이세고리아 61
이소크라테스Isocrates 45, 53, 57
인민 법령 42
임의적 해임 205, 288

255, 257~266, 269~271, 275, 277~283
정당 정부 241, 263
제퍼슨T. Jefferson 155
제헌의회 125, 130~132, 134~138, 140, 141, 210, 218
좁은 정부 85
지그프리드A. Siegfried 255
지시의 권리 212
직접 민주주의 13, 17, 18, 23, 26, 42, 109, 215, 229
직접 통치 17
진영 의식 256

ㅊ

차티스트 운동 250
참정권 97, 125, 126, 129~132, 134~136, 141, 148, 171
청원 211, 212, 214~217, 279
청중 민주주의 248, 267, 270, 271, 276, 279, 280
추첨 기계 28, 58

ㅈ

자기 선정 98
자연 귀족 92, 93, 96, 99, 146, 147, 152, 153, 160, 163
자연법 112, 113, 293
재산 자격 45, 69, 128, 133, 135, 136, 139, 158~160, 164, 169
적극적 자유 211
전문가 중심의 정치 61
정당 민주주의 241, 242, 247, 252,

ㅋ

카우츠키K. Kautsky 258
컬랜드P. B. Kurland 141
켄투리아회 70~75
켈젠H. Kelsen 258, 259, 260
콘타리니G. Contarini 89
크롬웰O. Cromwell 92, 111

크세노폰Xenophon 25, 32, 99
키V. O. Key 265
키몬Cimon 30
키쉬란스키M. Kishlansky 127
키케로Cicero 68

프루동Proudhon 254
프리드리히Frederick 2세 115
플라톤Plato 52, 53, 55~57, 59, 189, 228
피쪼르노A. Pizzorno 256
피트킨H. Pitkin 142, 144
핀리M. I. Finley 53

ㅌ

테르미도르 반동 107, 131
테미스토클레스Themistocles 30
토론에 의한 심판 226, 233
토리파 130
토크빌A. Tocqueville 109, 216, 242
투키디데스Thucydides 46, 294
투표권 71~74, 78, 118, 125, 126, 129, 135~137, 156~158, 171, 239
트리부타회 70, 71, 74

ㅎ

하디K. Hardie 261
하버마스J. Habermas 216
하원의원 127, 128, 136, 137, 140, 141, 143, 148, 156, 205, 249, 252, 258, 264
한센M. H. Hansen 26, 27, 32, 33, 44, 53, 54
해링턴J. Harrington 66, 67, 88, 90~96, 98, 105, 107, 118, 187
해밀턴A. Hamilton 143, 152~155, 160, 218
헤드램J. W. Headlam 44
헤로도토스Herodotus 54
헬리아스타이 35, 41
호노리우스Honorius 115, 117
혼합 정부 68, 69, 90, 289
혼합 정체 45, 69, 194~196, 289
홉스T. Hobbes 69, 112, 191, 196, 197, 216, 217, 219
회고적 판단 222~224, 226
휘그파 129, 130
흥정 244~247

ㅍ

파레토V. Pareto 185, 186, 203
페레존J. Ferejohn 222, 266
페리클레스Pericles 26, 29, 30, 46, 52
포콕J. Pocock 65, 76, 88, 93, 96
포키온Phocion 29
폴리비우스Polybius 68, 69
푸트니 논쟁 111
푸펜도르프S. Pufendorf 112, 196, 197, 219
퓌스텔 드 쿨랑주N. F. de Coulanges 42~44, 97
프로타고라스Protagoras 52